O CÓDIGO DA ALMA

O CÓDIGO DA ALMA

em
busca da
essência
e do
chamado

JAMES HILLMAN

TRADUÇÃO

Thaís Britto

goya

O CÓDIGO DA ALMA

TÍTULO ORIGINAL:
The Soul's Code

COPIDESQUE:
Myllena Lacerda

REVISÃO TÉCNICA:
Paula Baccelli

REVISÃO:
Thaís Carvas
Isabela Talarico

CAPA:
Thiago Lacaz

IMAGEM DE CAPA:
Group IX/SUW, The Swan, No. 7 (1915), Hilma af Klint

DADOS INTERNACIONAIS DE CATALOGAÇÃO NA PUBLICAÇÃO (CIP)
DE ACORDO COM ISBD

H645c   Hillman, James
O código da alma: em busca da essência e do chamado / James Hillman ; traduzido por Thaís Britto – São Paulo : Goya, 2025.
336 p. ; 16cm x 23cm.

Tradução de: The Soul's Code: In Search of Character and Calling
Inclui índice.
ISBN: 978-85-7657-740-9

1. Psicologia. 2. Psicologia arquetípica. 3. Não ficção. I. Britto, Thaís. II. Título.

2025-1923
CDD 150
CDU 159.9

ELABORADO POR VAGNER RODOLFO DA SILVA – CRB-8/9410

ÍNDICES PARA CATÁLOGO SISTEMÁTICO:
1. Psicologia 150
2. Psicologia 159.9

COPYRIGHT © JAMES HILLMAN, 1996
COPYRIGHT © EDITORA ALEPH, 2025

DIREITOS DE TRADUÇÃO PARA O PORTUGUÊS EM ACORDO COM MELANIE JACKSON AGENCY, LLC.

TODOS OS DIREITOS RESERVADOS.
PROIBIDA A REPRODUÇÃO, NO TODO OU EM PARTE,
ATRAVÉS DE QUAISQUER MEIOS, SEM A DEVIDA AUTORIZAÇÃO.

goya
é um selo da Editora Aleph Ltda.

Rua Bento Freitas, 306, cj. 71
01220-000 – São Paulo – SP – Brasil
Tel.: 11 3743-3202

WWW.EDITORAGOYA.COM.BR

@editoragoya

Para quatro daimones:
Bebê Joo, Cookie, Mutz e Boizie.

SUMÁRIO

   9   APRESENTAÇÃO, POR LEONARDO TORRES

 13   INTRODUÇÃO, POR PAULA BACCELLI

 19   EPÍGRAFES NO LUGAR DE UM PREFÁCIO

 25   **CAPÍTULO 1**
       Em resumo: a teoria do fruto do carvalho
       e a redenção da psicologia

 61   **CAPÍTULO 2**
       Descendo

 81   **CAPÍTULO 3**
       A falácia parental

107   **CAPÍTULO 4**
       De volta ao invisível

127   **CAPÍTULO 5**
       "*Esse é percipi*": ser é ser percebido

141   **CAPÍTULO 6**
       Nem inato nem criado — uma outra coisa

167   **CAPÍTULO 7**
       Folhetins de banca e pura fantasia

183   **CAPÍTULO 8**
       Disfarce

199 **CAPÍTULO 9**
Destino

221 **CAPÍTULO 10**
A semente podre

255 **CAPÍTULO 11**
Mediocridade

279 **CODA: UMA NOTA SOBRE METODOLOGIA**

291 **NOTAS**

303 **BIBLIOGRAFIA**

321 **ÍNDICE REMISSIVO**

APRESENTAÇÃO

Este livro inverte as placas. Muda a direção daquilo que chamamos de realidade, faz com que questionemos teorias basais da biologia, filosofia e psicologia, convida-nos a ver aquilo que entendemos sobre destino em uma perspectiva inovadora. A temporalidade neste livro não é cronológica, também foi invertida. A árvore do carvalho já está contida na semente do carvalho. Um aviso: as placas invertidas são tanto as de dentro quanto as de fora.

É um livro para todos, pois sua tese central, a "teoria do fruto do carvalho", é uma cosmovisão — uma forma de perceber, sentir e pensar sobre o mundo. Hillman apresenta a teoria de forma simples e com exemplos. Não pense o leitor que simples é fácil. Ser simples é um traço característico dos grandes pensadores, pois eles conseguem transmitir a complexidade e a profundidade com simplicidade e se fazem entender. Para aqueles que trabalham com a alma humana, como psicoterapeutas, este livro deveria ser leitura obrigatória, não somente por sua atualidade, mas também pelo questionamento que a obra propõe às teorias já consagradas.

Vivemos em uma época em que termos como *burnout*, transtorno de ansiedade generalizada (TAG), síndrome do pânico e transtorno depressivo maior (TDM) invadem os consultórios e se vascularizam na sociedade; são considerados grilhões e devem ser combatidos resolutivamente a fim de o doente voltar a ser como era antes da crise. A teoria do fruto do carvalho nos faz refletir sobre como caminhamos cientificamente até agora — o número de patologias cresce concomitantemente às prescrições de remédios. Esse é o caminho adequado ou estamos com algum ponto cego?

Se pararmos um pouco para refletir, existe uma sensação, invisível, de que estamos esquecendo algo.

A crise, ironicamente, deixa de ser um limiar de desenvolvimento e evolução individual e passa a ser uma grande vilã na contemporaneidade. Ela atrapalha o indivíduo a seguir sua vida, isto é, fazer seu dinheiro e ser promovido no trabalho. O que sobra da vida se retirarmos nossa carreira? Será que as crises não são um chamado para reconhecermos que a vida é mais diversa do que estamos considerando que ela é? Não melhor, nem mais feliz, nem com mais poder ou com mais dinheiro — algo que escapa daquilo que consideramos "ideal". Hillman exemplifica as formas como somos chamados pelo daimon — gênio, anjo, como queiramos chamá-lo — para realizar uma obra, tanto dentro quanto fora.

Os grossos compêndios psiquiátricos têm postulado que um indivíduo saudável deve ter autonomia, liberdade, não sofrer e ser produtivo. Isso significa que seus contrários se tornaram doenças, como tristeza, dependência e procrastinação. Não é difícil encontrar pessoas chegando ao consultório da psicologia arquetípica com a queixa de que estão procrastinando muito em suas tarefas diárias no trabalho.

Essas pessoas nos relatam: "já tentei de tudo". Seguiram todas as técnicas, dicas, sugestões que os *influencers* de produtividade oferecem na internet. Fizeram os cursos, que se multiplicam como grama no jardim a cada dia. Buscaram mentorias motivacionais, *coaches* quânticos, psiquiatras, e nada conseguiu resolver o problema: o pecado da procrastinação.

Quem prova da teoria do fruto do carvalho compreende que tristeza, dependência, procrastinação e outras palavras consideradas perigosas podem ser grandes chamados do daimon. O caminho não é eliminá-las, mas reconhecê-las para compreender o que elas querem de nós e conosco. O ócio, hoje considerado demoníaco, tem em sua origem do grego arcaico a palavra *scholé*, que leva, por exemplo, para a palavra "escola" — é no ócio que a criatividade, o aprendizado e a evolução humana se perfazem. Este livro está repleto de exemplos de chamados do daimon e como as pessoas corresponderam a ele.

Todos somos chamados pelo daimon para seguir nossa idiossincrasia. Enquanto não escutamos, passamos pelo mundo de forma disfarçada, mascarada. Correspondendo e agindo conforme as cartilhas que existem nos cartórios civis: "nascimento, casamento e óbito". Nesse ínterim, adentramos uma carreira idealizada pelos outros, trabalhando com algo que não nos comove, ganhando um salário sem sal e gastando com coisas que não atravessam o nosso ser. Tudo isso para mostrar às pessoas que não nos acrescentam em nada e das quais nem sequer gostamos.

Romanticamente, já que tende para um romantismo, a obra evidencia uma saudade absoluta, irrevogável e inegável do daimon e seu chamado. O relacionamento entre o daimon e nós pode ter se tornado trepidante pela negligência, enterrado pelo excesso de rótulos, técnicas e cientificidade caduca, distanciado pela cultura neoliberal individualista, porém ele ainda está vivo e mais — quer viver.

Sendo fiel à teoria do fruto do carvalho, ao olharmos para trás, não é difícil reconhecer os chamados do daimon: momentos de lampejos vindos de um mundo invisível; paixões e frustrações que nos atravessaram como um cometa que rasga os céus; vitórias e fracassos que reverberaram em nosso travesseiro por dias e dias, meses e meses; coincidências significativas que mudaram nossa trajetória, invertendo as placas da vida e fazendo-nos mudar de emprego, de casamento, de cidade ou do que quiser imaginar que nem sequer imaginamos!

Leonardo Torres, primavera de 2024*

---

* Leonardo Torres é analista junguiano, doutor e mestre em Comunicação e Cultura, com ênfase no tema do Contágio Psíquico à luz de C. G. Jung. É também especialista em Psicologia Analítica e Psicossomática e docente no Instituto Junguiano de Ensino e Pesquisa.

INTRODUÇÃO

Prepare-se para mergulhar em uma reflexão profunda e provocativa sobre a essência do ser humano e o mistério do "chamado". Diferentemente de teorias psicológicas que reduzem o desenvolvimento humano às influências de traumas infantis ou aos determinismos genéticos, *O código da alma* oferece uma visão inovadora: a de que cada pessoa tem uma imagem inata, uma semente única que contém as potencialidades de sua existência.

James Hillman não foi o primeiro a explorar a noção de um chamado ou uma vocação. Essa ideia foi apresentada por Platão, que, no Mito de Er, em seu livro *A república*, descreve como as almas escolhem sua vida antes de nascer. Os antigos gregos usavam o termo daimon para se referir a essa força espiritual ou entidade guardiã que nos guia ao longo da vida. Hillman revisita e aprofunda essa visão platônica, "costurando" com as ideias da psicologia arquetípica, um campo pós-junguiano que ele próprio fundou. Ele expande a ideia da psique como um lugar onde mitos e arquétipos habitam, propondo que o estudo da alma deve se concentrar em sua dimensão simbólica, poética e imagética.

O daimon é, então, o conceito central desta obra. Hillman descreve o daimon como um guia espiritual que nos conecta à nossa vocação mais profunda, ajudando-nos a perceber aquilo que é essencial para a realização do nosso potencial. A vida, na visão de Hillman, não é um amontoado de eventos aleatórios ou apenas um produto das interações entre a genética e o ambiente. É, ao contrário, uma jornada moldada pela busca de significado e propósito. O daimon é a presença que nos chama a viver nossa verdadeira natureza e, muitas vezes, nos desafia a sair das zonas de conforto para cumprir nosso destino.

Um dos aspectos mais fascinantes neste livro é a metáfora do fruto do carvalho: assim como a grandiosidade de um carvalho já está inscrita na pequena semente, cada ser humano traz dentro de si o destino que deve ser realizado. Contudo, ele adverte que isso não deve ser confundido com um determinismo rígido. O destino, para Hillman, é uma predisposição, uma força que nos orienta, mesmo em meio a desafios, traumas e momentos de incerteza. Ele sugere que os obstáculos da vida podem ser encarados como oportunidades que nos ajudam a redescobrir nossos talentos e paixões originais, frequentemente revelados em sonhos, desde a infância, ou em intuições poderosas. O daimon não apenas nos guia, mas também assegura que não nos desviemos para longe do nosso caminho, usando até crises e dificuldades para nos reorientar.

A importância do daimon se torna evidente na forma como ele assegura que o destino seja cumprido. Não é raro ignorarmos ou resistirmos ao chamado de nossa alma, mas o daimon se manifesta mesmo assim, criando uma sensação de inquietude ou insatisfação que nos força a reconsiderar nossas escolhas. James Hillman acredita que essa força é tão poderosa que, mesmo quando tentamos seguir caminhos mais seguros ou socialmente aceitos, o daimon nos faz sentir como se algo estivesse faltando, como se não estivéssemos vivendo plenamente.

James Hillman, em sua rica trajetória, foi um dos mais importantes psicólogos do século 20. Sua formação começou na Sorbonne e se expandiu em instituições como a Universidade de Zurique e o Instituto Carl Gustav Jung, onde se tornou diretor. Foi influenciado por Jung, mas desenvolveu sua própria visão, que desafiava as abordagens psicológicas convencionais, propondo que a alma humana é moldada por imagens, mitos e arquétipos. Ele argumentava que a alma não é algo a ser "curado", mas algo a ser compreendido e vivido em sua plenitude, já que é uma força viva, poética e multifacetada.

Ao longo de sua carreira, escreveu mais de vinte livros, incluindo *Re-vendo a psicologia*, indicado ao Prêmio Pulitzer. Seu trabalho transcendeu a psicologia e o mundo acadêmico, influenciando áreas como filosofia, literatura e estudos culturais. Ele foi um conferencista apaixonado e inspirador e ficou conhecido por sua habilidade de desafiar as ideias convencionais e estimular uma nova compreensão da psique humana. Hillman colaborou com figuras como o mitologista Joseph Campbell e o poeta Robert Bly. Ele acreditava que a crise da alma moderna estava relacionada à nossa desconexão com o mundo mítico e natural.

Para Hillman, a obsessão com traumas e disfunções desvaloriza a singularidade humana. Ele defende uma abordagem que celebra a complexidade da psique, reconhece que somos mais do que vítimas do passado e nos desafia a ver a vida como uma narrativa cheia de significado, na qual o que nos move não é apenas a sobrevivência, mas um desejo quase irresistível de alinhar nossa existência com nosso destino. O(a) leitor(a) é convidado(a) a considerar sua biografia à luz de mitos e mistérios, entendendo que a vida só pode ser plenamente compreendida quando integramos os aspectos espirituais e simbólicos da existência.

Hillman nos inspira a resgatar o senso de vocação, a ouvir o daimon e a viver de acordo com a imagem inata que nossa alma carrega. Ele nos lembra que os desvios, os erros e até as dificuldades são partes importantes do caminho que nos moldam e orientam para que cumpramos o que viemos realizar. Quando respondemos ao chamado do daimon, encontramos um propósito mais profundo, uma vida mais autêntica, e nos tornamos a expressão plena de quem fomos destinados(as) a ser.

Em 2002, durante os últimos anos de faculdade, vivenciei um encontro que transformou profundamente minha vida pessoal e profissional: conheci James Hillman. Na época, eu estava estagiando em Psicologia Escolar, com enfoque na arte como ferramenta de transformação pessoal e coletiva. Era um contexto em que eu buscava algo mais significativo, algo que trouxesse vitalidade e sentido ao que estava aprendendo.

Foi nesse cenário que nossa professora nos apresentou uma obra que parecia uma provocação: *Cem anos de psicoterapia... e o mundo está cada vez pior*. O título, intrigante e desafiador, me atraiu imediatamente. A leitura desse livro foi um choque — daqueles que nos sacodem e nos despertam. Hillman desafiava as práticas psicológicas tradicionais, que eu sentia como arcaicas e rígidas na universidade. Ele me apresentou a possibilidade de olhar para a psique e o mundo de uma maneira mais simbólica, mais viva e profundamente humana.

Logo depois, comecei a explorar O *código da alma*. Se o primeiro livro me transformou, o segundo me deu um propósito. Mergulhei em suas páginas e encontrei ali uma ideia tão ousada quanto instigante: a de que nossa biografia não é um acaso. Está escrita nas entrelinhas da nossa existência desde o início, como um roteiro de possibilidades que só nós podemos desvendar. O conceito do daimon — esse guia interior que conhece o propósito da nossa alma — tornou-se uma lente pela qual comecei a reescrever minha própria história, literalmente...

O mergulho foi tão profundo, no meu caso, que em 2019, aos 48 anos de idade, meu daimon me revelou a minha adoção. Essa descoberta não foi um ponto final, mas o início de uma nova etapa na minha jornada. Foi um reencontro com a origem, com as entrelinhas da minha história, e com a riqueza de imagens que eu havia ignorado em partes de mim mesma.

Escrever a biografia da própria alma, como Hillman sugere, é um processo contínuo. Não é sobre narrar fatos ou alinhar cronologias, e sim ouvir o que nossa psique nos sussurra, por meio dos sonhos, das intuições, das sincronicidades, dos sintomas e das encruzilhadas que nos desafiam a crescer. Esse processo tem sido meu norteador desde então — uma bússola para compreender minhas origens, encontrar significado nas surpresas da vida e, sobretudo, para continuar revelando quem eu sou.

Hillman não entrega respostas prontas, muito menos fáceis. Ele nos convida a confrontar as perguntas que evitamos, a libertar-nos das expectativas dos outros e das narrativas externas. Ele nos desafia a olhar para dentro, a ouvir o chamado do nosso daimon e a seguir um caminho que é profundamente nosso. Esse é um ato de coragem, de ousadia e, ao mesmo tempo, de libertação. É um processo que exige deixar para trás o que não nos pertence e honrar a autenticidade do nosso ser.

Poder escrever esta introdução é como revisitar um marco crucial na minha caminhada. É como poder estender a mão a você, leitor(a), para compartilhar um dos momentos mais significativos da minha própria história. O *código da alma* não é apenas um livro; é um evento transformador que nos direciona para aquilo que realmente somos. Hillman, com sua sabedoria e ousadia, nos ensina a transgredir crenças e "achismos" para que possamos viver plenamente, permitindo que nosso ser encontre espaço para existir em sua autenticidade mais profunda.

Espero que, ao virar estas páginas, você sinta a mesma provocação reveladora e transformadora que eu senti. Que o daimon que guia a sua alma encontre neste livro um aliado, e que você, como eu, descubra caminhos inesperados para se tornar quem você sempre foi destinado(a) a ser.

Com gratidão,

Paula Baccelli*

---

* Paula Baccelli é psicóloga clínica, de orientação junguiana, há mais de vinte anos. Dedica sua trajetória ao estudo da alma e seus mistérios, tendo profunda admiração pelo trabalho de James Hillman. Apaixonada pela psicologia arquetípica e pela visão imaginal, é uma curiosa incorrigível das questões da psique e da consciência.

EPÍGRAFES NO LUGAR DE UM PREFÁCIO

"… a genialidade pode estar contida numa noz e, ainda assim, abarcar a totalidade da vida."

— Thomas Mann

"Se a vida possui uma base onde se apoia… então minha [vida] sem dúvida se apoia sobre esta lembrança. A de estar deitada na cama meio adormecida, meio acordada, no quarto das crianças em St. Ives. A de escutar o barulho das ondas quebrando… uma, duas, por trás de uma persiana amarela. A de escutar a persiana arrastando seu pingente pelo chão, amarrado a um cordão, enquanto o vento a infla. A de estar deitada escutando… e sentir que era praticamente impossível que eu estivesse ali…"*

— Virginia Woolf, *Um esboço do passado*

"Vir neste corpo em particular, nascer destes pais em particular e neste lugar específico, e de modo geral tudo que chamamos de cir-

---

* Extraído da edição brasileira de *A Sketch of the Past*, traduzida por Ana Carolina Mesquita (São Paulo: Nós, 2020). [N. T.]

cunstâncias externas. Que todos esses acontecimentos formem uma unidade e estejam interligados é significado pelas Moiras [*Moirai*]."

— Plotino, II. 3 (15)

"Moira? O formato final do nosso destino, a linha traçada em volta dele. É a tarefa que os deuses nos destinaram, e a parcela de glória que nos permitem; os limites que não devemos ultrapassar; e nosso fim designado. Moira é tudo isso."

— Mary Renault, *The King Must Die*

"Assim que todas as almas escolheram as suas vidas, avançaram, pela ordem da sorte que lhes coubera, para junto de Láquesis. Esta mandava a cada uma o gênio que preferira para guardar a sua vida e fazer cumprir o que escolhera. O gênio conduzia-a primeiro a Cloto, punha-a por baixo da mão dela e do turbilhão do fuso a girar, para ratificar o destino que, depois da tiragem à sorte, escolhera. Depois de tocar no fuso, conduzia-a novamente à trama de Átropos, que tornava irreversível o que fora fiado. Desse lugar, sem se poder voltar para trás, dirigia-se para o trono da Necessidade, passando para o outro lado."*

— Platão, *A república*, Livro X, 620e

"Na análise final, só valemos de alguma coisa por causa do essencial que encarnamos e, se não o encarnamos, a vida é desperdiçada."

— C. G. Jung

"Naturalmente, podemos argumentar que somos apenas... genes e meio ambiente. Podemos insistir que há algo *mais*. Mas se tentarmos

---

* Extraído da edição portuguesa, com introdução, tradução e notas de Maria Helena da Rocha Pereira (9. ed. Lisboa: Fundação Calouste Gulbenkian, 2001). [N. T.]

visualizar a forma que assumiria este algo, ou enunciá-lo claramente, acharemos a tarefa impossível, pois qualquer força que não esteja nos genes ou no ambiente encontra-se fora da realidade física conforme a percebemos. Está além do discurso científico... Isso não significa que não exista."*

— Robert Wright, O *animal moral*

"O significado é invisível, mas o invisível não está em contradição com o visível: o visível tem, ele mesmo, uma estrutura interior invisível, e o in-visível é o correspondente secreto do visível."

— M. Merleau-Ponty, *Working Notes*

"Nem no meio ambiente, nem na hereditariedade consigo encontrar o instrumento exato que me deu forma, o rolo anônimo que gravou em minha vida certa marca-d'água intrincada, cujo desenho único se torna visível quando a luz da arte brilha através do papel almaço da vida."**

— Vladimir Nabokov, *Fala, memória*

"Os cientistas não foram capazes de descobrir muitos princípios profundos que relacionem as atitudes de mães, pais ou irmãos a características psicológicas em uma criança."

— Jerome Kagan, *The Nature of the Child*

"A chamada experiência traumática não é um acidente, mas uma oportunidade que a criança tem esperado pacientemente — se não

---

* Extraído da edição brasileira de *The Moral Animal*, traduzida por Lia Wyler (Rio de Janeiro: Campus, 1996). [N. T.]

** Extraído da edição brasileira de *Speak, Memory*, traduzida por José Rubens Siqueira (Rio de Janeiro: Objetiva, 2014). [N. T.]

acontecesse, ela teria arranjado outra, igualmente trivial — na tentativa de encontrar uma necessidade e uma direção para sua existência, na tentativa de tornar sua vida uma questão séria."

— W. H. Auden

"Uma pessoa sempre descobre o próprio mistério à custa de sua própria inocência."

— Robertson Davies, *Fifth Business*

"Porque elas têm tão pouco, as crianças precisam recorrer mais à imaginação do que à experiência."

— Eleanor Roosevelt, *You Learn by Living*

"Não há começo nem fim para a imaginação, mas ela se satisfaz no seu próprio tempo, revertendo a ordem habitual a seu bel-prazer."

— William Carlos Williams, *Kora in Hell*

"Foi Karl Marx, eu acho, quem propôs uma vez que a evolução fosse estudada na direção oposta, com um olho fixo na espécie evoluída, enquanto ia-se olhando para trás em busca de pistas."

— Jerome Bruner, *In Search of Mind*

"Eu não evoluo; eu sou."

— Pablo Picasso

"Antes mesmo da razão, há o movimento interior que busca a si mesmo."

— Plotino, III. 4 (6)

"Ao longo da evolução de todo artista, o germe das obras mais recentes sempre pode ser encontrado nas anteriores. O núcleo ao redor do qual o intelecto do artista constrói seu trabalho é ele mesmo… e isso não muda muito do nascimento até a morte. A única influência real que já tive fui eu mesmo."

— Edward Hopper

"Os adolescentes sentem uma grandeza singular e secreta em si mesmos que procura se expressar. Eles apontam para o coração ao tentar explicar isso, o que é uma pista essencial para toda a questão."

— Joseph Chilton Pearce, *Evolutions End*

"Queria que você soubesse tudo o que penso a respeito do Gênio e do Coração."

— John Keats, *Letters*

"É isso que chamam de vocação, o que se faz com alegria, como se houvesse um fogo no coração, um demônio no corpo?"

— Josephine Baker

"Um método que se aplica a obras pequenas, mas não a uma grande, claramente começou errado… Parece ser uma lição de história o fato de que o lugar-comum possa ser compreendido como uma redução do excepcional, mas o excepcional não possa ser compreendido como uma ampliação do lugar-comum. Tanto lógica quanto causalmente, o excepcional é crucial porque introduz (por mais estranho que pareça) a categoria mais abrangente."

— Edgar Wind, "An Observation on Method"

CAPÍTULO 1

EM RESUMO: A TEORIA DO FRUTO DO CARVALHO E A REDENÇÃO DA PSICOLOGIA

Há algo mais na vida humana do que nossas teorias permitem saber. Mais cedo ou mais tarde, alguma coisa parece nos chamar para seguir um determinado caminho. Você pode se lembrar dessa "alguma coisa" como um momento marcante da infância, quando um desejo inesperado, um fascínio ou uma reviravolta peculiar recaiu sobre você como se fosse uma anunciação: é isso que devo fazer, isso é o que preciso ser. Isso é quem eu sou.

Este livro é sobre esse chamado.

Mesmo que não seja tão vívido ou definitivo assim, o chamado pode se parecer mais com leves empurrõezinhos ao longo da correnteza pela qual você ia seguindo, sem pensar muito, até um ponto específico da margem do rio. Ao olhar para trás, você sente que o destino deu uma mãozinha.

Este livro é sobre essa sensação de destino.

Esse tipo de anunciação ou lembrança é tão determinante para uma biografia quanto as memórias de horrores e abusos; mas esses momentos mais enigmáticos tendem a ser esquecidos. Nossas teorias privilegiam os traumas e estabelecem que nossa tarefa é lidar com eles. Apesar das feridas antigas e de todos os golpes de sorte ou azar que sofremos, desde o início carregamos a imagem de um caráter definido e individual, com traços de personalidade duradouros.

Este livro é sobre o poder do caráter.

Essa visão "traumática" dos primeiros anos controla a teoria psicológica da personalidade e seu desenvolvimento de tal forma que o foco das lembranças e a linguagem que usamos para contar nossa própria história já estão impregnados com as toxinas dessas teorias. Talvez nossa vida seja menos determinada pela infância e mais pelo modo como aprendemos a imaginá-la. Nós somos, e este livro sustenta isso, muito menos prejudicados pelos traumas da infância do que pela maneira traumática com que lembramos desse período como uma época de tragédias desnecessárias e causadas pelos outros, que nos moldaram do jeito errado.

Este livro, portanto, pretende consertar parte desse estrago ao mostrar o que mais havia, e ainda há, na sua natureza. Almeja ressuscitar as reviravoltas inexplicáveis que mudaram o rumo do seu barco em meio aos redemoinhos e águas rasas da falta de sentido, devolvendo-lhe a sensação de destino. Pois é isto que faz falta a muitas vidas e precisa ser recuperado: o sentimento de um chamado pessoal, de haver uma razão para estar vivo.

Não estamos falando de razão para viver; nem do sentido da vida de um modo geral, ou uma filosofia de fé religiosa — este livro não pretende fornecer esse tipo de resposta. Em vez disso, discute a sensação de que há um motivo para que eu, uma pessoa única, esteja aqui; de que há tarefas que devo fazer para além da rotina diária e que dão sentido a essa rotina; a sensação de que o mundo, de alguma forma, precisa de mim aqui; de que eu corresponda à imagem inata que estou preenchendo na minha biografia.

A imagem inata também é tema deste livro, como o é de toda biografia — e vamos ver muitas biografias ao longo destas páginas. A questão da biografia assombra a nossa subjetividade ocidental, como mostra sua imersão em terapias que se utilizam do self. Todo mundo que faz terapia ou é afetado pela reflexão terapêutica, mesmo que diluída pelas lágrimas da linguagem televisiva, está em busca de uma biografia adequada: como juntar os pedaços da minha vida para formar uma imagem coerente? Como encontrar o roteiro básico da minha própria história?

Para descobrir a imagem inata, é preciso deixar de lado os enquadramentos psicológicos mais frequentes e, em sua maioria, já exauridos. Eles não revelam o suficiente. Moldam a vida para caber no quadro: desenvolvimento e crescimento, passo a passo, desde a infância, passando pela juventude conturbada, a crise de meia-idade, o envelhecimento e a morte. Ao se arrastar por essa trilha em um mapa predeterminado, você segue um itinerário que indica todos os lugares passados até chegar aqui, como uma estatística média prevista por atuários em uma empresa de seguros. O curso de sua vida foi descrito na conjugação do futuro perfeito. Ou então, se não é a estrada previsível, é a "jornada" excêntrica, acumulando e se livrando de incidentes sem qualquer padrão, enumerando eventos para um currículo organizado apenas pela cronologia: Isso veio depois Daquilo. Essa vida é uma narrativa sem enredo, o foco na figura central cada vez mais entediante, "eu", navegando em meio a um deserto de "experiências" ressequidas.

Acredito que fomos roubados da nossa verdadeira biografia — o destino inscrito dentro do fruto do carvalho — e fazemos terapia para recuperá-la. No entanto, aquela imagem inata não pode ser encontrada até que tenhamos uma teoria psicológica que considere o chamado do destino uma realidade psicológica primordial. Caso contrário, sua identidade continua sendo a de um consumidor sociológico determinada por estatísticas aleatórias, e os anseios menosprezados do daimon parecem excentricidades, misturadas a ressentimentos raivosos e desejos avassaladores. A repressão, principal aspecto da estrutura de personalidade em todas as abordagens de terapia, não é ligada ao passado, e sim ao fruto do carvalho e aos erros cometidos em nossa relação com ele.

Embotamos nossa vida por causa da maneira como a concebemos. Paramos de imaginá-la com qualquer tipo de romantização ou floreio ficcional. Assim, este livro também se debruça sobre o romântico e ousa imaginar a biografia em termos bem amplos, como beleza, mistério e mito. Ao se ater ao desafio romântico, este livro também arrisca se inspirar em palavras carregadas, como "visão" e "chamado", privilegiando-as no lugar de reduções menores. Não queremos subestimar o que não compreendemos. Ainda que, em um capítulo mais à frente, analisemos com cuidado as explicações genéticas, também podemos encontrar mistério e mito ali.

Já de início é preciso deixar claro que o principal paradigma usado para compreender a vida humana nos dias de hoje, a interação entre genética e ambiente, omite algo essencial: a particularidade que você sente em ser você. Ao aceitar a ideia de que sou o efeito de um choque sutil entre as forças hereditárias e sociais, eu me reduzo a um resultado. Quanto mais minha vida for explicada sob a óptica do que já aconteceu nos meus cromossomos, pelo que meus pais fizeram ou não fizeram e pelos meus anos iniciais, um passado já muito distante, mais a minha biografia virará a história de uma vítima. Estou vivendo um roteiro escrito pelo meu código genético, pela hereditariedade ancestral, pelos eventos traumáticos, pela inconsciência parental e pelos acidentes da sociedade.

Este livro quer remover a mentalidade de vítima da qual os indivíduos não conseguirão se recuperar até que os paradigmas teóricos que a originaram tenham sido completamente compreendidos e então deixados de lado. Somos, sobretudo, vítimas de teorias que ainda não foram colocadas em prática. A atual identidade americana de vítima é o reverso da moeda cuja frente mais brilhante exibe a identidade oposta: a figura heroica do *self-made man*, que constrói seu destino sozinho, com uma força de vontade incansável. A vítima e o herói são os dois lados da mesma moeda. Entretanto, lá no fundo, somos vítimas da psicologia acadêmica, cientificista e até mesmo terapêutica, cujos paradigmas não conseguem justificar nem lidar satisfatoriamente — por isso ignoram — com o senso de chamado, aquele mistério essencial dentro do coração de cada vida humana.

Em resumo, portanto, este livro é sobre chamado, sobre destino, sobre caráter, sobre imagem inata. Juntos, esses tópicos formam a "teoria do fruto do carvalho", segundo a qual cada pessoa tem uma singularidade que demanda ser vivida e que já existe mesmo antes de poder ser vivida.

"Antes de poder ser vivida" levanta algumas dúvidas a respeito de outro paradigma fundamental: o tempo. E o tempo, abarcando o mundo inteiro, precisa parar. Ele também precisa ser deixado de lado; ou então, o antes sempre determinará o depois, e você permanece acorrentado a eventos passados sobre os quais não tem qualquer ingerência. Assim, este livro dedica mais tempo ao atemporal, na tentativa de ler a vida tanto de trás para a frente quanto de frente para trás.

Analisar a vida de trás para a frente nos possibilita compreender quanto as obsessões iniciais são esboços do comportamento de agora. Às vezes, os auges alcançados nos primeiros anos nunca são ultrapassados. Analisar de trás para a frente significa que o crescimento tem menos a ver com o período biológico e mais com a forma, e que o desenvolvimento só faz sentido quando revela uma faceta da imagem original. É claro que a vida humana avança dia a dia, e regride, e de fato vemos diferentes aptidões evoluírem e depois definharem. Ainda assim, a imagem inata do seu destino contém todas elas simultaneamente hoje, ontem e amanhã. A sua pessoa não é um processo ou um desenvolvimento. Você *é* a imagem essencial que evolui, caso evolua. Como disse Picasso: "Eu não evoluo; eu sou".

Pois essa é a natureza da imagem, de qualquer imagem. Está tudo lá de uma vez só. Ao olhar para um rosto, para uma paisagem na janela ou um quadro na parede, você vê uma *gestalt* completa. Todas as partes se apresentam simultaneamente. Um fragmento não causa outro, nem o precede. Não importa se o pintor colocou os borrões vermelhos primeiro ou por último, se as pinceladas cinzentas são acréscimos ou fazem parte da estrutura original, ou se são traços que restaram de outra imagem anterior naquele pedaço de tela: o que você vê é exatamente o que você recebe, tudo de uma vez. O rosto é igual; as expressões e as feições compõem um semblante único, uma imagem única, tudo ao mesmo tempo. Também é assim com a imagem no fruto do carvalho. Você nasce com um caráter; ele é dado; como dizem as velhas histórias, é um dom que você recebe dos guardiões no dia do seu nascimento.

Este livro percorre um caminho novo com base em uma ideia antiga. Cada pessoa entra no mundo ao ser chamada. Essa ideia vem de Platão, do Mito de Er, no fim de sua obra mais conhecida, *A república*. Ela pode ser resumida da seguinte forma.

Antes de nascer, a alma de cada um de nós recebe um daimon particular, que escolheu uma imagem ou padrão para vivermos na Terra. Esse acompanhante da alma, o daimon, nos guia aqui; no entanto, durante o processo de chegada, esquecemos tudo o que aconteceu e acreditamos que viemos vazios ao mundo. O daimon se lembra do que está na sua imagem e pertence a seu padrão e, portanto, ele é o condutor do seu destino.

Conforme explica Plotino (205-270), um dos maiores pensadores neoplatônicos, escolhemos o corpo, os pais, o lugar e as circunstâncias adequadas à nossa alma e que, como diz o mito, atendem às suas necessidades. Esse pensamento sugere que as circunstâncias, incluindo meu corpo e meus pais, dos quais posso reclamar, foram escolhas da minha própria alma — e eu não as compreendo porque não tenho lembranças disso.

Então, para não esquecermos, Platão narra o mito e, na última passagem, diz que ao conservarmos o mito vamos também conservar melhor a nós mesmos e prosperar. Em outras palavras, o mito tem uma função psicológica redentora, e uma psicologia derivada dele pode inspirar uma vida baseada nele.

O mito também conduz a ações práticas. A mais prática delas é considerar as ideias sugeridas pelo mito ao analisar sua biografia — ideias sobre o chamado, a alma, o daimon, o destino, a necessidade, tudo isso será explorado nas páginas a seguir. Depois, sugere o mito, devemos esmiuçar a infância com muita atenção em busca de sinais da ação do daimon, para compreender suas intenções e não interromper seu caminho. O restante das implicações práticas ocorre assim: (a) Reconhecer o chamado como o fato primordial da existência humana; (b) alinhar a vida com esse chamado; (c) ter o bom senso de perceber que os acidentes, inclusive o coração partido e os choques naturais herdados pelo corpo, pertencem ao padrão da imagem, são necessários a ela e ajudam a consumá-la.

Um chamado pode ser adiado, evitado, ocasionalmente perdido. Também pode tomar conta de você por completo. Não importa; a certa altura, ele vai aparecer. Ele demanda. O daimon não desaparece.

Buscamos durante séculos o termo exato para definir esse "chamado". Os romanos o nomeavam *gênio*; os gregos, daimon; e os cristãos, anjo da guarda. Os românticos, como Keats, diziam que o chamado vinha do coração; e o olho intuitivo de Michelangelo enxergava uma imagem no coração da pessoa que ele esculpia. Os neoplatônicos se referiam a um corpo imaginário, o *ochema*, que carregava a pessoa como se fosse um veículo.[1] Era seu condutor ou suporte pessoal. Para alguns, é a Dama da Sorte ou Fortuna; para outros, um gênio ou um *jinn*, uma semente podre ou um gênio do mal. No Egito, poderia ter sido *ka* ou *ba*, com quem se podia conversar. Entre as populações a quem nos referimos como esquimós, e outras que praticam rituais xamânicos, é o seu espírito, a alma-livre, a alma-animal, a alma-sopro.

Há mais de um século, o pesquisador vitoriano de religiões e culturas E. B. Tylor (1832-1917) relatou que os "primitivos" (como eram então chamados os povos não industrializados) percebiam aquilo que chamávamos de "alma" como "uma imagem humana frágil e imaterial, em essência uma espécie de vapor, película ou sombra... em geral palpável e invisível, mas que manifesta poder físico".[2] Mais tarde, o repórter etnográfico Åke Hultkrantz, especializado nos ameríndios, disse que a alma "se origina em uma imagem" e é "concebida em forma de uma imagem".[3] Platão, em seu Mito de Er, utiliza uma palavra similar, *paradeigma*, uma forma básica que abrange todo o destino. Embora essa imagem que acompanha a sua vida seja a portadora do destino e da fortuna, ela não é uma bússola moral e não deve ser confundida com a consciência.

O *gênio* dos romanos não era moralista. Ele "sabia tudo sobre o futuro do indivíduo e controlava seu destino", ainda que "essa divindade não impusesse quaisquer sanções morais contra o indivíduo; era apenas mero agente da sorte pessoal ou da fortuna. Era possível a uma pessoa pedir, sem opróbrio, que o Gênio consumasse seus desejos mais maléficos e egoístas".[4] Em Roma, na África Ocidental e no Haiti também era possível pedir a seu daimon (como quer que fosse chamado) para prejudicar inimigos, acabar com a sorte deles ou ajudar em manipulações e seduções. Esse aspecto "mau" do daimon também será explorado em um capítulo mais à frente ("A semente podre").

A história do conceito dessa imagem individual da alma é longa e complicada; aparece nas culturas de maneira diversa e abrangente, e sob uma variedade de nomes. Apenas a psicologia e a psiquiatria contemporâneas omitem-na de seus manuais. O estudo e a terapia da psique na nossa sociedade ignoram esse elemento, enquanto outras culturas o consideram o cerne do caráter e repositório do destino individual. O tema essencial da psicologia, psique ou alma não faz parte dos livros supostamente dedicados a seu estudo.

Vou usar termos diversos para esse fruto do carvalho — imagem, caráter, sorte, gênio, chamado, daimon, alma, destino — de modo bastante intercambiável, dando preferência a um ou a outro de acordo com o contexto. Essa maneira mais flexível segue o exemplo de outras culturas, em geral mais antigas, que têm uma percepção melhor dessa força enigmática da vida humana do que nossa psicologia contemporânea, que tende a limitar a compreensão de fenômenos complexos a definições com um único significado. Não devemos ter medo dessas palavras abrangentes; elas não são vazias. Apenas foram abandonadas e precisam ser resgatadas.

Tantas palavras e substantivos não nos dizem exatamente *o que é* essa "coisa", mas confirmam que ela *existe*. Também destacam sua aura de mistério. Não sabemos com precisão a que estamos nos referindo porque sua natureza permanece obscura, revelando-se sobretudo em pistas, intuições, sussurros, desejos repentinos e estranhezas que sacodem nossa vida e que continuamos a chamar de sintomas.

Veja um exemplo. Noite de Calouros na Harlem Opera House. Uma jovem magrinha e desajeitada de 16 anos sobe ao palco cheia de medo. É anunciada para a plateia: "A próxima candidata é uma moça chamada Ella Fitzgerald... A srta. Fitzgerald vai dançar pra gente... Calma aí, calma aí. O que aconteceu, querida?... Uma correção, pessoal. A srta. Fitzgerald mudou de ideia. Ela não vai dançar, e sim cantar...".

Ella Fitzgerald cantou, deu três bis e ganhou o prêmio da noite. No entanto, ela "tinha ido lá para dançar".[5]

Foi por acaso que ela mudou de ideia, assim, de repente? O gene do canto, subitamente, entrou em funcionamento? Ou talvez aquele momento tenha sido uma anunciação chamando Ella Fitzgerald para cumprir seu destino específico?

Apesar da relutância em incluir o destino individual em seu campo de estudos, a psicologia realmente admite que cada um de nós tem sua própria constituição, que cada um de nós é, sem dúvida, e até de modo desafiador, um indivíduo único. Mas, quando se trata de explicar a origem da faísca de singularidade e o chamado que nos mantém na trilha dela, a psicologia também fica atônita. Seus métodos analíticos esmiúçam o quebra-cabeça que é o indivíduo e dividem-no em elementos e traços de personalidade, em tipos, complexos e temperamentos, na tentativa de rastrear o segredo da individualidade no substrato do tecido cerebral e nos genes egoístas. As escolas de psicologia mais rígidas já descartam a questão logo de cara e entregam para a parapsicologia a responsabilidade de estudar os "chamados" paranormais, ou para os domínios mais distantes da magia, religião e loucura. Quando é mais ousada, e também mais improdutiva, a psicologia explica a singularidade de cada um pela hipótese do acaso estatístico aleatório.

Este livro se recusa a deixar esse senso de individualidade que está no âmago do "eu" para os laboratórios de psicologia. E nem vai aceitar que a minha estranha e preciosa vida humana seja o resultado de acaso estatístico. Mas percebam que essas recusas não significam que entraremos de cabeça no terreno da igreja. O chamado para o destino individual não é uma questão colocada entre a ciência sem fé e a fé não científica. A individualidade segue sendo uma questão para a psicologia — uma psicologia que se atenha a seu prefixo, "psique", e a sua premissa, a alma, e assim possibilite o casamento entre mente e fé sem precisar de uma religião institucionalizada, e capaz de observar cuidadosamente os fenômenos sem precisar de uma ciência institucionalizada. A teoria do fruto do carvalho transita habilmente entre esses dois velhos dogmas antagônicos, que latem um para o outro há séculos e que o pensamento ocidental segue mantendo a seu lado como amados bichinhos de estimação.

A teoria do fruto do carvalho propõe, e trarei evidências disso, que você, eu e todas as pessoas nascemos com uma imagem que nos define. A individualidade reside em uma causa formal — voltando a Aristóteles e usando sua linguagem filosófica. Cada um de nós personifica sua própria ideia, na linguagem de Platão e Plotino. E essa forma, essa ideia, essa imagem não permite muita dispersão. A teoria também atribui uma intenção angelical ou daimônica a essa imagem inata, como se fosse uma faísca de consciência; e, além disso, sugere que ela se preocupa conosco, pois nos escolheu tendo em vista seus próprios motivos.

A ideia de que o daimon se preocupa conosco talvez seja a parte da teoria mais difícil de aceitar. Que o coração tenha suas próprias razões, tudo bem; que haja um inconsciente com intenções próprias; que o destino interfira diretamente no desenrolar dos acontecimentos — tudo isso é aceitável e até convencional.

Mas por que é tão difícil imaginar que alguém cuida de mim, que algo se interesse pelo que faço, que possa ser protegido e que talvez minha vida não seja de todo preservada apenas pelas minhas próprias ações e minha própria vontade? Por que prefiro uma apólice de seguro às garantias invisíveis da existência? Com certeza é muito fácil morrer. Um milésimo de segundo de desatenção e os planos mais bem construídos de um ego forte vão por água abaixo. Tem alguma coisa que me salva todos os dias de cair da escada, tropeçar no meio-fio, ser pego de surpresa. Como é possível dirigir em alta velocidade em uma estrada, o rádio bem alto, pensamentos totalmente distraídos, e continuar vivo? O que é esse "sistema imunológico" que zela por mim todos os dias, pela comida cheia de vírus, toxinas e bactérias que estou ingerindo? Até minhas sobrancelhas estão infestadas de parasitas, como pequenos passarinhos nas costas de um rinoceronte. A isso que nos preserva damos o nome de instinto, autopreservação, sexto sentido, consciência subliminar (e tudo isso também é invisível, ainda que presente). Houve uma época em que o que tomava conta de mim tão bem era um espírito guardião, e eu sabia muito bem como dar a atenção adequada a ele.

Apesar de todo esse cuidado invisível, preferimos imaginar que somos jogados ao mundo nus, completamente vulneráveis e fundamentalmente sozinhos. É mais fácil aceitar a história do desenvolvimento heroico alcançado pelo próprio esforço do que a história de que talvez você seja amado por essa providência norteadora, de que você seja necessário pelo que traz ao mundo, e que às vezes recebe uma ajuda fortuita em situações complicadas. Será que posso dizer isso como um fato simples e comum, sem precisar citar algum guru, testemunhar em nome de Cristo ou reivindicar o milagre da cura? Por que não manter nos limites da psicologia aquilo que antes se chamava de providência — aquela força invisível que nos acompanha e zela por nós?

As crianças apresentam a melhor manifestação da psicologia da providência. E aqui estou falando não apenas de milagres providenciais, como aquelas histórias fantásticas de crianças que caem de alturas imensas sem se machucar, que ficam soterradas sob os escombros de terremotos e sobrevivem. Também me refiro aos milagres triviais, quando as marcas do caráter ficam claras. De repente e a troco de nada, uma criança mostra quem é e o que precisa fazer.

Esses impulsos do destino costumam ser reprimidos por percepções disfuncionais e ambientes pouco receptivos, de modo que o chamado aparece em meio a uma série de sintomas de crianças difíceis, autodestrutivas, hiperativas, que se acidentam demais — todas expressões inventadas pelos adultos para justificar sua falta de compreensão. A teoria do fruto do carvalho sugere uma nova forma de olhar para os distúrbios da infância, pensando menos em causas e mais em chamado, menos em influências passadas e mais em revelações intuitivas.

Em relação às crianças e sua psicologia, quero que as crostas do hábito (e o ódio que se esconde dentro do hábito) parem de obstruir nossa visão. Quero que a gente compreenda que todas as situações enfrentadas pelas crianças têm a ver com encontrar um lugar no mundo para seu chamado específico. Elas tentam viver duas vidas de uma vez só, aquela com a qual nasceram e aquela que existe em meio às pessoas a seu redor. A imagem completa de um destino fica guardada dentro de um pequeno fruto, a semente de um gigantesco carvalho, sobre pequenos ombros. E seu chamado grita alto, é persistente, e exige tanto quanto qualquer voz repreensora que esteja à sua volta. O chamado se revela nas pirraças, nas teimosias, na timidez e no refúgio, atitudes que parecem colocar a criança contra o mundo, mas que talvez sejam as proteções do mundo com o qual e de onde ela vem.

Este livro está do lado das crianças. Fornece uma base teórica para compreendermos sua vida, uma base que busca sua própria fundamentação em mitos, na filosofia, em outras culturas e na imaginação. Procura dar sentido às disfunções infantis antes de dar rótulos literais a esses problemas e já mandar a criança para a terapia.

Sem uma teoria que ampare a criança desde o início e sem uma mitologia que conecte cada criança a algo que vem antes mesmo desse início, a criança entra no mundo como um simples produto — acidental ou planejado, mas sem uma autenticidade própria. Seus problemas, portanto, também não têm autenticidade, já que a criança não chega ao mundo por razões próprias, com seus próprios projetos e guiada por seu próprio gênio.

A teoria do fruto do carvalho oferece uma psicologia da infância; afirma a singularidade e o destino inerentes à criança, o que significa, para começo de conversa, que todos os dados clínicos de disfunção pertencem, de alguma forma, a essa singularidade e ao destino. As psicopatologias são tão autênticas quanto a própria criança, e não secundárias nem contingentes. Os dados clínicos são parte desse dom, tendo sido concedidos à criança ou não. Isso significa que toda criança é dotada e já nasce com uma série de dados, de dons que lhes são peculiares e que se mostram de formas peculiares, muitas vezes inapropriadas e causando sofrimento. Então, este livro é sobre crianças e oferece uma maneira diferente de enxergá-las, de adentrar sua imaginação e descobrir em suas patologias o que o daimon pode estar sugerindo e a que aspira o seu destino.

Chamados

Duas histórias de crianças: a primeira, de um importante filósofo inglês, R. G. Collingwood (1889-1943); a segunda, de um brilhante toureiro espanhol, Manolete (1917-1947). A primeira mostra como o daimon aparece de repente em uma vida ainda jovem; a segunda revela as dissimulações tortuosas e os disfarces usados de vez em quando pelo daimon:

> Meu pai tinha muitos livros e... um dia, quando eu tinha 8 anos, a curiosidade me levou a pegar um pequeno livro preto em cuja lombada se lia "Teoria da Ética de Kant"... Quando comecei a ler, o corpinho espremido entre a estante e a mesa, fui tomado por uma estranha sucessão de emoções. Primeiro veio uma animação intensa. Sentia que coisas da mais alta importância estavam sendo ditas sobre assuntos absolutamente urgentes: coisas que eu precisava entender a qualquer custo. Depois, com um surto de indignação, veio a descoberta de que eu não entendia nada daquilo. Era vergonhoso confessar, mas lá estava um livro escrito em inglês, com frases que seguiam a gramática, mas cujo significado era incompreensível para mim. E então, em terceiro e último lugar, veio a emoção mais estranha. Senti que o conteúdo daquele livro, por mais que eu não compreendesse, tinha a ver comigo: era uma questão pessoal para mim, ou talvez para uma versão futura de mim... não havia nenhum desejo ali; eu não "queria", no sentido mais natural da palavra, dominar a ética kantiana quando fosse mais velho; mas senti como se um véu tivesse sido levantado e meu destino, revelado.
>
> Depois disso, aos poucos, me veio uma sensação de ser encarregado de uma tarefa cuja natureza eu não conseguia definir muito bem a não ser: "Eu preciso pensar". Sobre o que deveria pensar, isso eu não sabia; e, ao obedecer a esse comando, eu ficava em silêncio e distraído.[6]

O filósofo que elaborou grandes obras acerca da metafísica, estética, religião e história já havia sido chamado a começar a "filosofar" aos 8 anos de idade. O pai dele forneceu os livros e os meios de acessá-los, mas foi o daimon quem escolheu esse pai e sua "curiosidade" fez o menino pegar o livro.

Quando criança, Manolete não se parecia nem um pouco com um toureiro em potencial. O homem que mudou estilos antigos e renovou os ideais da tourada era um menino tímido e medroso.

> Delicado e de saúde frágil, tendo quase morrido de pneumonia aos 2 anos, o pequeno Manuel só se interessava por pintura e leitura. Ficava o tempo inteiro dentro de casa e se agarrava de tal forma à saia da mãe que suas irmãs e as outras crianças costumavam implicar com ele. Em sua cidade, era conhecido como "um menino magrinho e melancólico que vagava pelas ruas depois das aulas com a cabeça nas nuvens. Raramente jogava futebol ou brincava de tourada com os outros meninos". Tudo isso mudou "quando ele tinha uns 11 anos e então nada mais importava a não ser os touros".[7]

Uma transformação radical! Em sua primeira tourada, Manolete, que mal tinha se tornado um rapaz, se mantém firme, os pés imóveis — e, de fato, sofre um ferimento na virilha, que encara reservadamente, recusando-se a ser levado para a casa da Mãe, a fim de voltar junto dos companheiros com quem fora.

Sem dúvida, o heroísmo está constelado. O mito do herói chama lá de dentro do fruto do carvalho.

Haveria uma leve consciência do chamado ali desde o início? Então, é claro que o garotinho Manolete tinha medo e se agarrava à mãe. (Será que as saias da mãe eram uma metáfora ou ele já as usava como uma capa?) É claro que ele se mantinha bem longe das brincadeiras de tourada na rua e buscava abrigo na cozinha. Como seria possível para esse menino de 9 anos encarar seu destino? Dentro de seu fruto do carvalho havia touros de meia tonelada com chifres afiados avançando em sua direção, entre eles Islero, aquele que o golpeou na virilha e na barriga e o matou aos 30 anos de idade, dando origem a um dos maiores funerais já vistos na Espanha.

Collingwood e Manolete compartilham um dado básico: as frágeis capacidades de uma criança não são compatíveis com as demandas do daimon. As crianças estão sempre à frente de si mesmas, ainda que tirem notas baixas e fiquem para trás. Uma das possibilidades é a criança avançar, como no famoso caso de Mozart e de outras "crianças-prodígio" que tiveram uma boa orientação. A outra possibilidade é se recolher e evitar o daimon, como Manolete fazia na cozinha da mãe.

O "surto de indignação" que acometeu Collingwood tinha a ver com sua inadequação; ele não estava à altura de Kant, que era seu "assunto, uma questão pessoal para mim". Uma parte de Collingwood não dispunha de qualquer orientação para compreender o significado do texto; a outra parte não era uma criança de 8 anos — não era sequer uma criança.

Dois exemplos semelhantes também mostram a diferença entre a habilidade da criança e as necessidades do gênio. Primeiro, a geneticista pioneira Barbara McClintock; segundo, o renomado violinista Yehudi Menuhin.

McClintock recebeu um Prêmio Nobel por sua pesquisa, que exigia o tipo de trabalho empírico e teórico solitário, no laboratório, que lhe dava um enorme prazer. Ela relata que "aos 5 anos, eu pedi um kit de ferramentas. [Meu pai] não me deu as ferramentas que se compram para adultos; deu-me algumas que caberiam nas minhas mãos... mas aquelas não eram as ferramentas que eu queria. Eu queria ferramentas *de verdade*, não de criança".[8]

Menuhin também queria algo maior do que suas mãos podiam segurar. Com menos de 4 anos, ele ouvia com frequência os solos do primeiro violinista Louis Persinger no Teatro Curran, onde o pequeno Yehudi ia com os pais e se sentava nas galerias. "Durante uma dessas apresentações, pedi aos meus pais um violino de presente de 4 anos e que Louis Persinger me ensinasse a tocar". O desejo foi realizado, aparentemente, quando um amigo da família lhe deu de presente um violino de brinquedo feito de metal e com cordas de metal. "Eu caí no choro, joguei o instrumento no chão e não queria mais saber daquilo".[9]

Como o gênio não é limitado por idade, tamanho, educação ou formação, toda criança é confiante demais e tem o olho maior do que a barriga. Ela se mostrará narcisista, exigirá atenção excessiva e será acusada de fantasias onipotentes infantis, como pedir um instrumento que nem consegue carregar. Qual é a fonte dessa onipotência se não a grandiosidade da visão que acompanha a alma quando chegamos ao mundo? Os românticos compreendiam essa grandiosidade inerente às crianças. Como eles diziam: "Arrastamos nuvens de glória ao chegar".

As mãos de Barbara não conseguiam levantar um martelo pesado, assim como os braços e dedos de Yehudi não tinham capacidade de se articular para tocar um violino de tamanho normal, mas a visão tinha o tamanho exato da música em sua cabeça. Ele precisava ter o que queria porque "eu sabia, instintivamente, que tocar era ser".[10]

Vamos considerar que o daimon do pequeno Yehudi se recusava a ser tratado como criança apesar de o menino ter apenas 4 anos de idade. Foi o daimon que fez a pirraça, exigindo o instrumento de verdade, pois tocar violino não é a mesma coisa que usar um brinquedo. O daimon não quer ser tratado como criança; não é uma criança, nem mesmo uma criança interior — na verdade, ele pode ser bastante intolerante a essa combinação, a esse encarceramento dentro do corpo de uma criança inexperiente, a essa junção de sua visão completa com um ser humano incompleto. A intolerância rebelde, conforme o exemplo de Yehudi Menuhin, é uma característica básica do comportamento do fruto do carvalho.

Ao olhar para a infância da escritora francesa Colette, vemos que ela também era fascinada pelos instrumentos de seu ofício. Diferentemente do destino de Menuhin, que o atacou como um tigre, o dela parecia mais um gato francês no batente da janela, esperando, observando, afastando-se da própria necessidade de escrever ao testemunhar as tentativas do pai. Mais parecida com Manolete, ela recuou — seria autoproteção?

Como diz a própria Colette, sua resistência em escrever evitou que ela começasse cedo demais, como se seu daimon não quisesse que ela iniciasse antes de ser capaz de receber esse dom, e, em vez disso, que lesse, lesse muito, vivesse e aprendesse, experimentasse e cheirasse e sentisse. A escrita e a tortura da escrita logo trariam uma aflição para sua vida, e também uma bênção, mas primeiro ela precisava absorver o tipo de sensibilidade que permearia suas composições. E isso não se refere apenas a eventos que comporiam sua memória sensível, mas a coisas bem palpáveis da escrita como um ofício físico. Pois, embora renegasse as palavras, ela desejava intensamente os materiais do seu chamado.

> Uma pilha de papel mata-borrão em branco; uma régua de ébano; um, dois, quatro, seis lápis apontados com canivete, cada um de uma cor; canetas de ponta média e fina, canetas de ponta muito grossa, canetas de desenho tão finas quanto uma pena de melro; cera para lacrar, vermelha, verde e violeta; um mata-borrão de mão, um vidro de cola líquida, sem contar umas faixas transparentes de cor âmbar conhecidas como "cola de boca"; os minúsculos vestígios de uma capa militar reduzida às dimensões de um limpador de

caneta com as bordas recortadas; um tinteiro grande ao lado de um tinteiro pequeno, ambos de bronze, e uma tigela em laca cheia de um pó dourado para secar as páginas molhadas; outra tigela com biscoitinhos seladores de todas as cores (eu costumava comer os brancos); dos dois lados da mesa, resmas de papel cor de creme, pautado, com marca d'água.

Menuhin sabia exatamente o que queria: tocar violino. Colette sabia igualmente o que não queria: escrever. Embora aos 6 anos já soubesse ler, ela "se recusava a aprender a escrever".

> Não, eu não ia escrever, não queria escrever. Quando você sabe ler, consegue penetrar no reino encantado dos livros, então para que escrever?... Na minha juventude, eu nunca, *nunca* quis escrever. Não, eu não me levantava em segredo de madrugada para rabiscar poemas em uma tampa de caixa de sapatos! Não, eu jamais arremessei palavras ao vento ou ao luar! Não, nunca tirei boas notas em redação entre os 12 e 15 anos. Porque o que eu sentia, e a cada dia de modo mais intenso, era que eu tinha nascido para *não* escrever... Eu era a única, a única criatura enviada ao mundo com o propósito de não escrever.[11]

Gostaria de recapitular o que aprendemos até agora sobre como o destino afeta a infância. No caso de Collingwood, uma anunciação inesperada; para Manolete e Colette, uma inibição que os fazia se recolherem. Do mesmo modo, vimos nos casos de McClintock, Menuhin e Colette um desejo obsessivo pelas ferramentas que tornariam possível aquela realização. E vimos a discrepância entre a criança e o daimon. Sobretudo, aprendemos que o chamado ocorre de maneiras curiosas e diferentes a depender do indivíduo. Não existe um padrão generalizado, apenas um padrão particular para cada caso.

No entanto, qualquer leitor com um faro freudiano aguçado deve ter percebido algo em comum: a presença de todos esses pais — o de Collingwood, de McClintock, de Menuhin e de Colette! —, como se o que o pai pudesse oferecer tivesse influência no chamado da criança. Essa "falácia parental", como vamos desenvolver no capítulo de mesmo nome, é difícil de evitar. A fantasia da influência parental sobre a infância nos acompanha pela vida inteira, mesmo depois de os próprios pais virarem apenas fotografias desbotadas; é tão forte que muito do poder deles vem da *ideia* desse poder. Por que nos apegamos à falácia parental? Por que ela ainda atua sobre nós e nos conforta? Temos medo de permitir que o daimon entre em nossa vida? Tememos que tenha nos chamado uma vez, e continue chamando, então nos escondemos na cozinha? Nós nos refugiamos nas explicações parentais em vez de enfrentar os desejos do destino.

Se Colette foi capaz de adiar seu destino, ou de reconhecê-lo graças à intensidade de sua própria resistência, Golda Meir, que liderou Israel durante a guerra de 1973, foi diretamente impulsionada pelo dela quando ainda estava na quarta série em uma escola pública de Milwaukee. Ainda jovem, organizou um protesto contra uma compra obrigatória de livros escolares que eram muito caros para as crianças mais pobres e que, portanto, não teriam oportunidades igualitárias de aprender. Essa menina de 11 anos (!) alugou um salão para organizar um comício, arrecadou fundos, reuniu seu grupo de amigas, treinou a irmãzinha mais nova para declamar um poema socialista em iídiche e depois discursou, ela mesma, para o grupo. A menina já não era uma primeira-ministra do Partido Trabalhista?

A mãe de Golda Meir insistia para que a filha escrevesse o discurso com antecedência, "mas fazia mais sentido para mim apenas falar o que eu queria falar, os 'discursos da minha cabeça'".[12]

A vida futura nem sempre precisa chegar tão abertamente. Golda Meir, uma mulher determinada e com espírito de liderança, já veio assim. Seu daimon preparou o caminho e a manteve sempre nele. Quando tinha mais ou menos a mesma idade, Eleanor Roosevelt, outra mulher bastante determinada e com espírito de liderança, estava entrando no universo do seu futuro, mas não com ações, e sim usando a fantasia.

Eleanor Roosevelt costumava dizer que tinha sido uma "criança infeliz", cujos primeiros anos foram "dias cinzentos". Que termos educados e serenos para o que ela passou. "Eu cresci com medo da insanidade".[13] Eleanor perdeu a mãe que nunca gostou dela, seu irmão mais novo e o pai, um playboy, todos antes de completar 9 anos. "Ela é uma criança tão engraçada, tão antiquada, que sempre a chamamos de 'vovó'". Quando tinha 5 anos, talvez menos, seu jeito reservado foi ficando ainda mais forte: tornou-se mais carrancuda, teimosa, mordaz, amarga e inapta (aos 7 anos, não sabia ler, nem cozinhar ou costurar, algo esperado em seu círculo social na época). Ela mentia, roubava, tinha surtos antissociais quando estava acompanhada. Foi ensinada e subjugada por um tutor, a quem "odiou durante muitos anos".[14]

Enquanto isso, "eu ia construindo uma história dia a dia, que era a coisa mais real da minha vida".[15] Em sua história, Eleanor se imaginava morando com o pai, sendo a senhora de sua grande mansão e sua companheira de viagens. A história ainda continuou por muitos anos depois da morte dele.

Hoje, "o caso de Eleanor R." exigiria terapia. Hoje, ainda que o sistema familiar fosse levado em conta, a criança quase com certeza seria tratada à base de um coquetel de drogas psiquiátricas que confirmaria, com todo o poder da biologia, o sentimento da menina de ser uma "criança má". (A maldade deve estar nas minhas próprias células, como uma doença ou um pecado original. Senão, por que eu tomaria esses comprimidos para me deixar melhor, do mesmo jeito que tomo quando tenho febre ou dor?)

As complexas fantasias ficcionais de Eleanor não seriam valorizadas como a manifestação da imaginação de seu daimon, seu chamado. Em vez disso, seriam reduzidas a uma fuga da realidade, beirando o delírio. Usando drogas para reduzir a força e a frequência dessas imagens, a medicina psiquiátrica poderia tratar uma mente doente, provando por meio do raciocínio circular que aquilo que fora eliminado era de fato uma doença.

Outro especialista, se chamado a opinar sobre o caso de Eleanor R., poderia suspeitar que havia uma conexão entre suas fantasias infantis do cotidiano e sua coluna de jornal, anos mais tarde, que abordava a realidade social e se chamava "Meu Dia". Esse especialista reduziria o gênio dela a um sentimento de compaixão democrática, ao bem-estar da humanidade, e sua visão otimista e abrangente a uma "compensação" pelos anos de isolamento em suas fantasias nos dias cinzentos da infância.

Mais uma vez, um pai. Mais uma vez, uma oportunidade de recorrer a uma interpretação freudiana: o complexo de Electra de Eleanor (amor pelo pai e desejo de substituir a mãe) causou tanto a depressão cinzenta quanto a fuga dela por meio das fantasias de onipotência. Mas como as fantasias tinham outro *conteúdo*, como voos mágicos, pactos secretos, encontros românticos, resgates de animais e casamentos reais, a teoria do fruto do carvalho propõe uma explicação bastante diferente para as criações imaginativas da jovem Eleanor.

O conteúdo, com elementos de cuidado e gerenciamento, tinha um propósito: prepará-la para a vida dedicada que levaria mais tarde. As fantasias eram uma invenção de seu chamado e eram, na verdade, mais *realistas* em sua orientação para o futuro do que a realidade de seu dia a dia. A imaginação teve um papel professoral, dando-lhe instruções para executar o enorme trabalho de cuidar do bem-estar de uma família complexa, de um marido deficiente, do estado de Nova York, como esposa do governador, dos Estados Unidos, como primeira-dama, e até mesmo das Nações Unidas. As fantasias em que acompanhava e cuidava do "Pai" foram uma práxis preliminar na qual conseguiu alocar seu chamado, a enorme devoção ao bem-estar dos outros.

Teoria da compensação

A teoria da compensação — a de que Eleanor Roosevelt compensava seus sentimentos de desesperança com fantasias de poder — coloca muito peso sobre a psicobiografia. Para simplificar, a teoria defende que as raízes de superioridades futuras estão enterradas nas inferioridades do passado. Crianças baixinhas, sempre doentes e tristes, são movidas pelo princípio da compensação para se tornarem líderes imponentes, na ação e na força.

A biografia do Generalíssimo Francisco Franco, ditador da Espanha entre 1939 e 1973 (ele morreu dois anos depois), se encaixa facilmente nos moldes da teoria da compensação. Quando menino, ele era "extremamente tímido", de "constituição frágil" e "minúsculo". "Aos 15 anos, pequeno e com cara de bebê, entrou na Academia de Infantaria de Toledo, e um dos instrutores... entregou a ele um mosquete de cano curto em vez do costumeiro rifle pesado". Franco ergueu a cabeça e disse: "Qualquer coisa que o homem mais forte da minha seção possa fazer, eu também posso".[16] Esse insulto marcou Franco, pois para ele a dignidade era essencial. Para além da óbvia compensação pela fragilidade de sua infância, ele ainda competia (rivalidade entre irmãos) com os irmãos mais extrovertidos, que eram animados, bem-sucedidos e comunicativos. Assim, Franco superou as inferioridades antigas por meio de vitórias, opressão e brutalidade.

É possível enumerar, um a um, homens célebres por suas conquistas e bravuras que, quando crianças, sugeriam o oposto. Erwin Johannes Eugen Rommel — a Raposa do Deserto, um soldado heroico condecorado com as mais importantes medalhas por sua bravura em combate nas duas guerras mundiais, marechal, veterano de campanha, estratégico, uma inspiração para seus homens durante os esforços na Bélgica, França, Romênia, Itália e no norte da África — era conhecido na família, quando criança, como "urso branco", pois era bastante pálido, sonhador e tinha a fala muito lenta. Sem conseguir acompanhar os colegas de turma no ensino fundamental, foi considerado preguiçoso, desatento e desleixado.[17]

Robert Peary, que cruzou as terras do Ártico até "descobrir" o Polo Norte, era filho único de uma viúva. Ficava sempre perto da mãe, no quintal de casa, "para evitar os meninos que lhe chamavam de 'magrelo' e o provocavam por ser medroso".

Vilhjalmur Stefansson, outro heroico explorador polar, era chamado de "molenga" pelos colegas de turma e passava horas sozinho, brincando com um barquinho em uma tina de água.

Mohandas K. Gandhi era uma criança baixinha, magra, doente, feia e assustada, e tinha medo sobretudo de cobras, de fantasmas e do escuro.[18]

A teoria da compensação que esses personagens supostamente exemplificam tem início com Alfred Adler, o terceiro e menos conhecido membro do grande trio de terapeutas Freud, Jung e Adler, e também o que morreu mais cedo. Seus estudos a respeito de personalidades dotadas universalizou a ideia da compensação e transformou-a em uma lei básica da natureza humana. As evidências, reunidas por ele em escolas de arte no começo do século 20, supostamente mostravam que 70% dos alunos de arte tinham anomalias na visão, e que também havia traços degenerativos na audição de grandes compositores como Mozart, Beethoven e Bruckner.

De acordo com a teoria adleriana, desafios como doenças, anomalias de nascença, pobreza e outras circunstâncias adversas na infância estimulavam conquistas mais altas. Todas as pessoas — não de forma tão grandiosa quanto os célebres e extraordinários — compensam as fraquezas com força, transformando inabilidades em autonomia e controle. A mente humana é, basicamente, constituída para pensar em termos de força/fraqueza, superior/inferior, lutar para ficar no topo.[19]

O episódio do ditador espanhol mostra a ideia adleriana de compensação mais simples. Uma ideia mais sutil e perigosa conecta-a com a teoria da sublimação de Freud. A teoria freudiana defende que as fraquezas da infância se transformam não apenas em forças, mas em produtos de arte e cultura — no fundo das quais, no entanto, ficam os resquícios dos erros cometidos nos anos iniciais, que podem ser detectados no produto como sua verdadeira semente originária.

Esse modelo de interpretação pernicioso pode ser facilmente colocado em prática: Jackson Pollock (1912-1956), "inventor" da caligrafia gotejada da *action painting* do expressionismo abstrato. Ele pintava em telas brancas enormes, colocando-as no chão e caminhando a seu redor, deixando a tinta pingar do pincel enquanto se movia, criando assim arcos entrelaçados, linhas em movimento, curvas e borrões, em um vasto traçado de padrões rítmicos. Consta que ele teria dito: "Quando pinto, não tenho consciência do que estou fazendo".

Mas o douto psicólogo consegue, é claro, relacionar os traços de Pollock na tela branca a um notável sentimento de inferioridade na infância. Caçula de cinco irmãos em uma fazenda no Wyoming, o pequeno Jackson era chamado por eles "de 'bebê' até a adolescência, e ele *odiava* isso".

> Como muitos trabalhadores de fazenda, os garotos Pollock evitavam usar a latrina externa sempre que podiam, preferindo criar desenhos efêmeros no pedaço de chão seco e empoeirado [e coberto de neve branca no inverno] mais próximo. O jovem Jackson costumava observar os irmãos urinando... competindo para ver quem ia mais longe. Muito novo para participar da competição, ele se recolhia à latrina externa... até mesmo para urinar — um hábito que se manteve pelo resto da vida, mesmo quando já tinha idade suficiente para fazer os longos arcos amarelos que os irmãos faziam.[20]

Embora o pintor não saiba o que está fazendo, qualquer psicobiógrafo analítico talentoso consegue entender! Os arcos posteriores são sublimações das marcas de urina no chão, marcas de urina que permaneceram no inconsciente envergonhado do artista. O psicobiógrafo analítico nega o que o próprio artista diz (e, portanto, talvez saiba — isto é, que ele não saiba, e talvez nem tenha condições de saber, a fonte invisível de seu trabalho). Além disso, o intérprete ignora o significado da exata palavra na qual se baseia para a interpretação: "inconsciente". Se você já sabe o que há no inconsciente e o que ele está fazendo — sublimando a competição fálica e a rivalidade entre irmãos por meio da *action paining* —, então a fonte não é nada inconsciente, e Pollock está cumprindo um programa e provando uma teoria da interpretação psicobiográfica.

Uma teoria tão aviltante para a inspiração merece o escárnio que lhe dispenso. A teoria da compensação mata o espírito, pois retira a autenticidade *sui generis* de pessoas e ações extraordinárias. As superioridades emergem de uma fonte mais baixa em vez de expressar uma imagem mais significativa. Porque, como mostra quase toda vida extraordinária, existe uma visão, um ideal que a chama. A exata realidade que ele chama permanece, em geral, imprecisa, quando não completamente desconhecida.

Se todas as superioridades não são nada mais do que inferioridades compensadas, e todos os dons não passam de feridas superadas e fraquezas com disfarces mais nobres que podem ser desmascaradas pela sagacidade analítica, então Franco nada mais é do que um baixinho *de fato* que ainda compete com os irmãos, e Pollock também não passa de um "bebê". Eles não são nada além da própria teoria; assim como todas as outras pessoas, um "nada além de". Não há dom nem um daimon que o forneça. Todos nós estamos sozinhos no planeta, sem um anjo, sujeitos à nossa carne hereditária e a todos os erros opressores da família e das circunstâncias, os quais só conseguiremos superar com a força de vontade de um "ego forte".

Destruída e descartada a teoria da compensação, vamos voltar e analisar as características da infância de Gandhi, Stefansson, Peary e Rommel sob a perspectiva da teoria do fruto do carvalho, examinando de trás para a frente como fizemos com a timidez inicial de Manolete. Gandhi tinha medo de presenças invisíveis e do escuro porque o daimon que carregava seu destino sabia das agressões com cassetetes e das surras, dos longos encarceramentos em celas escuras, e sabia que a morte seria uma companheira de estrada constante. O assassinato estava escrito no roteiro de Gandhi. Será que Peary e Stefansson já ensaiavam, de um jeito infantil e estranho, a solidão árida no topo gelado do mundo? E Rommel (que disse ao filho: "Mesmo ainda como capitão, eu já sabia como comandar um exército")[21] — talvez aquele menino pálido, lento, preguiçoso e desatento como um "urso branco" estivesse se refugiando, em uma espécie de neurose de guerra precognitiva, do fogo de artilharia excruciante em El Alamein, dos ataques e das bombas que enfrentaria em duas guerras mundiais, incluindo o bombardeiro que fraturou seu crânio na Normandia e o veneno que foi obrigado a tomar pela ss para se suicidar por sua suposta participação no plano de matar Hitler.

A postura pretensiosa de Franco também pode ser reinterpretada menos como uma compensação adleriana e mais como uma demonstração da dignidade do daimon. "Não sou um garotinho com cara de bebê. Sou El Caudillo de toda a Espanha e exijo respeito ao meu chamado". Qualquer que seja o chamado — porque não apenas os caudilhos reivindicam respeito (os assassinos também, conforme aprenderemos no capítulo sobre a Semente Podre) —, o daimon se mantém digno. Não se insulta o daimon. Uma criança defende a dignidade de seu daimon. É por isso que até mesmo uma criança frágil em uma idade mais "meiga" se recusa a se submeter ao que considera injusto e falso, e reage de modo tão selvagem a percepções equivocadas e abusivas. A ideia de abuso na infância deve ser expandida para além do abuso sexual — que é muito perverso, não só por ser sexual, mas porque ataca a dignidade bem na essência da personalidade, o fruto do carvalho do mito.

Teoria da motivação

Embora eu tenha condenado a teoria da compensação no que diz respeito ao chamado, a teoria da motivação tem respaldo nas evidências dos episódios aqui mencionados. Pessoas eminentes, cuja vida apresenta alguns dos exemplos mais impressionantes de chamado, têm um elemento supremo como característica, de acordo com o estudo sobre criatividade do professor de Psiquiatria de Harvard Albert Rothenberg. Ele descarta inteligência, temperamento, tipo de personalidade, introversão, herança, ambiente na infância, inspiração, obsessão, distúrbio mental... Tudo isso pode ou não se manifestar, pode contribuir, pode até ser intensamente dominante, mas apenas a motivação está "presente em absolutamente *todos* os casos".[22]

Não seria a "motivação" da psicologia a pressão no fruto do carvalho — ou, melhor ainda, o que há de carvalho no fruto? O carvalho dá frutos, mas esse fruto produz outros carvalhos dentro de si.

A motivação aparece das formas mais estranhas, seja indiretamente, como nas fantasias de Eleanor Roosevelt, seja de modo violento, como nesta história de infância de Elias Canetti, pensador e escritor nascido na Bulgária que ganhou o Prêmio Nobel de Literatura em 1981. Ele tinha 5 anos.

> Meu pai lia o... *Neue Freie Presse* todos os dias; era um momento importante quando ele o desdobrava devagar... Eu tentava descobrir o que o deixava fascinado no jornal, e a princípio achei que fosse o cheiro... Eu subia na cadeira e cheirava avidamente o papel.... [Depois, ele] explicou que o mais importante eram as letras, muitas letrinhas miudinhas, as quais ele cutucava com os dedos. Logo eu as aprenderia também, disse ele, despertando em mim um desejo insaciável pelas letras...
>
> [Minha prima] estava aprendendo a ler e a escrever. Abriu o caderno de um jeito muito solene diante de mim; ali havia letras do alfabeto escritas em tinta azul, e elas me fascinaram mais do que qualquer outra coisa na vida. Mas quando tentei tocá-las.... Ela disse que eu não podia... tudo que consegui depois de implorar com jeitinho foi uma autorização para apontar para as letras, sem tocá-las.
>
> Dia após dia, ela me deixava implorar pelos cadernos; dia após dia, ela se recusava a me entregá-los...
>
> Em um dia que ninguém na família jamais esqueceu, fiquei diante do portão, como sempre, esperando por ela. "Deixa eu ver a escrita"... Tentei pegá-la, corri atrás dela pela casa toda, implorei, supliquei pelos cadernos... Estou falando de ambos, os cadernos e a escrita, os dois eram a mesma coisa para mim. Ela levantou os braços com os cadernos muito acima da cabeça... sobre o muro. Eu não conseguia pegar, era muito pequeno... De repente, eu a deixei lá, dei a volta na casa e fui até o quintal da cozinha para pegar o machado armênio e matá-la com ele...
>
> Ergui o machado e... vim andando de volta pelo longo caminho até o pátio entoando um canto assassino e repetia sem parar: "Agora vou matar a Laurica! Agora vou matar a Laurica!"[23]

As pessoas extraordinárias demonstram seu chamado de modo mais evidente. Talvez por isso sejam fascinantes. Talvez sejam extraordinárias, também, porque seu chamado se apresenta tão claramente e elas se mantenham tão leais a ele. Servem como um exemplo do que é o chamado e da sua força, além do que é ser fiel aos sinais.

Elas parecem não ter outra alternativa. Canetti tinha de ter as letras e palavras; de que outro modo poderia ser escritor? Franco tinha de ser tão forte fisicamente como qualquer outro cadete da escola. Barbara McClintock e Yehudi Menuhin exigiam ferramentas de verdade; precisavam começar a praticar com as mãos. As pessoas extraordinárias são as melhores em fornecer provas irrefutáveis porque mostram aquilo que os reles mortais não conseguem. Parecemos ter menos motivações e mais distrações. Ainda que nosso destino seja movido pela mesma engrenagem universal. As pessoas extraordinárias não estão em uma categoria diferente; o funcionamento da engrenagem delas é apenas mais transparente.

Nosso interesse, portanto, está menos nessas pessoas e em sua "personalidade" e mais no elemento extraordinário do próprio destino — como ele chega e se revela, o que demanda e quais são os efeitos colaterais. Olhamos para essas biografias em busca de manifestações do destino.

Que fique claro, então, que não estamos interessados na adoração aos ricos e famosos, ou no estudo sobre a criatividade e o gênio, ou em por que Mozart e van Gogh eram como eram. O gênio pertence a todo mundo. Nenhuma pessoa é nem pode ser um gênio, porque o gênio ou daimon ou anjo é um acompanhante não humano e invisível, e não a pessoa a que ele acompanha.

Uma visão de crianças

Durante os primeiros anos de vida, a pessoa e o daimon quase sempre parecem uma coisa só, a criança absorvida pelo gênio, uma confusão compreensível já que ela tem bem pouco poder e o daimon já vem com muito. Então, a criança é identificada como um prodígio, excepcional, especial — ou então uma encrenqueira disfuncional, potencialmente uma criminosa violenta, que deve ser testada, diagnosticada e isolada.

A conexão entre patologia e excepcionalidade também segue a tradição romântica que gosta de associar o gênio à insanidade, conferindo-lhe assim autorização para todo tipo de maluquice: quanto mais doido você parece, mais incontestável é seu gênio. Mas nossa abordagem é mais responsável e até inspiradora. Dá à nossa vida ordinária e seus estranhos momentos desviantes uma noção de imagem inata, que mantém as peças unidas e forma um padrão com significado. Todos os episódios da infância de pessoas excepcionais que foram contados aqui não servem apenas para ilustrar a infância *deles*, mas para jogar luz sobre a sua infância e a de crianças que cuidamos e com quem nos preocupamos. Cada breve relato mostra uma intuição do chamado em meio a peculiaridades sintomáticas e bastante óbvias. Será que podemos começar a olhar para as crianças tendo isso em mente? Isso nos levaria a rever nossa abordagem sempre focada nos diagnósticos em relação ao caráter e aos hábitos das crianças.

The War Against Children [A guerra contra as crianças], como diz o título do livro de Peter e Ginger Breggin, ameaça as crianças americanas com uma epidemia de problemas causados justamente pelos métodos que curariam seus problemas.[24] Os males conhecidos de outras épocas reaparecem disfarçados de programas de ajuda, prevenção farmacêutica e segregação. Está tudo de volta — eugenia, racismo, esterilização, remoção forçada, abandono, mendicância, punição e fome. Assim como no período colonial, as drogas que aliviam a dor dos trabalhadores braçais e aumentam sua indiferença serão fornecidas por quem causa essa dor.

As crianças se tornaram as vítimas oferecidas em sacrifício para o deus Moloque, no Mediterrâneo antigo. Elas também são o bode expiatório dos medos cientificistas do que é anômalo, excessivo, dos movimentos de imaginação que surgem como algo novo e que alteram os paradigmas — isso é, os jovens. O que já está acontecendo em nossas "instituições de saúde mental", onde drogas são distribuídas com muito menos pudor do que camisinhas, provavelmente teria entorpecido e atrofiado todas as pessoas extraordinárias de quem falamos neste livro durante a infância.

A insensatez perversa desse tipo de tratamento não é intencional por parte dos profissionais, que têm boas intenções. É o resultado inevitável da inadequação, ou da perversidade, da teoria. Enquanto as estatísticas da psicologia do desenvolvimento normatizadora estabelecerem padrões para julgar as complexidades extraordinárias de uma vida, qualquer desvio se transforma em aberração. O diagnóstico associado às estatísticas é que é a doença; no entanto, diagnóstico e estatística formam justamente o nome — *Manual Diagnóstico e Estatístico* (ou DSM) — do guia universalmente aceito, produzido pela Associação Americana de Psiquiatria e usado por profissionais, agentes de saúde e segurados.[25] Ainda assim, o conteúdo desse livro grosso, pesado e leviano está cheio de relatos sobre as várias formas pelas quais o daimon afeta o destino humano e como elas com frequência aparecem em nossa civilização de maneira triste e estranha.

Este livro prefere relacionar patologia com excepcionalidade, trocando o termo "anormal" por "extraordinário" e deixando que o extraordinário seja a perspectiva por meio da qual examinaremos nossa vida ordinária. Em vez de ler o histórico clínico, um psicólogo leria o histórico humano; em vez de biologia, biografia; em vez de aplicar a epistemologia do conhecimento ocidental para analisar as culturas diferentes, tribais e não tecnológicas, deixaríamos que a antropologia dessas culturas (suas histórias da natureza humana) fosse aplicada a nós. Quero inverter a maneira como nosso pensamento na psicologia é ensinado e praticado, com a intenção de redimir alguns dos pecados desse campo de estudo.

Eminentes e excepcionais

As histórias que pontuam este capítulo e o livro inteiro revelam qual é o foco do trabalho: os primeiros anos de vida, sobretudo. Revelam também o método do livro: episódico na maior parte do tempo. E revelam sua paixão: o extraordinário.

Essa paixão requer uma explicação. O extraordinário é uma imagem maior e mais intensificada do ordinário. O estudo do extraordinário, para fins de formação, tem um longo caminho, desde as biografias de personalidades clássicas escritas por Varro, Plutarco e Suetônio até exemplos que vieram depois, como o dos pais da Igreja,[26] a vida de artistas do Renascimento registradas por Vasari e, do outro lado do Atlântico, a coleção *Homens representativos*, de Emerson. Essa tradição foi sempre acompanhada de lições morais tiradas das histórias de personagens bíblicas, como Abraão, Ruth, Ester e Davi, e da vida dos santos — todos exemplos sublimes de caráter. Ao longo desse tempo, também, a tradição do teatro criou personagens extraordinárias — de Édipo, Antígona, Fedra, Hamlet, Lear e Fausto até Willy Loman — como modelos para refletirmos sobre nossa própria vida.

Embora este livro coloque vencedores do Prêmio Nobel e estadistas sob o mesmo guarda-chuva de estrelas do pop, assassinos e apresentadores de *talk-shows*, esta seleção de nomes e o tempo similar dispensado a cada um deles não pretende sugerir que celebridade equivale a criatividade. A eminência demonstra o poder extraordinário do chamado para determinado caminho. Então, este livro apenas usa pessoas eminentes em causa própria: ao analisar o destino delas, deixa mais claro o chamado que também existe em relação ao nosso.

Usamos essas figuras como sempre foram usadas pela cultura: inspirar a vida das pessoas comuns ao exibir suas próprias potencialidades. Pessoas extraordinárias estimulam; elas conduzem, advertem; povoando os corredores da imaginação — como estátuas de glória, personificações do fascínio e do pesar —, ajudam-nos a lidar com o que nos afeta, tal como afeta a elas. Dão uma dimensão imaginária à nossa vida. É isso que buscamos ao comprar biografias para ler os segredos íntimos dos famosos, sua sorte, seus erros, suas fofocas. Não é para descê-los ao nível que estamos, e sim para elevar o nosso, tornando nosso mundo um pouco menos impossível graças à semelhança com o deles. Sem esses modelos do daimon, não temos outra categoria do excepcional a não ser a psicopatologia diagnóstica.

Essas personificações de uma imaginação intensificada entram diretamente na alma e nos ensinam. Não apenas os tipos heroicos, mas as figuras trágicas também, as beldades, os comediantes, os líderes vistosos e os velhos encarquilhados. O exagero forçado dos traços de caráter nas pessoas extraordinárias faz parte da tradição romântica. Quando a tradição da pompa romântica, com seu elenco de lunáticos, amantes e poetas é diminuída pelo igualitarismo, desconstruída pelo cinismo acadêmico ou considerada megalomaníaca pelo diagnóstico psicanalítico, então o vazio no meio cultural é ocupado por charlatões do mundo pop, magnatas no estilo Trump e Batman, e sobram para a civilização apenas celebridades insípidas para moldar a cultura.

Este livro, portanto, quer fazer a psicologia voltar duzentos anos atrás, à época em que o entusiasmo romântico estava desmantelando a Era da Razão. Quero que a base da psicologia seja a imaginação das pessoas, e não suas estatísticas e diagnósticos. Quero a aplicação da mente poética aos históricos clínicos, para que eles sejam lidos como o que são: formas modernas de ficção, e não relatórios científicos.

Os históricos clínicos demonstram muito mais o que está errado com a psicologia do que com os casos em si. Os relatos mostram como a psicologia habitual — e todos somos afetados por seu estilo de pensamento — tira suas conclusões ao partir do ordinário para o extraordinário, removendo o "extra".

Entre as epígrafes da introdução deste livro há uma de Edgar Wind, talvez o maior estudioso da imaginação no Renascimento. Vale a pena repetir:

> Um método que se aplica a obras pequenas, mas não a uma grande, claramente começou errado... Parece ser uma lição de história o fato de que o lugar-comum possa ser compreendido como uma redução do excepcional, mas o excepcional não possa ser compreendido como uma ampliação do lugar-comum. Tanto lógica quanto causalmente, o excepcional é crucial porque introduz (por mais estranho que pareça) a categoria mais abrangente.[27]

Se o excepcional é a categoria mais abrangente, então, ao estudar as pessoas extraordinárias podemos compreender melhor as profundezas da natureza humana do que se estudarmos igualmente um número maior de casos acumulados. Um único episódio pode esclarecer todo um campo de visão. Manolete na cozinha com medo dos touros que estavam em seu destino; Canetti recorrendo ao machado por causa das palavras. Assim, podemos ver as perturbações na vida das crianças menos como um problema de desenvolvimento e mais como símbolos reveladores.

Cada trecho biográfico exemplifica, em resumo, a principal tese deste livro: precisamos de um novo jeito de olhar para a importância da nossa vida. Minha intenção é atacar as convenções da percepção biográfica e sua insistência de que o tempo e o passado determinam o nosso presente.

Desde que Heródoto e Tucídides inventaram a História e a Bíblia contou quem veio antes de quem, tudo no Ocidente é narrado usando o tempo. Em relação ao tempo, os hebreus e os helênicos concordam; o tempo realmente conta. O progresso depende dele, a evolução necessita dele, todas as medições, sem as quais não teríamos ciências físicas, são baseadas nele. As próprias noções de "novo" e "melhorado" que seduzem nosso desejo consumista são invenções do tempo. A mente ocidental tem dificuldade de parar o relógio. Imagina sua vida mais íntima como um relógio biológico, e seu coração como um ponteiro que faz tique-taque. O dispositivo eletrônico no pulso é um símbolo concreto da mente ocidental aferrada ao tempo. A palavra *watch* [relógio] vem da mesma etimologia de *awake* [acordado] e *aware* [consciente]. Acreditamos que todas as coisas se movem pelo tempo que, como um rio, arrasta o mundo inteiro, todas as espécies e cada vida individual. Então, quando olhamos para qualquer coisa, é sob a perspectiva do tempo. Parece até que vemos o tempo em si.

Para mudar o modo como vemos as coisas, precisamos nos apaixonar. Aí, tudo que era o mesmo de repente se transforma em algo diferente. Assim como o amor, uma mudança de perspectiva pode ser redentora — não no sentido religioso de salvar a alma e garantir um lugar no Céu, mas de um jeito mais pragmático. Como se fosse um centro de redenção, conseguimos receber uma recompensa a partir de algo que achávamos não ter qualquer valor. Os sintomas nocivos do dia a dia podem ser reavaliados e sua utilidade, resgatada.

Na nossa cultura, sintoma representa algo "ruim". A palavra em si significa apenas uma combinação de acontecimentos acidentais, nem bons nem ruins, que se juntam para formar uma imagem. Assim, o julgamento de seu valor não precisa ser moral, seu contexto não precisa ser médico. Como acontecimentos acidentais, os sintomas não pertencem primordialmente à doença, e sim ao destino.

Se os sintomas — ainda que revelem sofrimento — não forem vistos de cara como algo errado ou ruim em uma criança, podemos soltar a imaginação em vez de focá-la na resolução dos sintomas. Podemos acabar com a perversão do princípio médico "semelhante cura semelhante": fazer algo de errado para uma criança a fim de se livrar do erro que é o sintoma. Se o sintoma não é "ruim", não precisamos usar métodos ruins para eliminá-lo.

Terapeutas sofisticados e supersticiosos muitas vezes se perguntam para onde vai o sintoma que é eliminado. Ele desaparece mesmo? Vai voltar de outra forma? E, tendo desaparecido, o que de fato estava tentando expressar? Essas perguntas mostram a ideia de que há "algo mais" no sintoma além de sua negatividade antissocial, disfuncional e obstaculizante.

Essas perguntas abrem os olhos para uma intenção invisível no sintoma, de modo que possamos encará-lo de maneira menos ansiosa, menos como algo errado (moralmente falando) e mais como um fenômeno (que originalmente significava apenas algo que se mostra, brilha, ilumina, é visto). Um sintoma quer ser olhado, não simplesmente analisado.

Estou em busca de uma reestruturação da percepção neste livro. Quero que olhemos para as crianças que fomos, os adultos que somos e as crianças que precisam de nós de alguma maneira sob um prisma que transforme as maldições em bênçãos, ou, se não forem bênçãos, pelo menos sintomas do chamado.

Beleza

De todos os pecados da psicologia, o mais mortal é o desprezo pela beleza. Afinal de contas, há algo de muito belo em uma vida. Mas não se tem essa impressão lendo livros de psicologia. Mais uma vez, a psicologia falha naquilo que estuda. Nem a psicologia social, nem a experimental, nem a terapêutica abrem espaço para apreciar esteticamente a história de uma vida. Suas tarefas são a investigação e a explicação, e, se um fenômeno estético aparece em seu "objeto de estudo" (e não apenas em casos de pessoas dedicadas à estética, como Jackson Pollock, Colette ou Manolete), a justificativa virá de uma psicologia que, já de início, não tem qualquer sensibilidade estética.

Cada curva do destino pode ter sua própria interpretação, mas tem também sua beleza. Basta ver esta imagem: Menuhin pisando firme para bem longe do brinquedo de cordas de metal; Stefansson molenga navegando com seus barquinhos na banheira; Gandhi orelhudo e magrelo com todos os seus medos. A vida como imagens não carece de dinâmicas familiares ou predisposições genéticas. Antes mesmo de existirem histórias de vida, as vidas se apresentam como imagens. Elas querem primeiramente ser vistas. Ainda que dentro de cada imagem haja significados e ela esteja sujeita a análises meticulosas, quando vamos direto para o significado sem apreciar a imagem, perdemos um prazer que não pode ser recuperado nem pelas melhores interpretações. Também tiramos o prazer da vida para a qual olhamos; a exposição de sua beleza se torna irrelevante em relação ao significado.

Quando falo pecado "mortal" da psicologia, estou me referindo ao pecado do embotamento, à sensação mórbida que nos toma quando lemos psicologia profissional, ouvimos sua linguagem, a voz com a qual ela fala, a espessura de seus compêndios, a pretensão e o destemor com que anuncia suas novas "descobertas" — que no geral não poderiam ser mais banais —, suas bobagens reconfortantes para autoajuda, sua decoração, sua moda, suas reuniões de departamento e seus consultórios tranquilizadores, aquelas águas paradas aonde a alma vai para ser restaurada, o último refúgio da cultura do pão de forma, dormido, sem casca, mas sempre esponjoso com aquela esperança reverberante.

Desprezar a beleza é desprezar a Deusa, que então precisa se esgueirar de volta sorrateiramente para os departamentos na forma de assédio sexual, para os laboratórios como experimentos de "pesquisa" com sexo e gênero, e para os consultórios como encontros sedutores. Enquanto isso, a psicologia, sem beleza, torna-se vítima de suas próprias limitações cognitivas, e toda a paixão fica voltada para a ambição de publicações e status. Sem a beleza, há pouca diversão e menos humor. As grandes motivações se perdem nas categorias psicológicas por serem consideradas megalomania e pretensão, enquanto a aventura de ideias é podada para caber nos projetos experimentais. Qualquer romantismo que ainda reste aparecerá no desejo de ajudar pessoas em sofrimento, conduzindo a um "programa de treinamento" para terapeutas. Mas, se prestar ajuda for o chamado, então é melhor aprender com Madre Teresa do que esperar que uma psicologia sem alma, beleza ou prazer vá treiná-lo para ajudar os que sofrem. A psicologia não tem manual de autoajuda para suas próprias aflições.

A prova de que este livro tenta fugir do clima fúnebre é a ausência da linguagem contemporânea da psicologia em suas páginas. A não ser que estejam isolados por aspas, para não contaminarem as frases com sua psicologia mórbida, nenhum dos seguintes agentes infecciosos serão encontrados por aqui: desempenho, crescimento, criatividade, limiares, *continuum*, níveis de resposta, integração, identidade, desenvolvimento, validação, limites, medidas de enfrentamento, condicionamento operante, variação, subjetividade, ajuste, resultados verificáveis, resultados de testes, emergência, esperança. Haverá poucos diagnósticos e nenhum acrônimo. Este é um livro de psicologia sem a palavra "problema". Com poucas menções a "ego", a "consciência" e nenhuma a "experiência"! Também tentei evitar que o termo mais pernicioso de todos, "self", se infiltrasse em meus parágrafos. Essa palavra tem uma boca muito grande; em seu espaço ilimitado poderia engolir todo tipo de personificação mais específica como "gênio", "anjo", "daimon" e "destino" sem deixar qualquer rastro. E, por fim, vanglorio-me desta vitória: um livro com um objetivo psicológico apaixonado, cuja paixão não se rendeu às indulgências da guerra dos gêneros. À medida que a civilização se reduz ao seu próprio lixo, pouco importa se você é feminino, masculino ou qualquer mistura dos dois. Todos nós nos desmanchamos juntos. Há questões muito mais urgentes do que o gênero que requerem a paixão da psicologia.

Então, este livro quer unir psicologia e beleza. Embora essa abordagem redentora seja uma meta a ser desejada com muita sinceridade, ela só é possível quando fazemos abordagens particulares de nossas próprias imagens biográficas individuais — ao considerar nossa vida uma imagem em conexão com a beleza.

A busca pelo fruto do carvalho afeta a maneira como enxergamos a nós mesmos e aos outros, permitindo que encontremos beleza no que vemos e, assim, possamos amar o que observamos. Dessa forma, podemos aceitar as estranhezas do caráter humano e as demandas de seu chamado. Amar esse chamado e conviver com esse amor exigente, um casamento até que a morte nos separe, se é que separa — é essa a visão que permeia este livro.

Ao olhar para nós mesmos como exemplos do chamado, para nosso destino como manifestação do daimon e para nossa vida com a mesma sensibilidade imaginativa que dispensamos às ficções, talvez possamos dar fim às preocupações, à agitação, ao desgaste de procurar causas. Como cachorros correndo atrás do próprio rabo, somos atormentados pelo "por que", que evoca seu gêmeo, o malévolo "como" — como mudar. A busca pela felicidade se transforma na busca por respostas para as perguntas erradas. Quase nem percebemos até que ponto febril todas as psicologias promovem ansiedade — nos pais, nas crianças, nos terapeutas, nos pesquisadores e no próprio campo de estudo ao ampliar as pesquisas para mais e mais "áreas problemáticas". Tudo parece exigir estudos, pesquisas e análises: envelhecimento, administração de negócios, esportes, sono e os métodos de pesquisa em si. A investigação incansável não é a única forma de saber, o autoconhecimento não é a única forma de conscientização. A apreciação de uma imagem, sua história de vida cravejada de imagens desde a infância e um aprofundamento nessas imagens diminuem a inquietação das muitas perguntas e deixam para trás a agitação e o tormento da busca. Pela própria definição, fornecida por Tomás de Aquino em sua *Suma teológica*, a beleza faz cessar o movimento. A beleza é, ela mesma, uma cura para os males psicológicos.

Esse desejo pela beleza que há no coração humano precisa ser reconhecido pelo campo de estudo que alega ter o coração humano como sua área de atuação. A psicologia precisa encontrar o caminho de volta para a beleza, nem que seja para se manter viva. Surpreendentemente, até os estudos a respeito de personalidades criativas das artes parecem considerar o desejo pela beleza — quando chegam a mencioná-lo — apenas um elemento variável. Como o estilo de escrita biográfica que deixa de lado a força propulsora da beleza (o fruto do carvalho não quer se tornar uma bela árvore?) poderá corresponder ao desejo dos leitores que buscam pistas para sua própria vida nas biografias? Somente transmitindo essa noção de beleza é que a história em si vai dar conta da vida que está narrando.

Semelhante cura semelhante: uma teoria da vida precisa ter a beleza como base se quiser explicar a beleza que a vida procura. Os românticos captaram essa verdade fundamental. Sua busca exagerada pelas glórias enevoadas tinha como objetivo trazer para o mundo as formas do invisível que eles sabiam ser necessárias para imaginar o que é uma vida.

Um dos últimos membros dos românticos, o poeta Wallace Stevens, de Connecticut, deixa esses pensamentos nebulosos um pouco mais claros:

> ... As nuvens nos precedem
> Houve um centro lodoso antes do sopro.
> Houve um mito antes de o mito começar,
> Venerável e articulado e completo.[28]*

A lenda de Platão que utilizamos, aquela que diz que a alma escolhe seu próprio destino particular e que é protegida pelo daimon desde o nascimento, é um desses mitos — venerável, articulado, completo. E é anterior ao início do outro mito que você chama de sua biografia.

Voltando: vou resumir o que podemos, até agora, atribuir com cautela à teoria do fruto do carvalho. Ela defende que toda vida é formada por sua imagem única, uma imagem que é a essência daquela vida e a conduz para um destino. Assim como a força do destino, essa imagem age como um daimon pessoal, um guia e acompanhante que nos lembra do nosso chamado.

Esses "lembretes" do daimon funcionam de diversas maneiras. O daimon motiva. Protege. Inventa e persiste com uma fidelidade obstinada. Evita

---

* Extraído de: RIBEIRO, Jorge R. K. *Traduzindo a ficção suprema*: comentários, análise e tradução de "Notes toward a supreme fiction", de Wallace Stevens. 2020. Dissertação (Mestrado em Letras) — Universidade Federal do Paraná, Curitiba. p. 42. [N. E.]

ceder ao bom senso e, com frequência, obriga seu portador a agir de modo irregular e estranho, principalmente quando é negligenciado ou contestado. Oferece conforto e pode proteger você dentro de sua concha, mas não tolera inocência. Pode deixar o corpo doente. Está em descompasso com o tempo e encontra todas as falhas, lacunas e nós no fluxo da vida — e gosta deles. Tem afinidades com o mito já que é, ele próprio, um ser mítico que pensa em termos míticos.

O daimon é presciente — talvez não de todos os detalhes (que Rommel e Pollock se suicidariam, que a "vovó" Eleanor seria primeira-dama, que Canetti ganharia um Prêmio Nobel), porque não pode manipular os acontecimentos para que estejam de acordo com a imagem e cumpram o chamado. Sua presciência, portanto, não é perfeita, mas limitada à importância da vida na qual está encarnado. Ele é imortal, ou seja, não desaparece nem pode ser destruído apenas por explicações mortais.

Tem tudo a ver com os sentimentos de singularidade, de grandeza, e com a inquietude do coração, sua impaciência, insatisfação, seu desejo. Precisa da sua cota de beleza. Quer ser visto, testemunhado, reconhecido, sobretudo pela pessoa que é sua portadora. É lento para fincar âncoras, mas rápido para voar. Não pode se livrar do seu próprio chamado celestial, sentindo-se ao mesmo tempo em um exílio solitário e em harmonia com o cosmo. As imagens metafóricas são sua primeira língua, a qual fornece o fundamento poético da nossa mente, possibilitando a comunicação entre todas as pessoas e todas as coisas por meio de metáforas.

Vamos elaborar a teoria do fruto do carvalho e descobrir mais efeitos do daimon em outros capítulos deste livro.

CAPÍTULO 2

DESCENDO

A escadaria cuja subida implica progresso espiritual tem uma longa linhagem. Os hebreus, gregos e cristãos davam valor especial às alturas, e a bússola da moralidade ocidental, bastante influenciada pela espiritualidade, tende a colocar todas as melhores coisas no alto e as piores embaixo. No século passado, o crescimento se tornou inexoravelmente ligado a essa fantasia ascensionista. A tese de Darwin, *A descendência do homem*, tornou-se, para nós, a ascendência do homem. Os imigrantes subiam de classe social assim como os prédios ascendiam, com seus elevadores, para os andares mais caros. O refinamento industrial dos minerais encontrados no subsolo — carvão, ferro, cobre, petróleo — aumentava seu valor econômico e o status financeiro de seus proprietários simplesmente ao transportar essas matérias-primas de baixo para cima. A esta altura, a ideia de crescimento ascendente se tornou um clichê biográfico. Ser adulto é ser crescido. No entanto, essa é apenas uma das maneiras de falar de maturidade, inclusive uma maneira heroica. Porque mesmo os pés de tomate e as árvores mais altas enterram suas raízes à medida que sobem em direção à luz. Mas as metáforas para a nossa vida consideram, acima de tudo, a parte ascendente do movimento orgânico.

Será que algo essencial não está sendo omitido nesse modelo ascensionista? O nascimento. Em geral, chegamos a este mundo de cabeça, como mergulhadores na piscina da humanidade. Além disso, a cabeça tem uma parte mais macia por meio da qual a alma da criança ainda pode ser influenciada por suas origens, de acordo com as tradições simbólicas do corpo. O fechamento paulatino da fontanela e das fissuras da cabeça, e o endurecimento para formar o crânio fechado marcam a separação daquele além invisível e completam a chegada aqui. A descida leva um tempo. Nós descemos e precisamos de uma longa vida até ficarmos de pé.

A grande dificuldade que as crianças enfrentam para descer ao mundo real, as mãozinhas que apertam sem soltar, o medo, o esforço para se adaptar e a confusão diante das pequenas coisas da terra ao nosso redor mostram todos os dias como é difícil descer. O ideal japonês do cuidado com bebês pressupõe que a mãe ou a pessoa cuidadora esteja presente o tempo inteiro. A criança deve ser acompanhada de perto e trazida à comunidade porque ela vem de muito longe.

Sistemas simbólicos como o zodíaco, tanto na astrologia ocidental quanto na asiática, começam pela cabeça. O signo mais refinado e sutil é o último: Peixes (Ocidente) e Porco (Oriente). A parte do corpo que simboliza o signo de Porco são os pés. Parece que os pés são os últimos a chegar — e os primeiros a partir, se seguirmos, por exemplo, a morte lenta de Sócrates. A cicuta que ele foi obrigado a beber entorpeceu primeiro seus membros inferiores, e ele começou a ser levado deste mundo pelos pés. Fincar o pé bem firme sobre a terra — essa é a maior conquista, um estágio bem mais avançado de crescimento do que qualquer coisa que comece na cabeça. Não é à toa que os fiéis veneram a pegada do Buda no Sri Lanka. Aquilo mostra que ele realmente estava no mundo. Tinha, de fato, descido.

Na verdade, o Buda começou seu processo de descida bem no início da vida, quando deixou os jardins protegidos do palácio e foi para a rua. Lá havia doentes, mortos, pobres e velhos, que trouxeram para sua alma a indagação sobre como viver a vida no mundo.

Essas histórias já conhecidas de Sócrates e Buda, além das imagens da astrologia, dão outra direção ao crescimento e outro valor ao "abaixo", já que, no uso mais geral, "abaixo" tem uma conotação negativa. A alma precisa se arrastar em meio a dúvidas e indecisão, quando não sintomas, ao ser pressionada a ceder ao impulso ascendente da carreira. Alunos de universidade com futuro brilhante às vezes sentem que a internet do seu "computador pessoal" caiu. O ritmo despenca. Querem "baixar um pouco a bola". Ou então a bebida, as drogas e a depressão invadem como se fossem Fúrias. Até que a cultura reconheça a legitimidade do descer, todas as pessoas terão muita dificuldade de compreender as tristezas e os desesperos que são necessários para a alma se aprofundar na vida.

As imagens orgânicas de crescimento usam o símbolo favorito para a vida humana, a árvore. Mas vou virar a árvore de cabeça para baixo. Meu modelo de crescimento tem suas raízes no céu e imagina uma descida gradual na direção das questões humanas. Essa é a árvore da Cabala nas tradições místicas judaica e cristã.

O Zohar, principal livro cabalístico, deixa claro que a descida é difícil; a alma reluta em descer e ser corrompida pelo mundo.

> Quando estava prestes a criar o mundo, o Sagrado, bendito seja, decidiu moldar todas as almas que, no seu tempo, seriam designadas aos filhos dos homens, e cada alma foi criada com o contorno exato do corpo ao qual estaria destinada... Agora vão, desçam a esse e esse lugar, nesse e nesse corpo.
>
> No entanto, muitas vezes, a alma respondia: Senhor do mundo, estou feliz em permanecer neste reino e não desejo partir para outro, onde viverei como escrava e serei maculada.
>
> A isso, o Sagrado, bendito seja, respondia: seu destino é, e sempre foi, desde a sua criação, ir para aquele mundo.
>
> Então a alma, percebendo que não poderia desobedecer, descia contra a sua vontade para este mundo.[1]

A árvore cabalística, da forma como foi elaborada inicialmente na Espanha do século 13, imagina os galhos descendentes como circunstâncias da vida da alma, que se manifestam e tornam-se visíveis, cada vez mais, à medida que descem. Quanto mais baixo chegam, maior é nossa dificuldade de entender seu significado, de acordo com Charles Poncé, um intérprete contemporâneo da psicologia da Cabala. Segundo ele, as regiões e os símbolos que ficam no alto não são tão ocultos quanto os terrenos; "as pernas continuam sendo um mistério".[2] É fácil ver as implicações éticas dessa imagem virada de ponta-cabeça: o envolvimento de uma pessoa com o mundo é a prova da descida de seu espírito. A virtude está nessa descida, na humildade, na caridade, no ensino, e não em "ficar por cima".

A árvore da Cabala replica dois dos mais duradouros mitos de criação da nossa civilização, o bíblico e o platônico. A Bíblia relata que Deus levou seis dias para criar todo o cosmo. No primeiro dia, como deve se lembrar, Deus estava ocupado com as imensas abstrações e construções mais elevadas, como separar a luz das trevas e começar uma orientação básica. Foi só no fim do processo, na descida para o quinto e o sexto dia, que chegamos à multiplicidade de animais e ao ser humano. A criação progride de forma descendente, partindo da transcendência para chegar aqui, na aglomeração do mundo material.

A narrativa de descida de Platão é o Mito de Er, resumido aqui do último capítulo de *A república*.

As almas todas vagam pelo mundo mítico, depois de ali chegarem vindas de vidas anteriores, e cada qual tem uma sorte a ser cumprida. Essa sorte também pode ser chamada de uma parcela do destino (Moira), que de alguma forma representa o caráter daquela alma específica. Por exemplo, o mito conta que a alma de Ájax, o guerreiro inclemente e poderoso, escolheu a vida de um leão, enquanto Atalanta, a jovem corredora, escolheu a sorte de um atleta, e outra alma escolheu a de um trabalhador habilidoso. A alma de Ulisses, ao se lembrar de sua longa vida de provações e adversidades, "quis descansar da ambição, e andou de volta a procurar, durante muito tempo, a vida de um particular tranquilo; descobriu-a a custo, jazente em qualquer canto, e desprezada pelos outros".

"Assim que todas as almas escolheram as suas vidas, avançaram, pela ordem da sorte que lhes coubera, para junto de Láquesis [*lachos* = a sorte especial ou parcela do destino de cada um]. Esta mandava a cada uma o gênio [daimon] que preferira para guardar a sua vida e fazer cumprir o que escolhera." Láquesis conduz a alma até a segunda das três personificações do destino, Cloto (*klotho* = a mudança pela rotação). "Punha-a por baixo da mão dela e do turbilhão do fuso a girar, para ratificar o destino que, depois da tiragem à sorte, escolhera." (Recebe sua rotação particular?) "Depois de tocar no fuso, [o daimon] conduzia-a novamente à trama de Átropos [*átropos* = que não gira, inflexível], que tornava irreversível o que fora fiado. Desse lugar, sem se poder voltar para trás, dirigia-se para o trono da Necessidade, passando para o outro lado" — sendo aquele às vezes traduzido como o "colo" da Necessidade.[3]*

---

* Trechos extraídos da edição portuguesa de *A república*, com introdução, tradução e notas de Maria Helena da Rocha Pereira (9. ed. Lisboa: Fundação Calouste Gulbenkian, 2001. p. 495-6). [N. T.]

Não fica claro no texto o que se pretende dizer exatamente com "sorte" (*kleros*). A palavra *kleros* reúne três significados intimamente conectados: (a) um pedaço da terra, um campinho, um lote de estacionamento, um terreno baldio, cujo significado pode se expandir para (b) esse "espaço" que é a sua parte na ordem geral das coisas, e (c) uma herança, ou aquilo que é seu de direito enquanto herdeiro.[4]

Entendo essas sortes do mito como imagens. Já que cada sorte é específica e contém todo um desígnio do destino, a alma precisa compreender intuitivamente uma imagem que abarca a vida como um todo, de uma vez só. Ela possivelmente escolherá a imagem que a atrai: "É essa que eu quero, e essa é minha herança por direito". Minha alma escolhe a imagem que eu vivo.

O texto de Platão chama essa imagem de *paradeigma*, ou "padrão", como costuma se traduzir.[5] Então, "sorte" é a imagem que significa sua herança, a parte da sua alma na ordem do mundo, e seu lugar na Terra, tudo isso compactado em um padrão que foi escolhido pela sua alma antes de você chegar aqui — ou, melhor dizendo, que segue sendo continuamente escolhido pela sua alma, porque o tempo não está dentro dos parâmetros do mito. ("Mito", disse Salústio, filósofo romano do paganismo, "nunca aconteceu mas sempre é".) Como a psicologia antiga costumava localizar a alma próximo ou junto ao coração, é em seu coração que fica a imagem do seu destino e os chamados para realizá-lo.

Extrair a imagem lá de dentro leva a vida inteira. É algo que pode ser percebido de uma vez só, mas compreendido apenas de modo lento. Assim, a alma tem uma imagem de seu destino, o qual o tempo pode mostrar apenas como "futuro". Seria o "futuro" outro nome para o destino, e nossas preocupações com o "futuro" estão mais para fantasias a respeito do destino?

Antes de entrar na vida humana, no entanto, a alma passa pela planura de Letes (oblívio, esquecimento), para que, ao chegar aqui, todas as atividades prévias de escolha da sorte e a descida do colo da Necessidade sejam apagadas. Nascemos sob essa condição de tábula rasa, ou tábua vazia. Esquecemos a história inteira, embora o padrão necessário e inescapável da sorte permaneça, e o daimon que nos acompanha se lembre.

O maior dos seguidores de Platão, Plotino, resume o mito em algumas linhas: "Nascer, vir neste corpo em particular, nascer destes pais em particular e neste lugar específico, e de modo geral tudo que chamamos de circunstâncias externas... formem uma unidade e estejam interligados".[6] Cada alma é guiada por um daimon até um corpo e local específico, os pais e as circunstâncias escolhidos pela Necessidade — e nenhum de nós tem a menor ideia disso porque tudo foi erradicado nas planuras do esquecimento.

De acordo com outra lenda judaica, a prova de que há um esquecimento dessa escolha da alma antes do nascimento está bem marcada no nosso lábio superior.[7] Aquela pequena cavidade sob o nariz é onde o anjo pressionou o dedo para selar nossos lábios. Essa pequena reentrância é tudo que restou para nos lembrar da vida preexistente de nossa alma com o daimon e, por isso, quando temos um insight, ou ficamos perdidos em pensamentos, nossos dedos acabam tocando essa pequena e significativa cavidade.

Imagens como essa povoam a mente com belas especulações, e o fazem há muitos séculos. Por que Ela é chamada de Necessidade e por que Ele dá tanta atenção a monstros marinhos e criaturas rastejantes durante um dia inteiro antes de se dedicar à humanidade? Somos melhores por sermos os últimos? Ou somos os piores, como algo secundário?

Esses mitos cosmológicos estabelecem nosso lugar no mundo e nos incluem nele. As cosmologias atuais — *big bangs* e buracos negros, antimatéria e espaço curvo em expansão indo para lugar nenhum — nos deixam com uma incompreensão assustadora e sem sentido. Eventos aleatórios, nada que seja realmente necessário. As cosmologias da ciência não dizem nada sobre a alma e, portanto, não dizem nada à alma sobre sua razão para existir, sobre como surgiu, para onde deve ir e quais são suas tarefas. As invisibilidades que sentimos emaranhando nossa vida a algo que está além dela foram totalmente abstraídas pelas cosmologias da ciência, relegadas à invisibilidade literal das galáxias e ondas remotas. Não se pode conhecê-las nem as perceber porque são medidas pelo tempo, e nossa vida é um mero nanossegundo no vasto arsenal do mito da ciência. Qual é o propósito de tudo?

Essas "invisibilidades" do universo físico não podem ser conhecidas nem percebidas, apenas calculadas, porque estão a anos-luz de distância e porque, por definição, são indeterminadas. Aqui, vale a pena destacar que parte da filosofia antiga considerava o indeterminado (*ápeiron*) como a base do mal.[8] A explicação dada pelas ciências físicas para a origem definitiva e para as razões de ser da nossa vida talvez não seja o melhor caminho a seguir.

Qualquer cosmologia que comece com o pé errado não apenas produzirá explicações capengas; também tornará capenga o nosso amor pela vida. O mito da criação de eventos aleatórios em um espaço inimaginável coloca a alma ocidental flutuando em uma estratosfera onde é impossível respirar. Não surpreende que tenhamos saído em busca de outros mitos, como o Er de Plantão, o livro do Gênesis e a árvore cabalística. Cada qual oferece uma explicação mítica similar a respeito de como as coisas são: eles nos encontram nos mitos, e os mitos vão descendo e se desdobrando até chegar à alma pessoal de cada um. Não surpreende também o que Platão diz sobre sua "fábula": "E poderá salvar-nos, se lhe dermos crédito".

Estrelato I: Judy Garland

A descida para o mundo pode ser dolorosa e custosa. Custosa, especialmente, para a família. O preço do chamado muitas vezes é pago pelas mesmas circunstâncias nas quais o fruto do carvalho se enraizou — o corpo, a família, os participantes mais próximos na vida do chamado, como maridos, esposas, filhos, amigos, colaboradores e mentores. Muitas vezes as exigências do chamado criam o caos na compostura de uma vida bem vivida.

É claro que não são chamadas apenas as pessoas famosas e eminentes. Quem não sente a pressão de dar conta de muita coisa e ir longe demais, seja qual for a profissão? Todos nós sempre achamos que podíamos ter feito mais — mais um legume no jantar de Ação de Graças, mais meia hora de treino de piano ou de exercício físico. O vício da perfeição é outro termo para o chamado do anjo. A voz que adverte passa apenas uma parte da mensagem do daimon. A outra parte clama pelo ideal. Portanto, a culpa que hoje se atribui a estresse moderno, necessidades financeiras, comandos do superego e prazos absurdos tenta reduzir a natureza arquetípica do anjo incansável e suas demandas infindas. Embora todo mundo sinta a pressão do chamado de vez em quando, é na vida excessiva das celebridades que essas demandas ficam mais aparentes e bem documentadas.

A riqueza e o reconhecimento nunca compensam; os astros sempre parecem ser pessoas deslocadas, carentes, isoladas, assombradas por alguma tragédia velada atribuída aos pais, ou traições no amor, ou doenças, ou agendas com horários desumanos. A culpa é do anjo, da dificuldade do inumano de descer e transformar-se em humano. Os vícios que mantêm os astros distantes e "aéreos", as tentativas de suicídio e a morte precoce podem ser resultado de uma incompatibilidade entre o chamado e a vida. Em um mundo calculado de convenções humanas, como é possível viver as exigências não humanas do que sou chamado a fazer?

Para ilustrar as dificuldades da descida, quero comparar as histórias de dois dos talentos mais reconhecidos do show business. Vamos começar com Judy Garland, ou Frances Gumm, de Grand Rapids, Minnesota, que entrou no nosso mundo em 10 de junho de 1922 no contexto de uma família de artistas, que a incentivou praticamente desde que ela conseguiu ficar de pé. O chamado de Garland se anunciou quando ela tinha dois anos e meio. Como Baby Gumm, a menina se apresentou no palco com as duas irmãs mais velhas. Depois, sozinha, cantou "Jingle Bells" para um público que a ovacionou e a fez voltar ao palco mais de uma vez, ao que ela respondeu cantando e tocando seus sinos cada vez mais alto. O pai teve que arrastá-la para fora do palco. Afinidade imediata. Fãs imediatos.

Baby Gumm já tinha visto um número das Blue Sisters, três meninas com idades entre 5 e 12 anos. "Quando a Blue Sister mais nova começou a cantar, sozinha, os Gumm perceberam como aquilo realmente deixaria Frances abalada. E deixou. Ela ficou sentada ali, paralisada. Quando terminou, ela se virou para o pai — nunca vou esquecer isso — e disse: 'Posso fazer isso, papai?'" Virginia, irmã de Garland, diz que "mesmo na sua cabecinha de 2 anos de idade, ela já sabia *exatamente* o que queria".

Garland acreditava que seu chamado "era herdado. Ninguém jamais me ensinou o que eu deveria fazer no palco... Eu simplesmente fazia o que 'vinha naturalmente'". Ao relembrar sua primeira apresentação com "Jingle Bells", ela comparou o frenesi do palco com "tomar 1.900 comprimidos para acordar". A Garland do Hollywood Bowl e do Carnegie Hall já estava ali na Baby Gumm de 2 anos de idade.

A própria explicação dela para o "herdado" tem menos a ver com a genética literal (como veremos no Capítulo 6) e mais com algo inato, dado "naturalmente", como seu daimon e o chamado. Mil pais manipuladores não conseguiriam produzir um Mozart, assim como a mãe mais ambiciosa do mundo não poderia fabricar uma Judy Garland. Para mim, faz mais sentido atribuir o magnetismo impressionante de Frances Gumm, aos dois anos e meio, em Grand Rapids, ao fruto do carvalho de Judy Garland despertando naquele palco, um fruto do carvalho que "escolheu" exatamente esses pais, irmãs e circunstâncias ligados ao show business para começar sua vida na Terra.

Mas essa vida cobrou caro de Frances Gumm. A descida acompanhou uma trajetória de sofrimento, trajetória que também acompanhava outros "astros". Um após o outro, todos os figurões do show business que cantavam, dançavam e filmavam com ela, que escreviam resenhas sobre ela, a elogiavam imensamente. Na plateia do show de duas horas e meia que ela fez no Carnegie Hall, em 1961, estavam Richard Burton, Leonard Bernstein, Carol Channing, Jason Robards, Julie Andrews, Spencer Tracy, Anthony Perkins, Mike Nichols, Merv Griffin e outros artistas do mesmo escalão. Seus discos vendiam mais do que os de Elvis Presley, e um álbum duplo bem caro ficou "no top quarenta por impressionantes 73 semanas". Os superlativos combinavam com ela. "A maior artista que já existiu e, provavelmente, que existirá" — Fred Astaire; "a mulher mais talentosa que já conheci" — Bing Crosby; "a intérprete mais completa que já tivemos nos Estados Unidos" — Gene Kelly. Elia Kazan, ao descrever o que seria uma interpretação grandiosa, cita Caruso e Callas, Raimu e Garbo, e "Judy Garland no fim da vida". "Durante toda a minha vida, fiz tudo em excesso", disse Garland sobre si mesma.

Mas, logo abaixo dela, o poço era bem fundo: ambulâncias para o hospital, lavagens estomacais, chantagem, garganta cortada com caco de vidro, pavor do palco, brigas aos gritos em público, comprimidos aos punhados, bebedeiras ruins, sexo promíscuo, salário confiscado, expulsão de casa, desespero sombrio e terror paralisante. A parte que desceu estava envelhecendo naquele corpo, emaranhada, morrendo.

Durante a inquietação social e o idealismo democrático dos anos 1930 e 1940 — a Grande Depressão, o *New Deal*, o esforço de guerra —, Judy Garland viveu Hollywood. Ela de fato se jogou, mas será que de fato desceu? Ela contribuiu para a máquina de guerra americana ao manter vivo o antidepressivo mais valorizado e tenaz dos Estados Unidos, sem o qual o país não consegue lutar em uma guerra, produzir nem ter um bom dia: o mito da inocência, a psicologia da negação. Ela não teve que mudar seu caráter nem abandonar a sorte escolhida enquanto angariava fundos para a guerra ao cantar e fazer shows nas bases militares. Ter sua foto pregada nos beliches e dobrada nas carteiras de homens mortos como "minha garota que ficou em casa" ainda a mantinha nas alturas, e não na descida. Embora sua imagem projetasse a cidadezinha e a escola de Frances Gumm, Judy Garland não encontrou a sua Estrada de Tijolos Amarelos para chegar ao mundo. Passava os dias gravando discos, fazendo filmes como *Agora seremos felizes*, negociando e se destruindo.

As gravações de dois filmes, em específico, deram-lhe a oportunidade de fazer a descida e, ao mesmo tempo, mostraram a dificuldade que ela teve com isso: *O ponteiro da saudade* (1945) e *Julgamento em Nuremberg* (1961). Seu papel em *O ponteiro* era o de uma jovem trabalhadora comum que conhecia um soldado e se casava com ele. Em *Nuremberg*, teve um papel pequeno mas comovente como uma dona de casa alemã trágica e desalinhada que faz amizade com um judeu. Esses dois filmes eram uma oportunidade para Garland descer daquele papel de criança mágica e estrela de sucesso, como Dorothy e a pequena Nelly Kelly. Mas essas chances eram raras e Garland resistia quando elas apareciam. Seu fruto do carvalho pertencia ao lugar "além do arco-íris". Mesmo em suas últimas apresentações no palco, já inchada, frágil, incoerente ou apavorada, era a canção icônica de *O mágico de Oz* que arrebatava o público, deixando ela, e a plateia, nas alturas.

O crítico Clifton Fadiman conseguiu ver a imagem essencial, o "excesso" inato no coração de Garland, o próprio gênio sem idade, sem gênero, sem corpo, imortal.

> Visto que seguíamos chamando-a de volta ao palco várias vezes, não porque tivesse feito uma boa interpretação, mas como se estivesse nos oferecendo a salvação.
>
> Ao ouvir sua voz... ao vê-la com aquela fantasia esfarrapada... esquecíamos — e esta é a prova de fogo — quem ela era, e também quem éramos nós, na verdade. Como todos os verdadeiros palhaços (e Judy Garland é tão boa palhaça quanto cantora), ela parecia não ser homem nem mulher, jovem nem velha, linda nem feia. Ela não tinha "glamour", apenas magia. Expressava sentimentos simples e comuns de forma tão pura que eles flutuavam pela escuridão do teatro, incorpóreos, como se separados de qualquer personalidade específica.[9]

A maneira mais comum de lidar com as confusões trágicas da vida de Garland é acusar "Hollywood" e as pressões de agentes, estúdios e pseudorrealidades. Só assim é possível explicar como uma estrela tão talentosa, que "tinha tudo", conseguiu "chegar ao fundo do poço".

Prefiro ver esse fundo do poço como tentativas mal ajambradas de fazer a descida. É como se o mundo que ela nunca conseguiu alcançar a atraísse continuamente por meio de seus instrumentos habituais: sexo e dinheiro, traficantes e amantes, agiotas e contratos, casamentos e fracassos. Descida, descida até chegar a ser testemunha em um julgamento de homicídio e viver sua cena final de morte em um banheiro na noite de 21 para 22 de junho, o ápice do ano solar, com o dia mais brilhante e a noite mais curta.

Enquanto a maioria das pessoas nunca "chega lá" no sentido alcançado por Garland e sonha a vida inteira em tornar-se uma estrela, ou apenas em tocar uma delas algum dia, o inverso no caso de Garland é impressionante. Ela queria entrar no mundo comum, viver um casamento estável com um homem, ter filhos — ela teve três, mas aos 40 anos disse, um tanto melancólica: "Acho que já está tarde para ter outro filho" —, ter amigos e não apenas fãs. O que a fazia seguir em frente não era nenhuma dessas situações corriqueiras, e sim o caráter impiedoso de seu chamado, que era o oposto de tudo isso.

O clássico dilema moderno entre casa e trabalho, família e carreira, assume no caso de Judy Garland a dimensão arquetípica de uma cruz, impedindo que seu chamado desça para a vida; a dimensão vertical que se estende entre o sofrimento infernal e os milagres divinos, incapaz de se instalar na platitude do mundo cotidiano. Sua estrela nunca chegou realmente a nascer. Hollywood amplificou seu chamado e exigiu que sua vida estivesse completamente adequada ao fruto do trabalho do outro mundo, atuando assim como um agente coletivo. Esperando que sua vida cuidasse de si mesma. Mas Frances Gumm não sabia como manter uma casa, ser uma esposa, criar filhos, preparar uma refeição ou fazer qualquer coisa com as próprias mãos. Não conseguia sequer escolher as roupas certas para vestir. James Mason, que foi seu coprotagonista em *Nasce uma estrela*, disse no funeral da colega: "Ela doava tanto, de modo tão abundante... que precisava de retribuição, precisava de uma quantidade de devoção e amor que não estava ao alcance de nenhum de nós". Uma exigência inumana: a necessidade do inumano para um mundo humano.

Garland explicou assim o dilema proposto por seu fruto do carvalho: "Talvez seja porque eu emita determinado som, um som musical, um som que parece pertencer ao mundo. Mas ele pertence a mim também, porque sai de dentro de mim".

Voltamos a um princípio geral: a imagem do coração exige um esforço de *conexão* com todo tipo de circunstância que sirva de âncora — a lealdade de amigos, a estabilidade dos contratos, a segurança da saúde, uma programação de agenda, os fatos da geografia. Já que "o som parece pertencer ao mundo" e vem por meio de um talento invisível, nunca haverá mundo suficiente para o som fincar suas raízes. Por que as estrelas "descem ao fundo do poço" — viram bêbados cheios de plástica, aberrações sexuais, paranoicos religiosos, todos comercializáveis? Não seriam tentativas desesperadas de chegar ao senso comum? Todo sintoma é um compromisso, como dizia Freud. Os sintomas miram no lugar certo, mas chegam lá pelo caminho errado. As alturas buscam as profundezas; de um jeito ou de outro elas querem descer, nem que seja com o suicídio, com os contratos arruinados e a falência, com o emaranhando de confusões emocionais. Não há aterrissagem suave. "O caminho do meio nunca foi para ela", disse a filha de Garland, Liza Minnelli, no funeral da mãe.[10]

Solidão e exílio

A "história de Judy Garland" fala de solidão em meio à aclamação mundial. Como explicamos a solidão que acompanha todas as vidas? A solidão não é exclusividade das estrelas em suas mansões hollywoodianas, nem dos velhos em asilos. A solidão também pertence à infância. Essa solidão no coração de uma criança pode ser agravada por medo do escuro, pais que castigam, colegas que rejeitam. No entanto, sua fonte parece ser a singularidade solitária de cada daimon, uma solidão arquetípica impossível de expressar com o vocabulário infantil, e também difícil de elaborar mesmo com o nosso.

Momentos de melancolia nos lançam em uma poça de solidão. Ondas de solidão imensa acontecem depois de eventos como parto, divórcio ou a morte de um companheiro de vida inteira. A alma se retrai e vive o luto sozinha. Há toques de solidão mesmo em situações como uma maravilhosa festa de aniversário ou conquistas vitoriosas. Seriam apenas como ressacas — quedas para compensar as subidas incomuns? Nada parece evitar a queda.

Toda a rede que nos entrelaça ao mundo — família, amigos, vizinhos, amantes, pequenas rotinas e os frutos de anos de trabalho — de nada parece servir. Nós nos sentimos curiosamente despersonalizados, muito distantes. Exilados. Sem conexão com nada. O espírito da solidão se apossou de tudo.

Para nos proteger desses momentos, temos filosofias que os explicam e fármacos que os negam. As filosofias dizem que os trabalhos impessoais e a vida moderna das cidades, com seu caráter desenraizado e corrido, criaram uma condição social de anomia. Estamos isolados por causa do sistema econômico industrial. Nós nos transformamos em meros números. Vivemos mais o consumismo do que a comunidade. A solidão é um sintoma da vitimização. Somos vítimas de uma forma de vida errada. Não devíamos nos sentir solitários. Mude o sistema — viva em uma cooperativa ou comuna; trabalhe com um time. Ou construa relacionamentos: "conecte-se, apenas se conecte". Socialize, junte-se a grupos de reabilitação, envolva-se. Pegue o telefone. Ou então peça a seu médico uma receita de Prozac.

Mais profunda do que a filosofia social e o remédio social é a teologia moral. Ela reconhece a solidão como o pecado da queda. Fomos expulsos do Éden e da companhia de Deus por causa do pecado original da humanidade. Quando nos sentimos sozinhos e perdidos no caminho, somos as ovelhas desgarradas que se afastaram da trilha da redenção, sem dádiva, sem fé e, portanto, sem esperança. Não conseguimos mais ouvir o chamado do pastor nem obedecer aos latidos persistentes do cachorro que assombra nossa consciência com a culpa. Estamos sozinhos de propósito, para ouvir a vozinha que sussurra e é abafada pela multidão enlouquecida. Pior ainda: a solidão é a prova da condenação pelos pecados pessoais que cometemos com este corpo corruptível. É claro que Judy Garland estava desabrigada, carente, falida e sozinha. É o preço do pecado.

A teologia moral oriental considera o sofrimento do isolamento uma tarefa imposta a esta vida pelas ações cármicas de encarnações passadas ou uma preparação para a próxima. As teologias morais tanto do Oriente quanto do Ocidente transformam sutilmente a noção de solidão no pecado da solidão, exacerbando seu caráter de infelicidade. Sorria e aguente. Ou então se arrependa.

O existencialismo, outra maneira de olhar para a solidão, aceita o sofrimento do isolamento como condição básica para sua teoria da existência humana. Heidegger ou Camus, por exemplo, colocam o ser humano em uma situação de "arremesso". Somos meramente arremessados para este lugar (*Dasein*). A palavra alemã para "arremessar" (*Wurf*) combina os sentidos de arremesso de dados, projeção e uma ninhada de filhotes paridos por uma cadela ou uma porca. A vida é seu projeto: não há nenhuma explicação sobre ela, o que obviamente lhe causa ansiedade existencial e pânico. Tudo depende de você, todo indivíduo está sozinho, já que não há qualquer garantia cósmica de que qualquer coisa faça sentido. Não há Deus nem Godot para esperar. Você constrói sua vida a partir do sentimento mais profundo da falta de sentido. A habilidade heroica de transformar solidão em força individual é o caminho que Judy Garland não conseguiu percorrer. Ela era muito dependente, muito fraca, muito medrosa para combinar "solitário" e "solidário", um lema proposto por Camus em um dos contos de sua coletânea apropriadamente intitulada O *exílio e o reino*. O desespero de Garland demonstra a verdade do niilismo existencial. Essa seria uma leitura existencialista.

Estes modos de pensar sobre a solidão — social, terapêutico, moral, existencial — partem de dois pressupostos que não consigo aceitar. Primeiro, todos dizem que a solidão é igual a um isolamento literal e, consequentemente, pode ser resolvida por alguma ação humana, como arrepender-se dos pecados, interação terapêutica, construir um projeto de vida com as próprias mãos heroicas. Segundo, eles partem do princípio de que a solidão é essencialmente desagradável.

Mas, se há um senso arquetípico de solidão que nos acompanha desde o início, então estar vivo é também se sentir só. A solidão vem e vai, independentemente das medidas que tomamos. Não tem a ver com estar literalmente sozinho, pois as pontadas de solidão aparecem quando estamos em grupos de amigos, na cama com um amante, no microfone diante de uma plateia que aplaude. Quando os sentimentos de solidão são vistos como arquetípicos, eles se tornam necessários; não são mais arautos do pecado, do pavor ou do erro. Podemos aceitar a autonomia estranha desse sentimento e parar de relacionar a solidão ao isolamento literal. Esse estado também deixa de ser quase sempre desagradável ao receber esse fundo arquetípico.

Quando analisamos — ou melhor, *sentimos* — essa noção de solidão mais de perto, descobrimos que é formada por diversos elementos:

nostalgia, tristeza, silêncio e uma imaginação que deseja "algo mais" que não está nem aqui nem agora. Para que esses elementos e imagens apareçam, é preciso primeiro nos concentrarmos neles e não em remédios para ficarmos literalmente sozinhos. O desespero só piora quando buscamos saídas para acabar com ele.

Esses estados de nostalgia, tristeza, silêncio e uma imaginação ardente são exatamente a substância das músicas de Judy Garland, de sua voz e entonação, de sua linguagem corporal, de seu rosto e olhos. Não é de espantar que suas apresentações tocassem o coração das pessoas comuns como ninguém mais conseguia. Nostalgia, tristeza, silêncio e ardor imaginativo também são a substância mais íntima da poesia religiosa e romântica em muitas línguas e culturas. Elas lembram o fruto do carvalho de suas origens. Assim como o E.T. do filme de Spielberg, o fruto do carvalho é nostálgico, triste, silencioso e desejoso de uma imagem de "casa". A solidão representa as emoções do exílio; a alma não conseguiu descer por completo e quer retornar. Para onde? Não sabemos, pois os mitos e cosmologias dizem que esse lugar foi apagado da nossa memória. Mas o ardor imaginativo e a tristeza confirmam um exílio daquilo que a alma não consegue expressar, a não ser como solidão. Tudo de que ela se lembra é uma nostalgia do sentimento e uma imaginação do desejo. E uma condição de querer que vai além das necessidades pessoais.

Portanto, quando olhamos de novo para Judy Garland, é possível começar a entender por que, mesmo quando ela mal conseguia acertar a letra e alcançar as notas, o público pedia por aquela canção, "Somewhere over the Rainbow", e pelo último verso da letra, uma pergunta: "Por que eu não posso?". É possível começar a entender como Garland conseguiu manter seus fãs e admiradores apesar dos colapsos vergonhosos e da petulância irritante e errática da bêbada, drogada e caótica Frances Gumm. Ela despertava a percepção de seus ouvintes para o que eles também mais sentiam falta em seu íntimo: a imagem desperta no coração do exilado e o desejo pelo que não estava neste mundo.

Também podemos voltar às últimas fases de sua vida e interpretá-las como condições perfeitas para o exílio, como a de um ser errante pela estrada, um nômade ou um peregrino, um membro da diáspora, um poeta-mendigo sufista ou um monge zen bêbado de vinho. A casa do daimon não é a Terra; ele vive em um estado alterado; a fragilidade do corpo é uma precondição básica para a vida da alma na Terra. E nós todos não deixamos o mundo cheios de dívidas pendentes? Colocando a sociologia e a psicanálise de lado, Garland é uma das poucas pessoas que jamais poderia descer por completo, porque em seu fruto do carvalho estava a dança e o canto sob os holofotes, estava ser a criança mágica e encenar uma presença de outro mundo, como se fosse um palhaço com o rosto pintado, mas também estava ser a representante do exílio e de sua saudade.

Estrelato II: Josephine Baker

Outra mulher igualmente milagrosa, cujo movimento de descida pela árvore cabalística teve um percurso diferente, nasceu no Hospital St. Louis Social Evil em 1906, também em junho. A partir dessa entrada degradante no mundo, ela precisava primeiro subir às estrelas antes de começar sua incrível trajetória de descida. Enquanto Frances Gumm carregava o gênio "Judy Garland", Freda J. McDonald (ou Tumpy, como era chamada na infância) carregava "Josephine Baker".

Essa também era uma mulher fascinante e extravagante. Josephine Baker surgiu para o mundo no Teatro da Champs-Elysées (os Campos Elíseos do paraíso celestial), em Paris, em 1925, nua, coberta apenas por algumas plumas. Os movimentos de dança frenéticos de seu corpo "deixavam Paris inteira com tesão". Ela tinha 19 anos na época.

Aos 13 anos, já tinha sido casada. Esse primeiro marido, um metalúrgico, até ganhava bem, mas Josephine "gastava cada centavo que ele colocava em casa comprando vestidos". O sucesso alcançado depois da estreia em Paris lhe trouxe dinheiro, e então os "vestidos" se ampliaram: agora tinha cachorros que viajavam com ela, um macaco no ombro, uma charrete guiada por um avestruz. Amava carros, embora não soubesse dirigir. Entre os veículos que tinha estava uma Bugatti rara e bem cara. Em janeiro de 1928, ela e seu empresário viajaram de Paris até Viena levando junto, além de agregados, amantes e parentes, "uma secretária, um chofer, uma empregada, uma máquina de escrever, dois cachorros, 196 pares de sapatos, uma variedade de vestidos e casacos de pele, 64 quilos de pó facial e 30 mil fotos de divulgação para os fãs".

O corpo no qual sua alma tinha descido era uma coisa, suas circunstâncias do início da vida eram outra completamente diferente. Comida escassa, percevejos, dormir no chão com o cachorro; quando criança, um serviço no qual ela e o cachorro compartilhavam a mesma comida e as mesmas pulgas. A mulher para quem trabalhava batia nela e a deixava nua porque roupas eram caras demais. Ainda na infância, foi "repassada" para outra casa, para trabalhar e dormir com um velho grisalho. Que ela tivesse chegado tão longe já era uma grande conquista. Os registros do departamento de saúde de St. Louis mostram que três em cada cinco crianças morriam antes de completar 3 anos.

Já nessa época ela dançava, em um porão onde montava um pequeno palco usando bancos e caixotes. Batia nas outras crianças para que ficassem sentadas e prestassem atenção enquanto se apresentava. Passava todos os minutos possíveis assistindo a apresentações em boates e clubes locais, e sempre ficava perto de quem participava dos shows quando tinha a oportunidade.

Certa vez, levou uma cobra para um funeral com caixão aberto. A cobra escapou e deixou todo mundo em pânico; o caixão virou, o corpo saiu rolando e a cobra foi morta a pauladas pelas pessoas enfurecidas. Tumpy — ou será que já era Josephine, protetora dos animais? — gritou: "Vocês mataram minha amiga!". Não é raro que crianças sintam a alma de um animal. Ainda assim, também devemos lembrar que a cobra talvez seja o mais antigo e universal portador do espírito do gênio, a figura do guardião protetor, o "gênio" em si. Será que a menina já tinha feito amizade com seu fruto do carvalho?

Por fim, mais um caso extravagante de Josephine:

> Em Estocolmo, ela se apresentou diante do rei. "Mas se me perguntar como ele era, não vou saber dizer. Quando eu danço, eu danço, não olho para ninguém, nem mesmo para um rei...
>
> O príncipe herdeiro Gustav-Adolf, naquela época um jovem rapaz de 28 anos, também estava presente... O príncipe convidou Josephine para o palácio e a conduziu por uma porta secreta até chegar a um quarto com uma cama enorme com dossel e coberta de peles valiosas. Ela se deitou, nua, e o príncipe chamou um criado que se apresentou com uma bandeja prateada lotada de joias, e aos poucos o príncipe foi cobrindo o corpo de Josephine Baker com diamantes, esmeraldas e rubis... Essas histórias agora são parte do folclore do país.

A vida de estrela de Josephine Baker tem muitas similaridades à de Judy Garland: uma legião de fãs aclamando e totalmente eclipsada; as apresentações hipnotizantes; a necessidade de "estar apaixonada"; a dificuldade com os homens que eram seus amantes, parceiros e exploradores (um jovem chegou a se matar bem diante dela e caiu a seus pés); o dinheiro escorrendo pelos dedos; o turbilhão do show business e o efeito da glamorização nos hábitos pessoais e na saúde; a ascensão meteórica; a completa ausência de formação escolar normal; obsessão com supostos defeitos do corpo (Garland se preocupava com o peso e o corpo, Baker com os cabelos); e sexo.

As relações sexuais eram fundamentais nas apresentações de Josephine Baker. Ela fazia sexo nas coxias; de pé, antes de entrar em cena; com todos os dançarinos que se apresentavam com ela, gays ou não; com os figurões que pagavam; com os famosos; com quem queria, onde queria, na hora que queria. Certa vez, ela se deitou no chão do camarim para tentar seduzir um dançarino indiferente: "Olhe para o meu corpo, o mundo inteiro está apaixonado por este corpo, por que você é tão arrogante?".

O escritor Georges Simenon, criador do detetive Maigret e um dos inúmeros amantes de Baker, enquanto ela também era sua *mille et trois*, descreveu o segredo daquele corpo: sua *croupe*. "Em francês, *croupe* significa a garupa de um cavalo, ancas, quadris. A *croupe* de Josephine, diz Simenon a seus leitores, é a mais sexy do mundo... Por quê? 'Por Deus, é óbvio, é uma *croupe* com senso de humor'."

Os biógrafos de Garland também apontam para esse mesmo erotismo compulsivo. A principal semelhança está na habilidade de ambas as mulheres de fascinar, de representar um aspecto transcendente da alma humana que atrai todas as almas do público. É como se elas pudessem exibir o daimon, deixá-lo ser visto e ouvido. O daimon de Garland era "Over the Rainbow", o de Baker era a "Danse Sauvage".

No entanto, as semelhanças acabam aí. Josephine consegue fazer a descida. Esse movimento não deve ser explicado por seu número obsceno, sua infância vil, a decadência de sua carreira, nem pela explicação racista de que, por ser negra, ela só poderia acabar por baixo. Ela não foi rebaixada e nem decaiu. Josephine Baker cresceu na descida.

Foi caminhando passo a passo até entrar no mundo político e social. Primeiro, foi a guerra que começou em 1939, quando ela tinha 32 anos. Baker queria fazer todo o possível pelo país que adotara, a França. Isso significou arriscar a vida pela resistência francesa, levando informações escondidas em partituras musicais pelas fronteiras da França e da Espanha até Portugal. Por ser negra, foi banida dos teatros e correu risco de deportação e mesmo de execução. No Marrocos, onde era muito bem tratada pelos parentes da família governante, trabalhou resgatando judeus da repressão; durante um tempo, usou uma Estrela de Davi amarela em seu casaco, um grande contraste com as habituais plumas cor-de-rosa. Durante o inverno após a libertação de Paris, ela arrecadou centenas de quilos de carne, sacolas de vegetais e carvão para ajudar os pobres. Recebeu medalhas da Legião de Honra e da Cruz de Guerra por suas contribuições e foi parabenizada por De Gaulle.

O próximo passo na descida era sua volta para os Estados Unidos, onde começou a se alinhar com os movimentos existentes na sua St. Louis natal. Participou desde o início do movimento pelos direitos civis; insistiu para que negros fossem contratados para trabalhar nos bastidores do teatro; esteve na marcha de 1963 em Washington; visitou detentos negros em uma prisão de Nova Jersey. Foi elogiada por Martin Luther King Jr. e Ralph Bunche por seus esforços em prol da integração. Também visitou a Cuba de Fidel Castro. O arquivo do FBI sobre ela chegava às mil páginas.

O último passo de Baker para a descida foi sustentar onze crianças de diversos países e etnias diferentes, lutando para mantê-las juntas e garantir que tivessem comida, casa e educação. Ela viajava em turnês e se apresentava para arrecadar os fundos necessários para manter o imóvel que era a casa das crianças, na qual tinha gastado até o último centavo. Socorrida uma vez por Grace Kelly e outra por Brigitte Bardot, ela acabou sendo despejada e literalmente jogada na rua. Falida, sem teto e envelhecida, fez um último show sob uma ovação do público em Paris, alguns dias antes de morrer em 12 de abril de 1975 no hospital Salpêtrière. Sua morte ali recapitulou o nascimento no Hospital St. Louis Social Evil, já que o Salpêtrière havia sido construído para mulheres excluídas, prostitutas, sifilíticas, indigentes e criminosas.

Ascensão e queda. Esse é um dos padrões arquetípicos da vida e uma das lições cósmicas mais antigas. Mas *como* alguém cai, o estilo da queda, é o que segue sendo a parte mais interessante. A de Judy Garland foi um declínio heroico e triste até o colapso. Ela sempre queria voltar; tentava de novo e de novo se conectar com o mundo elevado do estrelato, uma luta que ironicamente culminou em uma morte deplorável em um apartamento em Londres. Já a ovação de trinta minutos que Josephine Baker recebeu em Paris em sua última semana de vida era tanto para o daimon em seu corpo ("as pessoas não queriam ir embora do teatro") quanto para sua longa e vagarosa história de descida ao mundo dos "males sociais": fascismo, racismo, abandono de crianças e injustiça.[11]

O mito platônico da descida com o qual iniciamos este capítulo defende que a alma desce de quatro maneiras — pelo corpo, pelos pais, pelo lugar e pelas circunstâncias. Essas quatro formas podem ser instruções de como completar a imagem que você trouxe consigo ao chegar. Primeiro, o corpo: descer significa aceitar a queda que acompanha o envelhecimento. (Baker dizia às pessoas que tinha 64 anos quando ainda estava nos cinquenta e poucos; usava roupas antigas e desistiu de disfarçar a queda de cabelo). Segundo, assumir que você faz parte de um grupo de pessoas e é membro de uma árvore familiar, incluindo os galhos tortos e podres. Terceiro, viver em um lugar adequado a sua alma e que estabeleça sua conexão com deveres e hábitos. Por último, retribuir o que as circunstâncias lhe deram por meio de gestos que mostrem sua plena ligação com este mundo.

CAPÍTULO 3

A FALÁCIA PARENTAL

Se existe uma fantasia que está agarrada à nossa civilização contemporânea é a de que somos filhos dos nossos pais, e o instrumento primordial do nosso destino é o comportamento deles. Assim como os cromossomos de nossos pais são nossos, também o são as suas falhas e atitudes. A psique inconsciente conjunta dos dois — as raivas que reprimem, os desejos irrealizados, as imagens que veem nos sonhos à noite — é basicamente o que forma a nossa alma, e nunca, por mais que tentemos, conseguiremos nos livrar desse determinismo. A alma individual segue sendo imaginada como uma prole da árvore genealógica. Crescemos psicologicamente a partir de suas mentes, assim como nosso corpo cresce biologicamente a partir de seus corpos.

Se as definições rígidas de paternidade e maternidade começaram a se dissolver graças às influências da lei, da demografia e da bioquímica, a ideia de paternidade e maternidade está cada vez mais rígida na mente dos reformadores morais e psicoterapeutas. O lema "valores familiares", explícito em expressões como "maternidade ruim" e "paternidade ausente", acaba caindo na "terapia familiar sistêmica", que se tornou o mais importante conjunto de ideias a determinar a teoria da disfunção social e a prática da saúde mental.

Mas, enquanto isso, um pequeno elfo sussurra outra história: "Você é diferente; você não parece com ninguém na sua família; você, na verdade, não pertence a este lugar". No fundo, há um descrente no coração. É ele quem chama a família de fantasia, de falácia.

Até mesmo o modelo biológico tem algumas lacunas enigmáticas. A contracepção é mais fácil de explicar e de praticar do que a própria concepção. O que acontece naquele óvulo redondo e enorme, virginalmente intocado, que permite a entrada deste minúsculo espermatozoide específico em meio a milhares de outros? Ou seria mais correto perguntar ao esperma? Um de vocês é mais astuto, mais insistente, mais adequado? Ou é só uma questão de "sorte" aleatória — e o que é sorte, na verdade? Temos conhecimento do DNA e dos resultados de sua junção, mas resta o mistério que Darwin passou a vida tentando solucionar, o mistério da seleção.

A teoria do fruto do carvalho sugere uma solução primitiva. Ela diz: seu daimon selecionou tanto o óvulo quanto o espermatozoide, assim como também selecionou seus portadores, os chamados "pais". A união dos dois é resultado da sua necessidade — e não o contrário. Será que isso não ajuda a compreender as uniões impossíveis, as antipatias e os casamentos infelizes, as concepções rápidas e abandonos repentinos que acontecem com os pais de tantos de nós e, principalmente, nas biografias de pessoas eminentes? O casal se juntou, não para sua união pessoal, mas para gerar uma pessoa única, que carrega um fruto do carvalho específico, e que vem a ser você.

Veja, por exemplo, a história de Thomas Wolfe, o romancista gigantesco, loquaz e romântico das Montanhas Fumegantes, nascido em 3 de outubro de 1900. Segundo seu biógrafo Andrew Turnbull, os pais de Wolfe se uniram em um "épico casamento infeliz. É difícil imaginar duas pessoas com temperamento menos compatível".[1] O pai era "perdulário, sensual, expansivo"; a mãe, "austera, parcimoniosa, reprimida".

Como os dois acabaram juntos? Cerca de dezesseis anos antes de Thomas Wolfe chegar ao mundo, sua mãe, Julia Westall, então com 24 anos, professora de uma escola do interior, entrou na loja de W. O. Wolfe, uma vez viúvo, uma vez divorciado, e que manejava mármore para construir lápides. Ela tinha ido lá para vender livros (o trabalho extra que fazia à noite para ganhar um dinheiro a mais).

> Depois de olhar o livro que ela estava vendendo, ele adquiriu um exemplar. Então perguntou se ela lia romances.
>
> "Ah, eu leio quase tudo", respondeu ela. "Mas não leio a Bíblia tanto quanto deveria".
>
> W. O. disse que tinha umas boas histórias de amor e, naquela tarde... ele mandou *St. Elmo*, de Augusta Jane Evans, para ela. Alguns dias depois,

quando Julia ia saindo para vender outro livro, ele insistiu que ela ficasse para o almoço, e depois a levou até o salão e mostrou seus slides da Guerra Civil... ele pegou sua mão, disse que já vinha observando-a há um tempo quando passava pela loja e a pediu em casamento.

Julia... contestou e disse que eles mal se conheciam. Mas W. O. foi tão persuasivo que no fim das contas ela disse que abriria o livro que estava vendendo em uma página aleatória e obedeceria aos desígnios do parágrafo do meio da página da direita. "Foi só uma bobagenzinha da minha parte", ela lembrou muito tempo depois, e então se deparou com a descrição de um casamento que terminava com as palavras "até que a morte os separe". "Ah, é isso", disse W. O. "É isso mesmo! Está valendo!". O casamento aconteceu em janeiro, pouco menos de três meses depois daquele pedido precipitado.

Há muitas explicações para esse casamento infeliz repentino: os opostos se atraem; juventude e velhice; uma simples praticidade (ela precisava de segurança financeira; ele precisava de uma dona de casa); compulsão sadomasoquista; reencenação de dramas parentais; pressão social sobre as pessoas solteiras... Já se convenceu?

Por que não podemos ao menos considerar que eles se conheceram "por meio do livro"? Ela o abordou oferecendo um livro; ele respondeu enviando outro livro para ela; o casamento foi decidido ao abrir um livro e os dois geraram, como fruto daquela união literária, Thomas Wolfe, um escritor de livros. Quando o menino tinha 2 anos, "um dos artifícios dos pais para entreter convidados era fazê-lo ler 'em voz alta'". Julia acreditava ter despertado aquela habilidade literária nele já que, durante a gravidez, "passara as tardes lendo na cama".

Quanto aos seis irmãos e irmãs vivos de Wolfe, eles tinham outros frutos do carvalho, os quais escolheram aqueles pais por inclinações diferentes. Mais uma vez, é sobretudo nos casos excepcionais que o fruto do carvalho se mostra de modo mais evidente.

Então Thomas Wolfe foi chamado para aquela família em Asheville, na Carolina do Norte, e seus pais foram chamados um para o outro para criar aquela família a fim de que ele pudesse fazer o que devia ser feito. Como Wolfe poderia ter feito o que fez se não "conhecesse" seus pais antes que eles o conhecessem? Foi o dedo de um anjo que abriu aquelas páginas e concebeu-os como pais dele antes mesmo que os dois concebessem o filho.

Mães

Julia Wolfe acreditava em sua influência determinante sobre o filho, Tom. E eu jamais contestaria a marca deixada pelo caráter de uma mãe em um filho nato, seja qual for esse caráter. Ela está lá de maneira tão indiscutível que não há o que argumentar, nem se faz necessária qualquer prova afirmativa. Portanto, há todo um ponto neste debate que pode ser ignorado. Como disse o matemático G. H. Hardy, "um homem sério não perde tempo emitindo a mesma opinião da maioria". Vamos então deixar a Mãe atrás de nós, onde ela sempre está de qualquer forma, um grande ídolo em silêncio no centro do palco, permeando todas as biografias deste livro.

Quanto ao poder desse ídolo e nossa reverência e idolatria por ele, deixe-me repetir uma história já conhecida:

> Dois homens gêmeos idênticos, agora com 30 anos, foram separados no nascimento e criados em países diferentes pelos respectivos pais adotivos. Os dois gostavam de tudo muito arrumado — arrumado no nível da patologia. As roupas estavam sempre perfeitas, chegavam aos compromissos com uma pontualidade absoluta e lavavam as mãos repetidamente, a ponto de ficarem vermelhas, quase em carne viva. Quando perguntado por que sentia a necessidade de tanta limpeza, o primeiro respondeu com naturalidade: "Minha mãe. Durante a minha infância, ela sempre mantinha a casa perfeitamente arrumada. Insistia para guardar cada coisinha em seu lugar, os relógios — tínhamos dezenas de relógios — todos acertados com precisão. Ela fazia questão disso, sabe? Aprendi com ela. De que outro jeito eu poderia fazer?".
>
> O gêmeo idêntico desse homem, igualmente perfeccionista com a água e o sabão, explicou seu próprio comportamento assim: "O motivo é bem simples. É uma reação ao comportamento da minha mãe, que era completamente desleixada".[2]

Como é possível organizar os três componentes dessa história — o perfeccionismo, a teoria da causalidade reativa e o mito da Mãe? Defensores do geneticismo inato podem alegar que esse caso é uma prova esplêndida do papel dominante da hereditariedade. Partidários da importância do ambiente da primeira infância podem ainda alegar que, de fato, os dois homens reagiram a suas mães, mas de maneiras diferentes — um em concordância, o outro em oposição —, e que as mães foram, efetivamente, influências cruciais no desenvolvimento daquela obsessão.

Para mim, essa história ilustra como o mito substitui a teoria e explica os fatos. Pois não devemos esquecer que o que os gêmeos idênticos têm em comum, além do perfeccionismo, é uma teoria idêntica para explicar tal perfeccionismo: a certeza mútua de que a "Mãe" está por trás de tudo. O mito da Mãe na nossa cultura tem a mesma força e dignidade que a teoria, e somos uma nação de amantes da Mãe no sentido do apoio que damos a ela ao aderirmos a essa teoria.

Se podemos aceitar tão prontamente o mito da Mãe, por que não, então, um outro mito, um mito diferente, o mito platônico que este livro propõe? Não pode ser a resistência ao mito que nos faz hesitar diante da teoria do fruto do carvalho, já que engolimos tão facilmente o mito da Mãe. A razão pela qual resistimos ao mito do daimon, eu acredito, é que ele diz logo a que veio. Não se disfarça de fato empírico. Define-se abertamente como um mito. Além do mais, nos desafia a reconhecer nossa individualidade como um direito desde o nascimento, sem a almofada de proteção que é a Mãe servindo de chão macio e suporte arquetípico.

Enquanto a maternidade nuclear e individual vai perdendo terreno, o mito segue firme, agarrado ao seio arquetípico. Ainda acreditamos na Mamãe, mesmo quando vemos tudo mudar: creches, famílias expandidas, papais trocando fraldas, crianças sem-teto que cuidam dos irmãos mais novos, mães adolescentes com dois ou três filhos, mães de primeira viagem aos 45 anos. Tudo está mudando: a demografia, a economia, as definições legais de paternidade e maternidade, concepções, adoções, remédios, diagnósticos, livros de orientações.

Ainda assim, o mito da mãe como personagem dominante na vida das pessoas segue intacto. Isso porque atrás de cada mulher que dá à luz e cuida existe a Grande Mãe universal, sustentando o universo desse sistema de crenças que estou chamando de falácia parental, o qual nos mantém ligados a ela. Ela aparece na forma de sua mãe específica, e é boa e má ao mesmo tempo. Ela sufoca, nutre, pune, devora, doa-se sem parar, é obsessiva, histérica, rabugenta, leal, tranquila — qualquer que seja seu caráter, ela também tem um daimon, mas o destino dela não é o seu.

No entanto, as biografias amam as mães. Amam contar as histórias de mães maravilhosas ou malévolas como agentes do destino por trás de homens e mulheres importantes. Cole Porter, que carregava o nome da mãe, Kate

Cole Porter, carregava também "o sonho dela da vida inteira — tornar-se musicista profissional".[3] Ela fez o menino se apresentar aos 8 anos e viajar cinquenta quilômetros de trem aos 10 anos para fazer aulas de música. A mãe de Frank Lloyd Wright sabia exatamente que o filho seria arquiteto e, dizem os biógrafos, incentivou-o a seguir esse caminho ao pendurar imagens de prédios no quarto do bebê. Foi para animar sua mãe deprimida que James Barrie começou a contar as histórias que o levaram a escrever fábulas como a de Peter Pan.

Pablo Casals, um dos onze filhos de uma família pobre em uma aldeia catalã, era levado pela mãe até Barcelona por mais de sessenta quilômetros para dedicar-se à música; "e até Pablo completar 22 anos, o lar ficou esfacelado, sobrecarregado e empobrecido graças ao peso da determinação da mãe em ver o talento do filho ser realizado e reconhecido".[4]

Certo dia, a mãe de Edward Teller, físico e defensor ferrenho das armas nucleares, caminhava lentamente por um parque em Budapeste, a barriga pesada com o filho. Seu companheiro perguntou por que ela diminuíra o passo e estava olhando para a paisagem. A mãe de Teller disse: "Tenho a sensação de que desta vez é um menino, e tenho certeza de que vai ser famoso, então estou procurando o melhor lugar para construir o monumento em sua homenagem".[5] A psicologia habitual diria que Teller foi empurrado para a fama pela mãe. Mas por que não podemos imaginar que Ilona Teller detectou o daimon que habitava seu ventre?

Krishnamurti, o filósofo-professor, perdeu a mãe quando ainda era criança, mas "a via frequentemente depois de sua morte; lembro-me de uma vez seguir sua forma subindo as escadas... Vi vagamente o vestido e parte do seu rosto. Isso acontecia quase sempre quando eu saía de casa".[6]

A visão de Krishnamurti demonstra claramente a mistura da mãe memorial, do ser dela propriamente dito e do espírito da mãe, o daimon, que muitas vezes se une ou se comunica com o daimon da criança, mesmo quando o filho atinge a maioridade e a eminência. São raros os casos de mãe que consegue enxergar a semente do fruto, encorajar seu surgimento e não atrapalhar sua direção individual.

Van Cliburn, excelente pianista, aprendeu música com a mãe. Ela deixa bem clara a diferença entre a orientação do espírito e a maternidade da criança.

> Quando percebemos o talento extraordinário de Van, nossa relação enquanto trabalhávamos passou a ser de professora e pupilo, e não de mãe e filho...
>
> Desde o começo, avisei ao jovem Van para que não "se gabasse"... e o lembrei de que sua habilidade era um dom divino, pelo qual ele devia ser profundamente grato e não reivindicar créditos indevidos para si mesmo.

Cliburn confirma: "Desde os 3 anos, ela me deu aulas de piano todos os dias da minha vida. Todo santo dia. Nós nos sentávamos ao piano e ela dizia: 'Agora esqueça que sou sua mãe. Sou sua professora de piano e temos que levar isso muito a sério'".

A grandiosidade do poder da mãe é indiscutível, principalmente quando esse poder reconhece, defende — e, em casos como o de Cliburn, orienta — o daimon do filho.

O daimon, no entanto, vem antes da mãe, e talvez até determine a mãe — ou pelo menos é o que diz a teoria do fruto do carvalho. Porque o pequeno Van já era músico aos 2 anos de idade; só de escutar as aulas que aconteciam na sala vizinha, aprendeu de ouvido um "pequeno número complexo" que pedia para "cruzar a mão esquerda por cima da direita" com "pausas e síncopes meio difíceis".[7] E então a teoria do fruto do carvalho também diz que seu daimon escolheu a mãe certa, que saberia o que fazer com o filho prodígio. Será que o jovem Cliburn de Kilgore, no Texas, teria ido até Moscou e deixado os juízes abismados ao vencer a Competição Internacional Tchaikovsky de Piano, se ele tivesse nascido, digamos, da sua mãe, leitor, e sido criado na sua casa?

Mas seria a eminência uma qualidade causada pela mãe? As mães formam seus filhos enquanto os carregam no ventre, dando à luz seu espírito da mesma maneira que geram seu corpo? Se não diferenciarmos o daimon da mãe e o da criança, então a mãe deve também ser declarada uma criadora de monstros, cujo daimon ou demônio vive fora de si no filho biológico. Hitler, Mao, Nasser do Egito eram muito apegados a suas mães. Kwame Nkrumah, de Gana, foi levado de sua aldeia e recebeu uma educação ocidental graças à persuasão da mãe. Se um líder carismático é, de fato, identificado e orientado pela mãe para seguir por esse caminho, ou se um líder precisa acreditar no mito da mãe — que ele reverencia em uma deferência à própria mãe —, não dá para saber. Mas, de alguma forma, o mito da mãe gosta dos grandes ditadores.

Woodrow Wilson, Harry Truman, Dwight D. Eisenhower, Lyndon Johnson, Richard M. Nixon — esses também foram favorecidos ou favoreceram suas mães. Lembre-se de Nixon, saindo em desgraça da Casa Branca, confuso e arruinado, fazendo um tributo piegas para a mãe naquele último discurso.

Minha mãe conheceu Sara Delano Roosevelt, mãe de Franklin D., e a sra. Roosevelt lhe perguntou quantos filhos tinha. "Quatro", respondeu minha mãe, ao que sua interlocutora respondeu: "Eu só tive um, mas ele se saiu muito bem". E Sara Delano Roosevelt se certificou de que ele se saísse bem, talvez percebendo precocemente seu gênio, impulsionando-o a cada dificuldade encontrada no caminho enquanto ela viveu.

E aquelas mães que não compreendem o chamado dos filhos e interpretam a natureza deles de maneira errada? E as pessoas importantes que brigaram com a Mãe e odeiam o modo de pensar, os hábitos, os valores dela? Esse tipo de diferença não parece criar nenhuma rachadura na falácia parental. O mito continua de pé, tendo a Mãe dado o apoio positivo incondicional ou vivido uma vida narcisista e indiferente. As biografias manipulam os fatos para chegar ao mesmo resultado, o que mostra que os biógrafos — inclusive nós mesmos quando falamos sobre o porquê de sermos como somos — continuam enredados na falácia parental como aqueles gêmeos que alegaram que a Mãe era o motivo de terem as mãos vermelhas e descamadas.

O escritor e influente crítico marxista húngaro Georg Lukács tinha problemas com a mãe desde o início. No último ano de sua vida (1971), ele "ainda se lembrava dela… com crueldade". Durante toda a vida ele se recusou até mesmo a tratá-la com uma "cortesia formal". Lukács escreveu: "Em casa; alienação absoluta. Acima de tudo a mãe; quase nenhuma comunicação". Porque ela era muito convencional, superficial e só queria saber de vida social, a biografia de Lukács liga sua simpatia marxista pelos oprimidos e a rebeldia antiburguesa ao antagonismo à mãe. A teoria do fruto do carvalho, é claro, considera a mãe como necessária para o gênio: ele precisava de um inimigo dentro de casa que representasse os valores abominados de forma inata pelo daimon. "Muito cedo eu já tinha sentimentos muito fortes de oposição".[8]

Esse tipo de oposição radical à mãe convencional aparece, por exemplo, nas biografias do compositor Igor Stravinsky e da fotógrafa Diane Arbus.

A mãe de Stravinsky repreendia o filho por "não reconhecer seus superiores, como Scriabin", e só foi ouvir *A sagração da primavera*, uma das obras mais inovadoras do século, no aniversário de 25 anos de sua apresentação, um ano antes de morrer. Mesmo assim, ela disse a amigos que não estava esperando gostar e que ele não compunha "seu tipo de música".[9]

Gertrude, mãe de Diane Arbus, estava preocupada com os filhos; "como qualquer boa mãe, ela queria que eles só fizessem 'tudo direito', 'tudo certo' e tivessem todas as vantagens".[10] Arbus era uma *outsider* original, que fotografava aberrações, e que a certa altura acabou se matando; Stravinsky viveu uma vida longa e extraordinariamente produtiva sem compor o "tipo de música [da mãe]".

Stravinsky e Arbus desviaram por completo do estreito caminho proposto pelas mães. Mas não é possível alegar que foi o caminho que os afastou. Não podemos partir do princípio de que uma mãe convencional gera um filho excêntrico tanto quanto um filho excêntrico produz uma mãe convencional — ou que uma mãe desvairada e confusa gera um filho normal. Como as pesquisas relatam, todo tipo de mãe tem todo tipo de filho. As duas gerações não podem ser amarradas com um nó perfeito.

Mães e filhos podem rezar em altares muito diferentes e servir a deuses muito distintos, ainda que passem o dia inteiro juntos na mesma família. Não importa a proximidade física, eles podem ter destinos bastante discrepantes. Roy Cohn, um desses aproveitadores desprezíveis que sempre conseguem se enfiar nos lugares de poder ao longo da história, recebeu uma criação convencional e protetora dos pais. "Meus pais sempre tentaram me proporcionar uma infância 'normal'."[11] Acampamento de verão, apartamento na Park Avenue, escola Horace Mann; faculdade de direito em Columbia. Filho único, Cohn morou, viajou e ficou ao lado da mãe, Muddy, até ela morrer, quando ele tinha 40 anos. Ao longo de todo esse tempo, ela cuidou dele; uma mãe zelosa, observadora e compreensiva que chamava o filho de "a criança". A criança "normal" que ela desejava transformou-se em uma figura notoriamente problemática.

A mãe de Hannah Arendt também era atenciosa e vigilante, e mantinha um diário com observações e reflexões a respeito do comportamento da filha desde o nascimento até a adolescência. Ela impediu que a menina se sentasse antes do tempo e que movesse as pernas livremente ao enrolá-la em um *Wickelteppich*, ou cueiro, como era costume na época. Incentivou a educação da filha em todos os aspectos. Duas mães zelosas que tentaram dar o melhor a seus filhos; enquanto Cohn se tornou uma pessoa cruel, vaidosa e imoral, Arendt se tornou uma das principais filósofas morais dos nossos tempos, amiga de Karl Jaspers, amante de Martin Heidegger; ela seguiu sendo uma "criança solar", com "gênio bom para fazer amizades" e um compromisso de princípios com o "amor ao próximo", um conceito que está na essência de seu pensamento.[12]

E aí temos a mãe negligente. "Minha mãe costumava colocar uma almofada no chão, dar-me um brinquedo e me deixar ali", disse Barbara McClintock. Mais tarde, a mãe sobrecarregada enviou a filha para morar com parentes em outro estado.[13] A mãe de Edna St. Vincent Millay, uma enfermeira, tirou a filha da escola na oitava série depois de uma briga com o diretor. Edna ia muito bem nos estudos e gostava dos amigos, mas então passou a ficar o dia inteiro sozinha em casa, e às vezes a noite também, enquanto a mãe trabalhava.[14] Tina Turner disse:

> Eu não recebi amor da minha mãe ou do meu pai desde o início... *Alienação, rejeição* — eu não conhecia essas palavras. Só sabia que não conseguia me comunicar com a minha mãe... E aquilo foi o começo de tudo para mim. Eu não tinha ninguém, não tinha uma base, então eu tive que... descobrir qual era a minha missão na vida.[15]

Apesar de negligenciadas pela mãe, essas crianças não foram abandonadas por seus daimones, que acabaram sendo a sua base. Porque era de solidão que McClintock e Millay precisavam para encontrar seu chamado, e foi a negligência que obrigou Tina Turner a encontrar o dela. Esses frutos do carvalho claramente escolheram mães negligentes para proporcionar o ambiente propício para essas jovens.

Não importa se o personagem seja apoiado pela mãe (Casals, Wright, Roosevelt), tenha divergências com ela (Lukács, Arbus, Stravinsky) ou seja negligenciado por ela (McClintock, Millay, Turner), os biógrafos tendem a conferir à Mãe uma grandeza mítica, confundindo o poder de sua imagem arquetípica com a força do fruto do carvalho individual.

Desconstruindo os pais

A falácia parental se apoia em grande parte nessa fantasia de causalidade vertical de mão única, do maior para o menor, do mais velho para o mais novo, do experiente para o inexperiente. No entanto, assim como a maternidade em si está em declínio por conta das mudanças sociais que alteram suas convenções, também a teoria da importância da Mãe vem sendo minada pelas evidências que contestam a causalidade vertical nas famílias.

Mais uma história bem conhecida. Esta relata o comportamento de uma família de macacos-rhesus em uma ilha despovoada no Japão, onde pesquisadores deixaram batatas-doces frescas na praia.

> Imo cuspiu a areia que estava grudada em sua batata-doce, colocou-a na água do mar e a esfregou com força, usando a mão livre. Comeu a batata limpa e gostou do sabor salgado. Ali perto, Nimby observava — e também enfiou sua batata na água. Ela não conseguiu tirar toda a areia, mas ainda assim ficou mais gostosa do que nunca. O exemplo das duas jovens amigas foi um ensinamento para os outros: de imediato, seus colegas da mesma idade, machos e fêmeas, também adotaram o hábito de lavar as batatas. A mãe de Imo também aprendeu, e logo estava ensinando os irmãos mais novos dele a lavar as batatas. Já o pai de Imo, embora fosse conhecido por sua firmeza e liderança, era teimoso demais para experimentar a novidade.[16]

O pesquisador David Rowe quer nos mostrar que a inovação e a transmissão de ideias acontecem em diversas direções: horizontalmente dentro da família (irmão para irmão); verticalmente, mas de forma recíproca, de filho para mãe e de mãe para filho; fora da família, assim como os jovens macacos aprenderam um com o outro. Alguns deles — os machos mais velhos — parecem não aprender nada, ou pelo menos não aprenderam a lavar batatas.

Mas falta fazer uma pergunta crucial: como Imo teve a ideia? Por que lavou aquela primeira batata? O que ocasionou aquele comportamento? Seu daimon, é claro — que inspirou todo o acontecimento e também a história tantas vezes contada. O gênio de Imo continua a ensinar a você e a mim por meio dessa história. Sim, animais também têm anjos. Se formos lá no início da história cultural, acreditava-se amplamente que os animais tinham sido os primeiros professores. Nossa linguagem primitiva, nossas danças, nossos rituais, nosso conhecimento do que comer ou não comer integraram-se ao nosso comportamento por meio deles.

A dúvida a respeito da causalidade vertical, em especial a dúvida em relação à mãe como elemento básico e determinante para o destino, vem de outros lados também. Diane Eyer chama a ligação mãe-filho (que dá título a seu livro) de "uma ficção científica" (subtítulo do mesmo livro).

> A ligação é, na verdade, tanto uma extensão da ideologia quanto uma descoberta científica. Mais especificamente, é parte de uma ideologia na qual as mães são consideradas as principais arquitetas da vida dos filhos e culpadas por quaisquer problemas que eles tenham, não apenas na infância, mas também na vida adulta.

Mais adiante no livro, Eyer diz:

> Eu gostaria de encorajar o impossível — que descartemos a palavra [ligação] por completo... [o que] nos obrigaria a perceber que as crianças não são uma massa para moldarmos com as mãos. Elas nascem com personalidades e habilidades amplamente diferentes.

A "ficção científica" de Eyer é a minha "falácia parental"; a percepção que ela tem das "personalidades amplamente diferentes" das crianças é a minha visão de frutos do carvalho singulares e distintos. Há muito mais elementos que moldam nossa vida para além dos pais:

> As crianças são profundamente afetadas pela variedade de pessoas que interagem com elas, pelas comidas que comem, pela música que escutam, pelo que assistem na TV, pela esperança que veem no mundo dos adultos... As pessoas podem se conectar umas às outras intelectualmente, emocionalmente, pelos cuidados diários, por jogos, música e arte, pelo aprendizado formal e por longas distâncias. Há muitas, muitas dimensões nos estímulos dados às nossas crianças.[17]

A rede de estímulos proposta por Eyer poderia ser ainda mais ampla, incluindo os fenômenos espirituais e religiosos que acontecem de maneira autônoma com as crianças e foram relatados em detalhe por Robert Coles. Também podem ser incluídos todos os equipamentos e ambientes nos quais as crianças vivem, as ruas e seus barulhos, as explicações e os valores ensinados a elas, e o que há de invisível sendo mostrado na natureza. Tudo isso não apenas oferece estímulo e informações à criança, mas também expressa o significado do mundo ao qual elas precisam reagir. O fato de algumas reagirem de modo inesperado, ou se recusarem de todo a reagir, pela lógica não pode ser atribuído a inseguranças ou problemas no vínculo com os pais. Para cada um de nós, criança ou adulto, a pergunta que se sobrepõe a todas as outras é: como o que vem com você ao mundo encontra um lugar no mundo? Como o meu significado particular se encaixa nos significados com os quais sou instado a me adaptar? O que nos ajuda a fazer a descida?

A falácia parental não ajuda ninguém a descer. Ela nos puxa para longe do fruto do carvalho e nos devolve à Mamãe e ao Papai, que talvez já estejam mortos enquanto seguimos empacados nos efeitos deixados por eles. Assim, eu viro um mero efeito também, uma consequência das ações dos dois. Mesmo com todo o nosso individualismo heroico, os Estados Unidos ainda se apegam à psicologia do desenvolvimento baseada na mãe, que afirma que somos fundamentalmente o resultado da ação dos nossos pais e, sendo assim, vítimas do que aconteceu no passado, cheios de marcas indeléveis. Psicologicamente, como nação, parecemos estar sempre tentando deixar o passado para trás, tentando nos recuperar dos abusos do passado. Talvez a recuperação só comece quando deixarmos para trás o mito da mãe. Porque somos menos vítimas da parentalidade em si, e mais da ideologia parental; menos vítimas do poder da Mãe de determinar o destino, e mais da teoria que dá a ela tal poder.

O livro extremamente influente de John Bowlby, *Child Care and the Growth of Love*, defende essa teoria. Uma voz arquetípica da Grande Mãe ressoa através dela, com terríveis ameaças de morte e males para quem ignorar a teoria e desonrar o poder da mãe.

> As evidências são imensas e não deixam espaço para dúvidas com relação à afirmação geral — de que um longo período de privação de cuidados maternos pode ter efeitos graves e profundos no caráter de uma criança, e por toda a sua vida. Essa é uma afirmação bastante similar àquelas que defendem os efeitos maléficos da rubéola antes do parto ou da carência de vitamina D na infância.[18]

Não é sua mãe que tem domínio sobre a sua vida adulta, e sim a ideologia que apregoa que cada um de nós teve sua vida determinada nas primeiras horas depois do parto, ou durante o parto em si; a ideologia que apregoa uma série de pequenas causas e efeitos acumulados que levam você a ser como é hoje e a como você vai afetar seus próprios filhos. Você é a causa direta dos estragos na vida deles, danos que não resultam apenas em frustração e fracassos, mas também em crimes e loucura. Essa ideologia aprisiona as mulheres na falácia parental, e as crianças na culpa da mãe. A crítica cáustica de Eyer desconstrói essa ideologia. Mas sua desconstrução não é destrutiva. Assim como a minha, pretende dissolver a falácia que transformou a ligação em uma algema. "A falácia", diz David Rowe:

> está em acreditar que o que forma a natureza humana é um período de catorze anos de criação, e não o peso muito mais forte da história cultural e, em última instância, das raízes evolutivas do ser humano. Em termos mais abrangentes, as tradições culturais podem ser passadas adiante de muitas maneiras que não sejam a exposição a uma família nuclear idealizada. Os adolescentes que se alistaram com entusiasmo nos grupos de jovens nazistas antes da Segunda Guerra Mundial não tiveram sua alma torturada por uma criação ruim na infância; na verdade, eram de famílias tranquilas, de classe média, que ofereciam suporte emocional. Se a juventude de uma nação pode ser transformada por alguns anos de mudança cultural, por que focar a infância?[19]

O enaltecimento dos pais, da mãe em particular, em detrimento de todas as outras realidades — social, ambiental, econômica — mostra que a adulação de um arquétipo pode obliterar o senso comum. Eyer observa que as autoridades mundiais em maternidade (Bowlby e T. Berry Brazelton) atribuem a tristeza, o esgotamento e os olhos vazios das crianças no Camboja e na Europa do pós-Segunda Guerra à perda de suas mães e outros problemas na relação mãe-filho, sem citar os horrores assombrosos do mundo que cercavam essas mães e esses filhos. Se tais crianças tivessem "bons vínculos", com "boas mães", estivessem seguras em seus "laços", toda a devastação, o genocídio e o desespero teriam sido apenas secundários para sua condição deplorável! Mais uma vez, o mito arquetípico da mãe que está por todo lado, isolando todas as outras influências, prevalece sobre o mundo real e a dor coletiva. O mito da mãe também está na mente dos observadores científicos. Teorias baseadas na mãe são ao mesmo tempo reconfortantes e sufocantes.

Uma observadora bem diferente, Mary Watkins, destaca que os principais teóricos da psicologia — D. W. Winnicott, Melanie Klein, René Spitz, John Bowlby, Anna Freud —, que dão tanta ênfase à relação entre mãe e filho como *o* determinador da vida para sempre, desenvolveram suas ideias enquanto havia bombas caindo e prédios sendo destruídos na Inglaterra, pouco antes ou pouco depois da Segunda Guerra Mundial. Não é incomum recorrer à mãe quando se está em perigo, mas será que a "ciência" psicanalítica também precisa se esconder debaixo de sua saia?

A observação de Eyer de que as crianças são "profundamente afetadas... pela esperança que veem no mundo dos adultos" pode ser a chave para compreender o desalento e os distúrbios infantis. Que tipo de esperança elas veem no mundo dos adultos? Depositar esperanças em uma criança e seu futuro é mais fácil do que encontrar uma esperança maior no mundo adulto em si. Povos arcaicos e comunidades tribais oferecem estabilidade aos filhos, uma continuidade por tempo indeterminado. As mudanças cíclicas e migrações nômades não abalavam esses alicerces. Os mitos tornavam a vida possível de ser vivida, e a esperança nem era uma categoria na existência arcaica. A esperança entra na história, e na nossa psicologia, quando a confiança na continuidade esvaece.

Nosso principal mito é apocalíptico, como o Apocalipse de São João, último livro da Bíblia, e nossas crianças hoje vivem em meio a imagens de catástrofe e as expressam em ações.[20] Obviamente, o suicídio entre crianças tem aumentado de modo assustador. Como deve ser perturbador para uma criança atar seu destino a uma estrutura ruinosa de esgotamento, extinção e perda que não pode ser reparada unindo pessoas em relações humanas satisfatórias. Está além das pessoas, diz o mito. A única esperança, de acordo com a versão autorizada da catástrofe, é uma redenção divina e uma segunda chance. Diante dessa ficção científica cósmica do Armagedom, a ficção científica da psicologia restringe a causa do desalento das crianças aos pais disfuncionais, enquanto o mundo inteiro, com todos os pais nele, segue rumo ao precipício.

Sem o pai

"Papai! Você está em casa? Tem alguém aqui?" Não. O papai saiu para almoçar. E ele devia mesmo — como sustentarei. O trabalho dele é em outro lugar — como explicarei — porque seu valor fundamental para a família é manter a conexão com outros lugares.

Quando vemos o Papai nas séries ou nos comerciais de TV, ele é um homem bem bobo. Não parece compreender as coisas muito bem; parte dele está à deriva. Os observadores da paternidade contemporânea reclamam que o pai é intencionalmente apresentado como bobo e antiquado, porque essa imagem enfraquecida ajuda a tirar a força do patriarcado, torna as relações entre os gêneros mais igualitárias e abafa as diferenças hierárquicas entre pais e filhos. Assim, as esposas são retratadas como mais práticas e atentas; as crianças, como mais espertas e antenadas. Ainda que seja um cara legal, o Papai é meio idiota.

Quero sugerir aqui que há algo mais nessa história além de inverter as convenções sociais e suavizar o pai patriarcal. A comédia que passa na TV tem uma subtrama sutil, com seus próprios alicerces. Talvez a tarefa real do Papai seja *não* saber sobre o café, o desinfetante e o antisséptico bucal, nem como resolver os dilemas de namoros adolescentes, e talvez sua idiotice mostre que aquele ali não é mesmo o seu mundo. O mundo dele não é mostrado nesses cenários, está fora de cena, em outro lugar, invisível. Ele precisa manter um dos pés em outro espaço, um ouvido atento para outras mensagens. Não deve perder seu chamado nem esquecer as obrigações que tem com os desejos do coração e a imagem que carrega.

Claro que isso não é uma obrigação apenas dos homens, mas os homens é que são definidos como "ausentes". Então, a tarefa da nossa psicologia é explorar essa ausência para além das acusações habituais de abandono, vício em trabalho, alienação negligente, falta de pagamento de pensão, uso de dois pesos e duas medidas e pompa patriarcal, que são feitas corretamente a muitos pais.

Durante séculos os pais estiveram longe de casa: em campanhas militares; como marinheiros em oceanos distantes por anos; como boiadeiros, viajantes, caçadores, exploradores, mensageiros, prisioneiros, vendedores, traficantes, escravos, piratas, missionários, trabalhadores migrantes. A semana de trabalho já teve 72 horas. O conceito de "paternidade" tem muitas facetas diferentes a depender do país, classe social, profissão e momento histórico.[21] Só hoje em dia a ausência é aviltante e considerada um comportamento criminoso, capaz até de gerar comportamento criminoso. Como um mal social, o pai ausente é um dos bichos-papões da era reparadora, esse período histórico de terapia, recuperação e programas sociais que tentam consertar o que não compreendemos.

A imagem convencional do pai, do homem em seu emprego, voltando para casa à noite para se juntar à família, ganhando dinheiro, compartilhando e tendo tempo de qualidade para passar com os filhos, é outra fantasia da falácia parental. Essa imagem está bem distante de sua base estatística. Em 1993, apenas poucas famílias nos Estados Unidos se encaixavam no padrão de pai-marido que trabalha fora e é o provedor do núcleo familiar que se completa com uma mãe-esposa que fica em casa e seus dois filhos. Todo o restante das famílias está fazendo as coisas de um jeito diferente. O que impulsiona as estatísticas do pai, portanto, é *não* cumprir essa imagem, assim como para a mulher é *não* cumprir a imagem de mãe-esposa que fica em casa. Se os "valores de família" significam pais que estão juntos, com seus filhos naturais, morando em sua própria casa, esses valores têm muito pouco a ver com a forma como os americanos vivem efetivamente.

Em vez que culpar os pais pela ausência e pela injustiça de sobrecarregar mães, mentores, escolas, polícia e contribuintes, precisamos perguntar onde o Papai está quando "não está em casa". Quando ele está ausente, onde está presente? O que o chama para fora de casa?

Rilke tem uma resposta:

> Às vezes um homem se levanta durante o jantar
> e vai para fora, e segue caminhando
> por causa de uma igreja em algum lugar no Oriente.
> E seus filhos rezam por ele como se estivesse morto.
>
> E outro homem, que fica dentro da própria casa,
> morre ali, dentro dos pratos e dos copos
> para que seus filhos tenham que sair pelo mundo
> até aquela mesma igreja, que ele esqueceu.[22]

Rilke explica a ausência do pai. Mas e a qualidade de sua presença — a raiva, o ódio? Por que o Pai é um destruidor tão brutal e abusivo da família? O que é essa raiva?

Será que é de fato a mulher que ele odeia, é nos filhos que ele quer bater porque ninguém faz o que ele manda e custam tão caro? Ou será que é outro elemento, menos pessoal e mais demoníaco, que o aprisiona e não solta?

Estou convencido de que a própria falácia parental atrelou o espírito do pai a uma imagem falsa, e seu daimon se transforma em algo demoníaco ao tentar se desvencilhar de seus rastros. Ele está preso em um conceito chamado paternidade americana, um comando moral para ser o tipo de cara legal que gosta da Disneylândia e de comidas de criança, gadgets, opiniões e piadas mordazes.

Esse modelo insípido trai seu anjo necessário, a imagem do que quer que ele carregue em seu coração, vislumbrada na infância, trazida até os dias de hoje, e que este livro pode confirmar para ele. O homem que perdeu seu anjo se torna demoníaco; e a ausência, a raiva, a apatia no sofá são todos sintomas de uma alma em busca de um chamado perdido para outra coisa, algo além. As oscilações do pai entre a raiva e a apatia, assim como as alergias e os distúrbios de comportamento dos filhos e a depressão e o ressentimento amargo da esposa, são parte de um padrão que todos compartilham — não o "sistema familiar", mas o sistema econômico explorador que promove a insensatez comunitária deles ao substituir o "mais" por "além".

Assim, as ausências do pai — física, mental, espiritual — chamam-no para longe da gaiola das ilusões americanas que esmagam as asas do anjo. Sem inspiração, o que sobra é a ferocidade crua, sem objetivo. Sem desejo por um ideal, o que sobra é a fantasia libidinosa e a sedução de imagens livres que não encontram âncora em projetos de verdade. Presente de corpo, mas ausente no espírito, ele recosta no sofá, humilhado pelo próprio daimon por causa do potencial em sua alma que nunca será domada. Ele se sente subversivo por dentro, imaginando, naquela sua passividade, arroubos extremos de agressividade e desejo que devem ser reprimidos. A solução: mais trabalho, mais dinheiro, mais bebida, mais peso, mais coisas, mais entretenimento, e uma dedicação quase fanática da sua vida masculina madura aos filhos, para que eles possam crescer e fazer parte da escadaria de consumo que leva à felicidade.

Criar um filho "feliz" nunca foi, em momento algum, o objetivo dos pais. Um filho esforçado, útil; um filho maleável; um filho saudável; um filho obediente e bem-educado; um filho que não se meta em problemas; um filho temente a Deus; um filho divertido — todas essas variedades, sim. No entanto, a falácia parental também jogou os pais na armadilha de proporcionar felicidade, além dos sapatos, dos livros da escola e das viagens de férias. Mas pode o infeliz gerar felicidade? Tendo em vista que felicidade, em sua fonte original, significa *eudaimonia*, ou um daimon satisfeito, apenas um daimon que esteja recebendo o que deseja poderá transmitir os benefícios da felicidade para a alma da criança. Sim, estou dizendo que "cuidar da alma", como escreveu Thomas Moore, pode ajudar a alma da criança a prosperar.

Se o dever do pai e da mãe de cuidar da própria alma se transfere para cuidar da alma do filho, então eles estão fugindo da tarefa estabelecida pelo fruto do carvalho. E aí, o filho substitui o fruto do carvalho. Você sente que seu filho é especial e cuida dele como se fosse o seu próprio chamado, tentando realizar o fruto do carvalho no seu filho. Então seu daimon reclama, porque está sendo ignorado, e seu filho reclama porque se tornou a efígie do chamado dos pais. Sua mãe, como eu disse, talvez seja um demônio, mas ela não é o seu daimon; assim como seu filho também não é seu daimon.

Aprendi, depois de anos trabalhando com pacientes e grupos de homens, e de ouvir aquilo que me alerta, que quando uma criança substitui seu daimon você desenvolve um ressentimento por aquela criança, chega até a odiá-la, apesar da bondade e da ética. Michael Ventura, romancista e crítico social brilhante, escreve que os americanos odeiam seus filhos.[23] A observação parece absurda. Qual outra cultura na história já falou de um jeito mais infantil, sentiu e pensou de maneira mais infantil ou relutou mais em deixar de lado as infantilidades? E que cultura hoje faz mais campanha para salvar as crianças ao redor do mundo, fornece mais ajuda emergencial a bebês prematuros, transplantes cirúrgicos em crianças a qualquer custo, e se engaja mais na defesa dos fetos? Ainda assim, tudo isso é uma fachada sob a qual se esconde uma negligência terrível.

Eis a prova. Dos 57 milhões de crianças (com menos de 15 anos de idade) que vivem nos Estados Unidos, mais de 14 milhões vivem abaixo da linha da pobreza. Os Estados Unidos estão em uma posição pior do que o Irã e a Romênia no ranking da porcentagem de bebês que nascem abaixo do peso. Uma em cada seis crianças é enteada, e meio milhão tem como "lar" centros de tratamento e orfanatos. Mais crianças e adolescentes nos Estados

Unidos morrem de suicídio do que de câncer, aids, anomalias congênitas, gripe, doenças do coração e pneumonia, *somados*. Todos os dias, pelo menos um milhão de crianças ficam sozinhas em uma casa onde há uma arma.[24]

Além dessas crianças que entram nas estatísticas sociológicas, há aquelas de todas as classes sociais que estão em tratamento para déficit de atenção, hiperatividade, obesidade, desobediência, bulimia, depressão, gravidez, vício...

A flagrante injustiça econômica, a passividade política e a ilusão dos circos (sem pão) são responsáveis pelo sofrimento das crianças. Mas eu também acuso a falácia parental de patrocinar essa negligência. A pouca atenção dada pelos pais ao próprio chamado individual trazido consigo para o mundo e a hiperatividade do alheamento desse chamado trai o motivo para estarem vivos. Quando seu filho se torna sua razão de viver, é porque você abandonou a razão invisível para *você* estar aqui. E qual é o motivo para você estar aqui, como adulto, cidadão, pai ou mãe? Tornar o mundo receptivo para o daimon. Dar um jeito na civilização de modo que o filho possa fazer a descida e o daimon dele possa ter uma vida. Essa é a tarefa dos pais. Para realizar essa tarefa para o daimon do seu filho, é preciso primeiro olhar para o seu próprio daimon.

Qualquer pai que tenha abandonado a vozinha de seu gênio único, passando-a para a criança de quem cuida, não consegue se lembrar do que negligenciou. Não consegue tolerar o idealismo que floresce tão espontaneamente na criança, o entusiasmo romântico, o senso de justiça, a beleza sem ilusões, a afeição às pequenas coisas e o interesse nas grandes questões. Tudo isso parece insuportável para um homem que esqueceu seu daimon.

Em vez de aprender com a criança, que é a prova viva das invisibilidades na vida de todo mundo, o pai se rende à criança, atrapalhando sua descida ao mundo ao colocá-la em um mundo de brinquedo. Resultado: uma cultura dominada por crianças sem pai, com crianças disfuncionais cheias de pólvora. Assim como os vampiros que tanto as fascinam, as crianças na nossa cultura, sentimentais com sua inocência e negligenciadas pelo aborrecimento que causam, sugam o sangue da vida adulta.

Ancestrais

A crença de que os pais dão forma ao meu mundo desde o início me parece uma variação da "concretude deslocada". Esse é um termo do filósofo inglês

Alfred North Whitehead. A concretude deslocada não separa suficientemente o "concreto" do "abstrato". Pais míticos e cósmicos se misturam aos pais e mães particulares. Então, poderes e mistérios formativos são atribuídos a abstrações como céu e terra, o Deus do Céu e a Deusa da Terra (ou vice-versa, como no mito egípcio) se transformam em mães e pais concretos, enquanto mães e pais são divinizados, e os resultados têm proporções cósmicas.

Os poderes deslocados do casal mítico que sustenta o mundo, como Zeus e Hera, se transformam no "romance familiar", como Freud chamou a falácia. O envolvimento com os pais nos constrói ou nos destrói. Além do mais, você acredita pertencer apenas a essa história pessoal e à influência de seus pais sobre ela, e não aos mitos invisíveis que foram deslocados pelos pais. Ser moldado de maneira tão determinante pelo mundo parental significa perder os pais-mundiais mais abrangentes, e também o mundo como pai e mãe. Porque o mundo também nos forma, cuida de nós e nos ensina.

Se nossa civilização hoje se volta para o meio ambiente na tentativa de protelar o desastre climático, o primeiro passo para essa reconciliação com a natureza é cruzar a fronteira entre a casa parental e a casa que é o mundo. Somos tratados como filhos por tudo ao nosso redor — se "tratar como filhos" significa cuidar, ensinar, encorajar e advertir. Acha mesmo que os seres humanos inventaram a roda apenas da própria cabeça, ou o fogo, os cestos, as ferramentas? As pedras rolavam morro abaixo; rajadas de fogo cruzavam o céu e irrompiam da terra; os pássaros construíam, investigavam e avançavam, assim como macacos e elefantes. As ciências que dominam a natureza foram ensinadas pela própria natureza a como dominá-la.

Quanto mais nos apegamos à ideia da importância dominante dos pais, e mais poderes cosmológicos damos a eles, menos percebemos quanto o mundo oferece todos os dias para nós no papel de pai e mãe. Segundo a afirmação da escola de psicologia de J. J. Gibson, na Universidade de Cornell, o mundo nos fornece morada e abrigo, nutrição e satisfação, aventura e diversão. O mundo é feito mais de verbos do que de substantivos. Não consiste apenas em objetos e coisas; é cheio de oportunidades úteis, divertidas e fascinantes. O papa-figos não vê um galho, mas um pretexto para se empoleirar; o gato não vê aquilo que chamamos de caixa vazia, e sim um esconderijo seguro de onde pode observar. O urso não fareja a colmeia, mas a oportunidade de uma refeição deliciosa. O mundo está transbordando de informações, que sempre estão disponíveis e nunca ausentes.

As crianças em especial reconhecem esses ensinamentos oferecidos pela natureza. De acordo com as observações de Edith Cobb, brilhante pioneira da ecologia, a imaginação das crianças depende completamente desse contato com o meio ambiente.[25] A imaginação não se desenvolve sozinha, dentro de casa, nem a partir das histórias contadas pelos pais. As crianças, "por natureza", sentem-se em casa no mundo; o mundo as convida a fazer a descida e a participar dele. E isso não é apenas uma declaração inspirada por Jean-Jacques Rousseau, Friedrich Froebel (o criador do jardim de infância) e Alice Miller — já que não estou dizendo que as crianças são naturalmente boas ou completas, apenas que sua imaginação e sua mente são alimentadas pela natureza, que também é mãe e pai para elas. Por isso, se nossas crianças estão hoje cheias de problemas, não é exatamente dos pais que elas precisam, e sim, talvez, de menos parentalidade, que as impede de confiar e se divertir com o mundo físico e real.

Quanto mais acredito que a minha natureza vem dos meus pais, menos aberto fico às influências preponderantes que estão ao meu redor. Menos eu sinto que o mundo à minha volta deve ter importância profunda em minha própria história. Entretanto, mesmo as biografias em geral começam situando o personagem em um lugar; o "eu" tem início em meio aos cheiros de uma geografia. No momento em que o anjo entra em uma vida, ele entra no ambiente. Somos ecológicos desde o primeiro dia.

Portanto, o desastre ecológico com o qual nos preocupamos já aconteceu, e segue acontecendo. Ele ocorre nas narrativas de nós mesmos que nos separam do mundo ao nos prender à parentalidade, à crença de que o que há lá fora é menos importante para a formação de quem sou do que minha família imediata. A falácia parental é fatal para o autoconhecimento do indivíduo e está matando o mundo.

Até que essa falácia psicológica seja confrontada, nada conseguirá me reconectar fundamentalmente com o mundo, nenhuma campanha compadecida pelo multiculturalismo e pelo meio ambiente, nenhuma viagem ao campo, nem o Corpo de Paz, a observação de pássaros ou o canto das baleias. Primeiro é preciso realizar essa reconstrução psicológica, dar aquele salto de fé da casa dos pais para a casa que é o mundo.

A psicoterapia acentua essa falha. Em sua teoria de que os danos de desenvolvimento se devem à família, essa técnica acaba afastando o paciente de todas as outras coisas que poderiam oferecer conforto e orientação. A quem a alma recorre quando não há terapeutas disponíveis? Ela leva seus problemas para as árvores, para a beira do rio, para a companhia de um animal, a uma caminhada sem rumo pelas ruas da cidade, a uma longa observação do céu noturno. Simplesmente olha pela janela ou ferve água para fazer um chá. Respiramos, expandimos e soltamos, e alguma coisa vem de outro lugar. O daimon no coração parece quieto e satisfeito, preferindo a melancolia ao desespero. Ele está conectado.

O "ambiente facilitador", tão necessário para a fantasia da criação adequada, de acordo com D. W. Winnicott (o filósofo clínico gentil e despretensioso da terapia sensata), é o ambiente *em si*, não fosse ele tão negligenciado e, portanto, temido. Ao deixar o mundo real de fora de seus principais conceitos teóricos, a teoria psicológica imagina o mundo lá fora como objetivo, frio, indiferente, talvez até hostil (a terapia é um refúgio protetor; o consultório, um santuário). Dessa forma, o mundo recebe a projeção da mãe malvada, a mãe assassina, que sua teoria inventou. Voltamos a um mundo da natureza tal como imaginado por Descartes quatro séculos atrás, apenas uma *res extensa*, um campo enorme de matéria sem qualquer alma, inóspito, mecânico, até demoníaco.

É claro que há demônios lá fora para serem derrotados. Os desastres estão à espreita, mas esses poderes que se escondem atrás da porta e na mata também são ancestrais, não apenas germes, aranhas ou areia movediça. Da mesma forma que deslocamos os pais cosmológicos, também perdemos os ancestrais. Os pais os engoliram.

Nossa biografia e histórico clínico começam com os dados de nossos pais e o lugar onde nascemos. Às vezes, voltam na linhagem dos pais até os quatro avós e, com sorte, aos oito bisavós. A maioria encerra mesmo a genealogia na Mamãe e no Papai, às vezes até apenas na Mamãe — já que o Papai é sempre ausente.

Desse modo, a ideia de ancestralidade é filtrada pelos pais de verdade. Além de serem transformados em divindades que movimentam e abalam seu céu e sua terra, os pais também usurparam os deveres de proteção e as demandas por atenção que tradicionalmente ficavam a cargo dos ancestrais invisíveis. "Ancestralidade", na nossa cultura, implica uma ligação cromossomial; os ancestrais são os seres humanos de quem herdei meus tecidos corporais. A biogenética substitui o mundo espiritual.

Em outras sociedades, um ancestral podia ser uma árvore, um urso, um salmão, alguém do mundo dos mortos, um espírito em um sonho, um lugar especial e assombrado. Esses elementos podiam ser chamados de ancestrais e ter um tipo de altar construído em seu nome, longe da casa onde você mora. Ancestrais não estão ligados a corpos humanos e certamente não estão confinados a antepassados físicos cuja descida à nossa esfera aconteceria apenas por meio da nossa família natural (ela mesma nem sempre determinável). Se um membro da família natural, digamos um avô ou avó, tio ou tia, for suficientemente digno, poderoso e sábio, talvez ele ou ela possa se transformar em um ancestral no sentido de um espírito guardião. Para ser um ancestral, não é necessário estar morto, mas é preciso conhecer os mortos — isso é, o mundo invisível e como e onde ele toca os seres vivos.

Como espíritos, os ancestrais se ocupam de outros espíritos, da comunidade como um todo, das coisas com as quais convivem, dos locais em seus ambientes, e da imagem singular no coração que nos mantém saudáveis e nos ajuda a seguir em frente. Quando você transborda de raiva, sente-se fraco e impotente, ou irascível e mesquinho, alguns ancestrais específicos podem ser chamados para afugentar as más influências e endireitar as coisas. Nenhum desses estados disfuncionais é atribuído a seus pais. O que quer que esteja errado com você veio depois: feitiços, quebras de tabu, rituais não cumpridos, ar, água ou lugares ruins, um inimigo distante, uma divindade irada, uma tarefa negligenciada ou um xingamento esquecido. Mas nunca, nunca o estado de sua alma poderia ser atribuído a algo que seu pai ou sua mãe fez com você uns trinta anos atrás! Eles foram apenas a oportunidade necessária para a sua chegada à comunidade, e fizeram os ritos necessários para permitir que sua alma entrasse no mundo.

Sem uma noção de ancestralidade, a quem podemos atribuir uma influência direta e controladora sobre nossa vida, senão a nossos pais? Interpretamos de maneira muito literal o mandamento "Honra teu pai e tua mãe", que mostra decência e bondade. Mas não esqueçamos que o quinto mandamento, junto aos outros que o precedem, tem como objetivo eliminar todos os traços de politeísmo pagão, para o qual o culto aos ancestrais é fundamental. O texto deixa claro que esses "pais" não são apenas a Mamãe e o Papai humanos. Eles têm muito poder e devem ser honrados como fiadores do destino, "para que os teus dias se prolonguem e tudo corra bem na terra que Iahweh teu Deus te dá" (Deuteronômio, 5,16). Como espíritos ancestrais, eles são guardiões protetores de uma vida longa, portadores da boa sorte e espíritos da natureza que habitam a própria terra. Pelo mandamento, ficou estabelecida dali em diante a falácia parental. O mundo espiritual inicial foi reduzido a estátuas concretas, excessivamente humanas, de figuras pessoais.

A redução daquela esplêndida galeria arcaica de ancestrais, empreendida por uma religião oficial, levou séculos. Chamamos esse processo de civilização. Gaia e Urano, Geb e Nut, Borr e Bestla encolheram para caber na pequena medida de Mamãe e Papai, e não no céu, absolutamente — apenas a uma leve altura de distância. Nossos horizontes foram reduzidos à escala deles, e tal escala foi ampliada por aquilo que eles substituíram. E nossos rituais minguaram até se transformarem em datas comemorativas anuais para celebrá-los, no cuidado com a saúde e o bem-estar deles, e em telefonemas, ainda que continuemos atribuindo um poder determinante e imenso à sua influência mágica sobre nossa vida íntima.

"Honra teu pai e tua mãe", sim, com certeza; mas não os confunda com deuses que criam e destroem, nem com os ancestrais. É muito trabalhoso "superar" o "problema dos pais" porque não se trata de mero erro de lógica ou concretude deslocada, nem de um passo difícil no processo terapêutico rumo à autonomia. Superar a falácia parental é mais como uma conversão religiosa — abandonar o secularismo, o personalismo, o monoteísmo, o desenvolvimentismo e a crença na causalidade. Requer dar um passo para trás e voltar à antiga conexão com o que há de invisível, e um passo confiante para fora e por cima do muro a fim de adentrar a rica profusão de influências oferecida pelo mundo. Whitehead também afirmou: "Religião é lealdade ao mundo".[26] Isso talvez signifique deslealdade a uma crença há muito tempo acalentada por toda a sociedade, pela terapia de modo geral e por você em particular: a crença no poder dos pais.

CAPÍTULO 4

DE VOLTA AO INVISÍVEL

Já que o fruto do carvalho não é visível nem no microscópio, postulamos sua realidade invisível. Para aprender mais sobre isso, precisamos inicialmente estudar a natureza da invisibilidade. A invisibilidade desconcerta o senso comum e a psicologia americanos, cujo princípio determinante é que tudo o que existe existe em certa quantidade e, portanto, pode ser mensurado. Se uma imagem que vem do coração e chama você para seu destino existe, podendo ser forte e duradoura, ela tem dimensões mensuráveis? A obsessão por engaiolar o invisível usando métodos visíveis continua motivando a ciência da psicologia, embora essa ciência tenha abandonado a busca centenária pela alma nos diferentes sistemas e partes do corpo. Quando os pesquisadores falharam em encontrar a alma nos lugares onde buscavam, a psicologia científica também desistiu da ideia de alma.

Há outras abordagens para a alma, outras explicações para as invisibilidades que determinam o destino. Os suecos contam uma lenda das florestas. Os lenhadores que cortavam pinheiros e abetos no norte trabalhavam basicamente sozinhos, derrubando árvores, podando galhos. Eles também bebiam, nos dias curtos e brancos de inverno. Café. *Snaps*... Às vezes, a Huldra aparecia. Ela era uma criatura de lindas formas, delicada, encantadora e irresistível. Às vezes, um lenhador parava o trabalho, até deixava o machado de lado e ia atrás dela, seguindo seu aceno mata adentro. Quando ele se aproximava, ela virava de costas — e então sumia. Quando a Huldra virava o rosto sorridente para o outro lado, não havia nada. Ela não tinha costas, ou suas costas eram invisíveis. E ele, atraído para o meio da floresta, sem conseguir encontrar um ponto conhecido ou chegar até uma clareira, perdia o rumo e morria congelado.

Pensamento mítico

Começo este capítulo com uma narrativa mítica da sereia — a ninfa do bosque, a alma da árvore — e do humano simples em meio a seus afazeres que, quando ela desaparece, perde o rumo, a capacidade de se mover, e morre. A interpretação dessa lenda em termos dos papéis masculino e feminino, da *anima* arquetípica, de perder a alma por causa de projeções fantasiosas, da floresta encantada como o domínio da mãe, de espíritos vegetais arcaicos que se vingam do homem, o destruidor, assassino com um machado — nada disso faz a história voltar ao ponto crucial, lá para as costas ausentes da Huldra.

Por trás de cada interpretação da lenda é que está a lenda. A história oferece o pano de fundo invisível diante do qual todas as análises desfilam seu brilhantismo. O mito está por trás de cada explicação possível, e não oferece qualquer explicação sobre si mesmo. Os mitos se valem da invisibilidade. Mostram um rosto encantador, mas, analisando mais de perto, as costas desaparecem. Não há nada lá. Estamos perdidos na floresta.

Todos podemos contar histórias sobre como os mitos surgiram: de sonhos; das tentativas dos "homens" primitivos de explicar o cosmo e os fenômenos naturais; como forma de estabelecer a lei tribal ao referenciar poderes apavorantes; de visões e revelações xamânicas; ou apenas elaborações portentosas de histórias simples contadas por mulheres mais velhas, depois de uma cerveja diante da fogueira, para passar o tempo ou ninar as crianças... Qualquer que seja a explicação da origem do mito, o que está por trás dele permanece insondável.

Grandes questões filosóficas giram em torno das relações entre o visível e o invisível. Nossas crenças religiosas separam o céu da terra, a vida do pós-vida, e nosso pensamento filosófico aparta a mente da matéria, e tudo isso impõe um abismo entre o visível e o invisível. Como fazer uma ponte sobre esse abismo? Como é possível transportar o invisível para o visível? Ou o visível para o invisível?

Há três pontes tradicionais: matemática, música e mitos. O misticismo talvez possa ser considerado uma quarta ponte. No entanto, o misticismo une o visível e o invisível; todas as coisas são transparentes e declaram suas bases invisíveis. Então, para o místico, não há abismo nem problema. Construir uma conexão racional entre os reinos poderia apenas afastá-los ainda mais. É por isso que os místicos recomendam contemplar o dilema, e não tentar solucioná-lo.

As equações matemáticas, as notas musicais em uma partitura e as personificações do mito cruzam o limbo que existe entre os dois mundos. Oferecem um rosto sedutor que parece apresentar o outro lado misterioso, uma sedução que leva à convicção ilusória de que matemática, música e mitos *são* o outro lado. Tendemos a acreditar que a real verdade do mundo invisível é matemática e pode ser enquadrada em uma única equação de campo unificado, e/ou que é uma harmonia musical das esferas, e/ou que consiste em seres e poderes míticos, com nomes e formas, que manipulam os fios que determinam o visível. As três modalidades transformam o mistério do invisível em procedimentos visíveis com os quais conseguimos trabalhar: matemática avançada, notações musicais e imagens míticas. Ficamos tão encantados com o mistério que é transportado para esses sistemas que confundimos os sistemas com o mistério; na verdade, eles são indícios que apontam para o mistério. Esquecemos a antiga lição e confundimos o dedo que aponta para a lua com a lua em si.

Acreditamos que as costas invisíveis da Huldra devem ser tão lindas quanto sua fronte. Qual é a relação entre o que vemos e o que não vemos? Será que as costas estão exibidas na frente e aquele belo sorriso atrai justamente porque é a melhor representação possível do invisível?

A beleza poderia ser uma ponte, mas não sabemos ao certo. As costas da Huldra podem ser um horror; afinal, o lenhador morre perdido e congelado. Então, ainda que a beleza tenha sido definida pelos neoplatônicos[1] como uma presença invisível na forma visível, além de um aperfeiçoamento divino das coisas terrenas, ela não oferece nenhuma estrutura, nem permanência. Pesquisar suas definições ao longo da história não vai nos levar pelo caminho que estamos seguindo agora. Além disso, a beleza foi reduzida às outras três pontes: proporção matemática, harmonia musical e o esplendor da deusa Afrodite. É curioso perceber que a busca pelas costas da Huldra nos leva às profundezas da floresta mítica. E não conseguimos sair dela buscando dados conhecidos. O invisível não revela fatos.

As histórias que os mitos contam não podem ser documentadas como registros históricos; os deuses e as deusas, os heróis e seus inimigos, todos aparecem nas histórias gravados na argila e esculpidos em estátuas, mas já foram vistos fisicamente por alguém? Os locais fabulosos dos mitos não são deste mundo — todos inventados, apenas fábulas. A vitalidade duradoura e sempre renovada dos mitos não tem nada de factual. Há somente o invisível por trás da força dos mitos. "O mito é uma mistura de verdade e imaginação poética. Esse desvanecimento na incerteza faz parte da própria natureza do mito", afirma Paul Friedländer,[2] o seguidor de Platão. Ao sumir na floresta, talvez a Huldra seja o mito personificado, a verdade básica do mito capturada em uma única imagem poética.

A vida comum também se apoia nos invisíveis, essas abstrações da física de alta energia que compõem todas as coisas visíveis, palpáveis e duráveis com as quais nos deparamos; os invisíveis da teologia diante dos quais nos ajoelhamos; os ideais invisíveis que nos conduzem para a guerra e para a morte; os conceitos sintomáticos invisíveis que explicam nossos casamentos, nossas motivações, nossa loucura. Sem contar o tempo; alguém o viu recentemente? Todos esses invisíveis, que tomamos como certos, parecem muito mais fortes e firmes do que as fantasias frágeis do mito.

Vivemos em meio a uma série de invisíveis que nos comandam: Valores Familiares, Autodesenvolvimento, Relações Humanas, Felicidade Pessoal e ainda outros, um grupo mais brutal de seres míticos chamados Controle, Sucesso, Custo-Benefício e (o maior e mais difundido invisível) Economia. Se estivéssemos na Florença de outras épocas, na Roma ou Atenas antigas, nossos invisíveis dominantes teriam estátuas e altares, ou no mínimo pinturas, como aconteceu aos invisíveis florentinos, romanos e atenienses chamados Fortuna, Esperança, Amizade, Graça, Modéstia, Persuasão, Fama, Feiura, Esquecimento... Mas nossa tarefa aqui não é restaurar todos os invisíveis, e sim encontrar entre eles aquele que já foi chamado de seu daimon ou gênio, às vezes sua alma ou destino, e agora seu fruto do carvalho.

Talvez esses outros tipos de invisíveis diários que aceitamos sem pensar sejam tão firmes em razão de nosso apego a eles. Se nos agarramos como cracas a nosso grupo favorito de invisíveis, eles vão nos servir de rochas e nos dar a mesma sensação de solidez. O filósofo Henri Bergson explicou por que preferimos partículas a mitos:

> A inteligência humana sente-se em casa, por tanto permanecer entre os objetos inertes, mais especialmente entre os sólidos, nos quais nossa ação encontra ponto de apoio e nosso engenho, seus instrumentos de trabalho [...] nossos conceitos foram formados à imagem dos sólidos [...] nossa lógica é sobretudo a lógica dos sólidos.[3]*

Bergson conclui, portanto, que o intelecto é inadequado para a vida real e as explicações da vida. Ao mesmo tempo, esse mesmo intelecto inadequado luta ferrenhamente contra todos os outros tipos de explicação, como o mito, que é condenado com argumentos sólidos, amparados em dados, respaldados por evidências e estruturados pela lógica.

William Wordsworth não se deixou enganar pela lógica dos sólidos e percebeu o invisível que havia neles.

> Dotei cada forma natural, rocha, fruta ou flor,
> Até mesmo as pedras soltas sobre a estrada,
> De uma vida moral: vi que elas sentiam,
> Ou as liguei a um sentimento: a grande massa
> Repousava em uma alma vivificante, e tudo
> O que via respirava com sentido interior.[4]**

"Mensagens autênticas das coisas invisíveis!", acrescenta William James em seu ensaio intitulado "On a Certain Blindness in Human Beings" [Sobre uma certa cegueira nos seres humanos], no qual cita Wordsworth, entre passagens também de Ralph Waldo Emerson, W. H. Hudson, Josiah Royce, Robert Louis Stevenson, Liev Tolstói e Walt Whitman como testemunhas da presença do invisível.[5]

Ironicamente, James elogia e reprova essa "certa cegueira". Por um lado, condena nossa percepção habitual, que não consegue enxergar essa essência interior invisível da rocha, da fruta e da flor. Por outro lado, é justamente essa cegueira da mente intelectual e seu embotamento grosseiro que nos permitem dizer, junto a Wordsworth: "vi que elas sentiam".

Esse trecho de Wordsworth é uma declaração de *pensamento* mítico e não apenas um sentimento. "Vi que elas sentiam" mostra uma sensibilidade

---

* Extraído da edição brasileira do livro *A evolução criadora*, traduzido por Adolfo Casais Monteiro (São Paulo: Editora Unesp, 2010. p. 7-8). [N. E.]

** Extraído da edição portuguesa de *O prelúdio*, traduzida por Maria de Lourdes Guimarães (Lisboa: Relógio d'Água, 2010). [N. E.]

mais flexível do próprio intelecto que consegue receber e compreender as mensagens autênticas das coisas invisíveis. Apenas esse tipo de sensibilidade no intelecto, que também chamarei de sensibilidade mítica, nos permite perceber a alma vivificante sobre a qual nossa vida está depositada. Para Wordsworth e para a sensibilidade mítica de modo geral, o fruto do carvalho não está em mim, como um marca-passo no meu coração, mas, na verdade, eu estou incorporado a uma realidade mítica na qual o fruto do carvalho é apenas uma porção pequena e particular de mim. O que os românticos chamavam de "alma vivificante" é hoje chamado de realidade psíquica. Está em todo lugar, embora continuemos insistindo que é invisível.

Intuição

O modo tradicional de perceber o invisível e, portanto, perceber o fruto do carvalho é a intuição, uma faculdade que também inclui aquilo que chamei de sensibilidade mítica porque, quando um mito nos impressiona, parece verdade e nos causa um insight repentino.

Na psicologia, intuição significa "conhecimento direto e não mediado", "compreensão imediata ou inata de um grupo complexo de dados".[6] Ao mesmo tempo, a intuição é impensada, mas não exatamente uma sensação; é uma compreensão clara, rápida e completa, sendo "a característica mais significativa o imediatismo do processo".[7] Intuições "acontecem sem que haja qualquer processo de pensamento ou reflexão".[8]

As percepções que temos das pessoas são intuitivas, em sua maior parte. Nós as analisamos como um todo — sotaque, roupas, constituição física, expressão, cor da pele, voz, postura, gestos, os indicativos regionais, sociais e de classe —; tudo se apresenta à intuição ao mesmo tempo, como uma *gestalt* completa. Os médicos de antigamente usavam a intuição para os diagnósticos; assim como os fotógrafos, os astrólogos, os gerentes de RH, os olheiros de beisebol e os selecionadores de candidatos à universidade, e provavelmente também os analistas da CIA, ao coletarem informações de campo e conseguirem enxergar um significado invisível naquele monte de dados entediantes. A intuição interpreta a imagem, o *paradeigma*, uma *gestalt* completa.

As intuições acontecem; não as criamos. Elas nos vêm como uma ideia repentina, um julgamento preciso, um significado compreendido. Chegam com um evento, como se trazidas por ele ou inerentes a ele. Você diz alguma coisa e eu "capto" na hora, simples assim. Você me mostra um poema curto e complicado e "eu entendo". Vamos àquela exposição que está fazendo o maior sucesso no museu e, mesmo sem ler o prospecto nem ouvir o guia em áudio, de repente me vejo falando um "Aha!" sobressaltado diante de uma pintura na parede. Fui tomado pela intuição.

Tanto a sua frase que eu capto intuitivamente quanto o poema completo e a pintura no museu são formas expressivas e totalmente visíveis. A rápida compreensão que se apossa de mim, trazendo-me para o que a psicologia chama de "Aha-*Erlebnis*", essa reação sobressaltada diante de um insight repentino, tira-me o ar pela força que há na pintura. O pensamento mítico atribui essa contundência, que produz o meu insight, ao poder que há no objeto. O poder do objeto estabelece a realidade, e até a materialidade, do invisível.

Outra característica importante da intuição é como ela funciona. A intuição não se expande devagar, como uma sensação que nos permeia aos poucos; tampouco avança pelo pensamento, passo a passo; nem aparece após uma análise cuidadosa dos detalhes sensíveis que compõem o objeto diante de mim. Como falei, a intuição é clara, rápida e completa. Como uma revelação, ela chega de uma vez, e rapidamente. Independe do tempo — assim como os mitos são atemporais e despedaçam quando lhes fazemos perguntas seculares, como "Quando isso aconteceu?", "Qual é a origem?", "O mito se desenvolveu?", "Não há novos mitos?", "Eles não são resultado de eventos históricos?", e por aí vai. O historiador, sempre restrito pelos dados temporais, nunca consegue alcançar plenamente a sensibilidade mítica.

Por serem claras, rápidas e completas, e portanto tão convincentes, as intuições também podem estar totalmente equivocadas, errando o alvo de forma tão ligeira e integral quanto conseguem acertar. Jung, que considerou a intuição (junto com pensamento, sentimento e sensação) uma das quatro funções da consciência, enfatizou que ela precisa de suas funções irmãs.[9] Sozinha, a intuição pode fazer a escolha errada com tanta convicção quanto a certa, e sair em disparada com essa convicção paranoica, ignorando a lógica, o sentimento e os fatos. Mas o realismo irônico de Jung acerca da intuição não era compartilhado pela corrente idealista dos filósofos intuitivistas. Baruch Spinoza, Friedrich Schelling, Benedetto Croce, Henri Bergson, Edmund Husserl e Alfred North Whitehead a engrandecem como se fosse um dom axiomático ou semidivino que é, ao mesmo tempo, um método filosófico de conhecer a verdade.

Também se apela para a intuição no intuito explicar a criatividade e o gênio, o inexplicável explicado por um processo que é, por si só, inexplicável. Mas a idolatria da intuição menospreza especificamente o seu lado mais sombrio, o oportunismo intuitivo do sociopata, e os ataques claros, rápidos e completos do criminoso psicopata, cuja abordagem óbvia e não mediada produz ações totalmente arbitrárias e aleatórias de violência, sem lógica, sentimento ou reconhecimento dos fatos.

A intuição pode propor um caminho, mas não garante uma ação correta nem mesmo uma percepção precisa. Sabemos disso a partir de qualquer uma das nossas ações óbvias e imediatas, como se apaixonar pela pessoa errada, fazer acusações falsas, autorizar demissões precipitadas e se autodiagnosticar com doenças que acabam se revelando pura hipocondria. Ainda que esteja certa, a intuição pode não ser precisa. Nossa sensibilidade mítica pode identificar as mensagens autênticas do interior das coisas, mas essa autenticidade só pode ser confirmada pela checagem dos fatos, lembrando-se da tradição, pensando com calma e analisando com o sentimento. Durante séculos a Igreja Católica Romana usou esses métodos para testar reivindicações intuitivas de santidade e examinar milagres.

Essa digressão sobre a intuição foi necessária por três motivos. Primeiro, precisamos de um termo aceitável para o tipo de percepção que vê as coisas de forma mítica ("vi que elas sentiam"), que vê através do visível e alega ter um insight do invisível. Precisávamos tornar psicologicamente plausível a ideia da sensibilidade mítica, equivalente às sensibilidades matemática e musical, para que a confiança no mito apresentada neste livro seja convincente. Para entender ou ser entendido pelo mito, você precisa de intuição. A relevância de um mito para a vida nos atinge como uma revelação ou proposição óbvia, que não pode ser demonstrada pela lógica nem induzida por evidências factuais. A melhor evidência é a narrativa episódica, o exemplo marcante que ilumina uma ideia obscura por meio de um clarão de luz intuitivo.

O segundo motivo para essa divagação foi mostrar uma função comum trabalhando nas três pontes — a matemática, a música e o mito — e também no universo da estética e da beleza. É a intuição que lhes dá instantaneidade e certeza. A teoria da estética de Kant vale-se da intuição, assim como a descrição de Mozart acerca da composição. Especialistas que já analisaram a inspiração poética e a inovação matemática mostram a certeza imediata da intuição nos exemplos que apresentam — como a declaração bastante citada do matemático Henri Poincaré, que diz: "O que mais impressiona, de início, é essa aparência de iluminação repentina".[10]

O terceiro motivo nos leva mais uma vez às biografias e à tensão terrível entre intuição e instrução em muitos exemplares do fruto do carvalho. Emerson escreveu: "Designamos essa sabedoria primária como Intuição, e todo o aprendizado que vem depois é da instrução".[11] Emerson coloca as duas coisas em oposição, vendo a intuição como algo que não é instruído. A percepção e o aprendizado, a imaginação do coração e os estudos na sala de aula não precisam ser opostos. No entanto, Emerson intuiu corretamente essa cisão extrema nas pessoas importantes que escolheram a intuição e não a instrução. Elas abandonaram os estudos; odiavam a escola; não queriam ou não conseguiam aprender; foram expulsas; os professores desistiram delas: a intuição em cabo de guerra com a instrução.

Época de escola e pesadelos

O livro *Cradles of Eminence*, um delicioso (e bem documentado) relato sobre a infância de quatrocentas personalidades famosas, afirma que três quintos dos personagens "tiveram sérios problemas na escola": "A rejeição à sala de aula é um fenômeno internacional e pouco tem a ver com o fato de a escola ser pública ou privada, laica ou religiosa, ou com a filosofia de ensino utilizada em cada uma".[12] A dificuldade dessas pessoas eminentes com a escola também não tem nada a ver com as ações, circunstâncias econômicas ou nível educacional da família. Odiar a escola, ser reprovado ou expulso afeta todas elas, não importa o que aconteça.

Thomas Mann, que recebeu o Prêmio Nobel em grande parte por causa de um romance que escreveu com vinte e poucos anos, descreveu a escola como "estagnante e insatisfatória"; o grande poeta e intelectual indiano Rabindranath Tagore (que, assim como Mann, veio de um contexto de riqueza e boa educação) abandonou a escola aos 13 anos por sofrer muito naquele ambiente. "Tive a sorte de me retirar antes que a insensibilidade tomasse conta de mim." "Gandhi afirmou que sua época de escola foi o período mais infeliz de sua vida... que ele não tinha aptidão para as aulas e raramente gostava dos professores... e talvez tivesse sido melhor nunca ter ido à escola." A romancista norueguesa Sigrid Undset declarou: "Eu odiava a escola com todas as forças. Evitava a disciplina usando uma técnica elaborada de me manter distraída durante as aulas". Richard Feynman, físico vencedor do Prêmio Nobel, chamou sua primeira escola de "deserto intelectual". O ator e diretor Kenneth Branagh sentia tanto medo da escola que, quando tinha uns 11 anos, tentou se jogar da escada para quebrar uma perna e poder faltar à aula. Posteriormente, ele se trancava no quarto e lia, lia, o tempo inteiro. O cineasta alemão Rainer Werner Fassbinder simplesmente "não conseguia ficar na companhia de crianças normais" e a certa altura foi colocado em uma escola Waldorf Rudolf Steiner. Jackson Pollock, "que zombava... das exigências escolares tão alegremente quanto ignorava o código de vestimenta", foi expulso da Los Angeles High School. John Lennon foi expulso do jardim de infância.

A história mais triste que encontrei sobre as angústias de uma criança na escola foi a do poeta inglês Robert Browning. Ele foi enviado para um colégio interno aos 8 ou 9 anos. Aquilo o deixou tão deprimido que "ele escolheu uma cisterna de chumbo na escola para ser seu 'túmulo'. Havia ali a imagem de um rosto em relevo. Ele imaginava aquele rosto como seu epitáfio, passava as mãos sobre ele repetidamente e entoava: 'Em memória de um Browning infeliz'". Sobre as aulas, Browning dizia que "não lhe ensinavam nada lá".

O criativo escritor existencialista Paul Bowles "não se deu bem com sua nova professora, a srta. Crane. Não gostava de seu estilo autoritário e... ele se recusava firmemente a participar das aulas de canto e desenvolveu um método de vingança para lidar com o que, para ele, eram tarefas sem sentido: escrevia tudo perfeitamente, mas de trás para a frente".

Para Bowles, a atividade mais detestável era cantar, enquanto para outros era latim, álgebra, esporte ou redação. O fruto do carvalho impõe um limite e ninguém pode forçá-lo a adentrar um território em que é incompetente. É como se o carvalho não conseguisse se curvar, nem fingir que é um lindo álamo. Tanto quanto oferece dons, o fruto do carvalho estabelece limites, e apenas se a escola permitir que a intuição se infiltre nos métodos de instrução tradicionais do professor é que uma ponte pode ser construída, permitindo que o dom surja a partir dos limites.

Fracassos escolares são comuns. Isso acontece porque a criança falha com a escola ou porque a escola falha com a criança? De todo modo, amplia-se o abismo entre a habilidade intuitiva inata da criança e o ensino formal da escola. Como afirmou o escritor William Saroyan: "Eu detestava a escola, mas nunca detestei aprender". Ao mesmo tempo que tinha problemas na escola, ele lia por conta própria "praticamente todos os livros da biblioteca pública de Fresno, na Califórnia".

O compositor Edvard Grieg afirmou: "A escola só desenvolveu em mim o que era ruim e jamais tocou no que era bom". Thomas Edison disse: "Eu sempre estava entre os últimos da turma". Stephen Crane, Eugene O'Neill, William Faulkner e F. Scott Fitzgerald, todos foram reprovados em alguma matéria na faculdade. Para Ellen Glasgow, autora de *Barren Ground* e escritora vencedora do Pulitzer, a escola era "intolerável". Willa Cather, Pearl Buck, Isadora Duncan e Susan B. Anthony também não gostavam da escola. Paul Cézanne foi rejeitado pela Escola de Belas Artes, em Paris. O professor de Marcel Proust achava suas redações confusas e Émile Zola tirou zero em literatura, além de também ser reprovado em alemão e retórica. Albert Einstein escreveu sobre sua escola da segunda metade do ensino fundamental (onde ele entrou aos 9 anos): "Eu preferia passar por todo tipo de punição em vez de aprender aquela decoreba". Antes, na primeira parte do fundamental, ele não se destacava em nada e era chamado de *Biedermeier*, que significava meio sem graça, meio simplório, meio "burro". Sua irmã escreveu que "ele não era bom nem em aritmética, no sentido de ser rápido e preciso, embora fosse confiável e perseverante". Algumas dessas características se deviam a sua lentidão na fala.

O general George S. Patton, que sofria com a dislexia, era obrigado a ficar até mais tarde na escola; já Winston Churchill, na Harrow, "se recusava a estudar matemática, grego e latim, e foi colocado na turma mais fraca — o que hoje se chamaria de turmas de reforço, em que os meninos mais lentos aprendiam inglês. Seu inglês, no entanto, não era ruim; seu conhecimento de Shakespeare era fora da curva e autodidata".

O abismo entre o que a escola vê e o que a criança sente pode resultar em dois caminhos. Na maioria das vezes, a criança que segue sua trajetória invisível é considerada "caótica", incapaz de aprender, difícil por causa da teimosia e até burra. Mas a pressão também pode desencadear um outro lado. Diane Arbus, fotógrafa extraordinária e excêntrica, disse: "Os professores sempre achavam que eu era inteligente e aquilo me atormentava, pois eu sabia que, na verdade, era terrivelmente burra". Seja a criança vista como "burra", como Einstein, ou "inteligente", como Arbus, o abismo da percepção entre a criança e a escola permanece intransponível. Quando se nota o invisível na criança, como nos casos de Truman Capote, Elia Kazan e James Baldwin (Capítulo 5), parece até um milagre inesquecível.

As provas, sobretudo, podem ser um sofrimento. O mestre bacteriologista Paul Ehrlich teve que ser dispensado das redações escolares por causa de sua "completa inépcia". Giacomo Puccini era reprovado nos exames com frequência. Gertrude Stein não quis fazer a prova final em uma matéria em Harvard. Anton Tchékhov se recusou a estudar os clássicos e foi reprovado duas vezes na escola. Esses fracassos escolares lhe causavam pesadelos. "Durante toda a vida, ele foi assombrado por sonhos com professores que tentavam 'pegá-lo cometendo um erro'." Pablo Picasso, "que nunca conseguia se lembrar do alfabeto em sequência", largou a escola aos 10 anos "porque era teimoso e se recusava a fazer qualquer coisa que não fosse pintar"; até o professor particular desistiu dele, porque Pablo não conseguia aprender aritmética.[13]

Com frequência, não era na escola que o chamado aparecia, e sim fora dela — em atividades extracurriculares ou no tempo passado fora do ambiente escolar. Em muitos casos, é como se a imagem no coração fosse tolhida pelo programa de ensino e a agenda de horários. Henri Matisse começou a pintar durante um período de convalescença. H. G. Wells estava sendo preparado para o comércio varejista; quebrou a perna quando tinha 8 anos, começou a ler e foi "salvo" dos negócios pela literatura. O presidente da Suprema Corte e candidato à presidência Charles Evan Hughes vagou pelas ruas de Nova York durante seis meses enquanto esperava ser aceito na faculdade. William Randolph Hearst e o artista John La Farge progrediram em seu aprendizado "perdendo tempo" nas ruas de Manhattan. Aos 15 anos, Marie Curie passou um ano inteiro no interior, longe da escola.[14] Quem consegue adivinhar onde o fruto do carvalho aprende mais e onde a alma coloca você à prova?

Provas escolares são um momento ritualístico em que tudo pode acontecer. Marcam a transição de um estágio a outro, assim como um casamento ou como dar à luz pela primeira vez. O pânico dos exames, junto com os estranhos protocolos de alimentação e as superstições da noite anterior à "prova final", revelam o fundamento ritualístico do teste. Uma prova testa mais do que sua resistência, habilidade e conhecimento; testa o seu chamado. Será que seu daimon quer o caminho que você escolheu? Sua alma está realmente investida nisso? Se um bom resultado no teste pode ser uma confirmação, uma reprovação pode ser a maneira de o daimon nos dizer que estávamos indo no caminho errado.

Omar Bradley, um general de cinco estrelas que planejou campanhas imensas envolvendo milhares de homens e toneladas de suprimentos, passou por pouco nos testes — foi o 27º em um grupo de 28 — quando entrou na West Point. Com muito esforço, conseguiu se formar em 44º em uma turma de 168 (na mesma turma, Dwight D. Eisenhower foi o 61º e James Van Fleet o 92º). A instrução ajudou a intuição de Bradley. A intuição também o ajudou a entrar na West Point quando precisou passar por quatro dias de provas, quatro horas por dia.

> Eu tinha muita dificuldade em álgebra. Depois de duas horas, só tinha resolvido 20% dos 67% dos problemas exigidos para passar... Era isso, reprovação certa. Não tinha a menor chance de eu terminar ou passar. Totalmente desanimado... reuni os papéis e fui andando até o funcionário responsável pela prova... Vi que ele estava profundamente entretido com um livro. Sem querer atrapalhar, voltei para minha mesa pensando que não custava nada tentar mais uma vez. Foi aí que, quase como num passe de mágica, comecei a me lembrar de todos os teoremas.[15]

Bradley conseguiu. Ele "aguentou firme o restante das provas" e foi aceito pela West Point.

Às vezes, o fruto do carvalho, como um bom anjo, entra "como num passe de mágica" em uma sala de provas durante um momento decisivo. (Compare com a prova de Barbara McClintock contada no Capítulo 8). Ao ler a vida de trás para a frente, podemos dizer que Bradley *tinha* de passar naquela prova: sua habilidade militar foi essencial à vitória sobre a Alemanha em 1943-1945, e depois como Chefe do Estado-Maior do Exército.

Rush Limbaugh foi reprovado em Oratória I. Quando refez a matéria, deixou seus colegas de turma na Universidade Estadual do Sudeste do

Missouri encantados; o professor, no entanto, lhe deu um D, apesar de sua inventividade, sua confiança e "seu instinto para a análise instantânea". O professor disse: "Senti uma presunção, como se ele não estivesse pronto para ouvir um professor".[16] O domínio que Limbaugh teve sobre o público foi intuitivo; no seu caso, a instrução só atrapalhou.

Os conflitos entre escola e aluno aparecem de modo mais evidente na área que está mais próxima à imagem do fruto do carvalho, como no caso de Limbaugh. Bernard Baruch, conselheiro de diversos presidentes nas áreas financeira, bancária e de economia internacional, se saiu até bem em Harvard, embora tenha terminado entre os últimos da turma nas matérias de economia política e cálculo.[17]

Por fim, Woody Allen: "Eu prestava atenção em tudo, menos nos professores".

> Ele demonstrava sua repulsa à escola de algumas maneiras previsíveis. Quando entrou na P.S. 99, foi colocado em uma turma avançada graças a seu QI, mas, como as regras da sala de aula não lhe permitiam se expressar do seu jeito, nem usar a imaginação nos trabalhos, ele se expressava arranjando confusão... Matava aula... Não fazia os deveres de casa. Às vezes, tumultuava a aula e era grosseiro com o professor, que reagia tirando-lhe pontos pelo comportamento.[18]

O anjo que lê a vida como uma imagem completa ouve essas reclamações e problemas e diz: "É claro que a escola era um horror, Woody. Você já estava fazendo filmes e escrevendo piadas sobre aquelas situações; por que tinha de passar por elas concretamente?". Billy Graham "não via sentido algum em ir para a escola. A literatura... lhe causou muitos problemas".[19] Ele foi "o último de todos a comprar" *L'Allegro*, de Milton. É claro! O pregador mais famoso do mundo não precisa comprar Milton e toda essa literatura porque já foi agraciado com a Palavra Verdadeira. Paul Bowles tinha muito o que imaginar e pouco tempo para atividades extras como trabalhos escolares. No caso de Rush Limbaugh, ele já conquistara um público nacional para ouvi-lo, então é claro que não receberia instruções de um professor de oratória da universidade. Browning, que escrevera o próprio epitáfio na escola, já estava lendo a vida de trás para a frente. E como Branagh não iria preferir uma queda dramática pelas escadas (como as que vemos no teatro e nos filmes) em vez de ir para a escola? Ele já não era um ator incrível destinado a papéis heroicos? Quanto a Churchill, era óbvio que tinha problemas de linguagem. Como um vencedor do Prêmio Nobel de Literatura, cuja eloquência em 1940 e 1941 salvou toda a civilização ocidental, encararia esse daimon gigantesco? Era muito para um garotinho mirrado. Os destinos invisíveis às vezes se manifestam como fracassos visíveis.

Talvez devêssemos interpretar de forma diferente os distúrbios de aprendizado e casos de problemas na escola. Em vez de "reprovado pela escola", enxergar um "salvo da escola" — não que essa seja minha recomendação pessoal. Apenas defendo que a tristeza de uma criança na escola seja imaginada não só como um exemplo de fracasso, mas como modelo do fruto do carvalho. A intuição do daimon muitas vezes não consegue se submeter à normalidade da escola e se torna ainda mais demoníaca. Quando analisamos a vida de trás para a frente, observando as ações do fruto do carvalho lá de cima da árvore crescida, conseguimos medir a importância da instrução e da intuição.

Mas qual pai, mãe ou educador consegue se colocar em uma posição tão alta a ponto de enxergar tão bem? E qual criança — ainda que seja "genial" — consegue se manter firme em suas intuições, a não ser que seja levada a isso por um completo mal-entendido, ou sintomas incapacitantes como dislexia, déficit de atenção, alergias, asmas, hiperatividade, coisas que mantêm a criança fora da escola? Fora da escola, sim, mas não do aprendizado; fora da instrução, mas não da intuição, nem daquela espécie de cegueira que permite enxergar outros aspectos. Nem toda criança vai enxergar, nem toda criança vai tirar proveito de perder a escola, mas para nós que cuidamos delas, e supostamente as orientamos, essa porta para os elementos invisíveis que atuam sobre seus distúrbios deve ficar aberta, só para garantir caso um anjo venha bater, e não apenas uma doença.

Lembre-se do comentário de Jung: "Os Deuses viraram doenças". Enxergar o anjo na doença requer um bom olho para o invisível, certa cegueira em um dos olhos enquanto o outro se abre para visões diferentes. É impossível ver o anjo a não ser que primeiro você tenha uma ideia do que ele é; senão a criança é apenas burra, voluntariosa ou patológica. Mesmo nas ciências, só é possível começar a enxergar um fenômeno no céu ou sob um microscópio se alguém descreve antes o que você está buscando;

precisamos de orientação na arte de ver. É aí que o invisível de repente se torna visível, bem diante do seu olho.

Em todos nós existe o desejo de enxergar além do que a visão nos mostra normalmente. Uma revelação do invisível de maneira inteligível é o que nos leva ao astrólogo. Como é possível que os invisíveis e incríveis trânsitos planetários que pairam sobre as casas zodiacais influenciem o meu dia? Por favor, explique meu sonho; altere meu estado. Veríamos um sinal. Workshops de fim de semana nos convidam a abrir as portas da percepção e chamar o invisível para entrar. Mas uma longa e séria tradição alerta para que não escancaremos demais as portas, especialmente em uma cultura que não sabe discernir o exótico da maluquice.

Ponte entre reinos

O principal ensinamento nas culturas em que as visitas dos espíritos são frequentes e o mundo em si é uma ponte — como as do Haiti, da África Ocidental, da Melanésia e das populações do círculo polar — é conhecer a natureza distinta e os nomes dos diferentes visitantes, seus níveis, seus poderes, suas áreas de atuação. Essas culturas têm porteiros e guardiões que conhecem as maneiras de impedir a entrada do que não pertence àquele lugar naquele momento. Também já os tivemos. Os filósofos platônicos (Jâmblico, Proclo, Porfírio) listaram todo tipo de anjos, arcontes e daimones.[20] O mundo era bastante poroso, habitado tanto por corpos físicos quanto imaginários. O psicólogo da religião David Miller[21] estuda esses "fantasmas" ou *Geists* (espíritos) na nossa tradição para mostrar sua importância. Mas essa porosidade existiu há muito tempo, em outro reino de consciência. Desde então, a diminuição do nosso interesse naquilo que a consciência racional chama de mágico, místico e mítico combinou todos os corpos imaginários indiscriminadamente e transformou-os em algo monstruoso. Resultado: o invisível se torna "alienígena". A alienação do invisível o deixa muito mais lúgubre e distante, e mais representado por lobisomens, dobras do tempo e abduções nessa StephenKingzação da nossa cultura. Nossas passagens modernas são tão estreitas, com teto tão baixo, que os invisíveis precisam se contorcer até ficarem deformados de um jeito bizarro para conseguir passar.

Talvez o que venha de outro lugar me faça cometer loucuras; talvez o mundo invisível seja demoníaco e deva mesmo ser excluído. O que eu não vejo, eu não conheço; o que não conheço, eu temo; o que eu temo, eu odeio; e o que odeio, quero destruir. Então, a mente racional prefere o abismo no lugar da ponte; gosta de manter os reinos bem separados. De dentro do seu ceticismo de concreto, todos os invisíveis parecem a mesma coisa — e ela é ruim.

De acordo com os ensinamentos de São Paulo, o discernimento dos espíritos é sinal de uma verdadeira consciência espiritual. É preciso ser capaz de distinguir um invisível do outro. Um método usado pela Igreja para refinar esse discernimento foi a proliferação de anjos e santos oficiais. Aquele grupo variado de figuras exibia diversas qualidades, uma série de naturezas e áreas de atuação diferentes. (A Igreja mais recente, mais racional, vem reduzindo cada vez mais o mundo invisível, submetendo sua imaginação a critérios históricos. Cada santo invisível precisava ter um antepassado com histórico documentado. Foi assim que perdemos São Cristóvão e alguns outros, por serem "puro mito".)

Há ainda outras questões acerca das relações entre o visível e o invisível. Por que construir uma ponte, afinal? Plotino disse: "São eles que devem vir até mim, e não eu até eles". Talvez eles não queiram fazer visitas. Ou, quem sabe, já estejam aqui, como os anjos nos filmes de Wim Wenders? Não temos como saber, já que nossas teorias da percepção não permitem a eles aparecerem. Pode ser que nem sejam invisíveis, apenas pareçam ser pois foram assim declarados pela nossa cegueira doutrinal. É da natureza deles ou é a nossa visão que os define como invisíveis?

No reino (ou seria um shopping?) do Ocidente, a consciência suspendeu ainda mais alto e afastou o transcendente da vida real. O abismo transponível se transformou em um vácuo cósmico. Os deuses se retiraram, como disseram os poetas Hölderlin e Rilke; é preciso dar um salto de fé, disse Søren Kierkegaard. Mas nem isso vai adiantar, já que Deus está morto, segundo Nietzsche. Qualquer ponte precisará ter proporções sobre-humanas. Bom, *esse* tipo de ponte a nossa cultura tem à mão; a maior ponte de todas, alguns dizem, já construída entre o visível e o invisível: a figura de Jesus Cristo.

Uma vez que a invisibilidade deixou de sustentar todas as coisas em meio às quais vivemos, e assim todos os nossos "bens" acumulados se transformaram em meras "coisas", objetos de consumo mortos, surdos, entorpecidos, Cristo se torna a única imagem restante no Reino para trazer de volta à nossa cultura a invisibilidade fundamental sobre a qual as culturas sempre se apoiaram. O fundamentalismo tenta, de modo literal e dogmático, recuperar as bases invisíveis da cultura. Sua força está no que busca; sua ameaça, nos mecanismos que usa.

Cristo é como uma ponte (e o papa, vigário de Cristo, ainda continua sendo chamado de pontífice, que vem de *pons*, ponte) porque a Encarnação significa a presença do invisível dentro da matéria comum da vida humana que caminha por aí. Um homem-deus: o visível e o invisível se tornam um só. Séculos de debates imensos e calorosos tentaram dividir a unidade, caindo de um lado ou de outro: Jesus é, na verdade, um homem visível, mas com inspiração divina; Cristo é, na verdade, um Deus invisível que toma emprestada a forma humana.

Seria necessário haver uma cola, algum elo independente para unir essas duas noções teológicas incomensuráveis em um terceiro termo que se diferenciasse dos outros dois e conseguisse conciliar o mortal e o imortal. Essa terceira pessoa foi chamada pela teologia cristã de Espírito Santo. Mas essa figura também pertence ao invisível, o que ainda faz a balança pender para longe do mundo. Então o debate continua, como deve ser, porque a relação entre esses dois termos levanta especulações metafísicas e práticas religiosas que impedem que a ideia problemática do invisível desvaneça. Além disso, o debate faz o foco deste capítulo se voltar para a relação, em geral, tensa entre o fruto do carvalho invisível e a vida da pessoa que o carrega durante a época da escola.

Os debates teológicos podem nos ensinar uma valiosa lição psicológica. O que aprendemos não é tanto sobre a crença na união de duas noções incomensuráveis, ou as explicações sobre sua conexão misteriosa, mas sobre o que acontece *quando essas noções se separam*.

A psicopatologia nos induz a ter mais insights psicológicos agudos do que ideias e formulações espirituais. Uma abordagem negativa lança a luz mais hostil. O momento mais patologizado de toda a história da encarnação é o lamento na cruz, que nos fala sobre a agonia quando se está cercado apenas do mundo visível. Havia inimigos ao redor de Jesus ao longo de seus 33 anos, e ainda que ele tenha sido contestado e perseguido, nunca ficara tão rendido quanto naquele momento. O mundo dos humanos, da natureza e das coisas tinha se tornado selvagem e hostil.

Até então, o mundo fora permeado de invisibilidades, uma condição que o cristianismo chamou de paganismo. A partir do momento em que o invisível renuncia ao mundo real — da mesma forma que abandona Jó, deixando-o atolado em todo tipo de sofrimento tangível —, o mundo visível já não sustenta a vida, porque a vida não tem mais o suporte da invisibilidade. E aí o mundo nos destrói. Não seria essa a lição simples que nos foi ensinada pelo definhamento e colapso das culturas tribais quando foram roubadas dos seus espíritos em troca de bens materiais?

A presença simultânea do visível e do invisível é o que sustenta a vida. Acabamos reconhecendo a importância primordial do invisível apenas quando ele nos abandona, quando vira as costas e desaparece como a Huldra na floresta, como Javé no Gólgota.

Portanto, a grande missão de uma cultura que deseja sustentar a vida é manter os invisíveis vinculados, os deuses sorridentes e satisfeitos: convidá-los a ficar por meio de oferendas e rituais; de canto e dança, defumações e cânticos; da celebração de datas importantes; das grandes doutrinas, como a da Encarnação, e também dos pequenos gestos intuitivos — como bater na madeira, desfiar contas do rosário, tocar um pé de coelho ou dente de tubarão; colocar uma mezuzá na porta, dados no painel; ou colocar uma flor sobre uma lápide.

Tudo isso não tem relação alguma com crença e, consequentemente, com superstição. É apenas uma maneira de não esquecer que os invisíveis podem ir embora e nos largar, deixando apenas as relações humanas para nos proteger. Como diziam os gregos antigos sobre seus deuses: eles não pedem muito, apenas que não sejam esquecidos. Os mitos mantêm o reino daimônico dos deuses presente de modo invisível. O mesmo acontece com as lendas, como a do lenhador que largou seu machado e foi seguindo cada vez mais fundo na floresta atrás daquele sorriso.

CAPÍTULO 5

"*ESSE É PERCIPI*": SER É SER PERCEBIDO

Manolete foi chamado a tourear, mas esse chamado precisava ser visto para que fizesse a descida até a vida. Essa percepção veio de um mentor, José Flores Camará, que "via além", tornou-se guia e empresário de Manolete, ficando com ele até o fim.

> O evento decisivo na carreira de Manolete aconteceu. José Flores Camará por acaso assistiu a uma de suas apresentações... Quando viu Manolete na arena, de alguma maneira conseguiu enxergar o que o menino era e no que poderia se transformar.
>
> No mesmo instante, notou que o garoto estava fazendo os movimentos errados para seu tipo físico e sua personalidade. Viu que era o desconhecimento dos terrenos que fazia o menino ser jogado para longe a toda hora.
>
> Mas ele também percebeu que Manolete tinha uma tremenda coragem. Viu que matava melhor do que qualquer outra pessoa, matava do jeito antigo, perigoso e elegante da escola que partia para cima e cravava a espada por completo por cima do chifre direito, coisa que já tinha desaparecido das arenas.
>
> Camará assinou contrato com Manolete e, como seu empresário, começou a remodelar seu estilo. Ele o levou para as fazendas que tinham filhotes e começou a ensiná-lo sobre touradas do zero.[1]

Franklin Roosevelt também teve esse tipo de visão, pelo menos em relação a Lyndon Johnson:

> Ao tentar me explicar o princípio da afinidade do presidente com o jovem congressista — uma afinidade quase única na vida de Roosevelt —, um dos conselheiros de Roosevelt, James. H. Rowe, me disse: "Você precisa entender que eles são dois gênios da política. Podem conversar no mesmo nível. Roosevelt tinha bem poucas pessoas com quem poderia conversar e que compreenderiam todas as implicações do que ele dizia. Mas Lyndon, aos 28 anos, entendia tudo". Ao falar de Johnson, certa vez Roosevelt disse a Harold Ickes: "Sabe, Harold, esse é o tipo de jovem profissional desinibido que eu poderia ter sido na minha juventude... se não tivesse ido para Harvard". Roosevelt também fez uma previsão: "Harold, nas próximas gerações, a balança do poder neste país vai pender para o sul e para o oeste. E esse garoto Lyndon Johnson pode vir a ser o primeiro presidente sulista".[2]

George Washington também escolheu um jovem, Alexander Hamilton, como seu ajudante de ordens. Isso foi em 1777, durante o tenebroso inverno da Revolução, quando Hamilton tinha 22 anos. A relação entre os dois provocou, e até hoje provoca, uma série de especulações biográficas e psicanalíticas. O importante para nós aqui é o olhar genial de Washington, que conseguiu enxergar e sentir a presença de algo ali naquele jovem oficial de artilharia arrogante, mas frágil. Em poucos meses, Hamilton se tornou, segundo as próprias palavras de Washington, "o principal e mais confiável ajudante do comandante-chefe".[3]

Nomeações no campo de batalha pedem um olhar atento. Subalternos tombam, o segundo na linha de comando leva um tiro na cabeça, e na mesma hora a pessoa responsável precisa promover alguém para aquela posição. Com que fundamento essa decisão é tomada? Nada de inventário de personalidade, nem teste de QI, nem entrevistas sobre o histórico clínico e a infância. Em vez disso, uma avaliação rápida do caráter, às vezes sob tiros; uma percepção do potencial. Será que a crise ajuda nos insights do fruto do carvalho?

De que forma um olheiro de beisebol identifica a singularidade em um jogador novato de 19 anos que atua em uma liga qualquer em algum fim de mundo, e não apenas avalia suas habilidades, mas também uma índole que combine com certo time, talvez agrade a torcida e valha a pena um grande investimento de dinheiro e tempo? O que é esse dom da percepção?

Contarei aqui três das minhas histórias favoritas sobre habilidade perceptiva que hoje provavelmente seriam atribuídas ao favoritismo de um professor, à atração homossexual entre dois homens ou a qualquer outra explicação que reduza o dom da percepção a um interesse mesquinho. Quão pouco generosos são os relatos atuais para acontecimentos entre duas pessoas, principalmente quando uma é mais jovem e a outra mais velha, quando uma é influente e a outra, não. Talvez porque perdemos o poder da percepção só estamos conseguindo identificá-lo como uma afinidade seletiva entre dois indivíduos. Mas vamos às histórias:

> Em Harvard, na década de 1890, nas aulas do professor William James, havia uma aluna judia desajeitada, atarracada e falante, da Califórnia. Estava sempre atrasada para a aula, não parecia compreender muito bem o que estava acontecendo, cometia erros de ortografia, não sabia nada de latim — aquele típico desastre, uma garota que não conseguia se organizar direito, uma "neurótica típica", como diríamos hoje em dia. Mas William James a deixou entregar uma prova em branco, deu-lhe uma boa nota na matéria e ajudou-a a passar para a faculdade de medicina Johns Hopkins. Ele viu algo único nessa aluna. Ela era Gertrude Stein, que se descobriu como a Gertrude Stein que conhecemos só dez anos depois, bem longe de Harvard, em Paris.
>
> Em uma pequena cidade do sul, um homem chamado Phil Stone, que tinha uma formação literária em Yale, tomou um rapazinho sob sua proteção, tornando-se seu mentor e professor. O jovem, baixinho e hirsuto, bebia muito e era extremamente pretensioso; escrevia poemas, fingia ser britânico, carregava uma bengala e vestia-se de modo especial — tudo isso em uma cidadezinha do Mississippi durante a Primeira Guerra Mundial. Phil Stone ouviu aquele garoto, a quem a psicologia junguiana talvez chamasse hoje de um "típico *puer*", e percebeu sua singularidade. O homem acabou se tornando o William Faulkner que recebeu o Prêmio Nobel de Literatura em 1949.

E, então, esta terceira história da percepção que "conseguiu enxergar o que o menino era e no que poderia se transformar":

> No ano de 1831, uma daquelas maravilhosas expedições científicas à moda antiga estava prestes a sair em viagem. Um professor chamado John Henslow indicou um de seus ex-alunos como naturalista. O rapaz tinha então 22 anos; havia se mostrado um tanto obtuso na escola, péssimo em matemática, embora fosse um ávido colecionador de besouros do campo; não era muito diferente dos outros rapazes do seu tipo e da sua classe social: caçava e praticava tiro, era membro reconhecido do Glutton Club e aspirante ao

clero. Tinha um "complexo familiar típico", como diríamos hoje: carinhoso com a mãe e dominado por um pai de 130 quilos. Mas Henslow viu alguma coisa e convenceu as outras partes envolvidas, inclusive o aluno chamado Charles Darwin, de que ele deveria embarcar na jornada.[4]

Para Charles Darwin, foi o olhar de seu professor que fez toda a diferença, assim como foi para Elia Kazan e Truman Capote. Os pais desses meninos mal sabiam o que fazer com eles. Mais uma vez, o fruto do carvalho exige um mentor. Kazan escreve:

> Quando eu tinha 12 anos e nos mudamos para New Rochelle, tirei a sorte grande — o acaso designou minha professora da oitava série. Seu nome era srta. Anna B. Shank, e ela influenciou o curso da minha vida mais do que qualquer outra pessoa. Tinha quarenta e tantos anos, o que eu considerava muito velha, aliás, e se afeiçoou a mim... Uma romântica incurável, foi ela quem me disse que eu tinha lindos olhos castanhos. Vinte e cinco anos depois, ao ver meu nome no jornal, ela me escreveu uma carta. "Quando você tinha apenas 12 anos", escreveu ela, "parou ao lado da minha mesa certa manhã e a luz da janela bateu sobre sua cabeça, iluminando a expressão em seu rosto. Naquela hora me veio um pensamento de que havia grandes possibilidades no seu desenvolvimento e...".
>
> A srta. Shank foi muito zelosa e aos poucos foi me desviando da tradição do primogênito na nossa cultura, das expectativas do meu pai, afastou-me de um curso de contabilidade e me conduziu para uma formação no que hoje se chama de ciências humanas.[5]

A mãe de Truman Capote não achava o filho fácil de lidar. Dizia que ele mentia; imitava o sotaque cubano do segundo marido dela; era efeminado, com "trejeitos de maricas", e sua voz nunca engrossou, permanecendo aguda como era desde que ele estava na quarta série. Aos 14 anos, ele ainda fazia birras, "se jogava no chão e esperneava quando não conseguia o que queria". Era sonâmbulo, matava a aula de educação física e penteava o cabelo "o tempo inteiro" durante a aula de biologia. Foi reprovado em álgebra, francês e espanhol. Quando tinha apenas 5 ou 6 anos, distraía-se com um lápis e papel em que escrevia anotações para si mesmo, e carregava um pequeno dicionário para todo lugar. Também ia ao cinema com um professor e o masturbava no escuro. A mãe o enviou para a escola militar em Ossining (onde fica Sing Sing!), em Nova York.

É aí que entra Catherine Wood, professora de inglês, que não apenas compartilhava da confiança que ele tinha em si mesmo, mas também acreditava ser seu dever, sua missão e obrigação sagrada ajudar o talento dele a desabrochar.

Ele chamou a atenção dela do jeito mais agressivo que conseguiu. A srta. Woods estava levando seus alunos para uma visita à biblioteca da escola e tinha acabado de pegar um livro de Sigrid Undset para entregar a uma das meninas. "De repente", disse ela, "esse rapazinho que não estava no meu grupo de alunos se virou de onde estava sentado e me interrompeu. 'Deve ser incrível lê-la no original', comentou ele. 'Ah, não imagino nada melhor!', respondi, embora obviamente não soubesse uma única palavra de norueguês. A partir daquele momento, observei Truman, e quando ele entrou na minha turma no ano seguinte, no segundo ano do ensino médio, passei a observá-lo o tempo todo".

Uma solteirona alta e de cabelos grisalhos... a srta. Wood o convidava com frequência para jantar, lia os contos dele, agradava-o durante as aulas e encorajava os colegas a fazerem o mesmo... "A mãe dele não compreendia esse menino que gostava de coisas tão diferentes", disse ela. "Eu me lembro de estar sentada na minha pequena sala de jantar e dizer a ela que era difícil para mim falar isto para a própria mãe dele: que nos anos seguintes, os outros garotos comuns, que faziam coisas comuns do jeito comum, ainda estariam fazendo as mesmas coisas, enquanto Truman seria famoso".[6]

O olhar também pode vir de alguém da família — por exemplo, uma irmã. Golda Meir, figura pioneira da história de Israel e primeira-ministra durante a guerra de 1973, tinha uma irmã, Sheyna, nove anos mais velha. Golda terminou o ensino fundamental aos 14 anos como oradora da turma. "Obviamente eu continuaria no ensino médio e depois, talvez, até me tornasse professora, que era o que eu mais queria." A mãe dela tinha outros planos: queria uma *dervaksene shein meydl* (uma moça boa e direita). Eu poderia trabalhar em alguma loja... e começar a pensar em me casar, o que, ela me lembrou, era proibido para mulheres que fossem professoras pela lei estadual [de Winsconsin]".

Em cartas secretas para a irmã, que era muito pobre e tuberculosa, e se mudara de casa alguns anos antes após muitas brigas com a mãe, Golda Meir confessou seu triste dilema. Sheyna escreveu de volta: "Não, você não deve parar os estudos... Você tem boas chances de se tornar alguém... Devia arrumar suas coisas e vir ficar conosco... Vamos fazer todo o possível por você... Venha para cá imediatamente".[7]

Golda Meir fugiu de casa aos 16 anos porque Sheyna ofereceu um lar para aquilo que percebeu na irmã. Igualmente importante na história de Golda Meir é a intransigência da mãe, a fantasia parental do que a filha deveria se tornar. Isso ajudou a libertar o daimon inato de Golda e seu idealismo rebelde e persistente, auxiliando-a a tomar o caminho para o que ela era, em sua essência.

O compositor Alban Berg abriu seu coração de adolescente para Hermann Watznauer, um membro do círculo familiar dos Berg que se tornou "amigo, mentor e catalisador" do rapaz. Quando a relação começou, Watznauer tinha 24 anos, apenas dez a mais do que Berg, e acompanhava de modo receptivo as confissões e os desabafos entusiasmados do garoto em cartas que às vezes chegavam a ter trinta páginas.[8] O mentor enxerga algo essencial. O tutor do poeta Vladimir Maiakóvski, que não era nem dez anos mais velho que seu protegido, disse: "Ele gostava de trabalhar com adultos e ficava chateado se fosse tratado como criança. Eu notei esse traço de personalidade assim que o conheci".[9]

Quando era adolescente, Arthur Rimbaud ("um menino que viveu a maior parte da vida no mundo da imaginação... quando caminhava, entorpecido, da escola para casa, não passava pelas ruas conhecidas, e sim por um deque de navio, pelos paralelepípedos de Roma, pelas calçadas da Acrópole") encontrou sua alma gêmea em seu professor, Izambard, que tinha 21 anos, com quem Rimbaud enfim podia "conversar sobre poetas e poesia". "Esse menino", disse Izambard, "tratado de início como um jovem camarada, aos poucos se transformou em um amigo querido".

Assim como o professor de Darwin o enxergou e a srta. Wood enxergou Capote, também Izambard enxergou Rimbaud. Bainville, no entanto, o mais celebrado poeta vivo da época, para quem Rimbaud escreveu um apelo efusivo por aprovação, dizendo: "Estamos no mês do amor; tenho quase 17 anos... existe algo em mim, não sei bem o quê, que quer voar", não enxergou nada.[10] Bainville guardou os poemas e a carta. Assunto encerrado. Nada de catalisador, nada de mentor, nada de olhar.

Nessas diversas *relações perceptivas*, a idade e o sexo não parecem importar. Em 1777, Washington tinha 45 anos, Hamilton, 22; ao passo que Izambard e Rimbaud tinham apenas seis anos de diferença. Hoje, dizer que idade e gênero parecem irrelevantes vai contra a cultura. A suspeita de uma atração homoerótica entre o maduro Washington e o brilhante Hamilton revela um segredo — não o segredo de um suposto caso secreto, mas o segredo da fonte do olhar perceptivo. É o olho do coração. Alguma coisa se move no coração, abrindo-o para a percepção da imagem que está no coração do outro. Roosevelt tinha "afeição" por Lyndon Johnson. "A luz da janela bateu sobre sua cabeça", disse a srta. Shank. Ela enxergou. "Manolete estava fazendo os movimentos errados para seu tipo físico e sua personalidade". Camará enxergou. "Esse garoto Lyndon Johnson pode vir a ser o primeiro presidente sulista". Roosevelt enxergou.

Em uma "escola... pavorosa e antiga: escura, sombria e assustadora às vezes", em meio a uma turma de cinquenta crianças, a maioria meninos e a maioria negros, Orilla Miller — "uma jovem professora branca, uma mulher linda... que eu amei... completamente, com um amor de criança" — enxergou James Baldwin quando ele tinha 10 anos. "Os dois descobriram ter um interesse em comum por Dickens; ambos o estavam lendo e estavam ansiosos para trocar impressões. A jovem moça do Meio-Oeste ficou maravilhada com o brilhantismo do garotinho da periferia." Eles começaram uma amizade que permitiu que o daimon dele aparecesse.

Baldwin também enxergou Miller. Anos e anos mais tarde, depois que ele já havia se tornado um escritor importante e famoso, os dois retomaram o contato. Ele escreveu para ela e "pediu uma foto à velha amiga": "Tenho seu rosto gravado na minha mente há anos".[11] Quarenta anos depois de se conhecerem naquela escola do Harlem e graças à ficção de Dickens, Orilla Miller e James Baldwin foram juntos ao cinema para assistir (de novo) a *Um conto de duas cidades*.

Já não acreditamos mais tanto nessas relações dos afetos do coração. Aprendemos a ver com os olhos dos genitais. Não conseguimos imaginar atrações que sejam baseadas na imaginação. Para nossa cultura atual, o desejo deve ser de fato inconscientemente sexual, casos amorosos devem ser de fato cópulas; confissões sinceras, de fato manipulações sedutoras. Mas o que uniu esses pares foi uma visão comum; eles se apaixonaram por uma fantasia. Para Baldwin e Miller, foi Dickens. Para Capote e Wood, Sigrid Undset em norueguês! Roosevelt e Johnson foi uma correspondência entre gênios: como disse Rowe, "eles conseguem conversar no mesmo nível". Idade, histórico e realidade não têm mesmo nenhuma importância. A conversa deles era entre dois presidentes. De coração para coração. De um fruto do carvalho para o outro.

Quando John Keats escreve: "Não tenho certeza de nada, a não ser da santidade dos afetos do Coração e da Verdade da Imaginação",[12] ele abre nossos olhos para enxergar o funcionamento da percepção criativa nas questões humanas. Sua frase oferece embasamento transumano para a arte da mentoria. A mentoria começa quando sua imaginação consegue se apaixonar pela fantasia do outro. É necessário um componente erótico, como tem sido essencial para a educação desde Sócrates, e ainda é até hoje, embora, nos dias atuais, tenha sido ou eliminado pelo aprendizado por computador, ou visto apenas com o olho do genital na forma de abuso, sedução, assédio ou necessidades hormonais impessoais. O olho genital não revela o que o fruto do carvalho busca.

Examine, por exemplo, os anúncios em busca de parceiros publicados nos classificados pessoais. Depois que passamos das descrições sociológicas de tipo físico, cor de pele, hábitos sexuais, profissão, idade e estado civil, é aí que a Verdade da Imaginação começa a aparecer. Longas caminhadas, cozinhar, humor, filmes, dançar, carinho e conversa: o anúncio descreve preferências musicais, férias dos sonhos, gostos e principalmente desejos. Estamos em busca de alguém para acompanhar um fruto do carvalho, não apenas uma companhia para a cama. Um anúncio pessoal revela "a santidade dos afetos do Coração". O classificado pessoal é o sonho do romântico. "Uma romântica incurável, foi ela quem me disse que eu tinha lindos olhos castanhos", escreveu Elia Kazan sobre a srta. Shank, que enxergou "grandes possibilidades".

Ver é crer — crer *no* que se vê —, e isso instantaneamente confere convicção a quem quer, ou o que quer, que seja o objeto da sua visão. O dom da visão supera o dom do insight. Porque esse tipo de visão é uma bênção; faz um trabalho transformador.

A terapia promove a grande ilusão do insight. Ela prega e pratica a cegueira de Édipo. Ele fez perguntas sobre quem era *de verdade*, como se fosse possível descobrir o verdadeiro fruto do carvalho por meio da reflexão autoquestionadora.[13] Essa falácia terapêutica se constrói sobre uma outra:

a de que o fruto do carvalho está acobertado, escondido na infância, reprimido, esquecido e que, portanto, só pode ser resgatado por meio de uma introspecção ativa diante do espelho da mente. No entanto, os espelhos contam apenas meia-verdade. O rosto que se vê no reflexo tem apenas metade do tamanho do seu rosto real, apenas metade do que você de fato exibe e os outros veem.[14]

A busca terapêutica pelo verdadeiro ser poderia se beneficiar de seguir com atenção a máxima deste capítulo, apresentada na voz passiva: "ser percebido". Você é um fenômeno que está à mostra. "Ser" é antes de tudo ser visível. Permitir a si mesmo ser visto, de modo passivo, abre a possibilidade da bênção. Então, buscamos amantes, mentores e amigos para sermos vistos e abençoados.

A srta. Shank viu Kazan sob a luz que "iluminou a expressão em seu rosto". Camará viu como Manolete se movia, como matava, como seus movimentos estavam fora de sintonia com o terreno. Watznauer caminhou com Berg, ouviu e observou. Na linha de frente, o comandante que escolhe seus substitutos observa sob a luz do dia; o homem interior se expõe externamente. Como eles avançam, como se comportam, como estão. E qual é a primeira coisa que perguntamos sobre o estado íntimo de qualquer pessoa que encontramos? "Como vai você?" Você vai *como* você é, exatamente assim, bem no meio do momento presente, em exposição. O seu ser, talvez todo o Ser, é precisamente "como" aparenta ser, o como do *Sein*, declarando quem, o que e onde cada acontecimento é. O como explica o que é. É assim que é: os gestos, o estilo, as cores, os movimentos, o discurso, a expressão — em resumo, as complexidades reais da imagem — mostram exatamente como ela é.

Com toda essa insistência no extraordinário, não estou querendo dizer que não haja reservas, sombras; não estou dizendo que um acontecimento seja apenas uma persona, a fachada erguida, mera exibição. Reservas e sombras não são invisíveis. Elas se mostram na introversão, nas redundâncias e eufemismos, no desvio de olhares, nos lapsos, nos gestos hesitantes, nas mudanças de ideia, nas esquivas. Não há nada de evidente em um rosto, nada simples em uma superfície. O supostamente oculto também está à vista e sujeito a um olhar atento, compondo parte do que se proporciona a um bom observador. A imagem que um mentor reconhece em um pupilo ou aprendiz não é só fachada nem está escondida, não é o falso nem o verdadeiro self; não existe você de verdade que não seja a realidade da sua imagem. O mentor percebe os vincos da complexidade, aquelas curvas sinuosas de implicação que são a verdade de toda a imaginação, permitindo-nos definir uma imagem sendo o *como completo de uma apresentação*. Aqui estou eu, bem diante dos seus olhos. Você me compreende?

Então, repensemos o fruto do carvalho como um potencial invisível escondido. Em vez disso, vamos considerá-lo algo totalmente visível no como da ação — o que faz Manolete ser ele não é *tourear*, mas *como* ele toureia; não é o fato de Gertrude Stein *escrever*, mas *como* ela escreve que traduz a singularidade de sua imagem realizada. Essa invisibilidade do fruto do carvalho ocorre no como do desempenho visível — em seus rastros, digamos assim. O invisível é completamente visível por todo o carvalho e não está em nenhum outro lugar nem precede o carvalho, mas atua como um comando implícito contido no todo visível, como a manteiga em um croissant francês ou o cheiro no pão quentinho: invisível, não literalmente, mas o visível invisível.

Às vezes, esse visível invisível é entendido como o espírito de um lugar, a qualidade de algo, a alma de uma pessoa, o clima de um ambiente, o estilo de uma arte. Para captá-lo, nós o explicamos como um contexto, uma estrutura formal ou uma *gestalt* em aberto que nos atrai para ela. Nem os nossos conceitos nem o olho que vê por meio deles foram suficientemente treinados na imaginação, na arte perceptiva de ler imagens. Não conseguimos enxergar quem as pessoas são quando tentamos vê-las através de tipos, categorias, classes, diagnósticos. Qualquer forma de classificação oculta a singularidade.

O olho do coração enxerga cada um e é afetado pela singularidade de cada um, nas palavras de William James. Os afetos do coração escolhem particularidades. Nós nos comovemos com certa imagem: em uma sala cheia de crianças, apenas o pequeno Truman e sua voz aguda. Apaixonamo-nos por *esse*, e nenhum outro.

Mas enxergar em termos de irlandês ou alemão, judeu ou católico, preto ou branco, alcoólatra ou suicida, vítima ou suspeito é ver conceitos de classe e não pessoas. Então estamos falando mais de sociologia do que de alma. Precisamos de um número incrível de palavras para ler expressões. "A maioria das pessoas não consegue 'dizer' como é o indivíduo diante delas, mas não conseguir 'dizer' não significa ser incapaz de ver", escreve o filósofo José Ortega y Gasset.[15] Há muitas palavras disponíveis quando fechamos o livro de psicologia e abrimos um romance, um diário de viagem, até um livro de receitas; ou quando vemos um filme, no qual podemos assistir a adjetivos e advérbios, todos ao vivo e muito bem construídos nas imagens em movimento na tela. "Antes uma Vida de Sensações do que de Pensamentos", escreveu Keats.[16] Para ver o fruto do carvalho é preciso ter um olho para a imagem, um olho para o que está sendo mostrado, e a linguagem para dizer o que se vê.

O fracasso no amor, nas amizades e na família muitas vezes depende do fracasso da percepção imaginativa. Quando não olhamos com o olho do coração, o amor se mostra realmente cego, porque não conseguimos ver a outra pessoa como portadora de um fruto do carvalho de verdade imaginativa. Pode haver um sentimento ali, mas não a visão; e, quando a visão começa a turvar, turvam também a simpatia e o interesse. Ficamos irritados e recorremos a diagnósticos e conceitos de classificação. Mas seu marido não é "apegado à mãe"; ele reclama, espera e em geral fica paralisado. Sua esposa não é "dominada pela raiva"; ela é categórica, discute usando a lógica e não engole sapos. *Como* eles são é o que eles são, e não *o que* se diz que eles são por meio de uma classificação.

Alguns tipos de terapia tentam corrigir a miopia imaginativa promovendo a "empatia" e a "identificação de contratransferência sintônica". Também incentivam o uso do psicodrama e da representação de papéis para ajudar as pessoas a enxergarem além dos conceitos tipificadores e alcançarem o coração do outro. Coloque-se no lugar do seu marido, da sua esposa, do seu filho. Imagine como eles se sentem, como seria estar na pele deles. Imagine! Talvez você consiga descobrir um germe de verdade no comportamento deles se olhar de novo, com a imaginação.

A percepção imaginativa requer paciência. Como diziam os alquimistas a respeito de seus experimentos trabalhosos e frustrantes: "Em sua paciência está a sua alma". De que outra maneira é possível encarar o comportamento incompreensível, a estranheza, a morosidade do outro? O dr. Edward Teller não falava até os 3 anos de idade, e pensava-se que tinha atrasos mentais. "Um dia, Edward falou, e foi com frases completas, não apenas palavras, como se estivesse se poupando do esforço até ter algo a dizer".

O dr. Benjamin Spock "falou muito pouco até ter mais de 3 anos e, quando disse algo, foi numa lentidão de enlouquecer". Martin Buber também só começou a falar aos 3 anos. Um dos professores de James Thurber "disse à mãe dele que talvez o menino fosse surdo". Woodrow Wilson, talvez o presidente americano mais ligado aos livros, "só foi aprender as letras aos 9 anos e começou a ler aos 12". Os biógrafos antigos culpam a relação de Wilson com os pais por esse atraso. Biografias mais recentes preferem um diagnóstico psiquiátrico e declaram que "Woodrow Wilson tinha dislexia *do desenvolvimento*", sugerindo que a culpa, então, era do seu cérebro.[17]

Dislexia, atraso crônico, distração e hiperatividade compõem o "distúrbio de déficit de atenção" — e exigem muita paciência. Contudo, quais são as outras maneiras de conter e trazer à tona o que esse "déficit" também revela? As crianças e os adultos assim classificados costumam ter uma inteligência acima da média, tendência a fantasias e uma alma tão sensível e aberta que o comportamento de seu "ego" é rebelde e desorganizado. Ritalina, Prozac, Xanax — claro, funcionam. Mas o fato de funcionarem contra o déficit não estabelece sua causa e nem revela seu significado. Muletas funcionam, mas não dão conta da perna quebrada. E por que esse distúrbio é tão predominante nos dias de hoje? Do que a alma *não* quer participar, e o que o daimon está fazendo quando *não* lê, *não* fala, *não* atende às expectativas? Descobrir isso requer paciência e aquela percepção imaginativa que Henry James descreveu como "um longo voo sobre o caso exposto".

"Ser é ser percebido", disse o filósofo irlandês George Berkeley (1685-1753). Existimos e promovemos a existência em virtude da percepção. Berkeley queria dizer que a percepção onisciente de Deus é o que mantém todas as coisas. Para um moralista — e Berkeley era bispo — isso poderia significar que você nunca sai do campo de visão de Deus e, portanto, é melhor andar na linha! Para um metafísico, "*Esse* é *percipi*" pode significar que, se Deus der uma cochilada, piscar por um segundo ou se distrair com os problemas de algum outro cosmo por aí, a existência do nosso mundo entra em colapso.

Um rabino erístico poderia perguntar ao bispo: Deus percebe a si mesmo? Se não, como é possível dizer que ele existe? E, se sim, por meio do quê? Se ele se percebe no espelho da natureza, então ou a natureza é um simulacro de Deus e talvez seja indistinguível dEle (como propôs Spinoza), ou a natureza é perceptiva, dotada de uma consciência divina de si mesma, já que pode fazer Deus existir. Se o Todo-Poderoso percebe a si mesmo por meio dos humanos, então temos um humanismo secular: a existência de Deus é resultado da percepção humana; a existência de Deus depende dos humanos; nós o construímos. O rabino poderia, sem dúvida, sugerir que talvez a existência de Deus não exija percepção, mas isso limita sua presença, deixando-o de fora do reino perceptível, isolado, transcendente, nem onisciente e nem onipotente. E se a existência de Deus não exige percepção, caro bispo, ou sua proposição é falsa ou Deus não existe.

Sendo irlandês, formado na Trinity College, em Dublin, e tendo passado um bom tempo no sul dos Estados Unidos, Berkeley poderia dar boas respostas a esses enigmas, além de criar outros ainda mais complexos. Mas existe uma possibilidade que talvez lhe tenha escapado, já que ele não leu muito Keats (a menos que o tenha feito no fruto do carvalho?), e essa é a virtude psicológica e ecológica de sua frase maravilhosamente lacônica e merecidamente famosa. A percepção concede uma bênção — como tentam demonstrar as histórias contadas neste capítulo. A percepção faz com que tudo que é percebido exista e siga existindo; e quando a percepção enxerga "na santidade dos afetos do Coração", mais uma vez, como dizem essas histórias, aquilo que se revela comprova a Verdade da Imaginação.

CAPÍTULO 6

NEM INATO NEM CRIADO — UMA OUTRA COISA

É hora de olhar para o que a psicologia mais rígida diz sobre se apaixonar, já que esse é o momento em que a sina parece se manifestar de modo mais claro para decidir o destino individual. Primeiro vamos ter de analisar como a psicologia concebe a individualidade como tal. Como podemos afirmar que cada um de nós é, de fato, um ser "único"? Será que não somos profundamente uniformes, graças à hereditariedade genética e ao ambiente da infância? Há estudos feitos com gêmeos que se concentram nessa questão da individualidade e nas diferenças de biografia mesmo nos casos de gêmeos geneticamente idênticos e criados na mesma casa. Além do que é inato e do que é fruto da criação, parece haver mais alguma coisa. Então vamos primeiro pesquisar para depois chegar ao romance.

A psicologia científica divide o reino das causas em apenas duas partes, aspectos inatos e aspectos de criação. Por definição, elimina a possibilidade de haver qualquer outra coisa. Já que as ciências comportamentais, inclusive a biologia molecular e a psiquiatria farmacológica, colocam todos os motivos que explicam nosso caráter nessas duas categorias, e já que estamos imaginando uma terceira força em nossa vida, ela só pode estar escondida dentro das outras duas. Sendo assim, precisamos avaliar não apenas o que dizem as ciências comportamentais, mas também a maneira como elas dizem.

Devemos agir como detetives em busca de pistas que levem à pessoa invisível desaparecida no meio das declarações daqueles que nem acreditam que algo esteja desaparecido.

Precisamos reconhecer que na origem dessa divisão em duas alternativas está um hábito muito confortável para a mente ocidental. Em sua acepção mais simples, encontra-se na Bíblia: Nós ou Eles. Caim e Abel, Esaú e Jacó — o bonzinho e o malvado — personificam essa divisão. O pensamento antagônico não começou com os debates acalorados na TV, tampouco surgiu do nada o sistema político americano bipartidário. A dupla, com toda a sua união, duplicidade, pareamento e oposição, alimenta a "paixão da mente ocidental", para citar o título do livro escrito por Richard Tarnas sobre a história do pensamento no Ocidente.

A lógica aristotélica não consegue pensar de três em três. Desde a lei da contradição de Aristóteles, também chamada de lei do terceiro excluído, até a lógica binária — 0 ou 1 — nos computadores, nossa mente se organiza em sistemas de prós e contras, e/ou. Descartes até admitiu haver um pequeno espaço para um terceiro elemento, bem no meio do cérebro. Ele colocou a alma na glândula pineal confirmando seu valor minúsculo em comparação aos dois concorrentes gigantes em seu sistema, a mente pensante do lado de dentro e o espaço do lado de fora.

Então este capítulo vai ter de lutar contra o hábito confortável e duradouro de pensar em termos opostos que diz: se o comportamento não é um completo resultado da herança genética, a única outra explicação que existe são as influências ambientais e vice-versa. A introdução de "outra coisa" viola nosso modo de pensar e perturba sua conveniência de sempre. Uma "outra coisa" perturba a mente que confunde pensamento confortável com clareza de pensamento.

Afinal, fica muito claro, ao observar os nossos sentimentos e os eventos fatídicos e idiossincráticos, que há alguma outra coisa que intervém na vida humana e não pode ser classificada como inata nem como uma decorrência da criação. A originalidade extraordinária de cada indivíduo, as diferenças em meio a bilhões de pessoas, até mesmo entre irmãos gêmeos idênticos recém-nascidos, assim como aqueles criados sob as mesmas circunstâncias e sujeitos às mesmas influências — tudo isso demanda respostas em relação à singularidade.

Gêmeos

Primeiro, vamos falar sobre hereditariedade. A primeira grande onda de pesquisas genéticas, de Gregor Mendel (1822-1884) até James Watson e Francis Crick, deixou suas marcas indeléveis e ficou para trás. A maioria de nós já está convencida de que somos formados tanto pelas estruturas hereditárias do código genético e os cromossomos quanto por Deus (teologia), pela economia (Marx), pelas vidas passadas (hinduísmo, budismo), pela história (Hegel) e pela sociedade (Durkheim e outros). A prova incontestável está no seguinte: a espiral do DNA carrega o código que tem papel fundamental no controle da nossa vida, nos aspectos físicos, psicológicos e também espirituais.

Agora, a segunda onda de pesquisas chegou. Seus métodos são diferenciados e suas perguntas, mais sofisticadas. As pesquisas atuais indagam mais sobre as diferenças, mesmo entre aqueles que têm uma ligação genética. Como é possível que gêmeos tenham caráteres e destinos diferentes?

O melhor material de pesquisa para esses estudos das diferenças são os gêmeos idênticos (monozigóticos). Pessoas que se desenvolveram a partir do mesmo óvulo fertilizado e não de dois deles. Gêmeos que se desenvolveram a partir de óvulos separados são chamados fraternos (uma denominação patriarcal que sugere apenas a existência de homens na gravidez). Gêmeos monozigóticos têm o DNA idêntico; geneticamente, são a mesma pessoa. A mesma informação genética está no código dos dois, de maneira igual; tirando os gêmeos monozigóticos, todas as pessoas são geneticamente diferentes umas das outras.

A partir daí, poderíamos chegar à conclusão óbvia de que gêmeos idênticos são exatamente iguais. Mas não são. Têm apenas 90% de concordância em dez características físicas, como cor e tipo de cabelo, tipo sanguíneo, cor dos olhos, posição dos dentes e impressões digitais.[1] Mas as similaridades começam a diminuir quando entram os fatores psíquicos. Até mesmo altura, peso e cor da pele não batem tanto, e se formos falar de expressões faciais e suscetibilidade a doenças como diabetes, úlcera, câncer de mama e hipertensão, as diferenças são ainda maiores. É aí que a individualidade fica mais evidente.

Por que então os "gêmeos idênticos" não são, de fato, idênticos? O que os torna diferentes, até mesmo fisicamente? "Uma resposta simples seria o ambiente."[2] "Usamos o termo ambiente para nos referir a qualquer influência que não seja hereditária." Se não for algo inato, então deve ser a criação. Vamos falar em breve sobre a ideia de ambiente — mas, primeiro, um pouquinho mais sobre hereditariedade.

Quando chegamos às habilidades cognitivas, como raciocínio, fluência verbal e memória, as diferenças são ainda mais marcantes.[3] Para irmãos e irmãs comuns — que não são gêmeos de qualquer tipo — "há bem pouca correlação em todos os traços de personalidade".[4] Pelo visto, as pessoas são indivíduos apesar de terem os mesmos pais e uma criação parecida. Até mesmo a doença de Alzheimer — que é uma doença do cérebro e não um distúrbio de personalidade — apresenta 90% de *diferença* entre irmãos!

Ao longo dos últimos cinquenta anos, muito recurso financeiro e intelectual foi investido na pesquisa da esquizofrenia, embora o diagnóstico diferencial das esquizofrenias (existem variações) ainda seja um pouco limitado. No entanto, o principal resultado dos estudos relacionados à esquizofrenia em gêmeos idênticos pode ser expresso nesta frase: "Mais da metade dos pares de gêmeos geneticamente idênticos não são compatíveis em relação à esquizofrenia".[5] Ou seja: se um dos gêmeos tiver a doença, o mais provável é que o outro *não tenha*. É algum outro fator que intervém e diferencia os gêmeos.

Esse fator sem dúvida não é a criação, como poderíamos nos precipitar a concluir. Quando uma dupla de irmãos é adotada, criada pela mesma família, e um deles é diagnosticado como esquizofrênico, o outro não corre mais risco por isso. "O ambiente familiar compartilhado não faz diferença...", dizem Judy Dunn e Robert Plomin, ambos pesquisadores altamente competentes no campo dos estudos de gêmeos. "Esta descoberta indica que o principal motivo pelo qual uma pessoa é diagnosticada como esquizofrênica, e outra não, deve ter a ver com o impacto das influências do ambiente que *não são compartilhadas pelos membros da família*"[6] [o grifo é meu]. Já que os fatores que influenciam o diagnóstico da esquizofrenia não são os genes hereditários nem o ambiente familiar compartilhado, então há outra coisa, algo "não compartilhado", algo individual e único relacionado àquela pessoa em específico.

Três outras descobertas me intrigam em particular e têm relação com a nossa teoria do fruto do carvalho da individualidade. Convido você a usar a imaginação para pensar sobre elas. As descobertas têm a ver com criatividade, tradicionalismo e o fato de que a genética parece se fortalecer durante os anos intermediários da infância.

"Uma dimensão do universo cognitivo (por exemplo, memória, fluência verbal, raciocínio) que parece ter pouca influência genética é a criatividade".[7] Não vamos empacar aqui tentando definir esse termo vago e idolatrado, nem vamos analisar os métodos para medir a "criatividade". No entanto, sabemos, por meio do acúmulo de dados e dos episódios das histórias de vida, que as pessoas eminentes em geral se destacam em relação a sua família, seus pares, sua cidade natal, seus próprios filhos. Essas pessoas costumam ser "diferentes", distintas de seus parentes mais próximos (aspecto inato) e de seu ambiente (criação). Quer dizer, não se pode afirmar com certeza que os genes ou o ambiente determinam o que faz alguém se destacar. A impressionante individualidade dessas personalidades, que, supomos, representam ou compartilham essa "criatividade" (como quer que isso seja definido), não é atribuída nem a aspectos inatos nem à criação recebida. Uma outra coisa? Um fator independente?

Para evitar a análise de "outra coisa" e declarando tratar-se de um fator independente, as explicações comportamentais misturam atributos inatos e atributos adquiridos ao longo da criação. Elas propõem uma misteriosa tecedura de fios pretos e brancos cujo resultado é tão emaranhado que ficamos diante de uma tela cinza de incerteza ao tentar definir se a criatividade é, em grande parte, genética ou ambiental. No lugar do eterno enigma da criatividade humana, essa explicação "cinzenta" oferece menos risco de abalo a esse sistema de dois lados do que se introduzíssemos um componente de fato diferente: o "chamado" proposto pela teoria do fruto do carvalho. Também satisfaz muito menos a mente imaginativa.

Se a criatividade tem pouca influência genética, surpreendentemente o "tradicionalismo" parece ser bastante herdado. A pesquisa usa o termo "tradicionalismo" para "a tendência de obedecer às regras e à autoridade, e endossar padrões morais altos e uma disciplina rígida".[8]

Os dados são apolíticos, como a ciência deve fingir ser, portanto o "tradicionalismo" genético não está diretamente ligado a posições políticas (republicanos) ou religiosas (fundamentalistas, ortodoxos). Contudo, a descrição de tradicionalismo sugere que há, sim, alguma conexão genética na essência das associações a partidos e igrejas conservadores, e até mesmo reacionários. Os estudos criteriosos de Jerome Kagan a respeito do caráter inato[9] podem falar sobre preconceito temperamental; a astrologia pode imaginar que Saturno influencia os cromossomos; o feminismo pode perceber, com desespero, quanto são imutáveis as atitudes patriarcais; os marxistas podem compreender por que é tão difícil despertar os camponeses e o proletariado para a revolução; e a igreja pode ficar confortável: sempre haverá um reservatório genético pronto para escoar na direção do Vaticano.

Há cerca de quarenta anos, o antropólogo Paul Radin forneceu uma explicação para o crescimento do monoteísmo. Ele disse que não foi um estágio natural no desenvolvimento das religiões; na verdade, o pensamento monoteísta pertencia a uma casta sacerdotal com essa tendência. O monoteísmo, diz ele, tem origem em "temperamentos" específicos. De forma intuitiva, ele previu o papel determinante das ações tradicionalistas no caráter antes mesmo de a genética aparecer com os dados sobre tradicionalismo.[10]

Fica mais fácil compreender por que a mudança é tão difícil. Talvez o tradicionalismo seja o traço conservador da natureza humana que aparece na forma de fundamentalismo e teimosia em todas as culturas, personificado na figura do Velho Rei. Considero um alívio saber que andar na linha com "padrões morais altos e disciplina rígida" não é necessariamente a diretriz do anjo nem a voz do chamado, mas pertence à nossa estrutura, como crânio e ossos.

Partindo então do princípio de que o tradicionalismo tem um forte componente genético, será que isso ajuda a compreender por que o gênio se afasta da vida tradicional? Durante muitos séculos, desde a *Problemata* de Aristóteles sobre o frenesi melancólico (ou *furor*, o estado mental excepcional das pessoas "criativas") até Cesare Lombroso no século 19, o chamado é comparado, e até mesmo relacionado, ao anormal e pouco tradicional.[11] As pessoas gostam de imaginar que o novo e o original não são tradicionais, como se a inspiração tivesse que, por definição, opor-se à ordem, à disciplina, às regras e à autoridade — isto é, ao "tradicionalismo". Ao menos podemos sugerir a conclusão de que pode haver um forte conflito entre as atitudes genéticas conservadoras e algum outro fator que nos leva para longe delas.

Uma terceira descoberta intrigante fala que a influência da hereditariedade sobre a inteligência (medição de QI) aumenta *depois* da primeira infância e até os anos intermediários da criança.[12] Na verdade, "a evidência parece sugerir que a hereditariedade do QI aumenta à medida que envelhecemos, desde bebês até a maturidade".[13]

Eu imaginaria que o fator genético seria mais forte e determinante nas habilidades como a inteligência assim que se chega ao mundo, antes de a pessoa ser bombardeada por todas as influências do mundo exterior e ser capaz de selecioná-las. Eu acreditaria que os fatores genéticos tivessem mais influência nos primeiros meses e anos de vida. Mas as descobertas em relação ao QI das crianças mostram que, à medida que elas ficam mais velhas — dos 3 aos 6 ou 7 anos —, a hereditariedade aumenta. Depois volta a diminuir, a partir dos 7 anos mais ou menos. Além do mais, "os índices de QI aumentam substancialmente durante a infância, ainda que sejam fortemente conectados à hereditariedade".[14] (Vamos falar sobre a questão do QI em breve).

Por que o fator hereditário é menos poderoso aos 2 ou 3 anos do que aos 7 ou 8? Será que a individualidade da inteligência é mais nítida no nascimento e vai desvanecendo ao longo da infância? Essa descoberta pode sugerir que um bebê é menos influenciado pelo que tem de inato e pela criação do que uma criança maior e — pelo menos no que diz respeito à inteligência nata — recorre mais a seus próprios dons originais. Essa leitura dos dados sustentaria o mito platônico de que a pessoa nasce com um paradigma inato que não é idêntico a seus dotes genéticos, e aos poucos ele vai suavizando no meio da infância à medida que os fatores genéticos aparecem. Além do mais, "na maturidade", quando o chamado, o caráter e o destino já se tornaram mais inescapáveis, também a inteligência, e tudo a que ela serve, pertence mais ao código da alma do que dos genes.

"A hereditariedade parece decair no início da adolescência" também.[15] Isso seria o esperado. Muitos biógrafos dão seu testemunho sobre o aparecimento repentino do chamado nos anos da adolescência. Em outras palavras, o chamado parece mais claro dos 3 aos 8 anos, e depois novamente na adolescência — isto é, se imaginarmos que o chamado é mais evidente quando as influências genéticas se retraem. Algumas das histórias de vida contadas neste livro mostram que o daimon aparece nos primeiros anos, e depois na adolescência.

Especulações como essas são a parte mais superficial dos estudos empíricos e estatísticos. São o que torna a leitura divertida. Ir direto para os estudos estatísticos anestesia a mente. Por isso eu não apresento as descobertas do mesmo jeito que foram apresentadas a mim, como evidências que fortalecem o concreto. Eu as sugiro para provocar especulação. Essa especulação é ainda mais importante à medida que as ciências da biologia molecular e da estatística se sofisticam e ampliam suas amostras. A imaginação precisa se expandir para acompanhar os dados. Onze mil pares de gêmeos idênticos nascem todo ano nos Estados Unidos. Fica cada vez mais claro que as influências genéticas são intensamente complexas e variadas, mesmo se tentarmos organizá-las mecanicamente ou as prender sob uma curva de densidade em um gráfico.

Com isso, chegamos ao terreno pantanoso do QI. "Embora a questão da influência genética nos índices de QI seja uma das áreas mais controversas das ciências comportamentais, um levantamento recente feito com mais de mil cientistas e educadores indica que a maioria deles agora acredita que diferenças *individuais* nos índices de QI são, ao menos em parte, herdadas".[16]

Percebam a palavra que grifei: *individuais*. Diferenças — não de gênero, cor, raça, classe, nem de nenhum grupo, mas entre indivíduos.

Então, quero corrigir a comparação de índices de QI entre os chamados negros e brancos em pelo menos quatro aspectos:

1. Quem, geneticamente, é negro e quem é branco na nossa cultura com 350 anos de miscigenação, sem contar as misturas genéticas que aconteceram bem antes de as Américas serem invadidas pelos europeus e de eles terem trazido os africanos?
2. O que exatamente estamos "medindo" nos testes de QI e o que chamamos de "QI"?
3. Qual é o significado psicológico de um "teste" em diversas comunidades sociais, e qual é a relação entre um teste de QI como um ritual e outros rituais com "testes"?
4. Além dessas questões, que podem ser encontradas em diversas discussões intermináveis a respeito do QI e de seus índices e testes, há uma outra que se origina deste livro, em especial. Se existe um fruto do carvalho ou daimon, e se este fator muitas vezes resiste à conformidade com a socialização, como frequentemente mostram

as histórias de personalidades famosas, será que essa resistência poderia inviabilizar o teste de QI? Será que não destacaria os testes de QI sobretudo pelas respostas negativas, já que uma boa pontuação é, no geral, o passaporte para uma parte mais aceitável da curva de densidade do gráfico?[17]

Individualidade

A identidade individual de cada ser humano não é apenas um artigo de fé religiosa ou um axioma da mente ocidental. A individualidade humana também é uma quase-certeza estatística.

> Cada um de nós tem a capacidade de gerar 10^{3000} óvulos ou espermatozoides com conjuntos únicos de genes. Se considerarmos 10^{3000} óvulos em potencial sendo gerados por uma mulher específica e a mesma quantidade de espermatozoides gerados por um homem específico, a probabilidade de haver qualquer outra pessoa com o mesmo conjunto de genes que você no passado ou no futuro é infinitésima.[18]

Além disso, as próprias pesquisas genéticas alertam para o fato de que os genes não podem ser compreendidos com explicações simplistas. O momento certo de suas intervenções pode ser em uma arrancada ou com atraso, sua inter-relação com as circunstâncias do ambiente é extremamente intrincada. Por isso, desde os anos 1980, as pesquisas se concentram cada vez mais nas vidas distintas, nas diferenças de comportamento, nas posições não compartilhadas ou no que eu e você chamaríamos de individualidade.

Três teorias vêm crescendo em importância na tentativa de explicar o aspecto genético da individualidade. Essas interpretações também apontam para "uma outra coisa".

A primeira delas se chama *emergenesis*. É em parte baseada nos impressionantes dados de traços genéticos que não vêm da família, embora apareçam nos gostos, estilos e hábitos idiossincráticos de gêmeos idênticos que foram criados separados.[19] Vejam alguns exemplos dessa concordância incrível em gêmeos que cresceram de forma separada:

> Dois homens gêmeos monozigóticos, ao se encontrarem pela primeira vez depois de adultos, descobriram que ambos usavam pasta de dente Vademecum,

loção de barbear Canoe, tônico capilar Vitalis e fumavam cigarros Lucky Strike. Depois desse encontro, trocaram presentes de aniversário pelo correio que acabaram sendo escolhas idênticas, mesmo estando em cidades diferentes.

No grupo de gêmeos havia dois irmãos que tinham por hobby ser armeiros; duas mulheres que sempre usavam sete anéis... dois que contavam tudo obsessivamente; dois que tinham sido casados cinco vezes; dois capitães do corpo de bombeiros voluntários; dois estilistas; dois que costumavam deixar bilhetinhos românticos para as esposas pela casa... em todos esses casos, eram pares de gêmeos monozigóticos...

Os gêmeos dizigóticos separados na infância que não foram criados juntos e que fizeram parte do estudo, pelo contrário, quase nunca apresentavam esse tipo de "coincidência".[20]

A *emergenesis* explica esses fenômenos convergentes alegando que as similaridades devem ser: (a) genéticas na origem (porque aparecem em gêmeos idênticos) e (b) resultado de uma configuração de genes emergentes unicamente neste ou naquele par específico. Se esses hábitos e gostos aparecessem apenas em uma das pessoas, não teríamos qualquer evidência da influência genética. Mas, já que eles aparecem em gêmeos idênticos criados separados, a similaridade só pode ter a ver com a herança genética.

A *emergenesis* diz que o material genético resulta em uma configuração única herdada dos genes das duas linhagens parentais. "Você pode receber um dez e um rei de espadas do Papai e um valete, dama e ás de espadas da Mamãe, cartas que nunca fizeram muita diferença nas árvores genealógicas de cada família, mas cuja combinação em você pode produzir... um novo recorde olímpico."[21] Não é simplesmente um punhado de material genético que resulta na singularidade, e sim o modo como as cartas se combinam para formar uma configuração específica e bem-sucedida.

Nosso termo para "configuração" era "padrão" ou "imagem", o *paradeigma* singular que é o seu lote, de acordo com o mito de Platão. A *emergenesis* explica de modo genético e, a meu ver, aleatório, esse paradigma que é seu. Pois quem sabe o que faz você receber uma mão de cartas vencedora? Ou melhor, as Moiras sabem: sua configuração é a sorte que sua alma escolheu antes mesmo de você dar seu primeiro suspiro.

A segunda teoria é chamada de "epistasia" e se refere aos efeitos inibitórios dos genes agindo uns nos outros com uma variedade assombrosa de combinações.

> As diferenças de comportamento entre os indivíduos envolvem muitos genes, talvez centenas. Cada um deles pode dar sua pequena contribuição independente à variabilidade entre os indivíduos... A epistasia... é como se fosse uma sorte genética. Um golpe de sorte durante a concepção pode resultar em uma combinação única de genes e ter um efeito extraordinário que não é visto nem nos pais, nem nos irmãos.[22]

Um "golpe de sorte" imprevisível contribui para o que somos. Em Platão, essa causa aleatória era chamada de Ananque; a deusa formidável da necessidade, que desafiava a razão e, no mito de Platão, regia as sinas escolhidas pela nossa alma. Era chamada também de Tique e Moira, que são personificações do destino. Desde a época romana até o Renascimento, esse princípio era chamado de Fortuna — e parece estranho, no fim das contas, chegar a esses arquétipos para explicar o caráter específico e o destino de um indivíduo. Como se soubéssemos desde sempre, só que agora temos um novo nome: teoria do caos, a terceira ideia proeminente nos estudos atuais da hereditariedade.

"Em sistemas não lineares [e, sem dúvida, uma vida é um sistema não linear], diferenças mínimas e aparentemente triviais na ação inicial podem levar a diferenças imensas no resultado... sistemas caóticos não são previsíveis [e, sem dúvida, a imprevisibilidade também é uma característica da vida], mas são estáveis em seus padrões irregulares".[23] A teoria do caos coloca enorme importância na "dependência sensível nas condições iniciais".

Não voltamos, então, à influência do anjo ou gênio e às maneiras aparentemente triviais, ainda que altamente significativas, pelas quais ele opera? Por exemplo, o chilique do pequeno Yehudi Menuhin por causa de um violino de brinquedo, ou a mudança de ideia repentina de Ella Fitzgerald na noite dos calouros? Chamo sua atenção em específico para a expressão "em sistemas não lineares". Não podemos pensar em nossa biografia apenas como algo preso ao tempo, uma progressão cronológica do nascimento até a morte. Essa é apenas uma das dimensões, a temporal, a linear.

A alma se move em círculos, dizia Plotino. Logo, nossa vida não segue em linha reta; em vez disso, ela flutua, vacila, regressa, renova-se, repete-se. Os genes trabalham às arrancadas e também com atrasos. A sensação de estar completamente focado, conectado, aberto, arrasado, atento vai e vem de modo totalmente imprevisível, ainda que com padrões estáveis.

Eu sou diferente de todo mundo e também igual a todo mundo; sou diferente de mim mesmo dez anos atrás e igual a mim mesmo dez anos atrás; minha vida é um caos estável, caótica e repetitiva ao mesmo tempo, e nunca consigo prever que tipo de ação inicial mínima e trivial terá um resultado imenso e significativo. Devo sempre concentrar minha sensibilidade nas condições iniciais: o que ou quem entrou comigo neste mundo e entra no mundo ao meu lado todos os dias. Continuo dependendo disso.

Amor

Parece que não somos tão únicos quanto gostaríamos de acreditar quando se fala em amor. As pessoas parecem ter estilos parecidos de amar. Gêmeos idênticos adultos revelam essa similaridade com mais clareza, já que tendem a conceber o amor da mesma forma.

Quando falo "estilos de amar" estou me referindo aos modelos usados nas "pesquisas de amor". O conceito amplo de "amor" é distribuído em uma variedade de caixinhas diferentes, como cuidado altruísta responsável (ágape), parceria prática (pragma), intimidade erótica (eros) e assim por diante. Gêmeos idênticos equiparam-se nessas categorias. No entanto, a razão para a similaridade não é genética.

> As descobertas desta primeira análise genética comportamental dos estilos de amor entre adultos são notáveis por dois motivos. O primeiro é que não sabemos de nenhuma esfera da personalidade [tolerância ao estresse, agressividade, controle etc.] em que a genética desempenhe um papel tão pequeno... O segundo, não estamos cientes de nenhuma outra postura [crenças religiosas, preconceitos raciais etc.] em que a genética desempenhe um papel tão pequeno.[24]

Agora, aqui está uma feliz curiosidade. Esses gêmeos concordam em todos os estilos de amor, *a não ser em um*: a mania, o sentimento obsessivo e atormentado que costuma ser característico do amor romântico. Então temos que investigar a razão para a exceção do amor romântico maníaco. Nesse caso específico, o coração parece ser independente. O amor maníaco é outra coisa!

Já que a explicação para a semelhança de estilos não é genética, nesse modelo de pesquisa só nos resta uma alternativa: o ambiente. Gêmeos que se parecem e que amam da mesma maneira escolheram mapas do amor idênticos.

"Mapas do amor" são uma das formas usadas pela psicologia para tentar explicar o mistério que é ser arrebatado pelo amor. Você cresce em meio a um ambiente parental no qual certos componentes dão prazer, satisfazem necessidades, aumentam a vitalidade. Essas características formam um esquema que faz você se apaixonar quando uma pessoa que pareça ter esses atributos do mapa do amor passa pelo seu caminho.

> À medida que crescemos, esse mapa inconsciente começa a tomar forma e aos poucos vai compondo uma protoimagem do ser amado ideal... Então, bem antes do seu amor verdadeiro passar por você em uma sala de aula, no shopping ou no escritório, você já construiu em sua mente alguns dos elementos básicos desse ser amado ideal.[25]

O mapa do amor é feito de camadas. Pesquisas realizadas em diversas culturas alegam que há um nível coletivo para os mapas do amor de modo geral, como uma boa compleição. Nas mulheres, corpos mais roliços e de quadris largos são universalmente atraentes; nos homens, bens materiais, como carros e camelos. Aí vêm as camadas que refletem tradições, moda e regras da comunidade local. A teoria dos mapas do amor sugere que o condicionamento ambiental determina o seu objeto de desejo.

Outros psicólogos chamam essa escolha do objeto de projeção. De acordo com a psicologia junguiana, a projeção nasce de uma origem arquetípica que é parte da essência íntima da alma de cada um. Para os junguianos, o mapa do amor tem características altamente individualizadas, porque é uma imagem complexa dentro do coração que causa o "apaixonamento" e a sensação de que aquilo é um chamado do destino. Quanto mais obsessiva e convincente for a imagem, mais louco de amor se fica, o que intensifica ainda mais a convicção de que é, de fato, o destino chamando. *Anima* e *animus* são os nomes dados pelos junguianos para esse fator arquetípico que deixa o mapa do amor enviesado na direção de uma pessoa específica.[26] Essas figuras podem conter traços do mapa do amor, mas não podem ser reduzidas a isso.

Anima e *animus* têm origem nas palavras latinas para "alma" e "espírito"; então seu coração pode até se apaixonar por uma imagem composta na infância, mas sempre haverá uma configuração desconhecida estruturando nosso mapa e permeando-o com experiências de milagre e mistério.[27] É por isso que, como diriam os junguianos, o amor é tão avassalador. Tira nossos pés do chão e nos faz voar para bem longe, para além deste mundo.

A experiência do amor romântico ultrapassa qualquer condição e demanda devoção para além de todos os limites. Para Platão, a mania era uma intervenção dos deuses, especificamente de Afrodite e Eros.[28] Poucas outras coisas na vida parecem tão destinadas exclusivamente para nós, mais direcionadas à nossa pessoa, do que o momento maníaco do romance. O romance sempre parece profético, uma sina, um carma, um destino. "Tinha que ser você." "Ninguém mais serviria." "Só você." "Eu vaguei por aí e finalmente encontrei…." "Você é minha estrela da sorte." Essa atração fatal, chamada muito impessoalmente de química e relacionada a feromônios subliminares, carrega uma força e uma autonomia que não têm nenhuma relação com a genética e com o ambiente.

Seja ou não um delírio, esse sentimento atesta de maneira convincente o que os junguianos defendem com sua interpretação de amor romântico. Algo que "era para ser", uma outra coisa que é particularmente "romântica" e acompanha o fenômeno. É óbvio que gêmeos idênticos perdem um pouco de sua semelhança ao se apaixonarem de maneiras diferentes.

Então, vimos duas maneiras de imaginar o mapa do amor — o modelo *anima/animus* junguiano e o modelo inato-ou-criado. De acordo com este último, "os estilos de amor romântico não são influenciados de forma intensa por fatores herdados". A única alternativa possível é o ambiente. Você aprendeu seu estilo de amor nos primeiros anos de vida. Como? "Experiências únicas" de um lado e, do outro, "talvez tendo os mesmos pais e observando o estilo de relacionamento deles".[29] Talvez. A tese pressupõe que você se apaixona, se não diretamente por seus pais, como sugere o freudianismo, por substitutos deles ou, no mínimo, por alguém que siga os mesmos padrões. Mais uma vez se utiliza a falácia parental para explicar o que não se compreende. Se "eu quero uma garota exatamente igual à que se casou com o Papai querido" ou uma garota o mais diferente possível dela, é um salto de fé muito grande, além de um insulto à pessoa por quem meu coração se apaixonou, acreditar que minhas fantasias e estilos de amor replicam Mamãe e Papai, a não ser no nível mais socializado e coletivo do mapa.

Para os junguianos, Mamãe e Papai são uma prévia das imagens de *anima* e *animus*. Ainda que imitemos os dois e seus estilos de amar, não somos cópias.

A fantasia enfeita o mapa ou, melhor dizendo, o projeta. Estudos empíricos sobre o amor romântico defendem que "o amor romântico está inexoravelmente conectado à fantasia".[30] A idealização é essencial para ele, não a imitação; não a réplica do conhecido, e sim a expectativa do desconhecido. Alguns detalhes dos hábitos de relacionamento dos pais vão combinar, outros nunca serão reproduzidos, e os fatores que dão vida à fantasia e escolhem seus detalhes são *anima* e *animus*. As fantasias arquetípicas se integram a qualquer mapa que possamos ter construído a partir da Mamãe e do Papai, e não o contrário.

Pode haver outros "motivos" para as similaridades entre gêmeos além dos estilos familiares. Os gêmeos podem buscar replicar a relação que têm um com o outro — a estabilidade, a amizade, a praticidade, o carinho e a proximidade física inconsciente que vem do óvulo, transferindo para um parceiro ou parceira o que fora seu estilo de vida até então. Já há tapas e beijos desde o útero.[31] Só o fato de replicar já pode dar origem a mapas do amor parecidos. Mas o objeto da nossa busca aqui é menos o motivo para suas similaridades e mais a diferença no que diz respeito ao amor romântico maníaco, aquela condição de tormento, carência desesperada, altos e baixos, dependência obsessiva, uma condição que parece insuperável.

Outra razão para as diferenças nos estilos românticos de gêmeos é a necessidade de um "espelho psicológico", algo que o amor romântico fornece.[32] No espelho da similaridade, vemos apenas o rosto do nosso gêmeo; no espelho da mania, vemos algo totalmente diferente, o rosto que não conseguimos encontrar, não conhecemos, e que parece exigir uma agonia romântica. Se a identidade monozigótica está inscrita no DNA e é reforçada a cada respiração compartilhada no mesmo ambiente, é necessária uma distorção violenta para trazer à tona a diferença.

O mapa do amor pode explicar visibilidades como aqueles quadris que se movem com gosto, aqueles carros ou camelos, mas o apaixonamento também acontece graças a uma "outra coisa" invisível. Nós dizemos: "Ela tem um quê"; "O mundo inteiro parece mudar quando ele está presente".

Como Flaubert supostamente disse: "[Ela] era o ponto de luz para o qual todas as coisas convergiam".

Isso está totalmente fora do mapa. Aqui estamos no terreno da transcendência, onde as realidades do cotidiano são menos convincentes do que as invisibilidades. Se queremos uma prova irrefutável do daimon e de seu chamado, só precisamos nos apaixonar pelo menos uma vez. As fontes racionais da hereditariedade e do ambiente não são suficientes para provocar aquelas torrentes de agonia romântica. Está tudo em você, e em nenhum outro momento da vida você é tão tomado por um sentimento de importância ou tão destinado a algo; e nem suas ações são tão demoníacas.

Essa embriaguez de autoimportância sugere que o amor romântico "na verdade promoveu o crescimento da individualidade".[33] De acordo com Susan e Clyde Hendrick, é possível traçar um paralelo entre a noção ocidental de ser humano e o lugar que se dá ao amor romântico na cultura, como se vê inicialmente nos trovadores e no romance cortês, e depois no Renascimento. Os ideais de individualismo e destino individual tiveram seu auge no século 19, assim como os exageros delirantes do amor romântico. Por isso, como dizem os Hendrick, o amor romântico pode "ser interpretado como uma força ou instrumento para ajudar a criar ou acentuar o self e a individualidade". Essa psicodinâmica precisa situar o chamado do amor no "self" pessoal. Já a minha *psicodaimônica* imagina esse chamado de uma maneira mais fenomenológica, usando a linguagem do próprio amor — mito, poesia, história, música —, o que situa o chamado para além do "self", como se viesse de um ser divino ou demoníaco.

É por isso que o estilo obsessivo do amor romântico não converge com outros mapas do amor. O chamado se cristaliza no rosto daquela pessoa que chama você para o que parece ser seu destino. Aquela pessoa se transforma em uma divindade exteriorizada, senhora do meu destino, dona da minha alma, como dizem os românticos, ao mesmo tempo demoníaca e angelical, aquela a quem preciso me agarrar e não soltar nunca mais, não porque eu seja fraco, mas porque o chamado, o destino, é forte demais. É claro que fico atormentado, possessivo, dependente, doído. É o daimon estraçalhando meu mapa do amor.

Gêmeos idênticos podem até escolher o mesmo pós-barba e a mesma pasta de dente, mas "a escolha mais importante de todas — a de um parceiro ou parceira — parece ser a exceção". "A paixão acontece... quase de modo acidental." A ciência comportamental conclui que "o acasalamento humano é basicamente aleatório",[34] e recorre ao golpe de sorte estatístico para explicar a escolha mais importante de todas, porque a psicologia como ciência não se atreve a imaginar o que não consegue mensurar.

Podemos, no entanto, interpretar a pesquisa recente como um respaldo à autonomia do gênio. Sua chama ilumina exatamente a companhia desejada, para o bem ou para o mal, no longo ou no curto prazo, e me convence de que essa pessoa é única no mundo, e que esse acontecimento é singular. Os outros estilos de amor mapeados pela pesquisa — compartilhamento, cuidado, compromissos práticos e intimidade libidinosa — são menos seletivos e menos pessoais. Não insistem naquele parceiro específico que personifica a imagem que carrego no coração. A mania romântica vê o que já está lá dentro do fruto do carvalho desde antes de você nascer.

O filósofo espanhol Ortega y Gasset afirma que nos apaixonamos poucas vezes durante uma vida longa.[35] É um acontecimento raro e fortuito, e nos atinge de maneira muito profunda. Quando esse tipo de amor acontece, o motivo é justamente a originalidade do objeto amado. Apenas *essa pessoa*. Não são os atributos ou as virtudes, nem a voz, os quadris ou a conta bancária, nem projeções de paixões anteriores ou padrões de família reciclados, mas simplesmente a singularidade dessa pessoa escolhida pelo olho do coração. Sem essa sensação de destino na escolha, o romance do amor não funciona. Porque esse tipo de amor não é uma relação pessoal ou uma epistasia genética; está mais para uma herança daimônica, um presente e uma maldição dos ancestrais invisíveis.

Uma sensação parecida de destino, ainda que menos repentina e menos acalorada, mas com devoção semelhante, pode aparecer quando alguém se apaixona por um lugar ou até por um trabalho, tanto quanto por uma pessoa. Você não consegue ir embora, precisa ficar até o fim, e realiza rituais mágicos para mantê-lo. Ocorre o mesmo encantamento, a mesma sensação de que poderia passar a vida inteira com ele, seja "ele" uma pessoa, um lugar ou um trabalho. E existe um sentimento similar de que não é apenas a minha vida que está sendo chamada, mas a minha morte também.

Morte é um termo pesado e repulsivo para ser associado às vibrações intensas do amor romântico; mas o amor romântico especialmente reverbera sentimentos ligados ao eterno, à fragilidade e à efemeridade da vida, como se o chamado da morte para um "além" sem fim servisse de companhia e inspiração para a paixão. Corre-se os mais extraordinários riscos. E, quando a literatura une os amantes, ela também une seu amor à morte.

O olho do coração que "vê" é também o olho da morte que enxerga a essência invisível para além do mundo visível. Quando Michelangelo esculpiu imagens de seus contemporâneos ou de figuras das religiões e dos mitos, ele tentou enxergar o que chamava de *immagine del cuor*, a imagem do coração, "uma prefiguração" do que ele estava esculpindo, como se o cinzel que talhava a pedra acompanhasse o olho que penetrava no coração de seu objeto.[36] A escultura tinha a intenção de revelar a alma interior de quem ele retratava.

Existe uma imagem dentro do coração de cada pessoa. É isso que revelamos, de fato, quando nos apaixonamos perdidamente, e é nessa hora que estamos abertos a mostrar quem somos de verdade, oferecer um vislumbre do gênio da nossa alma. As pessoas dizem: "Ele está tão diferente... Deve estar apaixonado". "Ela se apaixonou, está muito mudada." Quando o amor move o coração, percebe-se algo mais no objeto de idolatria, algo que a linguagem poética tenta capturar.[37] Michelangelo tenta expressar essa imagem na forma de escultura. As categorias do inato e da criação não alcançam o coração e nem veem por meio de seu olho. É por isso que precisamos adicionar esse resumo sobre o amor à nossa análise da genética e do ambiente.

O encontro entre o amante e o ser amado é de coração para coração, assim como aquele entre escultor e modelo, mão e pedra. É um encontro de imagens, uma troca de imaginações. Quando nos apaixonamos, começamos a imaginar de um jeito mais romântico, ardente, selvagem, louco, ciumento, com uma intensidade possessiva e paranoica. E, quando imaginamos com veemência, começamos a nos apaixonar pelas imagens evocadas pelo olho do coração — ao iniciar um projeto, planejar uma viagem de férias, projetar uma casa nova em alguma cidade diferente, aguardar o nascimento de um filho... Nossa imaginação nos empurra para o risco, a aventura. Você não consegue ir embora do laboratório, parar de comprar equipamentos, analisar folhetos, pensar em nomes. Você se apaixona graças à imaginação. Ao libertar a imaginação, até mesmo gêmeos idênticos conseguem se livrar da uniformidade.

Ambiente

Antes de terminar este capítulo, precisamos voltar ao nosso próprio par de gêmeos, Inato e Criado, também conhecido como Ambiente. Já que o ambiente é o conceito do qual os dois grandes temas tratados aqui — genética e amor — se valem para explicar os fundamentos obscuros da diferença, não podemos deixar de examiná-lo.

Incomum e pouco usado na língua inglesa, o verbo "*to environ*" significa cercar, encerrar, envolver; literalmente, formar um anel ao redor. "*Environment*", o substantivo, significa um conjunto de circunstâncias (*circum* = ao redor); o contexto, as condições físicas e situações externas que "cercam" as pessoas e a nossa vida. O ambiente.

A pesquisa com gêmeos divide o ambiente em dois tipos principais: compartilhado e não compartilhado. Ter um ambiente compartilhado significa, de modo geral, ter sido criado na mesma família em tempo integral durante alguns anos, partilhado das atividades, valores, conversas e hábitos da família; ter frequentado as mesmas salas de aula com os mesmos professores; ter jogado no mesmo time, com os mesmos treinadores. A imagem do ambiente compartilhado é claramente idealizada e parece mais um filme dos anos 1950 que retrata apenas a sociedade branca.

"Ambiente não compartilhado" se refere às experiências singulares de cada gêmeo separadamente. Inclui, por exemplo, acasos e doenças, sentimentos, sonhos, pensamentos e relações pessoais e privadas.

Será que é possível traçar uma linha categórica entre o compartilhado e o não compartilhado? O próprio ambiente compartilhado está cheio de diferenças: como a mãe diferencia cada um dos gêmeos idênticos, como cada um desenvolve sua relação com os pais; diferenças no cuidado durante a internação hospitalar no pós-parto (que costuma ser necessária quando nascem gêmeos); complicações de saúde na infância, posições no berço e no peito; e por aí vai.

Uma diferença bastante significativa é a relação entre os próprios gêmeos idênticos, que funciona segundo uma lógica arquetípica de complementaridade (mais fraco/mais forte, mais inteligente/mais tolo, primeiro/último, extrovertido/introvertido, mundano/divino, mortal/imortal, e assim por diante). Além disso, os pesquisadores observam que, em um ambiente compartilhado competitivo, surge uma rivalidade entre os gêmeos que provoca reações individualizadas e não compartilhadas em cada um.[38]

A rivalidade não surge apenas do éthos competitivo da nossa cultura. Ela reflete o anseio inato dos "iguais" de diferenciar suas identidades. Cada pessoa busca a própria singularidade de acordo com a imagem de seu coração e o caminho de seu destino, apesar da genética e do ambiente. Toda família é um lar de similaridades *e* uma força centrífuga que empurra cada membro para a afirmação competitiva de suas diferenças. No caso de gêmeos idênticos, a mesma força que os puxa para perto um do outro também os afasta. Como ímãs que se juntam em um dos polos e se repelem no outro. Não atribuamos as diferenças apenas à rivalidade competitiva, mas também ao chamado do anjo para o destino único de cada um.

A ideia de ambiente exige uma análise ainda mais profunda, indo certamente além das imagens da rede familiar — um cenário simples de série de comédia, com as mesmas piadas, as mesmas briguinhas, os mesmos lanches na geladeira, o mesmo horário de dormir. O ambiente também inclui os móveis e a caminhonete, os bichos de estimação e as plantas no parapeito da janela; estende-se para fora das paredes, até o jardim, à casa dos vizinhos, ao movimento na rua, a tudo que é produzido a milhares de quilômetros de distância e chega via TV e internet. Também é preciso incluir o supermercado, em cujos pacotes e prateleiras encontra-se o mundo: bananas do Equador, peixes de Terra Nova, e também os agrotóxicos que cobrem as bananas e os resíduos de mercúrio que vazam das fábricas de celulose e se alojam nas células dos peixes.

Uma vez que abrimos os olhos para a ecologia, onde o ambiente — mesmo aquele mais imediato, não compartilhado, particular e individual — termina?

Será possível mesmo existir um "ambiente não compartilhado"? Eu posso, de fato, ter um momento só meu, desligado de todo o resto? Até mesmo o travesseiro em que deito a cabeça para entrar nos meus sonhos particulares contém traços de penugem de pato, de poliéster, de algodão e do local onde o travesseiro foi fabricado, além do desfile de ácaros que o compartilha comigo.

Acredito que esse conceito de um jardim murado e isolado não corresponde à realidade concreta; é uma fantasia necessária para intensificar a comunicação com os invisíveis, cujos sinais e insinuações são tão pouco percebidos. A ideia de "não compartilhado" abre uma porta para o jardim da individualidade. Precisamos desse conceito para confirmar nosso senso particular de singularidade e ouvir seu chamado.

A categoria "ambiente não compartilhado" é uma invenção das ciências duras para situar a causa das diferenças individuais. É usada para explicar o que não pode ser elucidado pelas outras categorias, hereditariedade e ambiente compartilhado. Mas a ideia do "não compartilhado" se fundamenta em uma imagem de área cercada, de um entorno privado que me afeta sozinho, de um jeito muito particular. O único fenômeno não compartilhado e não compartilhável possível, que está sempre presente e impactando minha vida, é a singularidade do daimon e a individualidade da minha relação com ele, e dele comigo. Ao usar a linguagem da ciência comportamental, disfarçada no circunlóquio do "ambiente não compartilhado", o daimon se revela tão determinante quanto o inato e o criado. De que outra forma ele conseguiria entrar nas estruturas rígidas do laboratório se não fosse usando a linguagem do laboratório e a senha "não compartilhado"?

Não compartilhado não significa isolado, já que não é possível sair do ambiente compartilhado que é o planeta. E, embora não exista isolamento, existe, sim, singularidade. Uma coisa não depende da outra.

Você não precisa estar literalmente apartado para ser diferente. Sua diferença em relação a todas as outras pessoas, a "experiência não compartilhada", acontece o tempo inteiro em meio ao compartilhado por causa da singularidade da sua identidade individual. Muros não são necessários para garantir sua diferença; essa garantia já está dada desde o início pela imagem dentro do coração que acompanha você ao longo da vida. Uma *fantasia* de isolamento, no entanto, pode até ser útil para escutar o daimon. É por isso que as pessoas fazem retiros, saem em jornadas ritualísticas, jejuam e se purificam, ou simplesmente ficam na cama, no escuro, durante alguns dias para recuperar seu chamado particular e não compartilhado.

A conclusão dos estudos genéticos aponta para duas (!) direções: uma mais estreita e outra ampla. A trilha estreita conduz às causas simplistas e monogênicas. Quer identificar alguns pedaços de tecido e relacioná-los à vasta complexidade dos significados psíquicos. A tolice que é reduzir a mente apenas ao cérebro parece nunca abandonar a cultura ocidental. Nunca desistimos disso porque é a base da nossa mentalidade racionalista e positivista no Ocidente. O racionalista na psique quer situar as causas em que ele possa colocar a mão e consertar.

As máquinas são os melhores exemplos para satisfazer esse desejo. Desmonte-as, encontre seus mecanismos internos e então ajuste o funcionamento ao trocar suas engrenagens, otimizar o combustível, lubrificar as conexões. Henry Ford como o pai da saúde mental americana. O resultado: Ritalina, Prozac, Zoloft e dezenas de outros eficientes produtos para ajustar os mecanismos internos que são consumidos em abundância, uma ou duas vezes ao dia, por milhões de nós. O caráter simplista das causas monogênicas acaba levando ao controle do comportamento pelas drogas — isto é, ao comportamento drogado.

Robert Plomin, em cujos escritos apaixonados, prolíficos e observadores este capítulo se baseou com frequência, lança um alerta urgente a respeito do uso da genética de modo simplista. Diz ele: "Os efeitos da genética no comportamento são poligênicos e probabilísticos, e não monogênicos e deterministas".[39] A partir de sua afirmação, enxergo um alerta para a psiquiatria: não deixe seu nobre navio afundar sob o peso do dinheiro da indústria farmacêutica, das companhias de seguro e do governo, e não aponte sua bússola para a Ilha da Fantasia onde a genética define "entidades patológicas em psiquiatria".[40] "Aprendemos muito pouco sobre a genética do desenvolvimento [como os genes agem e interagem ao longo do tempo], a não ser apreciar sua complexidade".[41] Portanto, nunca conseguiremos chegar à equação em que um gene defeituoso é igual a um quadro clínico (a não ser no caso de anomalias reais como a doença de Huntington).

Esses alertas têm pouco efeito; o pensamento simplesmente atende a muitos desejos. A cabeça de Henry Ford e a de Thomas Edison foram esculpidas no Monte Rushmore da mente. O monstro do mecanismo aparece em todos os séculos na história moderna do Ocidente, e todas as gerações devem estar atentas a ele — sobretudo a nossa, em um momento em que sustentar a existência de "outra coisa" além do inato e do criado significa acreditar em fantasmas ou magia.

Desde o racionalismo francês do século 17 (Marin Mersenne, Nicolas Malebranche) e do século 18 (Étienne de Condillac, Julien Offray de La Mettrie), passando pelo positivismo do século 19 (Antoine Destutt de Tracy, Auguste Comte), em que todos os acontecimentos da mente foram reduzidos à biologia, um pequeno pedaço do pensamento coletivo ocidental foi amarrado, como se fosse um boi palerma, à carroça do materialismo mecanicista francês. É impressionante que um povo com gostos tão sofisticados quanto os franceses, e com uma sensibilidade erótica tão intensa, possa ter incutido tamanha rigidez racionalista à psicologia. Cada contribuição que chega da França precisa ser inspecionada para checarmos se está contaminada com essa doença francesa, ainda que venha com o rótulo elegante de lacanianismo, estruturalismo, desconstrutivismo ou sabe-se lá o quê.

O racionalismo hoje em dia é global, compatível com os computadores em todos os lugares. É o modelo internacional da arquitetura da mente. Não dá para atribuí-lo a uma determinada bandeira, a não ser aos estandartes das corporações multinacionais que podem gastar uma fortuna para transformar a psiquiatria, e a certa altura o pensamento psicológico e, portanto, o controle da alma, em um monoteísmo monogenético. Um gene para cada distúrbio: divida o gene, ensine uns truques para ele, recombine de novo e, pronto, o distúrbio sumiu, ou pelo menos você não sabe que o tem. O caminho estreito leva de volta à história da psiquiatria dos anos 1930 e 1940, apenas com modos mais sofisticados e textos de divulgação melhores. Dos anos 1930 até os de 1950, foi a relação de áreas específicas do cérebro a conceitos emocionais e funcionais amplos que forneceu a justificativa para violências como as psicocirurgias e lobotomização de muitas almas atormentadas em conflito com as circunstâncias.

O caminho estreito é ainda mais retrógrado, e volta até as análises de crânio de Franz Joseph Gall (médico em Viena, 1975), que se instalou em Paris e era muito apreciado pelos franceses. Foi dele que veio a "evidência" de que protuberâncias e fendas do crânio podiam estar relacionadas a aptidões psicológicas (um sistema que depois foi chamado de frenologia). Assim como fazemos atualmente, dava-se nomes pomposos a essas aptidões, como memória, capacidade crítica, emocionalismo, talento musical e matemático, criminalidade, entre outros. O refinamento dos métodos ao longo dos anos não necessariamente se converte em progresso na teoria: seja em 1795, seja em 1995, a localização física e, então, a redução da psique à localização é o pontapé inicial de tudo.

O oposto de reduzir o que é inato a explicações muito simplistas do cérebro seria expandir a noção de criação a um modelo muito mais abrangente de ambiente. Se o ambiente literalmente significa o que está ao nosso redor, deve significar qualquer coisa que está ao nosso redor. Isso porque o inconsciente seleciona de modo bem arbitrário as coisas que encontramos diariamente ao nosso redor. Pedacinhos triviais de informação podem ter efeitos psíquicos subliminares gigantescos, como mostram as pequenas sobras do dia que aparecem nos sonhos. Sonhamos com as coisas mais doidas! Nem notamos ou nos lembramos da maior parte de cada dia, mas a psique registra fragmentos do ambiente e os coloca nos sonhos. O sonho — uma fábrica que processa e recicla o ambiente, encontrando valores para a alma em meio ao lixo. O sonho — um artista que se apropria de imagens do ambiente para criar lembranças tranquilas.

Já que caminhamos pelos campos de realidades psíquicas que influenciam nossa vida, precisamos ampliar a noção de ambiente nos termos de "ecologia profunda", a hipótese de que o planeta é um sistema vivo, que respira e se autorregula. Como tudo que nos cerca pode nutrir nossa alma ao alimentar a imaginação, há nutrientes da alma por aí. Então, por que não admitir, assim como faz a ecologia profunda, que o próprio ambiente tem alma, vida e está intrinsecamente ligado a nós, e não fundamentalmente separado?

A visão ecológica também restaura a clássica ideia de *providentia* ao ambiente — a noção de que o mundo é nosso provedor, olha por nós, até mesmo cuida de nós. Ele nos quer por perto também. Predadores, tornados e borrachudos que aparecem em junho são apenas uma parte do todo. Pense só em todas as coisas deliciosas e cheirosas. Os pássaros só cantam uns para os outros? Este planeta respirável, comestível e agradável, que é servido e mantido por algo invisível, sustenta todos nós com seu sistema de suporte à vida. Essa seria uma ideia de criação que realmente cria vida.

O "ambiente", portanto, seria imaginado como algo que vai além das condições econômicas e sociais, além de todo o cenário cultural, e incluiria tudo que toma conta de nós diariamente: pneus, xícaras de café, maçanetas de porta e o livro que está segurando nas mãos. Fica impossível considerar irrelevantes esses pedacinhos de ambiente frente a outros que seriam mais significativos, como se pudéssemos classificar os fenômenos do mundo em ordem de importância. Importante para quem? Nossa própria compreensão de importância precisa mudar; em vez de "importante para mim", pense em "importante para outros aspectos do ambiente". Será que este item alimenta tudo que há ao redor, e não apenas a *nós* que estamos mais próximos? Ele contribui para as intenções deste todo do qual somos apenas uma pequena parte efêmera?

À medida que as noções de ambiente mudam, percebemos o ambiente de modo diferente. Fica cada vez mais difícil separar psique e mundo, sujeito e objeto, aqui dentro e lá fora. Não tenho nem mais certeza se a psique está dentro de mim ou se eu estou dentro dela do mesmo jeito que estou nos meus sonhos, na atmosfera das paisagens e das ruas da cidade, como estou na "música ouvida tão a fundo / Que nem mais se escuta, mas você é a música / Enquanto dura a música" (T. S. Eliot).[42] Onde o ambiente termina e eu começo? E será que eu poderia até mesmo começar sem estar em algum lugar, profundamente envolvido e criado pelo que há de inato no mundo?

CAPÍTULO 7

FOLHETINS DE BANCA E PURA FANTASIA

Como escolhemos os nutrientes certos para o fruto do carvalho? Como podemos decidir o que é perda de tempo? Existe comida saudável para a alma?

Nos bons e velhos tempos, os valores eram estabelecidos e suas orientações, claras. Havia um conteúdo-padrão para estudar, um cânone (hoje chamado de currículo básico) — não apenas nas disciplinas básicas de leitura, escrita e aritmética, mas também em desenho, oratória, música, estudos da natureza. A mente das crianças bem pequenas era guiada, ou conduzida, fosse na direção da razão ou da imaginação estética. John Stuart Mill, o filósofo do século 19 que conhecemos principalmente pelo utilitarismo e suas ideias de liberdade, nunca estudou na escola. Recebeu educação do pai em casa, começou a aprender grego aos 3 anos e latim aos 8, e quando chegou aos 14 já tinha lido a maior parte dos textos antigos no idioma original. Outro exemplo incrível da educação no século 19 é a do matemático irlandês William Rowan Hamilton:

> Aos 3 anos, ele era um leitor experiente de inglês e estava bastante avançado em aritmética... aos 5... adorava recitar Homero em grego exaustivamente; aos 8 anos passou a dominar também o italiano e o francês... e improvisava com fluência no latim... Aos 13 anos, William já se gabava de falar uma língua para cada ano de sua vida.

Esse apetite demoníaco pelas línguas levou-o a aprender persa, árabe, sânscrito, caldeu, malaio, bengali... "e está prestes a começar no chinês", escreveu o tio, reclamando dos custos do fornecimento de livros para o sobrinho voraz.[1]

Francis Galton, pioneiro dos estudos da genialidade e, ele também, uma dessas mentes brilhantes e bizarras da era vitoriana, aprendeu a ler aos dois anos e meio, escreveu seu nome aos 3 e, antes dos 5, escreveu a seguinte carta para a irmã:

Minha cara Adele,

Tenho 4 anos e consigo ler qualquer livro em inglês. Sei dizer todos os substantivos, adjetivos e verbos ativos em latim, além de 52 linhas de poesia latina. Sei fazer qualquer conta de somar e multiplicar por
2, 3, 4, 5, 6, 7, 8, 10.
Também sei a tabela de conversão de moedas, leio um pouco de francês e sei ver as horas.

Francis Galton
15 de fevereiro de 1827[2]

Mais próximo de nossos dias — apenas em termos de tempo, mas tão distante em espírito quanto Galton e Mill — está a punição dada a Dorothy Thompson por seu pai, um pastor metodista. Thompson, que nasceu há um século, já foi citada pela revista *Time* como a mulher mais influente dos Estados Unidos, ao lado de Eleanor Roosevelt. Era uma jornalista liberal muito persuasiva, a primeira mulher americana a comandar uma agência de notícias internacionais, e a primeira correspondente a ser expulsa da Alemanha por ordem direta de Hitler. Em suas colunas e programas de rádio, alcançou milhões de pessoas ao longo de anos, sempre confrontando a direita, os republicanos, os antissemitas, os fascistas e Clare Boothe Luce com coragem, habilidade e muito conhecimento.

Uma vez, quando deu um tapa na irmã mais nova,

seu pai a trancou em um armário e não a deixou sair até que conseguisse recitar o poema "Adonais", de Shelley, do início ao fim. Depois, já crescida, Dorothy conseguia proferir sem pausa capítulos inteiros da Bíblia, os sonetos de Shakespeare, grandes trechos de *Folhas de relva*, o poema "Lepanto", de Chesterton, dezenas de salmos e a constituição dos Estados Unidos completa.[3]

Esse tipo de punição, embora tenha sido ordenado pelo pai e seja, sem nenhuma dúvida, cruel e incomum para os padrões educacionais de hoje, parece ter sido escolhido por seu próprio daimon protetor que, é claro, já havia escolhido aquele pai literato. A memorização dos textos se encaixa com a estrutura de sua vida na escrita, em meio a colegas como Alexander Woollcott, Rebecca West, H. L. Mencken e o próprio marido de Thompson, Sinclair Lewis, escritor vencedor do Prêmio Nobel.

Mill, Hamilton, Galton e Thompson são exceções apenas pela precocidade de suas aptidões, e não pelas aptidões em si. De Platão (que insistia na música como essencial para o cânone) até os estoicos e sofistas; dos católicos (principalmente os jesuítas), os judeus ortodoxos e Philipp Melanchthon (cuja ambição era educar a Alemanha protestante) até Rousseau e Froebel com seus projetos românticos; e até Rudolf Steiner e Maria Montessori, a tradição europeia sempre pregou intensamente a existência de um projeto oficial para evitar que os jovens desperdiçassem sua mente com bobagens. A vida interior da mente, fosse ela dotada desde o nascimento ou uma mera tábula rasa, precisava ser alimentada do jeito certo para atingir sua capacidade máxima, não apenas com lógica e matemática, mas também abordando seu caráter ético e seus poderes imaginativos.

Por isso, muitas recomendações não eram tão estritamente mentais nem literárias, mas eram impostas com o mesmo rigor dogmático. Manter as mãos ocupadas; brincadeiras em lugares restritos ou com supervisão; nada de ócio; terminar os afazeres. Construção: fazer coisas, remendar, costurar, desenvolver habilidades, fazer reparos e manutenção. Bons modos à mesa, nas vestimentas, na higiene, com os vizinhos. O aprendizado de línguas era disciplinado para que a criança falasse com fluência. Orientação moral ministrada por religiosos, que falavam com a alma através da Bíblia, hinos e homilias. E certamente não menos importantes, principalmente para os românticos de Rousseau a Steiner, eram as instruções sobre a natureza, o nutriente primordial da alma retirado dos campos, das flores e de terreiros, das costas, das penínsulas de pedras e das marés, dos sons do mar e dos ventos.

O livro *The Ecology of Imagination in Childhood*,[4] de Edith Cobb, evidencia que o fundamento poético da mente precisa desse alimento propiciado pelos fenômenos da natureza. A imaginação não se dá sem uma imersão no mundo natural, ou pelo menos um contato esporádico com suas maravilhas. John Lennon, por exemplo, um rapaz urbano, visitou a Escócia bem no início da adolescência e um dia, enquanto caminhava, teve

> um arrebatamento... O chão começa a afundar debaixo de você e do urzal, e eu via essa montanha lá ao longe. E um tipo de *sentimento* me invadiu: eu pensei... isso é o que as pessoas sempre falam, aquilo que te faz pintar ou escrever porque é tão avassalador que é preciso contar para alguém... Então você coloca em uma poesia.[5]

Pensadores conservadores, desde Platão, passando por Steiner, até aquele arrogante do Allan Bloom e o gângster da virtude que é William Bennett, com suas diferentes noções antigas de uma educação disciplinada que supostamente extrai o melhor da criança ao lhe dar o melhor, ao mesmo tempo reprimem vulgaridades, como a pornografia e as revistas baratas (e até mesmo o vinho, segundo Platão), e insistem que a imaginação só deve ser alimentada com coisas boas de caráter cultural, realidade natural, desafios à criatividade e exemplo moral. A alma, eles dizem, precisa de modelos para mimetizar e, assim, relembrar verdades eternas e imagens primordiais. Se ela não encontrar esses modelos como espelhos da essência da alma ao longo desta vida, espelhos nos quais a alma pode reconhecer suas verdades, aí sua chama morrerá e o gênio definhará. Heróis e heroínas ideais trazem os éctipos para a terra, e assim eles liberam os arquétipos guias da alma.

Mas, por favor, veja agora estas histórias de pessoas cuja chama acendeu e o gênio floresceu, e tente ingerir o tipo de "alimento para a alma" com os quais a imaginação delas se deliciava. Cole Porter, compositor elegante, com suas letras sofisticadas, quando ia e voltava das aulas de música enquanto ainda era um garotinho em Indiana, tornou-se um "consumidor insaciável" de livros picantes — os folhetins de banca — que escondia na bolsa. Assim que a aula terminava, ele saía correndo para passar o dia mergulhado naquelas aventuras baratas. Frank Lloyd Wright tocava viola quando era menino; lia Goethe, *Hans Brinker*, Julio Verne — mas também "thrillers surrados da biblioteca pública". "Gibis baratos, sangrentos e melodramáticos exerciam imenso fascínio [sobre James Barrie] com suas capas berrantes e os palavrões nos balõezinhos sobre o rosto debochado dos personagens." Richard Wright, que teve uma infância pobre no Mississippi e não tinha nem o suficiente para comer, era "proibido de ler qualquer coisa que não fosse a Bíblia ou literatura religiosa em casa". Conseguia arranjar "gibis e romances baratos... com o dinheiro que ganhava como entregador". Adorava as histórias de mistério e assassinato, e leu "*Detective Weekly* e *Argosy*, de Flynn, duas revistas populares nos anos 1920". Havelock Ellis lia seus Milton, Walter Scott e Defoe, mas também foi capturado, a ponto de ficar "concentrado e hipnotizado", pela *The Boys of England*, uma revista barata semanal que publicava enredos "tão loucos e distantes da realidade quanto alguns dos seus cenários". Ellis lia "enquanto comia, caminhava sozinho pela rua e às vezes até enquanto fingia dormir".[6]

Sir Edmund Hillary, o primeiro europeu a escalar o Everest, leu, antes da adolescência, os contos de Tarzan escritos por Edgar Rice Burroughs, além de H. Rider Haggard e outros como eles. "Na minha imaginação, eu sempre reencenava os episódios heroicos e sempre era o herói".[7] Outro leitor de Rider Haggard era John Lennon.

E aí tem aquele rapaz que largou a escola no ensino médio e "só se vestia de preto, dirigia um Civic prateado, jantava no Denny's e no Jack in the Box, devorava romances policiais e gibis, amava Elvis e os Três Patetas, sempre comemorava o aniversário no cinema e — reza a lenda — acumulou 7 mil dólares em multas de estacionamento".[8] Os filmes de que ele mais gostava mostravam mulheres na prisão e artes marciais asiáticas. A pessoa? Quentin Tarantino, roteirista e diretor. Seu filme mais famoso até hoje: *Pulp Fiction*.

Precisamos nos lembrar que, assim como o corpo dos gigantes do esporte muitas vezes cresceu à base de *junk food*, a imaginação também pode ser alimentada por equivalentes baratos populares e "pouco saudáveis". O que importa é a paixão, que pode ser um indicador muito mais forte da capacidade, além de motor de motivação, do que outras referências habituais. Cole Porter disse: "Acho que algumas das minhas letras devem algo àqueles livros safados".[9] Não existe comida certa e comida errada; ela deve apenas saciar o apetite, e o apetite encontra o tipo de comida de que precisa.

Quanto ao significado desses "livros extracurriculares" para o fruto do carvalho, falemos de Coleridge. Ele leu "*Or Unparalleled Sufferings and*

Surprising Adventures of Mr. Philip Quarll e uma das tarefas do personagem era atirar em uma grande e bela ave marinha... Uma ação da qual ele se arrepende imediatamente".[10] *The Rime of the Ancient Mariner*, livro em que essa ave marinha morta é personagem central, talvez seja o trabalho mais conhecido de Coleridge.

Existem, eu acredito, certos nutrientes necessários para além dos acasos e que despertam a imaginação precoce, como aconteceu com Lennon sobre o urzal e com Havelock Ellis imerso em seu folhetim de banca. Entre os muitos pré-requisitos para fomentar a imaginação, eu destacaria pelo menos estes três: em primeiro lugar, que os pais ou cuidadores de uma criança tenham uma fantasia sobre ela; em segundo, que a criança conviva com homens e mulheres excêntricos e peculiares; em terceiro, que as obsessões sejam acolhidas.

Os biógrafos, em geral, olham para a mãe. Lyndon Johnson era chamado de filhinho da mamãe, assim como Franklin Roosevelt; Harry Truman escrevia cartas de próprio punho para a mãe enquanto estava na Conferência de Potsdam definindo a história mundial. Então é habitual ver as realizações dos filhos nos ideais e na intensidade da ambição de uma mãe. De acordo com os biógrafos, a fonte do sucesso parece estar na corujice da mãe — ou então em sua negligência egoísta, que obriga o filho a se virar sozinho.

Essa parte da falácia parental, com todo seu jargão sobre mães malvadas de comportamento ambíguo, mães sedutoras ou sufocadoras, e também sobre pais ausentes, possessivos ou punitivos, é tão preponderante nas explicações sobre eminência que esse jargão acaba determinando a maneira como contamos nossa própria história de vida. Perceba que esses psicologismos tiram a atenção da criança e a colocam sobre os pais, que perguntam: "Como estou me saindo?". Eles levantam dúvidas e ansiedade, não sobre a índole da criança, mas sobre os próprios problemas dos pais: Será que meu comportamento está correto? Estou sendo muito rígido? Muito leniente? Sou bom o suficiente? — e todas essas questões revelam o narcisismo autorreferente, inerente e quase inescapável da falácia parental. Mas já falamos o bastante sobre isso no capítulo dedicado ao assunto. Aqui, precisamos apenas recuperar uma influência decisiva da condenação global que é a falácia parental, e estamos falando da *fantasia* parental.

Fantasia parental

Qual é a conexão, se é que existe alguma, entre a imaginação parental — sempre considero "pais" os cuidadores imediatos e mais íntimos de uma criança — e o fruto do carvalho da criança? Como os pais imaginam a criança? O que veem nessa pessoinha que foi colocada em seus braços? O que ela carrega em seus ombros frágeis, o que busca com esses olhos? Será que os pais têm uma fantasia de um destino invisível nos traços visíveis expressos todos os dias?

Justus Bergman definitivamente procurou e registrou os traços visíveis exibidos todos os dias pela filha, Ingrid. Era um homem cheio de fantasia. Ingrid recebeu esse nome em homenagem à princesa sueca nascida dois anos antes; em seu primeiro aniversário, ele a filmou usando um vestido branco; no segundo, a filmou de novo. A terceira gravação mostra a menina jogando flores no túmulo da mãe. Justus tinha uma loja de fotografia e um estúdio na elegante rua Strandvägen, em Estocolmo, a pouco menos de cem metros do Teatro Dramático Real, e Ingrid era a atração favorita de sua câmera, trocando de roupa várias vezes e animada em se apresentar na frente do pai. Aos 11 anos, durante um dos intervalos do teatro, ela anunciou sua vocação: "Papai, papai, é isso que vou fazer".[11]

A falácia parental veria aqui um incesto sublimado, uma filha que vivia a fantasia controladora do pai, assim como muitos filhos vivem os sonhos da mãe. A fantasia platônica, no entanto, diz que a alma de Ingrid escolheu exatamente aquele lugar e o pai mais adequado para estimular o desejo do fruto do carvalho. Escolheu até a mãe certa que, ao morrer cedo, permitiu que o chamado de Ingrid e a fantasia de Justus se entremeassem sem qualquer espaço para ciúmes.

A fantasia parental pode não aparecer de maneira tão direta quanto no caso de Justus Bergman. Ela pode se mostrar por meio de sonhos, de uma ansiedade exagerada ou em brigas com os pais sobre disciplina, doenças — e até sobre obsessões estranhas como ler folhetins baratos e assistir a filmes da sessão da meia-noite. O modo como o comportamento da criança é interpretado tem a ver com a fantasia da visão do cuidador. A mãe manda o menino ir brincar na rua e jogar duro com os outros garotos porque tem a fantasia de que esse menino precisa ser valente e tornar-se o homem da casa (uma reação às fraquezas dele e dela) ou porque ela tem medo de gays e "*queers*"? Ou será porque, em sua mente, ela vê o filho como um conquistador, audacioso e bem-apessoado? Os comportamentos que ela incentiva ou reprime afetam muito menos a criança do que a fantasia que guia suas orientações.

Esperar que os cuidadores principais, como os pais, consigam enxergar o fruto do carvalho que há na criança, saber quem está lá *in nuce* e levar em conta seus interesses — isso é pedir demais. É por isso que há professores e mentores no mundo. Eles são pessoas especiais, em geral alguém por quem nos apaixonamos logo na infância, ou que se apaixona por nós; são dois frutos do carvalho que vieram da mesma árvore, com ideais parecidos. Que sensação tranquila e feliz a de encontrar uma alma equivalente que nos escolhe! Durante quanto tempo vagamos, desesperados para encontrar alguém que nos enxergue de verdade, que nos diga quem somos. Uma das principais seduções do amor precoce, e da terapia precoce, surge do desejo de conhecer alguém que consiga (ou que você acredite que consiga, ou que pelo menos finja) nos enxergar.

Greg LeMond, o extraordinário ciclista americano que venceu o Tour de France, recebeu do pai dinheiro para comprar equipamentos, roupas e revistas sobre ciclismo. Além desse tipo de encorajamento, LeMond tinha um mentor: Roland Della Santa, um exímio construtor de bicicletas. "Uma ou duas vezes por semana", contou LeMond, "eu ia para a loja de Roland e ficava por lá conversando enquanto ele trabalhava. Ele me contava histórias sobre as grandes estrelas europeias do esporte, os milhares de fãs que torciam e as corridas lendárias..."[12] O mentor fornece tanto o conhecimento especializado quanto os causos e o folclore, a atmosfera de uma tradição.

Como cuidadores, os pais não podem ser também mentores. Os papéis e as tarefas são diferentes. Para os pais, é suficiente dar à criança um teto, comida na mesa e mandá-la para a escola. Oferecer um espaço de segurança, um lugar para onde sempre possa voltar, não é pouca coisa. Livre dessas tarefas, o mentor só tem uma preocupação: reconhecer a carga invisível que você carrega, e fantasiar sobre ela de modo que corresponda à imagem do coração. Um dos erros mais dolorosos que cometemos é esperar de nossos pais a mesma visão, bênção e ensinamento rígido de um mentor, ou então esperar que um mentor nos dê abrigo ou se ocupe da nossa vida humana. A mãe de Van Cliburn, que ensinou piano a ele durante muitos anos, estabelecia um limite bem claro entre os dois mundos: "Quando estou te ensinando, não sou sua mãe".[13]

A dificuldade de distinguir entre os limites implacáveis do mentor e as responsabilidades mundanas bem amplas dos pais — por exemplo, quando os pais tentam ser instrutores e os mentores transformam seus pupilos em família — leva a rompimentos duros entre aprendizes e mentores. O desejo da pessoa mais jovem de ser cuidada como filho, de um jeito mais terno e pessoal (de acordo com um estudo de Yale conduzido por Daniel J. Levinson e sua equipe), é o principal motivo para o fracasso das relações de mentoria.[14] A confusão das expectativas também leva a um ressentimento bem comum nos filhos adultos, que reclamam dos pais por nunca os terem valorizado de verdade e enxergado sua essência interior.

Essa reclamação pode se referir a algo além do que pais ou mentores ausentes. Pode ter faltado também acesso a figuras históricas ou ficcionais, mentores imaginários que podem continuar nos guiando mesmo quando ficamos mais velhos. Quando Truman estava prestes a demitir MacArthur por insubordinação e incompetência, ele se voltou para a imagem de Abraham Lincoln, que foi obrigado a demitir o general George McClellan apesar de todas as consequências políticas de se indispor com ele (que mais tarde entrou para a política e concorreu à presidência). Os paralelos e as ameaças eram claros, mas Lincoln supriu aquela imagem necessária de mentor.[15] Diane Arbus tinha *Jane Eyre*; J. P. Morgan tinha Washington e Napoleão; John Lennon tinha *Alice no país das maravilhas*. Gary Gilmore, executado por uma série de assassinatos, tinha "estudado as lendas da violência... as histórias de John Dillinger, Bonnie e Clyde, e Leopold e Loeb... Barbara Graham, Bruno Hauptmann, Sacco e Vanzetti, os Rosenberg ... [Ele] levou para casa livros sobre homens e mulheres condenados e leu avidamente".[16]

Livros também podem ser mentores, chegando a oferecer um momento de iniciação. R. D. Laing, escritor, filósofo e psiquiatra revolucionário, conta que fez sua descoberta em uma pequena biblioteca pública quando ainda era um adolescente nos anos 1940. Ele se deparou com Kierkegaard enquanto

> estava devorando a biblioteca, ou melhor, olhando para todos os livros... vasculhando tudo de A a Z... A primeira obra importante de Kierkegaard que eu li... foi um dos pontos altos da minha vida. Eu li aquilo tudo, sem dormir,

durante umas 34 horas sem parar... Eu nunca tinha visto nenhuma referência a ele... que tivesse me direcionado para aquilo. Foi simplesmente uma visão que se abriu diante de mim... Caiu como uma luva na minha mente... Ali estava um cara que tinha *conseguido*. De alguma forma, eu senti, ou alguém dentro de mim, o florescimento de uma vida.[17]

Esse momento de iniciação também se parece com um ritual de adoção. Kierkegaard — junto com Marx, Freud e Nietzsche — se tornou um dos pais espirituais de Laing, um membro da árvore genealógica que cultivava seu fruto do carvalho e alimentava sua fantasia intelectual. Você passa a esperar menos de seus pais naturais, e eles se tornam pessoas mais fáceis de lidar quando você descobre uma outra árvore genealógica na qual a vida da sua alma pode se apoiar.

Talvez o pior dos mundos para o daimon, ao tentar viver com seus pais, nas circunstâncias e no espaço deles, seja quando esses pais não têm absolutamente *nenhuma fantasia* a seu respeito. Esse ambiente objetivo, neutro, essa vida racional e normativa é um vácuo onde não sopra uma brisa sequer. Diz-se que bons pais evitam fantasiar a respeito dos filhos. Cada pessoa tem a própria vida e as próprias decisões a tomar. "Bons pais" não impõem seus preconceitos, valores e julgamentos. Interesse positivo e incondicional é tudo que uma pessoa jovem precisa: "Tenho certeza de que vai ter sucesso no que decidir fazer". "Estou com você, não importa a situação, até o fim." A fantasia que comanda essas idiotices parentais é o distanciamento, chamado eufemisticamente de independência: você tem seu próprio quarto, com sua própria TV e seu telefone. A independência como distanciamento encontra sua expressão diária (ou vespertina) no vício americano nas ligações interurbanas e na frase "Eu te amo" dita no telefone. Nenhuma ideia, nenhuma indignação, nenhuma ansiedade e nenhuma fantasia; amor como anestésico. Esta frase, "Eu te amo", repetida seguidamente por pais e filhos, parece ter um subtexto que significa muitas coisas, mas sem dúvida não é amor, já que, quando se ama alguém, você fica cheio de fantasias, ideias e ansiedades.

Se quiser assistir a um documentário sobre esse vácuo, veja a série em doze episódios *An American Family*, que retrata a "vida" cotidiana dos Loud, uma família de Santa Barbara, na Califórnia, com Mamãe e Papai e cinco filhos durante o início dos anos 1970. Casamento, família e personalidade individual desmoronam aos poucos diante dos seus olhos, e o motivo vai se mostrando à medida que você assiste: não há sequer uma fantasia naquela casa.

A grande diferença entre esse pessoal da Califórnia e aqueles retratados em Tchékhov ou em romances de famílias decadentes — como *Os Buddenbrook*, digamos — está na vida familiar enriquecida por compromissos de classe, interesses culturais, conversas que instigam a imaginação, desejos loucos, arrependimentos e, acima de tudo, desesperos. A literatura dá aos desesperos o gostinho complexo da ironia misturada com a beleza da tragédia. Essas pessoas ficcionais não são apenas uma família viva, mas uma fantasia viva. As ficções dessas famílias são mais vívidas do que a ficção familiar dos Loud, que não tem qualquer imaginação.

> Se existe algo como uma cultura negativa, ou uma cultura abaixo de zero, é a dos Loud. O som estridente do rock é o ponto alto da criatividade da família... Não há religião, nada de Jeová ameaçador, Maria misericordiosa, nenhum sentimento para além do Talmude, nada de catecismo, dos mitos de Júpiter e Hera; não há sensibilidade vingativa, nenhum julgamento moral sobre certo e errado, nenhuma noção de diferença entre bom e mal que pese sobre a família.

Marido e mulher "sentam-se na sala com medo, aparentemente, de nada — não há demônios causando pesadelos, nem animais selvagens na sua cola. Há um incêndio na mata a poucos metros de casa... Eles comentam sobre o fogo de modo casual. Se a casa pegar fogo, ela tem seguro; nada tem de fato poder para incomodá-los". Não pertencem a nenhum clube ou organização e não têm hobbies. "Nenhuma paixão como filmes, pintura, leitura, costura. Quando estão em casa, ficam deitados à beira da piscina."

Anne Roiphe, que escreveu a introdução ao texto do documentário que estou citando, defende que "a cultura, se significa alguma coisa, é o entrelaçamento do indivíduo ao tecido social".[18] Mas os Loud foram entremeados ao tecido do consumo-rock-álcool-TV-carro-saúde-escola-roupas-negócios. De todo modo, o tecido social é apenas uma parte, e ainda uma parte insuficiente se servir para empobrecer a fantasia individual. O que entrava naquela casa deixava os Loud insatisfeitos e apáticos diante dessa insatisfação.

Mais importante do que o tecido social para a cultura é a necessidade de imaginação. E a família Loud é extraordinária justamente porque não tem imaginação alguma. Eles não têm medos, desejos, raivas intensas ou ambições; não sentem pena nem terror, não dispõem de imagens nem vocabulário para se expressar. Suas emoções e sua imaginação não foram alimentadas pela fantasia. É como se tivessem feito um seguro contra esses riscos. Ou então é mais provável que eles todos compartilhem da mesma fantasia: a negação. "Acho que somos uma família muito bem ajustada", diz a sra. Loud depois do divórcio catastrófico. Ela está absolutamente certa, porque os Loud de fato se ajustam muito bem ao sonho americano, com sua própria lagoa azul, em seu jardim ensolarado, compartilhando sua passividade hiperativa. Negação como fantasia; inocência como ideal; felicidade como meta.

Será que o vírus que causou a desintegração da família veio acompanhado da câmera que invadiu a intimidade deles durante sete longos meses? Ou já não havia qualquer intimidade ali, apesar do espaço compartilhado? Será que a família Loud desmoronou porque sua vida real foi transposta para a TV — ou não havia vida real nenhuma? Talvez a câmera tenha sido apenas a lente de aumento para o vírus que já estava latente na casa. Apesar dos limites da série como estudo antropológico, ela realmente mostra o problema atual das famílias americanas: a escassez de uma fantasia estimulante, o que é, eu defendo, a principal diversão e também a agonia de criar um filho.

Antigamente, as brigas familiares tinham a ver com os conflitos entre as fantasias de diferentes caráteres e gerações, como, por exemplo, trabalhar nos negócios do pai ou seguir estudando, ficar no interior ou se mudar para a cidade, casar com alguém escolhido pelos outros ou que você escolheu. E a imagem do coração nesses velhos tempos poderia aparecer simplesmente como uma recusa teimosa em seguir as imposições ou se rebelando abertamente contra a fantasia parental que estava consolidada no código social coletivo. Os códigos mudaram, as pressões coletivas são outras, mas o coração ainda precisa encontrar a coragem para fazer as próprias escolhas.

O menor gesto na direção do que não se aprova, aquele pequeno passo rumo à rebelião, diz: "Eu não sou o ajudante da mamãe", "Eu não sou um nerd leitor de livros", "Eu não sou um preguiçoso", "Eu não sou uma mocinha inteligente focada na carreira". A fantasia familiar que logo dá um rótulo para prender a criança em alguma caixinha é o que obriga o coração a fazer as escolhas do seu destino, escolhas que levarão a encontrar outro tipo de fantasia, em outro lugar. Na família Loud, um dos filhos deu mais do que um pequeno passo e foi diagnosticado e medicado. A repressão da fantasia na família inteira recaiu sobre ele como uma torrente e apareceu em sua música, sua linguagem e seus hábitos, incluindo o *cross-dressing*.

Porque, em última instância, não é do controle ou do caos dos pais que os filhos fogem; eles fogem do vazio que é viver em meio a uma família sem qualquer fantasia que vá além de comprar, cuidar do carro e manter a rotina de gentilezas. O valor da fantasia parental para a criança é forçá-la a seguir o caminho oposto e começar a reconhecer que seu coração é estranho, diferente e insatisfeito, e que quer sair de debaixo da sombra lançada pela visão familiar. É bem melhor que os pais desejem que a filha seja menino, chamem-na de Harry, Sidney ou Clark e cortem seu cabelo curtinho do que não terem qualquer desejo. Pelo menos assim o fruto do carvalho é desafiado e tem uma realidade para enfrentar, a realidade da fantasia parental, podendo até resultar em não se deixar enganar pela própria falácia parental — e enxergar que não sou condicionado por eles nem sou o resultado da vida dos meus pais.

Assim como os pais não são mentores, eles também não são malucos — o que nos leva ao segundo nutriente necessário para o fruto do carvalho: homens e mulheres excêntricos. O fruto do carvalho precisa de personificações vivas da fantasia, pessoas de verdade cuja vida pareça uma história de folhetim barato, cujo comportamento, discurso e vestimenta tenham cheiro de pura fantasia. Para mim, a "família estendida" não é formada meramente por outros cuidadores intercambiáveis em meio às várias relações; significa estender as relações para além do perímetro habitual, estender a imaginação do familiar para o ficcional, para essas figuras de quem muito se fala e pouco se vê — aprisionadas, em um país estrangeiro, desaparecidas muitos anos antes. Ficções a respeito de pessoas distantes podem evocar possibilidades para desenvolver o potencial do fruto do carvalho. Às vezes, essas possibilidades estão diretamente direcionadas às crianças, como se fossem um reconhecimento indireto de um caráter latente: o tio bêbado e extravagante a quem "você puxou"; aquelas primas parecidas do Texas que nunca foram a lugar algum, nunca se casaram e usam vestidos e sapatos esquisitos e vivem citando as Escrituras — "se não tomar cuidado, vai ficar igual a elas".

De Mr. Magoo a Garibaldo, as figuras peculiares puramente fantásticas brincam com esse desejo por um personagem extraordinário. Se é o dr. Spock para os pais, então o dr. Seuss para os filhos. Toda noite, o horário nobre da TV mostra vizinhos peculiares com comportamentos estranhos que entram e saem do cenário da série de comédia, expandindo nossa família com essas pessoas pouco comuns da fantasia. As crianças desejam tanto que os pais saiam de seus papéis regulares, fantasiem-se no Halloween, façam alguma coisa doida! Qual é a atração exercida pelo teatro, pelo baú de fantasias, as máscaras de faz de conta, as pinturas no rosto na frente do espelho? Será que a ideia é fugir da estrutura em que fui colocado e, por meio da mágica, revelar a imagem do meu coração? Será que consigo libertar o gênio da sua cova de conformidade ao de repente ver quem também pode estar ali? Será que uma filmadora na mão de uma criança é uma tentativa de transformar o comum em fantástico?

Os cuidadores principais, que não podem ser mentores por um lado, nem malucos por outro, podem ao menos manter a porta aberta para as invasões vindas do outro lado, para a abdução por uma imaginação alienígena, para lembrar a criança de seu pertencimento ao chamado dos anjos.

Já em relação à terceira necessidade — que as obsessões da criança sejam acolhidas —, quero usar as observações inteligentes de Mary Watkins a respeito da imaginação em sonhos, na fantasia, na loucura, na escrita criativa e nas crianças.[19] Enquanto você está imaginando, de alguma maneira está fora de si, em outro lugar. Às vezes, não passa de um certo devaneio, um olhar perdido, uma ausência; às vezes é o desenrolar de um projeto futuro por completo; às vezes um pesadelo aterrorizante à noite; às vezes é uma visão arrebatadora, como se fosse algo divino. Há diversas intensidades — mas quanto mais engajado se está, mais real é a fantasia imaginada, suas cenas, suas vozes, seus seres, sentimentos e pensamentos. A realidade nos possui, e a partir daí as palavras "fantasia", "imaginação" e "visão" já não se aplicam. Tudo parece muito real e muito importante. As crianças de menos de 10 anos, os adolescentes e, claro, os bem velhos muitas vezes acabam sendo levados do mundo comum para esse tipo de condição.

Imaginar requer atenção absoluta. Quando está na zona imaginativa, a mente não tolera interrupções, do mesmo jeito que você não tolera ser interrompido quando está consertando um fusível, evitando que o molho na panela desande ou preparando anotações para a reunião da manhã seguinte. Contudo, quando uma criança se senta no chão no meio de uma enorme bagunça com três bonecas e uma panela cheia de água, ou então sai correndo pelo jardim entrando e saindo dos arbustos, ela está tão engajada nessa tarefa quanto você em seus afazeres. Talvez até mais. A brincadeira é o trabalho dela. É seu emprego. Tirar o pequeno trabalhador dali, ou chamá-lo para tomar banho e se vestir antes que a tarefa termine, interrompe seu trabalho. Será que sua obediência à fantasia do relógio e seu tipo de realidade consegue acomodar a realidade de fantasia da criança?

O fruto do carvalho é obsessivo. É pura concentração não diluída, como a gota de uma essência. O comportamento de uma criança elabora essa condensação. A criança coloca na brincadeira o código embrionário que a empurra na direção dessas atividades obsessivas. Graças à sua concentração, a criança abre um espaço de respiro e prática para o homúnculo de sua verdade inata, permitindo que essa verdade se articule em estilos, formas e meios que só podem atuar de maneira obsessiva, repetitiva, exaustiva. É preciso acolhê-las. Bata antes de entrar.

CAPÍTULO 8

DISFARCE

Mark Twain supostamente observou que, quanto mais velho ficava, mais tinha memórias vívidas de coisas que não aconteceram. Mas dissimulações e pseudologias estranhas podem começar em qualquer idade. Parecem fazer parte da autobiografia, talvez sejam até necessárias. Existe, de fato, uma necessidade curiosa de falsificar, disfarçar ou destruir a história da nossa vida.

Rearrumamos os detalhes e os enfeitamos; até nos apropriamos de acontecimentos de outras vidas. Ou censuramos, como Josephine Baker, que destruiu pilhas e pilhas de fotografias antigas.[1] Twain sugere que a narrativa da sua vida tende a dominar a história. Mas quem é o roteirista que constrói sua biografia com todas essas invenções e supressões? Quem é o editor disposto a cortar tantas cenas a ponto de compor uma ficção dos fatos?

Eugène Delacroix espalhou a história de que seu pai desconhecido poderia muito bem ter sido o grande estadista francês Talleyrand.[2] A lenda de Jung era que descenderia de um dos casos ilegítimos de Goethe. John Wayne afirmava que o pai era dono de uma farmácia em Glendale, além de uma loja de sorvetes e uma de tintas; isso foi negado de modo sereno e cruel por um morador antigo da cidade, que conhecia muito bem a família e o local.[3]

Quando pediram a Sam Houston Johnson, irmão de Lyndon, que ele terminasse de contar alguns dos casos da infância do presidente, ele se recusou. Segundo Sam, não podia fazer isso porque "eles nunca aconteceram".[4]

Fidel Castro tinha dois boletins — um da escola e outro em que ele escrevia as próprias notas e dava para os pais assinarem.[5] Georges Simenon, que provavelmente escreveu os melhores livros de fácil leitura — de mistério, em sua maioria — deste século, reescreveu sua autobiografia como ficção, e depois a reformulou de novo, para disfarçá-la ainda mais. A dissimulação para ele já começara no primeiro dia, quando a mãe, assustada com as possíveis implicações sinistras de seu aniversário — era uma sexta-feira treze — pediu que o marido o registrasse no dia 12 de fevereiro.[6]

"A origem do primeiro nome [de Isadora Duncan] nunca foi estabelecida. No nascimento, ela foi chamada de Dora Angela".[7] Apareceu como Sara em uma produção teatral. Além disso, perdia os passaportes continuamente e a idade ia mudando de acordo com as circunstâncias.

Leonard Bernstein teve dois nomes diferentes: Louis, registrado e adotado durante a infância, até que aos 16 anos adotou oficialmente o nome Leonard, pelo qual foi chamado ao longo da vida. Bernstein também disse que o pai sempre dificultou as coisas para ele e que "minha infância foi totalmente pobre". Ele insistia que a Escola de Latim de Boston, que frequentou da sétima série ao ensino médio, não oferecia "absolutamente nada de música". O fato é que Bernstein era solista de piano na orquestra da escola e cantava no coral. Quanto à pobreza: Leonard cresceu tendo empregadas, às vezes motorista e mordomo, e dois carros na família; o pai era dono de duas casas e pagou pela formação do filho em Harvard.[8]

Henry Ford desmontou seu primeiro relógio aos 7 anos.

> A julgar pelas suas próprias anotações em cadernos e diversos relatos baseados em entrevistas nas quais as anedotas fluíam livremente, o pequeno Henry Ford estava sempre desmontando, investigando e, de modo geral, exibindo seu gênio mecânico em todo canto.
>
> Henry sempre contava a história de que fugia de casa de madrugada para pegar os relógios dos vizinhos e levá-los para consertar em casa.

Havia diversos outros casos parecidos. Mas Margaret, a irmã de Ford, diz:

> "Nunca soube de ele sair de casa à noite para pegar relógios". Durante muitos anos ela contestou a reforma que Henry fez na sede da fazenda da família. Ele teria colocado uma pequena bancada com ferramentas de relojoeiro no quarto reformado.
>
> "Nunca houve essa bancada lá", insistia ela.[9]

Henry Kissinger, cujo pai perdeu o emprego de professor em Fürth, na Alemanha, porque era judeu, afirmou em 1958: "Minha vida em Fürth não parece ter me deixado nenhuma marca duradoura". Em 1971, Kissinger disse novamente: "Essa parte da minha infância não é chave para compreender nada. Eu não tinha consciência do que estava acontecendo. Para crianças, essas coisas não parecem sérias". No entanto, aqueles foram anos de perseguições e espancamentos, expulsões de escolas e parquinhos, proibições de relacionamentos entre judeus e não judeus e a revogação de direitos civis. Famílias e amigos que viviam lado a lado com o jovem Henry relatam que as crianças judias não eram autorizadas a brincar com as outras e tinham de ficar em silêncio no jardim. Não podiam ir a bailes, nem à piscina pública, nem mesmo às salas de chá. "Todos os dias ouvíamos insultos na rua, comentários antissemitas, xingamentos." A mãe de Henry "se lembrava principalmente do medo e da confusão que os filhos sentiam quando os jovens nazistas passavam marchando e insultando os judeus".[10] Mas Henry Kissinger diz: "Para crianças, essas coisas não parecem sérias". "Essa parte da minha infância não é chave para compreender nada."

Biografia

Os escritores, especialmente, são resistentes em relação a biografias. Henry James queimou seus registros e documentos em uma fogueira no jardim. Charles Dickens fez o mesmo. Aos 29 anos (!), Sigmund Freud já havia queimado tudo também; conta-se que ele falou: "Quanto aos biógrafos, eles que se preocupem... já estou ansioso para vê-los perdidos". E, quando ficou mais velho, destruiu, além de tentar comprar dos destinatários, outros de seus documentos.[11] Lyndon Johnson escreveu "Queime isso" sobre uma pilha de cartas inconsequentes que escreveu de Washington para antigos alunos e amigos em sua cidade natal. William Makepeace Thackeray, T. S. Eliot e Matthew Arnold não queriam que se escrevessem biografias sobre eles. Leon Edel, um filósofo das biografias e mestre nessa arte, conta:

> Algumas pessoas consideram [a biografia] um processo intrusivo, indiscreto e até predatório. A biografia já foi chamada de "uma doença da literatura inglesa" (George Eliot); biógrafos profissionais foram chamados de "hienas" (Edward Sackville-West). Também foram chamados de "psicoplagiadores"

(Nabokov) e, sobre as biografias, diziam-se "sempre superficiais" e "normalmente de mau gosto" (Auden)".[12]

Alguns escritores — J. D. Salinger, por exemplo — nem dão entrevistas e chegam a ameaçar os biógrafos com processos judiciais para impedi-los de escrever. Willa Cather não queria ninguém vasculhando sua vida, e Eudora Welty era "extremamente reservada e não responde a nenhuma pergunta pessoal sobre si mesma ou os amigos".[13] Outra filósofa das biografias, Carolyn Heilbrun acusa Welty de "camuflar a si mesma" em seu livro de memórias, *One Writer's Beginnings*, porque "escrever uma autobiografia honesta teria desafiado todos os seus [de Welty] instintos de lealdade e privacidade". (A própria Heilbrun já publicou sob o disfarce de "Amanda Cross".) As noções de verdade e camuflagem de Heilbrun são diferentes das de Welty, cuja verdade é coerente com a tradição dos escritores de serem contra biografias. O que esses escritores parecem dizer é que tudo o que é pessoal a meu respeito, a respeito da minha vida, precisa ser escondido, até mesmo queimado em um incêndio sacrificial para sustentar a verdade do meu trabalho. Minha vida, como diz Auden, é "supérflua". O motivo pelo qual você quer ler uma biografia sobre mim é o meu trabalho, então o "eu" que está buscando já está na minha obra.

À luz dos capítulos anteriores, podemos compreender todos esses subterfúgios autobiográficos. Alguma coisa em nós não quer expor os fatos com medo de que eles sejam tomados como a verdade, como a única verdade. Alguma coisa em nós não quer que os biógrafos espiem tão de perto, que captem de maneira tão intensa a inspiração para o trabalho de uma vida. Surgem lendas para nos cobrir com um véu. Alguma coisa quer proteger o trabalho da vida, preservar as conquistas, onde quer que tenham ocorrido, dos contextos em que ocorreram. A irmã de Ford e o irmão de Johnson fornecem o contexto (a não ser que eles mesmos estejam construindo suas próprias lendas rancorosas e desiludidas) e muitos biógrafos se sentem obrigados a desmentir as mesmas autobiografias que são suas fontes.

O que é essa "alguma coisa"? O fruto do carvalho, é claro. Ele não quer ser reduzido a relações humanas, influências, acontecimentos fortuitos e ao domínio do tempo, a essa lógica de "Isso aconteceu depois disso ao longo do desenvolvimento", como se a vida pudesse ser resumida pela fórmula "uma coisa levou a outra". Também não quer ser reduzido a uma intervenção repentina da sorte. Por isso temos as construções, reconstruções (e desconstruções do que já é familiar), disfarces e negações por parte dos sujeitos que estão sob escrutínio; eles preservam a visão romântica ao romancear os fatos.

As falsificações "biográficas" pertencem tanto à narrativa quanto os "fatos". Quem sabe mais — Henry Ford ou sua irmã Margaret, ou outros contemporâneos — sobre o que "realmente aconteceu"? O que é *real* é a lenda de Henry Ford, que exemplifica o poder da invenção em ação na própria história do inventor. Enquanto vivemos, estamos sendo inventados, embora os acontecimentos casuais do dia pareçam não estar concatenados em um fio coerente. São as memórias biográficas que tecem esse fio. A infância faz sentido quando pensamos em retrospecto. É quando vemos o fruto do carvalho dos galhos retrospectivos naquela árvore frondosa. Essa "memória de coisas que não aconteceram" (Twain) é uma falsificação ou uma revelação?

Além do mais, por que conferir mais autoridade ao biógrafo de Kissinger do que a ele mesmo? Quem, afinal, é o autor dessa vida? O biógrafo Walter Isaacson enxerga "negação" na declaração de Kissinger de que o antissemitismo desenfreado ao seu redor nos primeiros anos da infância não teve muito significado em sua vida.[14] Isaacson também sugere casualmente que há uma conexão entre o caráter político posterior de Kissinger e aquele ambiente da infância. Isso é o trabalho de detetive padrão dos biógrafos, a referência padrão da teoria do desenvolvimento, a psico-história padrão. Goste-se ou não de Kissinger, ao menos como sujeito da biografia ele é mais interessante do que seu biógrafo.

A sra. Paula Kissinger, mãe de Henry, viu nos filhos "medo e confusão quando os jovens nazistas passavam marchando". Mas Henry Kissinger, conselheiro de segurança nacional e secretário de Estado, homem de extremo poder geopolítico, que enfrentou investigações no senado, intrigas na Casa Branca, Brejnev e Mao, que ficou cara a cara com Nixon, que plantou escutas telefônicas e propôs o bombardeio massivo do "inimigo" no sudeste asiático, dificilmente se sentiria ameaçado por um grupo de adolescentes loiros marchando de calças curtas. "Para crianças, essas coisas não parecem sérias" porque, graças ao fruto do carvalho, Henry nunca foi apenas a criança que a mãe via.

A verdade do "caso" de Kissinger não é se o nazismo afetou sua personalidade ou até que ponto e de que maneira a perseguição na infância influenciou suas ideias e ações políticas. A verdade é a resistência de Kissinger à redução. Sua resistência a ser biografado é o motivo para sua "negação". O gênio de suas conspirações e estratagemas de poder não quer ser reduzido à paranoia da perseguição. Quando imaginamos a vida de Henry Kissinger como uma exibição da teoria do fruto do carvalho, então o universo de Fürth onde sua vida começou se torna mero espaço de treino para a carreira posterior. As duas são parte da mesma agilidade, das mesmas maquinações e do implacável domínio do poder político que se sobrepõem às circunstâncias sem se curvar a elas (obstrucionismo; negação como política), negando que tenham capacidade de vencê-lo.

Não é Kissinger, mas a autobiografia em si que é essencialmente dúbia, pois o *auto* e o *bio* podem representar relatos distintos, um do fruto do carvalho e outro da vida. Talvez haja até um terceiro elemento nesse complô: o ato de escrever, a *grafia*.

Escrever também é uma arte performática. Em algum lugar no fim do caminho há um público aguardando, e se ele não está na mente do escritor, no mínimo está no olhar do editor. Victor Seroff, biógrafo e amigo de longa data de Isadora Duncan, conta que ela

> me disse que sua editora [de seu livro de memórias, *My Life*] estava insistindo para que descrevesse em detalhes como se sentiu ao perder a virgindade. Enfrentando uma situação econômica desesperadora na época, Isadora se viu obrigada a ceder. E, como o episódio acontecera muitos anos antes em Budapeste, Isadora me pediu que tocasse uma das rapsódias húngaras de Liszt para criar a "atmosfera húngara" adequada.
>
> ... Talvez ainda melhor, [a música de Liszt criou] "uma atmosfera afrodisíaca", enquanto, reclinada no sofá, ela escrevia os detalhes... Ela estava apenas fingindo... Deve ter sido picante demais até para os editores, porque o capítulo foi reescrito antes da publicação.[15]

A cena pode ter sido inventada, a "memória" evocada pela música de Liszt, mas o erotismo apaixonado é coerente com o padrão tudo-por-amor da vida de Duncan e faz parte da autenticidade de seu caráter.

Se seguirmos um *padrão* de disfarces e invenções, não conseguimos definir o padrão como as particularidades de cada personalidade individual.

Em vez disso, precisamos distinguir o objetivo do próprio padrão, que se repete em diversos casos.

A psiquiatria tem um termo antigo, mas ainda adequado, *pseudologia fantástica*, para definir a invenção de histórias que nunca aconteceram de fato (Twain) "de maneira que sejam fascinantes para o interlocutor".[16] Essas estão na categoria dos transtornos factícios, isto é, comportamentos que não são "reais, genuínos ou naturais". Em casos extremos, revelam um tipo de "mentira patológica compulsiva". Quando os disfarces e as invenções assumem uma forma predominantemente física de simulação de doenças que leva a internações desnecessárias, o transtorno é chamado de síndrome de Munchausen por causa do barão da ficção que contava maravilhosas histórias e aparecia sob muitos disfarces, com grande talento dramático. Algo mais habitual, um tipo que todo mundo conhece, são os bêbados de longa data que, quando sofrem da síndrome de Korsakoff, preenchem as lacunas da memória com confabulações e divagações. Mas até crianças sem qualquer sinal de confusão no cérebro confabulam, tanto que conhecidamente não servem como testemunhas em casos judiciais. Todos esses fenômenos pertencem a um terreno nebuloso da psicologia onde dois mundos se chocam: fato e fábula. A psiquiatria compreende a fábula como fictícia, factícia, uma mentira patológica.

A fábula claramente quer se sobrepor nessas figuras exemplares que contam histórias exageradas, como se as ficções biográficas, os disfarces e as negações dissessem: "Eu não sou os seus fatos. Não vou deixar que aquilo que é estranho em mim, sobre mim, o meu mistério, seja colocado em um mundo de fatos. Preciso inventar um mundo que apresente uma ilusão mais verdadeira de quem eu sou do que as 'realidades' sociais e do ambiente. Além disso, não minto nem invento: as confabulações acontecem espontaneamente. Não posso ser acusado de mentir, porque as histórias que conto sobre mim mesmo não são exatamente uma fala minha".

O inglês adotou a palavra do alemão: *doppelgänger*. Alguém que está no mundo como seu gêmeo, seu alter ego, sua sombra, um outro você, igual a você, que às vezes parece estar ao seu lado e é seu outro eu. Quando você fala, dá uma bronca ou impede a si mesmo de fazer alguma coisa, talvez esteja se dirigindo ao seu *doppelgänger*, que não está aí pelo mundo como um irmão gêmeo em outra cidade, mas dentro de seu próprio quarto.

Os inuítes têm um jeito diferente para falar sobre outra alma, seja ela interna no mesmo corpo, seja externa que vai e vem, pousa e depois sai voando para habitar objetos, lugares e animais.[17] Os antropólogos que convivem com os aborígenes australianos chamam essa segunda alma de alma do mato.

Contos de fada, os poemas de Rumi e as narrativas zen dizem algo a respeito desse duplo, dessa estranha duplicidade da vida. Há dois pássaros na árvore, um mortal e um imortal, lado a lado. O primeiro gorjeia, faz seu ninho e voa por aí; o outro observa.

Em muitas culturas, a placenta precisa ser descartada com cuidado, pois nasce com você mas não pode ser autorizada a entrar na sua vida. Deve permanecer natimorta e voltar para o outro mundo, ou então seu gêmeo congênito pode se transformar em um fantasma monstruoso.

Os próprios gêmeos muitas vezes são considerados sinistros, como se algum erro tivesse acontecido; os dois pássaros, o humano e o fantasma, este mundo e aquele, juntos e presentes aqui. Gêmeos tornam o *doppelgänger* literal, o visível e o invisível em exibição. Por isso as lendas falam do assassinato (sacrifício) de um gêmeo pelo bem do outro: Caim e Abel, Rômulo e Remo. A sombra, imortal e de outro mundo, cede passagem para que a mortal possa entrar por completo nesta vida.

Nomes e apelidos

Uma forma atenuada do gêmeo imaginário aparece nas convenções de nomenclatura — nomes do meio e nomes compostos; a escolha do nome em homenagem a um homônimo que morreu, um herói ou heroína bíblicos, um santo, uma celebridade, para conseguir pegar um pouquinho das bênçãos daquele maná invisível.

Quantos de nós odiamos nosso nome? Odiamos nossos pais por terem nos batizado com esses nome? "Quem" sente este insulto — apenas minha ideia egocêntrica de mim mesmo ou o fruto do carvalho?

As crianças têm apelidos. Assim como jogadores, músicos de jazz, mafiosos e membros de gangues. Será que o gênio tem um nome e, a pessoa, outro? Apelidar seria um reconhecimento sutil do *doppelgänger*, um modo de lembrar que é Fats quem está sentado no teclado e Dizzy quem toca o trompete, e não o sr. Waller e o sr. Gillespie, que amarram seus sapatos e tomam o seu café da manhã.

O apelido contém uma verdade interior que pode persistir ao longo da vida e ser percebida antes que o gênio apareça em grande estilo. Apelidos não são meros símbolos de afeto para humanizar deficiências. Essa interpretação sentimental gosta de pensar que o apelido é uma forma de trazer a estrela para a dimensão humana, para que possamos nos relacionar e não ficar deslumbrados com o gênio. Interpretações sentimentais sempre querem nos deixar confortáveis, então o apelido nivela as coisas. Herman Ruth é apenas "Babe"; aqueles assassinos procurados, sr. Nelson e sr. Floyd, são "Baby Face" e "Pretty Boy"; e o superpoderoso general de cinco estrelas, presidente por dois mandatos, é só "Ike".

Imagine se, em vez desse conforto humanizante que reduz o gênio a um bichinho ou objeto de estimação, considerássemos a personalidade "Número Dois", como Jung chamava, ou o daimon, como Sócrates chamava, uma imagem distinta que, tendo uma vida, também precisaria de um nome. E essa figura aparecesse diminuta, como parte de seu disfarce, para ser protegida da humanização e proteger seu poder mágico dos biógrafos "intrusivos, indiscretos e predatórios". Apelidos no diminutivo, esses eufemismos que circundam a potência mágica de conquistas e o medo que o potencial provoca, seguem um padrão de mito e contos de fadas. O "pequenino", com sufixo diminutivo tanto no russo quanto no francês, no alemão ou em qualquer outra língua, transforma-se no salvador mágico e inteligente. O pequeno elfo à beira do caminho, o cuculo debaixo do capuz, a menor de doze irmãs — esses são os que têm a coragem de fazer as coisas acontecerem, porque representam o outro mundo neste aqui.

Quando lemos no *The World Almanac*[18] sobre as mudanças de nome das celebridades — Madonna Louise Ciccone para Madonna; Diana Fluck para Diana Dors; Cheryl Stoppelmoor para Cheryl Ladd; Roy Scherer Jr. para Rock Hudson; Borge Rosenbaum para Victor Borge; Sofia Scicolone para Sophia Loren; Thomas Mapother para Tom Cruise; James Stewart para Stewart Granger; Albert Einstein para Albert Brooks; Anna Maria Italiano para Anne Bancroft; George Alan O'Dowd para Boy George; Ramón Estévez para Martin Sheen; Anna Mae Bullock para Tina Turner — e nos dizem que essas mudanças foram feitas por questões de aceitação do público e sucesso comercial, só estamos recebendo o lado humano da explicação. O outro lado é que você não pode ser mortal e uma estrela imortal ao mesmo tempo. Você precisa de dois nomes porque eles refletem suas duas pessoas, uma duplicidade inerente que opera entre o fruto do carvalho e seu portador.

Cada um tem seu próprio nome? Quando Barbara McClintock, vencedora de um Prêmio Nobel em 1983 por seu trabalho na área genética, se sentou para fazer a prova final de geologia na Cornell, algo estranho aconteceu.

> Eles distribuíram aqueles cadernos azuis, onde devíamos fazer a prova, e na primeira página você colocava o nome. Bem, eu nem me dei o trabalho de colocar meu nome; queria ver logo as perguntas. Comecei a escrever imediatamente — estava empolgada, adorava aquilo. Estava tudo bem, mas quando chegou a hora de escrever o nome, eu não conseguia me lembrar. Não me lembrava de jeito nenhum e fiquei ali esperando. Estava com muita vergonha de perguntar a alguém qual era meu nome, porque sei que iam pensar que eu estava doida. Fui ficando mais e mais nervosa, até que finalmente (levou uns vinte minutos) eu lembrei o meu nome. Acho que tinha a ver com o fato de o corpo ser um mero incômodo. O que estava acontecendo, o que eu via, pensava, o que gostava de ver e ouvir, era muito mais importante.[19]

Esquecer o próprio nome! Seria esse incidente uma demonstração da existência do gênio? Será que o *gênio* invisível de McClintock tinha assumido o controle e feito a prova, e então o corpo da jovem universitária ficou lá sentado, sem conseguir assinar algo que ela não tinha feito? McClintock atribui o estranho lapso a seu distanciamento do corpo, a estar muito focada dentro da mente. "O corpo era algo que eu carregava para lá e para cá... Sempre quis ser uma observadora objetiva e não isso que é conhecido como 'eu'."

Se o "outro nome", outro que não aquele nos registros civis, indica o "outro", então sobre quem é a biografia? Seria esse o apelo da biografia, ser *o* gênero que conecta duas almas, chamadas pelos biógrafos de vida e obra, o humano e o gênio? Por isso somos fascinados por esses textos? As biografias expõem as complexidades da relação entre os dois nomes e nós, lendo-as, conseguimos ter uma ideia do nosso próprio gênio e de como viver com ele ao analisar como outras pessoas o fizeram de modo bem-sucedido e notório, além de acompanhar também as ciladas e tragédias.

Não porque estejamos em busca de heróis e modelos, e nem como fuga da nossa própria vida para mergulhar em outra, mas para resolver o mistério fundamental de que todos nascemos com um duplo, um *doppelgänger*, e se não conseguimos encontrar por nós mesmos esses anjos perdidos, vamos às biografias em busca de pistas. Todas essas superstições e, para nós, práticas obscuras que envolvem a placenta, o elfo, o *doppelgänger* e uma variedade de almas e nomes para elas, parecem girar em torno de um mesmo tema central: não estamos sozinhos no começo da vida. Viemos ao mundo com um correspondente mágico ou sobrenatural que não deveria estar conosco no mesmo lugar e ao mesmo tempo.

Barbara McClintock demorou vinte minutos para se lembrar do próprio nome. Suas almas diferentes apresentaram-se como um "eu corpo" e um "eu observador". Ela já era uma pessoa nascida com um duplo no sentido de que o nome dado a ela no nascimento foi Eleanor. Mas "logo depois eles decidiram que 'Barbara' era mais adequado para uma menina com uma determinação tão incomum". Quando ela tinha 4 meses de idade, seu nome foi mudado.

Entre os inuítes, quando você fica doente, seu nome habitual o abandona, "vai embora". E você ganha outro nome. Se você morre, é com esse nome de alma-morte que se vai; se você se recupera, volta a ter o nome antigo e aquele da alma-morte "vai embora". Dizemos: "Ele voltou a ser ele mesmo". O *status quo* foi restaurado.

Esse "outro" pode nos visitar durante o sono ou em estados alterados, quando estamos jejuando, isolados em um confinamento ou em tempos de crise quando a morte parece iminente ("Enquanto eu caía da pedra, toda a minha vida passou na minha frente"). O gêmeo eterno contempla tudo de uma vez porque sua vida não está dentro dos limites do tempo.

De que outro modo esse tipo de fenômeno aparece em nossa cultura psicológica? De diversas maneiras, a maioria delas tangencial, quando não distorcida. Patologicamente, na forma de dissociações induzidas por drogas e transtornos de múltiplas personalidades; na doença enquanto um visitante autônomo, "a sensação de ter uma presença coabitando seu corpo", como John Updike descreve a psoríase em seu livro de memórias, *Consciência à flor da pele*, e como muitos outros falaram de suas depressões, estados de ansiedade, pensamentos intrusivos e pressões obsessivo-compulsivas. E então, de maneira mais aceitável: na infância como amigos imaginários, nos fenômenos "para"-psicológicos, nas técnicas terapêuticas para ativar a imaginação, na produção artística de personagens e personas. Também em visões hipnagógicas inexplicáveis durante uma cirurgia, quando a pessoa se vê de cima da mesa.

Esses encontros peculiares dizem algo a respeito de uma cultura que marginaliza o invisível. Se a filosofia de uma cultura não abre espaço suficiente para o outro, desacredita o invisível, então o outro vai dar um jeito de se enfiar no nosso sistema psíquico de maneira distorcida. Isso sugere que algumas disfunções psíquicas, na verdade, estão mais na visão de mundo disfuncional pela qual são julgadas.

Como minha última testemunha da duplicidade autobiográfica, convoco Leopold Stokowski, o regente de orquestra mais controverso, original, popular e "difícil" do século 20. Uma torrente de escritores com sérias intenções, boa vontade e comprovado reconhecimento tentou conseguir que Stokowski colaborasse com uma biografia. Ele dispensou todos, um a um.

É claro que biografias foram publicadas assim mesmo, e elas contam que Stokowski não era nativo da Polônia e nascera na Inglaterra de uma mãe inglesa cuja linhagem era inglesa e protestante dos dois lados e de um pai, nascido em Londres, cuja mãe também era inglesa protestante. Apenas o avô paterno de Stokowski era nascido na Polônia. Ainda assim, Stokowski, que só foi viajar para a Polônia quando era bem mais velho, falava com sotaque do leste europeu.

O sotaque era apenas um dos disfarces. "Qualquer um que tentava mergulhar em seu passado tinha dificuldades, porque Stokowski se divertia inventando histórias... Entrevistadores que perguntavam sobre seu passado acabavam ouvindo uma ficção". Os disfarces e invenções então se tornaram contagiosos. O *Oxford Companion to Music* e a revista *Time* disseram que ele provavelmente era judeu ou parcialmente judeu. O respeitável *Grove Dictionary of Music and Musicians* afirmou que seu nome real era Leo Stokes. Quanto aos registros escritos: a filha de Stokowski disse que o pai e a mãe tinham um "acordo muito claro" de que nenhuma carta ou escritos sobre ele poderiam ser divulgados. A mãe "destruiu todas as cartas que trocaram".[20] As inconsistências inverossímeis eram abundantes. Stokowski afirmava que

Sir Charles Hubert Parry fora um de seus professores de composição. Parry parou de dar aulas dois anos antes de Stokowski entrar na escola em questão.

Um dos muitos casos maravilhosos contados pelo maestro explica como ele ganhou seu primeiro violino:

> "Eu sei quantos anos eu tinha porque, certa noite, um homem entrou naquele clube [polonês] com uma coisa na mão... Perguntei ao meu pai: "O que é aquilo?". Ele disse: "É um violino". E eu falei para meu avô: "Eu quero um violino"... Ele de fato comprou para mim — como é que se chama — um violino ¼, e então comecei a tocar violino aos 7 anos e até hoje é meu instrumento favorito..."
>
> O primeiro problema que encontramos aqui é que o avô morrera três anos antes de Leopold nascer. O segundo, o irmão escreveu: "Leo nunca foi para a Pomerânia, nem para Lublin [onde a história supostamente aconteceu] e nem para lugar nenhum fora da Inglaterra até ser maior de idade. Ele não aprendeu a tocar violino quando era criança, e nem nunca, até onde eu sei".

Embora a história de Stokowski com o violino apareça em outros momentos, e ele tenha listado o violino como seu instrumento ao se associar ao sindicato dos músicos em 1909, seu biógrafo Oliver Daniel diz que nunca encontrou nenhuma pessoa que tenha visto Stokowski tocando violino.

Lembranças, supressões, confabulações. Stokowski era chamado de enigmático e misterioso, apesar de ter sido extravagante e exibido ao longo da vida. Seus próprios argumentos parecem claros: "Eu acho que é preciso cultivar a memória... E acho que também é preciso cultivar o esquecimento". A vida inteira de Stokowski exigiu uma contravida (um termo de Philip Roth), a criação de uma biografia de fantasia.

Stokowski viveu ativamente até os 96 anos. "Em seus últimos dias, ele queimou a maioria das cartas que recebera de pessoas incríveis, como Stravinsky. Não queria nenhum registro de si mesmo."[21] (A não ser, é claro, as gravações extraordinárias de suas regências, que ele fez até morrer.) Esse padrão que Stokowski lutou tanto para preservar — inventar suas origens, disfarçar sua juventude, falsificar datas, dar fim às memórias — parece ter sido favorecido pelos deuses e até levado à frente. Porque depois da sua morte, na Inglaterra,

> as pinturas de Stoki... muitos desenhos e pinturas que ele fizera, cadernos, talismãs, recordações e muitos itens pessoais que ele adquirira durante sua

longa vida foram colocados em um container e enviados para os Estados Unidos. Durante uma tempestade severa no Oceano Atlântico, o container foi levado e se perdeu no mar.[22]

A intensa resistência às biografias foi descrita por Michael Holroyd, biógrafo de George Bernard Shaw, entre outros. Ele faz uma distinção entre vida e obra e, resumidamente, explica o sentimento geral:

> Sempre que... qualquer homem de grande imaginação é biografado, sua luz pode se extinguir. Porque, segundo o argumento, a vida é apenas uma carapaça, e no núcleo fica o trabalho criativo... [O biógrafo] tem o toque de Midas, só que ao contrário. Cada pedaço de ouro que toca se transforma em lixo. Se você valoriza seu trabalho, não deve deixar biógrafo algum chegar perto de você — esse é o sentimento geral.[23]

Holroyd defende o ofício do biógrafo contra o discurso inflamado antibiografia, mas não vai muito longe. Despreza a verdade emocional da visão dos antibiografias. Parece não perceber o conflito arquetípico entre vida e obra, e a necessidade arquetípica da dissimulação. Porque o gênio é quem influencia o discurso antibiográfico, o gênio é que pode se ofender com a vida mundana, mesmo que use todos os seus esforços para chegar à terra e se espalhar pelo mundo. Ainda assim, nunca chega a se humanizar.

Os inimigos do biógrafo não são apenas o biografado e sua família, mas também os amigos leais com suas pilhas de cartas e memórias, o arquivista, os documentos fechados, como se fossem segredos de Estado. O gênio também é um inimigo dos relatos racionais que, *ipso facto*, explicariam tudo. O mestre dos disfarces é o daimon. De alguma maneira, os descendentes de pessoas famosas continuam a senti-lo pairando, uma presença que os monitora mesmo anos depois que a pessoa em questão já abandonou o fantasma.

Escrever biografias se torna mais uma das "profissões impossíveis", assim como Janet Malcolm caracterizou a psicanálise. Impossível porque a pessoa sobre quem a biografia versa não é, de todo, uma pessoa, assim como o caso no qual o analista trabalha é a psique invisível, trazida por uma pessoa. Biógrafos são escritores fantasmas, talvez até caça-fantasmas, tentando se apossar dos fantasmas invisíveis na visibilidade da vida. Uma biografia que se atenhas aos fatos o máximo possível encontra rastros cada vez mais nítidos do invisível, aqueles sintomas, acasos e invenções intrusivos que levaram a, ou buscaram, a vida que a biografia conta. Jung tentou demonstrar isso ao apresentar duas personalidades como personagens de sua autobiografia. Como um velho inuíte, ele incluiu a alma-sonho até no título.

Um dos mais recentes intelectuais das biografias afirma que "A biografia nunca teve uma terminologia e um protocolo amplamente aceitos, uma poética que pudesse ser defendida e contestada".[24] Essa incerteza sobre o que se está fazendo vem com a duplicidade do território; e a desilusão é o maior prêmio do biógrafo. Não a desilusão do biógrafo com seu biografado ou biografada, aquela desilusão frequentemente expressa em ataques de raiva diante de desonestidades e dissimulações. Em vez disso, uma desilusão empolgante com o mundo dos fatos concretos, uma desilusão que pode levar o biógrafo a uma ilusão mais feliz: a realidade do daimon que dá origem à vida e à obra — dele ou dela também. Essa então seria a contribuição da teoria do fruto do carvalho para a teoria biográfica.

O peso relativo de vida e obra, gênio e humano, assombra a vida de todos com o constante sentimento de ser impossível nos avaliar. Há um jogo constante entre importância e humildade, refletidos nos estados chamados de mania e depressão. As galerias fazem retrospectivas; as academias têm suas cerimônias de premiação, oferecem testemunhos e honrarias; críticos avaliam e tentam chegar a um equilíbrio. A incerteza sobre o "tamanho" é formulada pelo povo Bella Coola, que diz que a imagem-alma é "pequena, mas tem grande poder". "A alma do coração se parece com um grão de milho", de acordo com o povo de San Juan.[25] A pequenez do grão e o poder do grão são sentidos pelo biografado, e também aparecem como um dos maiores conflitos dos biógrafos, que ao mesmo tempo enaltecem seus biografados e os depreciam, colocando uma sombra humana no gênio. Uma das biografias de D. H. Lawrence se chama *Portrait of a Genius, But* [*Retrato de um gênio, mas*]. Mas o que leva os biógrafos a escreverem, a priori, e o que nos leva a ler? O desejo de vislumbrar o gênio — não o sr. Gillespie e o sr. Waller, mas Dizzy e Fats.

Quando o daimon fala, ele diz: As histórias que conto sobre desmontar relógios (Ford) ou sobre sair da pobreza por conta própria (Bernstein) *são* os fatos. As fábulas que conto dizem quem eu sou mais verdadeiramente. Estou contando a história que dá sentido ao que aconteceu. Estou lendo a vida de trás para a frente. Estou contando a história do gênio, não do pequeno Lyndon, do pequeno Lenny, do pequeno Leopold. Eles são as pessoas cuja imagem no coração os empurrou para a frente, distorcendo a infância, e então eu preciso contar uma história distorcida para realmente dizer a verdade. A história deve ser adequada à excepcionalidade do gênio. O caráter banal das refeições em um subúrbio judeu (Lenny B.), de cortar feno na fazenda do pai (Henry F.), das brigas e orações nas montanhas (Lyndon J.) simplesmente não é adequado e provavelmente deixa o anjo muito desconfortável.

Stokowski protegeu o anjo ao longo de toda a vida, evitando que fosse retratado com uma história errada, o que poderia tê-lo matado. E Freud, aos 29 anos, antes de ter qualquer reconhecimento ou mesmo de ter criado uma de suas ideias duradouras, já conhecia a arte do disfarce. O que teria induzido aquele fogo protetor/destrutivo se não fosse a presciência do que viria a acontecer? Para proteger o gênio, precisamos proteger a história na qual o gênio pode viver, ou então ele pode levar sua invisibilidade ao pé da letra, silenciar e desaparecer por medo de ser reduzido à mediocridade.

Precisamos dessa mesma imaginação que busca o pequeno grão quando estamos irritados com as confabulações do fim da infância e da adolescência. Os disfarces e ostentações não são meros pretextos, devaneios ou fantasias de grandiosidade. Eles são o medo da perda, medo da colonização, medo da escravidão em um sistema normativo que, ao capturar minha imagem em uma biografia, pode levar embora minha alma.

É claro que o biógrafo deve bisbilhotar e investigar, já que está em busca do invisível — mas é invisível não por causa das minhas dissimulações, e sim por causa da natureza arquetípica do próprio grão. "A natureza ama se esconder", afirmou Heráclito. O fruto do carvalho da natureza humana também ama. Ele se esconde em meio a todo o visível, revelando-se exatamente nos disfarces onde se esconde. Os biógrafos chegam ao invisível quando buscam em meio aos disfarces, mas apenas se o olho que procura tem o invisível como objetivo, trazendo consigo na tarefa o mesmo amor que a natureza tem pelo esconderijo. Talvez seja necessário um gênio para enxergar outro gênio.

CAPÍTULO 9

DESTINO

Destino e fatalismo

"Mas, se a alma escolhe o daimon e escolhe sua vida, como teremos qualquer poder de decisão?", pergunta Plotino.[1] Onde está a nossa liberdade? Tudo o que vivemos e acreditamos ser nosso, todas as decisões que nos esforçamos arduamente para tomar devem, na verdade, ser predeterminadas. Somos capturados por uma teia de engano, acreditando que somos os agentes de nossa própria vida, enquanto, durante todo esse tempo, a vida já estava descrita no fruto do carvalho e estamos apenas realizando o plano secreto do coração. Nossa liberdade aparentemente consiste apenas em optar por seguir as intenções do fruto do carvalho.

Para deixar de lado essa conclusão errônea, vamos esclarecer o que o gênio faz ou não. Vamos ser mais precisos com relação à amplitude dos poderes do fruto do carvalho. De que maneiras é efetivo e quais são seus limites? Se *causa* determinados comportamentos na infância, o que estamos querendo dizer com "causa"? Se *intenciona* um caminho específico na vida, como interpretação teatral, invenções matemáticas ou políticas públicas, o que queremos dizer com "intenção"? Existe um objetivo final à vista, até mesmo uma imagem de realização e uma data para a morte? Se é tão poderoso a ponto de *determinar* uma expulsão da escola e doenças na infância, o que estamos chamando de "determinismo"? E, por fim, se é o fruto do carvalho que desperta a sensação de que as coisas não poderiam acontecer de outro jeito, que até as coisas ruins foram *necessárias*, o que queremos dizer com "necessidade"?

As respostas para essas questões são a essência deste livro. Porque, se essas preocupações não forem externadas para que lidemos com elas, é provável que nos abandonemos ao fatalismo ou abandonemos o livro por considerá-lo fantasia.

O fatalismo é o outro lado sedutor do ego heroico, que se apoia muito no tipo de civilização que prega o faça-você-mesmo e ao-vencedor-tudo. Quanto maior o fardo, mais se quer colocá-lo no chão ou o passar à frente para que alguém mais forte possa carregar — como o Destino. O herói é a personificação dos Estados Unidos. O ego heroico pousou em Plymouth Rock, embrenhou-se na natureza selvagem com Daniel Boone carregando uma arma, uma Bíblia e um cachorro, adquire uma postura confiante ao lado de John Wayne em Tombstone e defende sua corporação contra todo o maldito planeta. Esse ego vai abrindo caminho pela floresta e constrói sua própria trilha, apesar da competição e dos predadores.

Até mesmo ela, Chapeuzinho Vermelho, teve que lidar com o assédio do lobo predador. Esse fardo de estar só, apenas com o próprio destino, em meio a um mundo cheio de figuras à espreita querendo nos derrubar, torna a vida uma luta e tanto. Se você não abre caminho entre os obstáculos e segue em frente, pode acabar "ficando para trás" na escola, ou tendo um "desempenho insuficiente" e sendo enviado para o psicólogo para tratar "bloqueios" e "fixações". Tenho que avançar da pré-escola para a frente. Preciso me desenvolver, subir, defender, tudo isso apenas para existir, pois essa é a definição heroica da existência. Não tem muita diversão — e quando Chapeuzinho Vermelho faz uma pausa para colher flores e colocar generosamente em sua cestinha de quitutes para a vovó, o lobo mau aparece.

Nessa definição paranoica de vida — a vida como uma luta, competição para sobreviver, o outro sendo aliado ou inimigo — o fatalismo oferece um fim. Está tudo nas estrelas; existe um plano divino; o que quer que aconteça é o melhor no melhor dos mundos (*Cândido*, de Voltaire). O mundo sai de cima dos meus ombros, pois ele é de fato carregado pelo Destino, e eu me encontro no colo dos deuses, como diz o mito de Platão. Estou vivendo o destino particular que veio direto do colo da Necessidade. Então não importa o que eu escolha. Não estou realmente escolhendo nada, na verdade; a escolha é uma ilusão. A vida é completamente predeterminada.

Esse modo de pensar é fatalismo, e não é o que se entende por destino. Esse modo de pensar reflete um sistema de crenças, uma ideologia fatalista, não as deusas Moiras, que aparecem no mito de Platão organizando as sortes e orientando o daimon até o nosso nascimento. Elas não determinam todos os acontecimentos, como se a vida fosse configurada por elas.

Em vez disso, a ideia grega de destino seria mais ou menos a seguinte: coisas acontecem com as pessoas. "Elas não compreendem por que aconteceram, mas, já que aconteceram, é claro que 'tinha que ser'."[2] *Post hoc, ergo propter hoc*. Depois do acontecimento (*post hoc*), explicamos o que o levou a acontecer (*ergo propter hoc*). Não está escrito nas estrelas que a bolsa de valores deve quebrar em outubro de 1987. Mas, depois da quebra, encontramos "motivos" que obviamente a ocasionaram naquele exato momento.

Para os gregos, a causa desses eventos inconvenientes seria o destino. Mas o destino só causa acontecimentos pouco comuns, que estranhamente não se encaixam. Não são absolutamente todas as coisas que estão organizadas em um plano divino superior. Esse tipo de explicação abrangente é fatalismo, o que tende a resultar em paranoia, prognósticos ocultistas de um tabuleiro Ouija e comportamentos passivo-agressivos que juntam uma submissão conformada ao destino com uma raiva amarga contra ele.

Então é melhor imaginar o destino como uma "interferência variável" momentânea. Os alemães usam o termo *Augenblicksgott* para definir uma divindade menor que passa por nós em um piscar de olhos e tem um efeito momentâneo. Os religiosos podem falar de um anjo intercessor. Em vez de uma companhia constante que anda a seu lado, fala com você e segura sua mão ao longo de todas as crises do dia, o destino intervém em momentos estranhos e inesperados, com uma piscadinha ou um empurrão.

Você vende suas ações depois de estudar o mercado. No dia seguinte, anuncia-se uma aquisição do controle acionário da empresa, e o que você vendeu no dia anterior sobe 30%. Bem na linha de chegada, o vento diminui — o barco rival ultrapassa o seu e vence por um segundo de diferença. Mas se você sair totalmente do mercado e colocar o dinheiro debaixo do colchão porque não é seu destino investir, ou se decidir que não era mesmo para ganhar, nem mesmo para velejar, e que a diminuição repentina do vento é uma indicação obscura de que você não está em sincronia com os elementos, e então vende o barco, muda seu esporte para escalada, ou então se joga na melancolia — essas são escolhas *suas*, resultado do significado que *você* encontrou no vento. Ver a Mão do Destino nesses eventos imprevisíveis aumenta a importância deles e dá o que pensar. No entanto, acreditar que o *timing* do mercado e a perda por um segundo estão decidindo sua vida por você — isso é fatalismo. O fatalismo credita tudo ao destino. Não é necessário votar, não é necessário lutar pelo controle de armas nem se juntar a um grupo de ativistas contra a direção perigosa. Não é necessário sequer existir um corpo de bombeiros, já que merdas acontecem e tudo que estava destinado a ser destruído assim será. Recorra ao I Ching; os pequenos pauzinhos vão te dizer o que o destino quer que você faça. Isso é fatalismo.

Perceber as piscadinhas travessas do destino é um ato de reflexão. É um ato que demanda pensamento, enquanto o fatalismo é um estado sensorial, que abandona a ponderação, os detalhes específicos e o raciocínio cuidadoso. Em vez de pensar com calma, você se entrega à fatalidade. O fatalismo tenta explicar a vida como um todo. O que quer que aconteça pode se encaixar na generalidade da individuação, ou a minha jornada, ou o crescimento. O fatalismo conforta, porque não faz perguntas. Não há necessidade de examinar como os eventos se encaixam.

A palavra grega para destino, *moira*, significa parcela, porção. Assim como o destino corresponde apenas a uma parcela do que acontece, assim também é o daimon, o individual, expressão internalizada da *moira*, que só tem uma parcela de influência em nossa vida, fornecendo o chamado para ela, mas sem dominá-la.[3]

Moira deriva da raiz *smer* ou *mer*, que significa ponderar, pensar, meditar, considerar, cuidar.[4] É um termo profundamente psicológico, que nos exige uma análise dos acontecimentos que dizem respeito à parcela que vem de fora e é inexplicável, e à porção que pertence a mim, o que eu fiz, o que podia ter feito, o que posso fazer. A *moira* não está em minhas mãos, mas a *moira* é apenas uma parte. Não posso entregar minhas ações ou minhas habilidades e sua efetivação — e suas frustrações e fracassos — a *eles*, aos deuses e deusas, ou à vontade do fruto do carvalho daimônico. O destino não me alivia da minha responsabilidade; na verdade, ele me pede mais. Especialmente, ele demanda a responsabilidade da análise.

E por análise não estou falando de uma psicanálise reducionista. Não estou atribuindo culpa a uma causa dizendo: "Foi o daimon quem fez isso acontecer. É meu destino. Não consigo evitar cometer erros no mercado de ações. Nunca fui ensinado pelo meu pai; minha mãe gastava dinheiro como água; nunca tive uma mesada quando era criança e por isso nunca aprendi a lidar com dinheiro. Sou autodestrutivo..." e assim por diante, atribuindo a culpa a uma série de causas que nos levam de volta à falácia parental.

Quando os gregos analisavam um acontecimento imprevisível e obscuro, iam ao oráculo perguntar a quais deuses deveriam oferecer sacrifícios a respeito deste problema, deste desejo, deste negócio.[5] Primeiro, para especificá-los; segundo, para fazer oferendas mais precisas. A análise, nesse caso, tenta descobrir qual Moira, qual mão arquetípica deve ser abordada e lembrada.

Lembramo-nos da parcela do destino quando acrescentamos "*Deo concedente*" ou "Se Deus quiser" depois de cada plano feito, algo simples como pegar o trem amanhã. "Te vejo na estação então, se Deus quiser." Eu pretendo ir lá. Eu vou me programar. Mas o imprevisível pode acontecer — então eu me lembro da parcela do destino com o "*Deo concedente*". Ou então bato na madeira. Os judeus devotos mais velhos dificilmente dizem alguma frase sem invocar a possibilidade de que algo imprevisível possa intervir e contrariar suas intenções.

Essa lembrança das intervenções imprevisíveis do destino ao bater a madeira nos leva de volta ao daimon. Porque o daimon surpreende. Interrompe minhas intenções com suas intervenções, às vezes com um leve toque de hesitação, às vezes com uma quedinha por alguém ou alguma coisa. Essas surpresas podem parecer pequenas e irracionais; você pode deixá-las de lado, ainda que elas também transmitam um senso de importância que pode fazer você dizer depois: "Destino".

Telos e teleologia

O fatalismo provoca a sensação de que os acontecimentos da nossa vida têm um objetivo distante e indistinto. Alguma coisa está "destinada" para mim. Estou destinado a ser um cantor ou toureiro. Estou destinado a ser bem-sucedido, ou amaldiçoado e azarado, ou a morrer de tal jeito em um determinado dia. A imagem com a qual eu nasço não apenas me empurra desde o início; ela também me puxa para um fim. "Teleologia" é o termo para essa crença de que os acontecimentos são puxados por um certo propósito para um fim definido.

Telos significa objetivo, fim ou realização. Telos é o oposto de causa, do modo como pensamos as causas hoje em dia. A causalidade pergunta: "Quem começou isso?". Imagina os acontecimentos como algo empurrado pelo passado. Já a teleologia pergunta: "Para quê? Qual é o propósito?". Concebe os acontecimentos como se estivessem a serviço de um objetivo.

O finalismo, outro termo para teleologia, mantém todos nós, assim como o próprio espaço cósmico, em movimento na direção do objetivo final. O objetivo pode ser definido de uma série de formas — reconciliação com Deus e remissão de todos os pecados; uma entropia lenta até a imutabilidade; uma consciência em constante evolução e a dissolução da matéria em espírito; uma vida pior ou melhor; catástrofe apocalíptica ou salvação divina.

A tele*ologia* dá lógica à vida. Fornece uma explicação racional para o propósito de longo prazo da vida. E a teleologia entende tudo que acontece na vida como uma confirmação dessa visão de longo prazo — por exemplo, a vontade de Deus, seu plano divino.

Se tirarmos o "ologia" e ficarmos só com o "telos", podemos voltar a seu significado original (formulado por Aristóteles): "isso por causa daquilo".[6] Vou à mercearia comprar pão e leite. Não porque fui impelido por uma visão de melhoria da humanidade; não por causa de uma filosofia definida que comanda todas as ações, incluindo o motivo pelo qual me casei e tive filhos, comprei um carro a prazo para poder ir à mercearia comprar o que precisam — tudo isso pode responder a qualquer "Por quê?" com uma resposta teleológica final. O telos fornece uma razão limitada e específica por causa da qual eu desempenho a ação. Imagina que toda ação tem um propósito, mas não fala sobre um propósito que se sobrepõe às ações de modo geral; isso seria tele*ologia* ou final*ismo*.

Para o telos, é suficiente dizer que fui à mercearia por causa do café da manhã da família. Somos poupados da filosofia do café da manhã: a teologia do cuidado, o simbolismo da refeição matinal, a moralidade do dever, a pseudopolítica dos "valores familiares", a psicologia das necessidades e dos desejos, a economia dos custos nutricionais, a fisiologia do metabolismo matutino. Há diversas filosofias do café da manhã que podem satisfazer sua visão teleológica da vida. Muitos deuses vêm à mesa do café da manhã. Mas o telos, o propósito do pão e do leite e de ir à mercearia é simplesmente o café da manhã em si. Comer primeiro, falar depois.

O fruto do carvalho parece seguir justamente esse tipo de padrão limitado. Não se permite filosofias de longo prazo. Perturba o coração, explode em um surto de raiva, como aconteceu com Menuhin. Excita, chama, demanda — mas raramente oferece um grande propósito.

O empurrão do propósito vem com força; você pode se sentir cheio de propósito. Mas exatamente o que é e como se chega lá é algo que permanece indeterminado. O telos pode até ser duplo ou triplo, confuso sem saber se quer cantar ou dançar, escrever ou pintar. No geral, o propósito não aparece como um objetivo claro e estruturado, mas como um desejo difuso e perturbador unido a um senso de importância inconfundível.

Duas histórias da infância do cineasta e diretor de teatro sueco Ingmar Bergman destacam o determinismo indeterminado do fruto do carvalho. Segundo Bergman, na infância ele tinha tendência a mentir e frequentemente não fazia distinção entre fantasia e realidade — ou, como ele fala, "entre mágica e mingau de aveia". Quando tinha 7 anos, foi levado ao circo, um acontecimento que "me levou a um estado de excitação febril". O momento crucial aconteceu quando ele viu

> uma jovem moça vestida de branco montando um enorme cavalo preto.
>
> Fui tomado de amor por essa moça. Eu a incluí nas minhas brincadeiras de fantasia e a chamei de Esmeralda... Depois de exigir que guardasse segredo, contei para um menino chamado Nisse, que se sentava ao meu lado na escola. Disse a ele que meus pais tinham me vendido para o Circo Schumann e logo eu seria levado de casa e da escola para ser treinado para ser acrobata, junto com Esmeralda, que era considerada a mulher mais linda do mundo. No dia seguinte, minha fantasia foi revelada e profanada.
>
> Minha professora considerou o assunto tão sério que escreveu uma carta alarmada para minha mãe. Houve uma cena de tribunal apavorante. Fui colocado contra a parede, humilhado e desgraçado, tanto em casa quanto na escola.
>
> Cinquenta anos depois, perguntei à minha Mãe se ela se lembrava da minha venda para o circo... Ninguém questionou os motivos mais profundos que levaram um menino de 7 anos a desejar ir embora de casa e ser vendido para o circo? Minha Mãe respondeu que eles já tinham tido muitos problemas com minhas mentiras e fantasias. Angustiada, ela consultara o pediatra. Ele enfatizou a importância de a criança aprender, logo cedo, a diferenciar a fantasia da realidade. Como agora estavam diante de uma mentira descarada e insolente, eu devia sofrer uma punição adequada.

> Eu me vinguei do meu ex-amigo levando uma faca do meu irmão para a escola e perseguindo-o pelo pátio. Quando uma professora se meteu no meio para nos separar, eu tentei matá-la.
> Fui expulso da escola e apanhei severamente. Então meu falso amigo pegou pólio e morreu, o que me deixou satisfeito...
> Mas eu ainda fantasiava sobre Esmeralda, nossas aventuras ficando cada vez mais e mais perigosas, nosso amor mais e mais apaixonado.[7]

Há tanta coisa sobre o que falar nesse incidente: a importância desesperada de encontrar um lugar de fato (o circo) onde os dois universos, magia e realidade, pudessem se encontrar; o primeiro encontro com a *"anima"*, a mulher de branco no cavalo preto, e a loucura maníaca de se apaixonar (a visão romântica está fora das estruturas do tempo, então a idade de Ingmar é irrelevante para a eternidade da emoção arquetípica); o risco de vida e morte, aquele que pode matar ou morrer por causa de uma visão; as medidas disciplinares do mundo "real" dos professores, médicos e pais; o valor do "segredo" e a catástrofe cósmica da traição, que separa a fantasia da realidade, céu e terra, Esmeralda e o mingau.

Embora todo o episódio seja extremamente importante e carregue traços do caráter e do chamado de Bergman, não existe nenhum vislumbre de uma carreira futura, nenhuma mensagem. Não há teleologia, nem determinismo, nem finalismo.

A segunda história, que se conecta de modo mais evidente com o chamado de Bergman, é sobre imagens em movimento.

> Mais do que qualquer outra coisa, eu queria muito um cinematógrafo. No ano anterior, tinha ido ao cinema pela primeira vez e visto um filme sobre um cavalo. Acho que se chamava *Beleza indomável*... Para mim, aquilo foi o começo. Fui tomado por uma febre que não passou nunca. As sombras silenciosas viraram seus rostos pálidos para mim e falaram, com vozes inaudíveis, aos meus sentimentos mais secretos. Sessenta anos se passaram e nada mudou; a febre continua a mesma.

E então veio o Natal seguinte:

> Toda a comida foi servida e começou a distribuição dos presentes na mesa de jantar. As cestas foram trazidas, meu Pai celebrava com um charuto e uma taça de licor, os presentes foram entregues...

Foi aí que aconteceu o caso do cinematógrafo. O meu irmão foi quem o ganhou.

Na mesma hora eu comecei a urrar. Fiquei muito irritado, desapareci debaixo da mesa e fiquei lá embaixo esbravejando; me mandaram calar a boca imediatamente. Saí correndo para o quarto, xingando, pensei em fugir de casa, e então finalmente dormi, exausto pelo luto.

Ainda naquela noite, mais tarde, eu acordei... Em meio aos outros presentes de Natal do meu irmão sobre a mesa branca estava o cinematógrafo, com sua chaminé torta, suas lindas lentes de latão e o espaço para os rolos de filme.

Tomei uma decisão rápida. Acordei meu irmão e propus um negócio. Eu ofereci cem dos meus soldadinhos de chumbo em troca do cinematógrafo. Como Dag já tinha um exército imenso e estava sempre brincando de guerra com os amigos, conseguimos chegar a um acordo que satisfizesse as duas partes.

O cinematógrafo era meu.

O aparato também incluía uma caixinha roxa com algumas chapas de vidro e um rolo de filme 35mm em sépia... A informação na etiqueta dizia que o filme se chamava sra. Holle. Quem era essa sra. Holle, ninguém sabia, mas depois descobri que era um equivalente popular da Deusa do Amor nos países mediterrâneos.

Na manhã seguinte, eu me escondi no guarda-roupa espaçoso do quarto, coloquei o cinematógrafo em um caixote de açúcar, acendi a lâmpada de parafina e direcionei o feixe de luz para a parede branca...

A imagem de um prado apareceu na parede. Dormindo na grama havia uma moça que aparentemente vestia uma roupa tradicional de seus costumes. *Então eu girei a manivela!* É impossível descrever. Não encontro as palavras para descrever meu estado de excitação. Mas a qualquer momento posso me lembrar do cheiro da refeição quente, do odor da naftalina e da poeira no guarda-roupa, da sensação dele estalando sob a minha mão. Eu consigo ver o retângulo tremido na parede.

Virei a manivela e a moça acordou, sentou-se, depois se levantou, alongou os braços e rodou, rodou até desaparecer no canto direito. Se eu continuasse girando, ela ia deitar ali e depois fazer exatamente o mesmo movimento, tudo de novo.

Ela estava se movendo.[8]

A história de Bergman sobre a máquina de cinema esclarece a diferença entre causalidade (ser empurrado por trás pelo passado) e teleologia (ser empurrado em direção a um objetivo). Para a questão sobre o porquê de o menino querer tão desesperadamente o cinematógrafo, por que estava disposto a abrir mão de um exército inteiro por ele, a causalidade responde: Ele tinha visto antes e atiçou sua curiosidade. Quando o irmão ganhou, a rivalidade fraternal, voltando lá aos primeiros anos e à ordem de nascimento, provocou inveja. Antes ainda há a história do cavalo preto e do incidente do circo, repetindo o primeiro filme de que ele se lembra, *Beleza indomável*, que sugere uma libertação ("ser vendido" como uma forma passiva de "fugir com o circo") da casa moralmente opressiva do pai pastor. Ou então talvez ele desejasse poder sobre a mãe, sobre a Mulher, a quem ele poderia mover apenas girando a manivela.

A causalidade, ou o que a filosofia clássica (Aristóteles) chamou de "causalidade eficiente", tenta responder à pergunta: "O que iniciou um movimento?" voltando a uma série de conexões hipotéticas, uma cadeia de acontecimentos supostamente ligados, e presumindo-se que cada um deles tenha sido iniciado pelo anterior. Ainda que tudo estivesse mesmo ligado, um empurrando o outro como uma fantástica máquina de Rube Goldberg, o primeiro acontecimento de todos não passa de mera suposição: por que a imagem específica de um cavalo preto, por que a arrebatadora Esmeralda, por que o circo? A que está ligada essa primeira paixão espontânea e nunca esquecida? Nossa resposta: pergunte ao destino.

O destino dá essa resposta: Ingmar Bergman, cineasta dentro do fruto do carvalho, aos 7 anos, talvez antes, teve sua visão. Ele não sabia, não podia prever, mas algo daimônico selecionou os acontecimentos que tornaram Esmeralda tão irresistível e o cinematógrafo tão necessário. O destino não tinha nenhum plano teleológico, nenhum objetivo de chegar a *Através de um espelho* ou *A flauta mágica*. No entanto, a visão fatídica do daimon impregna determinados acontecimentos de uma importância emocional — emoção, excitação febril, imprecações. O destino de Bergman não estava selado, mas estava anunciado.

Mais uma vez, deixe-me distinguir a noção mais limitada de telos da categoria mais abrangente que é a teleologia, sobretudo porque a primeira é muito útil, ao passo que, em geral, a segunda não é. A ideia de telos dá valor ao que acontece ao considerar que toda ocorrência tem um propósito. O que acontece é por causa de algo. Tem intenção. O pequeno Ingmar não apenas inventava mentiras; suas histórias projetam um estilo de vida e uma carreira nos quais as histórias "mentirosas" não apenas fazem sentido, mas são necessárias para as ilusões desse tipo de trabalho. Ele já fazia de sua vida uma peça de teatro antes mesmo de ter um palco ou um roteiro. Olha para os acontecimentos de sua infância pelas lentes do propósito e os transforma: de simples mentiras, surtos de raiva e desejos obsessivos para expressões das necessidades de sua alma. O telos dá valor aos acontecimentos.

Mas acrescentar o "ologia" ao "telos" declara o que é esse valor. Diz qual é a intenção dos surtos e da obsessão. Ousa proclamar o propósito. Essas previsões são presunçosas porque as mentiras de Bergman também poderiam ser o padrão de um falsificador ou um vendedor mal-intencionado. O cavalo preto poderia tê-lo levado em diversas direções; Esmeralda, a sra. Holle e a imagem em movimento de um prado no cinematógrafo poderiam indicar algo relacionado a pintura, cafetinagem, estilismo ou travestismo. Declarar o propósito como se estivesse sendo atraído por um objetivo definitivo teleológico — "Você está destinado ao teatro, as mulheres serão fundamentais, fantasia é o seu ofício, e você precisa estar no controle" —, isso é presunção. E também é limitador. Porque se você já sabe qual é o propósito de um sintoma, você rouba do sintoma suas intenções singulares. Você perdeu o respeito pelo próprio propósito e, portanto, diminuiu seu valor.

O sistema teórico de Freud poderia afirmar muito bem o que estava acontecendo em uma obsessão infantil, mas Freud dizia que a prática exigia contenção, abstenção, reserva. Ele não permitia que a prática da psicanálise se tornasse teleológica, ainda que considerasse que todos os fenômenos da análise tenham um telos.

O fruto do carvalho age menos como um guia pessoal com uma direção certa de longo prazo e mais como algo em movimento, uma dinâmica interna que dá a sensação de propósito a diversas ocasiões. Você tem a sensação da importância: este momento supostamente trivial é significativo, enquanto este acontecimento supostamente essencial não importa tanto assim.

Digamos que o fruto do carvalho esteja mais preocupado com o que diz respeito à alma nos acontecimentos, mais ligado ao que é bom para ela e não ao que você acredita que é bom para você. Isso ajuda a explicar por que o daimon de Sócrates disse a ele para não escapar da prisão e da execução. Sua morte pertencia à integridade de sua imagem, à sua forma inata. Uma morte — seja na praça de touros, seja no banheiro ou em um acidente de carro — pode fazer mais sentido para a imagem e sua trajetória do que para você e seus planos.

Acidentes

A parte fácil é seguir a trajetória com dedicação. Sentimos com frequência o que precisamos fazer. A imagem no coração pode fazer exigências intensas e nos pede para ter fé. A parte difícil é compreender os acidentes, aquelas rajadas de vento triviais que nos tiram do caminho e parecem estar atrasando a chegada ao porto teleológico. Seriam distrações esses entraves? Ou cada um tem um propósito específico? Será que juntos eles fazem o barco avançar — talvez para um porto diferente? Você nunca vai conseguir encontrar sentido em um incidente imprevisível se sua bússola estiver muito fixa em um ponto do horizonte e sua visão teleológica souber exatamente aonde você deveria ir, o que deveria fazer lá e onde está agora.

Mais ainda: o que importa não é tanto se uma interferência tem propósito ou não; na verdade, o importante é enxergá-la com um olhar de propósito, buscando o valor no inesperado. Esse olhar começa com a presunção de que esses acontecimentos podem ser, de fato, acidentes. O mundo é governado ao mesmo tempo pela insensatez e pela sabedoria, assim como pela ordem e pelo caos, mas — e esse "mas" é gigantesco — esses acidentes podem ainda assim ter uma intenção interessante. É tão fatalista e teleológico evocar os desígnios cósmicos quanto evocar a aleatoriedade cósmica. O olhar de propósito simplesmente analisa cada "acidente", como esses acontecimentos são chamados, pelo que ele diz sobre si mesmo. A alma busca adequá-lo à sua forma.

Bette Davis, aos 7 ou 8 anos de idade, interpretava Papai Noel na escola. Havia velas de verdade iluminando a árvore e presentes de verdade debaixo dela. Enquanto a pequena Bette tentava se aproximar dos presentes, a manga de sua camisa tocou uma das velas. O fogo se espalhou pela fantasia até chegar à barba de algodão.

> De repente, eu estava em chamas. Comecei a gritar, aterrorizada. Ouvi vozes, senti que me envolveram com um tapete... Quando tiraram o tapete, decidi manter os olhos fechados. Sempre a atriz! Eu ia fingir que estava cega. "Os olhos dela!" Senti uma onda de alegria percorrer meu corpo. Eu estava totalmente no comando da situação.[9]

Não foi o fruto do carvalho que começou o fogo, mas Bette Davis conseguiu transformá-lo em teatro. A forma inata da pessoa incorpora os acidentes. Caráter é destino.

Considere a infância de dois grandes conhecedores de culinária. Pierre Franey, em alguma cidade na Borgonha, pescava trutas no riacho simplesmente agarrando-as com as mãos. Depois, comia o peixe ainda morno com maionese de ervas; criava coelhos e matava galinhas; ia para os campos de manhã cedo procurar os pequenos montículos feitos pelas toupeiras e que cobriam os caules de dente-de-leão, deixando-os mais doces. Resumindo, ele cresceu "bem íntimo da comida que comíamos".[10] Episódios como esses eram comuns a qualquer garoto da cidade, mas a imagem de Franey os transformou na sofisticação de um chef profissional. James Beard, cozinheiro, consultor de gastronomia, escritor de livros de culinária e um grande gourmet, nasceu com mais de seis quilos; foi um acidente desproporcional para uma mãe que já tinha mais de 40 anos. O corpo com que Beard nasceu parece ter sido escolhido por sua alma para incorporar plenamente os gostos e cheiros que seriam seu meio de vida. Seu primeiro "acidente" também foi "a cena da minha primeira aventura gastronômica. Eu estava no chão e fui engatinhando até a cesta de legumes, peguei uma cebola gigante e comi, com pele e tudo. Deve ter marcado a minha vida".[11] Franey e Beard: exemplos do daimon fazendo uso de ocasiões aleatórias.

Aos 18 anos, Churchill quebrou a cabeça e rompeu um rim acidentalmente enquanto brincava de lutar em uma batalha heroica. "Durante a convalescença... foi que ele se descobriu intelectualmente."[12] A forma não apenas integra a queda, mas também é alimentada por ela.

Enquanto estava na escola, o irmão mais velho de James Barrie bateu a cabeça numa pista de patinação no gelo e morreu. A mãe de Barrie passou por anos de reclusão, prostrada, de luto pela perda do filho favorito. Jamie (que na época tinha 6 ou 7 anos) fazia companhia para a mãe no quarto e tentava fazê-la rir; contavam histórias um para o outro, as dela biográficas, as dele mais inventadas.[13] O fruto do carvalho estruturou o acidente, a tristeza e o confinamento de acordo com a imagem de J. M. Barrie, escritor de fantasia.

O acidente que deixou James Thurber cego de um olho e, no fim das contas, do outro (o irmão o acertou com uma flecha), quando ainda era menino, não definiu o curso de sua vida nem o desviou do caminho. A forma se ajusta e encontra propósito, como a escrita habilidosa e precoce de Thurber, como a "qualidade amadora"[14] de seus cartuns desenhados com escala e perspectiva estranhas.

O presidente Richard M. Nixon era grande fã de *Tom Sawyer*. É bastante comum encontrar esse livro na lista de leituras de um garoto americano, e Nixon era um ávido leitor e escritor desde cedo. "Nixon gostava do episódio em que Tom engana Ben Rogers e o convence a pintar sua cerca, tanto que o sabia de cor. Quase cinquenta anos depois [na Casa Branca]... Nixon recitou o episódio sem cometer nenhum erro."[15] Cultura inútil casual (?) da infância que ganhou significado pela alma.

A grande estilista Coco Chanel, que inventou o "pretinho básico" em 1924, passou toda a adolescência em um orfanato monástico bem rígido. Foi uma prisão, e todos os vestígios daquela época e seu tempo ali foram apagados dos registros e também de suas memórias. "Não me diga o que estou sentindo... É possível morrer mais de uma vez na vida, sabe?", disse ela certa vez.[16] Mas a austeridade clássica de seus ternos, a perfeição simétrica, o uso constante de preto, branco e cinza reproduzem os acidentes de sua repressão, apesar do apagamento das memórias. A alma usa aquilo de que precisa. E é incrível como a alma pode ser prática e sábia a respeito dos acidentes e infortúnios.

Sabedoria em grego era *sophia*, como na palavra "filosofia", amor à sabedoria. *Sophia* também tinha um significado mais prático, referindo-se originalmente às habilidades de manejar as coisas, em especial ao timoneiro que conduz o barco. O sábio conduz bem; a sabedoria do timoneiro está na arte de fazer pequenos ajustes de acordo com os acidentes da água, do vento, do peso. O daimon ensina essa sabedoria nas avaliações constantes dos acontecimentos que parecem tirar você do curso. Isso também é filosofia: o amor por fazer pequenas correções, pequenas integrações daquilo que não parece se encaixar. Às vezes, essa atenção a um acontecimento singular é chamada pelos filósofos de "salvar o fenômeno" das trajetórias metafísicas das teorias.

Esses movimentos acidentais não atrasam nem avançam o projeto principal. Na verdade, eles mudam sua forma, como se o curso e o próprio barco fossem reestruturados pelas reações da alma aos eventos da vida.

Há uma habilidade em descer; é a sabedoria de observar as coisas de olho em seus efeitos.

Essa ideia de ajustes contínuos e em movimento não tem nada de nova ou estranha. Se voltarmos até Aristóteles, a alma já tinha sido concebida para ser tanto a forma quanto o movimento do corpo. A forma é dada lá no início, como a imagem da sua sorte, e muda conforme nos movemos. Essa forma, para a qual estamos usando uma série de termos intercambiáveis — imagem, daimon, chamado, anjo, coração, fruto do carvalho, alma, padrão, caráter —, permanece fiel a si mesma.

Alguns acidentes inundam o barco e estragam a forma. Por exemplo, a "neurose de guerra", como o transtorno de estresse pós-traumático era chamado durante a Primeira Guerra Mundial; o estupro com ameaça de morte; acidentes em alta velocidade; crueldade abusiva e repetitiva. Algumas almas, no entanto, parecem "lidar bem com isso"; outras permanecem atoladas, com dificuldade para "se libertar", como vemos nos pesadelos recorrentes de veteranos do Vietnã. Será que o fruto do carvalho foi tão danificado por esses acidentes que sua forma foi destruída de maneira incurável, uma *gestalt* que nunca pode ser fechada, um leme quebrado, não importa quanto o timoneiro se esforce para conduzir a embarcação?

O fatalismo responde: tudo está nas mãos dos deuses. O finalismo teleológico responde: tudo tem um propósito oculto e servirá para o seu crescimento. O heroísmo diz: abrace essas sombras ou as destrua; deixe o desastre para trás e siga com a vida. Em cada uma dessas respostas, o acidental como categoria se dissolve nas filosofias mais amplas do fatalismo, do finalismo e do heroísmo.

Prefiro manter o acidente como uma categoria autêntica de existência, que força especulações sobre a existência. Um acidente sério exige respostas. O que significa, por que aconteceu, o que está querendo? Avaliações contínuas fazem parte do momento após o choque. O acidente pode jamais ser integrado, mas talvez deixe a forma da alma ainda mais forte ao acrescentar perplexidade, sensibilidade, vulnerabilidade e cicatrizes a ela.

A teoria do desenvolvimento considera os acidentes de Churchill e Chanel, de Thurber e Barrie, representações típicas do trauma juvenil, que pode ser sublimado, transformado e integrado ao longo do tempo. O tempo cura todas as feridas.

A teoria do fruto do carvalho defende que a queda de Churchill, o olho perdido de Thurber, o luto da mãe de Barrie e a adolescência monástica de Chanel pertencem de forma apropriada a seus frutos do carvalho. Esses acidentes da juventude não foram previstos pelo fruto do carvalho, como se estivessem formulados em um plano divino, assim como esses eventos infelizes não foram determinantes para as carreiras vindouras, forçando-os a seguir por determinado caminho. Em vez disso, foram "acidentes necessários", ao mesmo tempo necessários e acidentais. Foram maneiras de fazer com que o chamado da alma viesse à tona, do fruto do carvalho expressar sua forma e construir suas vidas. No caso de Churchill, foram necessários um choque repentino e uma convalescença lenta; para Barrie e Chanel, um longo aprisionamento. Dentro do orfanato, Chanel aprendia a disciplina, enquanto Barrie aprendia a contar histórias para sua mãe enlutada, assim como a forma inata de Richard Nixon gravou exatamente o conto de que precisava sobre a capacidade de Tom Sawyer de enganar.

Necessidade

Ainda há uma última coisa muito importante, aquela que Platão coloca bem no centro de seu mito: a Necessidade, que gira o fuso em que estão emaranhados os fios da nossa vida.

Lembre-se da narrativa: a deusa Ananque, ou Necessidade, se senta ao trono em meio às Moiras, suas filhas, companheiras e ajudantes. Mas é ela, Ananque, quem estabelece o que é *necessário* para a sorte escolhida pela alma — não um acidente, não bom ou ruim, não previsto ou garantido, apenas necessário. O que vivemos é necessário ser vivido. Necessário para quem? Para o quê? Para ela, a Deusa Necessidade. Necessário porque é necessário? Isso não é muito bem uma resposta. Precisamos especular.

Quem e o que é Ananque? Em primeiro lugar, ela é extremamente forte entre os poderes do cosmos. Platão cita apenas duas grandes forças cósmicas: Razão (*nous* ou a mente) e Necessidade (*ananke*).[17] A Razão é responsável por aquilo que conseguimos entender, pelo que segue padrões e leis racionais. A Necessidade opera como uma causa "variável" — algo também chamado de "errático", "errante", "vagante".

Quando algo não se encaixa, parece bizarro ou estranho, quebra o padrão habitual, então é mais provável que seja obra da Necessidade. Embora ela determine a nossa sorte, os meios de que se vale para influenciar são irracionais. Por isso é tão difícil entender a vida, até mesmo a nossa própria. A sina da sua alma vem de um princípio irracional. A lei que ela segue é a Necessidade, que vaga por aí de modo errático. Não é de espantar que nós, leitores, sejamos atraídos por biografias e autobiografias, pois esses textos oferecem vislumbres de quão irracional é a atuação da Necessidade na vida humana. Embora a regra da Necessidade seja absoluta e irreversível, esse determinismo é indeterminado. Imprevisível.

Já encontramos essa ideia de causas irracionais em capítulos anteriores: as explicações genéticas que se apoiam na teoria do caos (Capítulo 6), as crianças que saem do caminho habitual e enveredam pelas fantasias estranhas dos folhetins de banca (Capítulo 7); aquela "outra coisa" que se infiltra nas nossas intenções, como quando Ella Fitzgerald de repente cantou apesar de ter dito que havia subido ao palco para dançar, e quando Barbara McClintock esqueceu o próprio nome. Vimos também a causa errática em ação em diversas recusas e expulsões da escola, e nas percepções repentinas dos mentores acerca das belezas e potencialidades de seus pupilos (Capítulo 5). Na verdade, viemos seguindo a trilha vagante da Necessidade ao longo de todas estas páginas, observando como ela opera e sentindo seu poder inexplicável e inegável.

Imagens antigas tornam visível esse poder inegável, e as raízes remotas da palavra *ananke* deixam isso ainda mais evidente. Ananque vem de uma raiz que se desdobra do egípcio antigo, do acádio, do caldeu e do hebreu em termos para "estreito", "garganta", "sufocar" e "constringir", e para os jugos e gargalheiras colocados no pescoço dos cativos.[18] Ananque pega você pela garganta, o prende e o mantém como escravo.

As imagens mitológicas e os problemas patológicos se referem uns aos outros. O famoso ditado de Jung deixa isso explícito: "Os Deuses se tornaram doenças". O lugar onde o deus/doença se mostra mais forte e conciso é na dor da angina que aperta o coração e nos estados de ansiedade que impedem o ser humano de agir livremente. Ambos os termos, "angina" e "ansiedade", são derivados de *ananke*.

A questão é que não há escapatória da necessidade. Ela não recua, não se submete: *ne* + *cedere*. Kant define o equivalente alemão da necessidade, *Notwendigkeit*, como "o que não poderia ser de outro jeito". Isso torna a compreensão da nossa vida bem mais fácil: o que quer que sejamos, não poderíamos ser de outro jeito. Não há arrependimento, caminho errado, nem mesmo erro de verdade. O olho da necessidade revela que o que fazemos é a única coisa que poderíamos fazer. "O que poderia ter sido é abstração / Permanece perpétua a possibilidade / Somente num mundo de especulação. / O que poderia ter sido e o que foi / Apontam a um só fim, que é sempre presente" (T. S. Eliot).[19]

Quando tomamos uma atitude ou fazemos uma escolha, acreditamos que há opções. Opções, Ação Pessoal, Escolhas, Decisões — essas são palavras nas quais o ego floresce. Mas, se paramos por um momento o que estamos fazendo e pensarmos a respeito, o sorriso implacável da Necessidade diz que qualquer escolha feita será exatamente aquela exigida pela Necessidade. Não poderia ser de outro jeito. No momento em que se toma a decisão, ela é a necessária. Antes de decidir, está tudo em aberto. Por essa estranha razão, a Necessidade garante apenas o risco. Tudo está em risco a cada decisão, ainda que o que for enfim decidido torne-se necessário.

Ao defender que a Necessidade teve influência em cada um dos momentos decisivos da minha vida, posso justificar qualquer coisa que eu faça. É como se eu pudesse escapar da responsabilidade — está tudo nas cartas, ou nas estrelas. Ainda assim, essa deusa dominadora e inflexível me faz tremer a cada decisão, pois não há previsibilidade em sua irracionalidade errante. Apenas olhando para trás é que conseguimos encontrar as certezas e dizer que tudo aquilo era necessário. É curioso que a vida possa ser preordenada, mas não prevista.

Então, onde estão os erros? Como alguém pode cometer erros e por que nos sentimos culpados? Se tudo que acontece é necessário, o que dizer do remorso?

Já que a necessidade incorpora qualquer decisão que eu tome como necessária, então a necessidade deve ser imaginada como um princípio inclusivo que ajusta a imagem de cada vida para incluir todas as suas ações, uma a uma, quaisquer que sejam. Ainda estamos presos com a coleira, mas ela é ajustável. O jugo da Necessidade produz aquela sensação de que estamos sempre presos a algum lugar, vítimas das circunstâncias de alguma forma, desejosos de liberdade. Eu posso até saber que o que tinha de ser tinha de ser, e ainda assim sentir remorso. A Necessidade diz que o remorso também é necessário como sentimento e pertence a esse nosso jugo, mas não se refere ao que você efetivamente poderia ou deveria ter feito de outro jeito.

Compreender a necessidade dessa maneira torna os erros uma tragédia, e não pecados dos quais é preciso se arrepender ou acidentes a serem remediados. As coisas não podem e não poderiam ser de outro jeito. Tudo está no lugar certo de maneira inexorável, os fracassos fatais e tudo o mais, e o curso da necessidade se desenrola até a hora em que o chifre do touro encontra suas entranhas.

É preciso um coração muito grande para aceitar a coleira apertada. Na maioria das vezes, rejeitamos os acontecimentos estranhos e irracionais pelos quais passamos. No geral, tentamos ignorar as perturbações — até que o coração chama a nossa atenção para elas como algo talvez importante, talvez necessário. A mente é a última a sucumbir, e normalmente há um cabo de guerra entre o chamado do coração e o planejamento da mente, um conflito dentro de cada ser humano replicando os dois princípios de Platão, *nous* e *ananke*, razão e necessidade irracional.

É claro que a mente pode adiar o chamado, reprimi-lo e traí-lo. Você não será impreterivelmente punido e amaldiçoado por isso. O daimon não é necessariamente um demônio perseguidor, um cão de guarda cristão dos céus. A Vingança não é uma das filhas da Necessidade. A Necessidade, com efeito, alude apenas àquilo que não podia ser de outro jeito, ou àquilo do qual não podemos fugir. Fugir não é um pecado, porque a Necessidade não é moralista. Fugir pode se encaixar muito bem com sua alma e seu padrão, assim como encarar as flechas de peito aberto também.

Harry Houdini construiu uma carreira fugindo. Era seu chamado. "Ele nunca parava de inventar" a própria vida, escapando assim da prisão de uma "verdade pedante".[20] Houdini conseguia escapar de todas as armadilhas preparadas para ele, incluindo as factuais — por exemplo, sua verdadeira terra natal (Wisconsin ou Hungria?), sua data de nascimento (24 de março ou 6 de abril?), seu nome de batismo (Ehrich ou Erik?); ele enfim escapou do sobrenome da família (Weiss) ao adotar a invenção "Houdini" depois de ler, aos 17 anos, sobre a vida de Robert-Houdin, um grande mágico francês do século 19.

Houdini superou a necessidade em todo lugar, usando cada virada inesperada para fazê-lo. Pobreza, Desemprego, Preconceito, Fracasso — nenhum dos deuses cruéis conseguiu impedi-lo. Escapou de todas as camisas de força, celas de prisão e cofres de banco, e levava o público à loucura especialmente quando prendia a si mesmo, amarrado e acorrentado, dentro de um caixão de metal imerso em água gelada — e então se soltava e emergia, respirando.

Escapou de caixões externos e acabou sucumbindo a uma morte lenta que foi crescendo em seu corpo forte e musculoso por meio de um apêndice inflamado durante muito tempo que enfim se rompeu.

A história de Houdini não é como a de Manolete? Não é como a história de qualquer um de nós? O olho do fruto do carvalho lê a história de trás para a frente. Assim como o touro esperava por Manolete, o apêndice esperava por Houdini, uma necessidade inescapável obscurecendo os esforços extraordinários e as conquistas incríveis da luta heroica que foi travada com seu fruto do carvalho — até o último dia quando, em seu leito de morte, ele disse para a esposa: "Estou ficando cansado e não consigo mais lutar".

Até o artista da fuga encontra a necessidade. As correntes de Ananque são visíveis e invisíveis. Quando o "não podia ser de outro jeito" acontece, a teoria do fruto do carvalho é a explicação mais plausível de como a vida funciona e por que as coisas se dão como se dão.

Quanto mais verdadeiro você for com seu daimon, mais próximo está de uma morte que pertença ao seu destino. Esperamos que o daimon tenha uma presciência da morte, invocando-a antes de um voo de avião ou durante um ataque repentino de alguma doença. Esse é meu destino, e agora? E quando as exigências do nosso chamado parecem inegavelmente necessárias, a morte surge novamente: "Se eu fizer o que preciso mesmo, isso vai me matar; mas, se eu não fizer, vou morrer". Ser ou não ser o chamado, essa ainda e mais uma vez parece ser a questão.

Talvez essa intimidade entre o chamado e o destino seja o motivo pelo qual evitamos o daimon e a teoria que defende sua importância. Na maior parte das vezes inventamos, e preferimos, as teorias que nos ligam aos poderes parentais, que nos sobrecarregam com condicionamentos sociológicos e determinantes genéticos; desse modo, fugimos do fato de que essas influências profundas em nosso destino não chegam nem perto do poder que tem a morte. A morte é a única necessidade completa, a Necessidade arquetípica que governa o padrão da linha da vida que ela fiou com suas filhas, as Moiras. A extensão dessa linha e sua direção única e irreversível são parte do mesmo padrão, e não poderia ser de outro jeito.

CAPÍTULO 10

A SEMENTE PODRE

Chamado para matar?

Escroques e criminosos, guardas sádicos e estupradores em série — todas as criaturas maiores e menores do submundo —, será que a alma deles também desce do colo da Necessidade? Mais uma vez, Plotino fez essa pergunta séculos atrás: "Como os Deuses podem dar a alguém um caráter cruel?".[1] O chamado de alguém pode ser tornar-se um assassino? O fruto do carvalho pode conter uma semente podre? Ou talvez o criminoso psicopata não tenha alma alguma?

Para responder a essa indagação sobre a semente podre, que é nada menos do que a pergunta sobre a natureza do mal, precisamos analisar aquela figura que é a maior representação do assassino criminoso psicopata dos tempos modernos, senão de todos os tempos: Adolf Hitler (1889-1945).

Uma investigação sobre Hitler oferece mais benefícios do que um estudo comparativo de diversos casos de assassinos sádicos e torturadores. Em primeiro lugar, segue o método que já estamos aplicando ao longo de todo este texto: examinar os extremos para explicar o mais ordinário. Em segundo, recorremos a um único caso exemplar para revelar como o daimon se mostra nos traços de caráter e nas ações cotidianas. Em terceiro, ao confrontar a maldade de Hitler, ficamos diante das maldades que ele deixou de legado para a nossa era. O fenômeno de Hitler tem implicações que influenciam nossa vida como cidadãos até hoje. Diferentemente dos crimes cometidos por Charles Manson,

Jeffrey Dahmer, John Wayne Gacy e outros similares, "os danos causados por violências individuais... são insignificantes se comparados aos holocaustos que resultaram de uma devoção autotranscendente a sistemas de crenças compartilhados pelo coletivo".[2]

Para ser um cidadão consciente no Ocidente pós-Hitler, é preciso não apenas relembrar as imagens e as lições da primeira metade do século 20, a época de Hitler na história ocidental, mas também é obrigatório refletir sobre Hitler como um potencial demoníaco nesse mesmo mundo ocidental. Refletir sobre Hitler vai além de um estudo de caso sobre psicopatia ou tirania política, e é mais do que uma inovação literária, como fizeram Mailer, Capote e Sartre com seus personagens psicopatas. É um ritual de descoberta psicológica, uma atitude tão necessária a quem se pretende um ser humano consciente quanto ter memórias do Holocausto e revisitar a história da Segunda Guerra Mundial. Uma investigação sobre Hitler é um ato de contrição para todos que compartilham da psique ocidental, pois essa psique teve participação inconsciente nas atitudes do ditador alemão; e é também um ato de expiação para o demônio específico que escolheu Hitler como seu hospedeiro. Já tendo aparecido de maneira tão virulenta, esperamos que esse demônio não precise nos cegar novamente. Nossa pesquisa também pretende demonstrar as maneiras específicas pelas quais o daimon se revela demoníaco e o gênio, maligno.

Uma das principais desvantagens de nos concentrarmos no pior de todos é que podemos deixar passar os escroques menos importantes, os assassinos menos violentos. Ao examinar Hitler em detalhes, podemos ignorar o demônio que está ao nosso lado. Diretorias corporativas sem rosto e administradores políticos tomam decisões que destroem comunidades, arruínam famílias e acabam com a natureza. O psicopata bem-sucedido agrada as multidões e ganha eleições. A tela da TV e sua versatilidade camaleônica ao exibir qualquer coisa que deva ser vista favorece a distância, a frieza e a fachada charmosa, assim como toda a parafernália elegante dos altos níveis das estruturas políticas, legais, religiosas e corporativas. Qualquer pessoa que ascenda em um mundo que venera o sucesso deve ser suspeita, porque estamos na era da psicopatia. Os psicopatas de hoje não se esgueiram mais pelas sarjetas como os ratos imundos dos filmes policiais em preto e branco dos anos 1930, mas desfilam pelas avenidas em limusines blindadas para visitas de Estado, comandam nações inteiras e enviam delegados para a ONU. O estilo ultrapassado de Hitler, portanto, pode nos impedir de enxergar para além das máscaras usadas pelos demônios de hoje e do futuro. No entanto, o demônio atemporal sempre entra no mundo disfarçado com suas roupas contemporâneas, vestido para matar.

Os hábitos de Hitler, relatados por informantes confiáveis e confirmados por historiadores e biógrafos confiáveis, apontam que ele ou se identificava ou era possuído pelo daimon. A principal diferença entre a possessão de Hitler e as dos outros neste livro está na natureza de sua personalidade e na natureza do daimon — uma semente podre em uma personalidade que não oferecia qualquer dúvida ou resistência.

Como quero demonstrar, a teoria do fruto do carvalho oferece uma maneira tão boa quanto qualquer outra de se imaginar o fenômeno Hitler, e vou resumir as outras teorias mais adiante neste capítulo. A ideia de um demônio, ou de um gênio maligno, ajuda a explicar o apelo desse personagem no substrato sombrio do *Volk* alemão, e a formação desse éthos de grupo que, iludido pelas visões demoníacas, concordou com elas e as executou. Ao ver como, a partir de uma única semente, o poder fascinante de Hitler encantou milhões de pessoas e as arrastou para uma demonização coletiva, podemos entender com mais facilidade como assassinos psicopatas individuais, como Jeffrey Dahmer, Andrei Chikatilo, Dennis Nilsen, Peter Sutcliffe e Juan Corona, puderam enfeitiçar uma longa lista de vítimas. Talvez, a inocência seja um mistério ainda maior do que a maldade.

Hitler

Vamos abordar essa apresentação do caráter de Hitler, que se tornou o destino da nossa civilização, em dois passos. Em primeiro lugar, enumerando características específicas que simbolizam as descrições tradicionais do mal, da morte e da destruição, e depois analisando um outro grupo menor de características que revelam de forma mais explícita a presença do invisível na biografia do ditador alemão.

1. O coração frio

Já perto do fim da vida, em seu último discurso para os comandantes de distrito, Hitler disse: "Aconteça o que acontecer, meu coração permanece frio como gelo". Na reunião com a equipe, ele elogiou Göring com admiração, dizendo que o militar "provara ser frio como gelo... Esteve comigo em todos os dias difíceis, sempre muito frio. Sempre que as coisas davam muito errado, sua frieza aparecia".[3]

O fundo do inferno, segundo Dante, é um reino de gelo, habitado pelos arquicriminosos Caim, Judas e Lúcifer. As lendas, as superstições e os dogmas da Inquisição, do fim da Idade Média até o Renascimento, defendiam que o pênis do Diabo era gelado e seu sêmen, frio.[4]

O traço psicológico que acompanha o coração gelado é a rigidez, a incapacidade de se ajustar, de fluir, de deixar para lá. Waite apresenta testemunhos de quatro períodos diferentes da vida de Hitler, todos concordando que "Havia algo firme em sua natureza, algo de inflexível, imóvel, obstinadamente rígido.... Adolf simplesmente não conseguia mudar de ideia e nem alterar sua natureza".[5] Já bem no fim, em Berlim, em 1945, "quando um colaborador sugeriu que talvez algumas coisas devessem ter sido feitas de modo diferente, Adolf Hitler gritou, angustiado e perplexo: 'Mas você não entende? Eu não consigo mudar'". Todos os seus hábitos — as roupas que usava até se desmancharem, a rotina da escovação de dentes, as músicas e filmes que escolhia, seu cronograma de horários — eram repetitivos. Quando levava o cachorro para passear, o que fazia todos os dias no mesmo horário, ele jogava exatamente o mesmo graveto, do mesmo lugar, na mesma direção.[6]

2. Fogo do inferno

Uma imagem mais comum do inferno é o fogo. O daimon é associado ao fogo há muito tempo. Por exemplo, o gênio de uma pessoa já foi descrito como uma nuvem em chamas ao redor de sua cabeça, uma espécie de halo. O daimon de Hitler usou o fogo para suas ações demoníacas — o incêndio no Reichstag, que prepara o terreno para sua ascensão ao poder; as marchas noturnas com tochas; as imagens inflamadas de seus discursos; as cidades em chamas pela Europa; as fornalhas e chaminés dos campos de concentração; e seu corpo no bunker de Berlim, encharcado de gasolina e incendiado. Anos antes da guerra (1932), em conversas com Hermann Rauschning — na época um dos principais líderes nazistas, mas que depois desertou e publicou seus escritos *antes* da guerra —, Hitler já sabia qual seria seu fim e o destino da Alemanha. Ele disse: "Podemos até ser destruídos, mas vamos levar o mundo inteiro junto — um mundo em chamas".[7] Ele então começou a cantarolar uma das árias da ópera *Götterdämmerung — O crepúsculo dos deuses* — de Wagner.

O fogo tem muitos valores simbólicos: transformação, batismo, iniciação, calor e cultura, e trazer luz para a escuridão. Para Hitler, o potencial do fogo se limitava à destruição, e o bombardeio de Dresden foi o ápice das penas infligidas pelo demônio da morte às pessoas e à cultura que haviam sido inflamadas pelo chamado desse demônio.

3. Lobo

Na infância, Hitler chamava a si mesmo de Herr Wolf [Senhor Lobo] e fez a irmã mudar o nome para Frau Wolf [Senhora Lobo]. Durante os últimos dias no bunker, ele cuidava de um filhote de cachorro chamado Lobo, que não deixava ninguém mais encostar. Esse espírito de lobo apareceu na infância, quando ele derivou seu nome, "Adolf", de "Athalwolf", ou "Lobo Nobre". Batizou três de seus quartéis generais militares de Wolfsschanze, Wolfsschlucht e Werwolf. Seus cachorros favoritos eram os *wolfshunde*, da Alsácia. "Chamava os agentes da ss de 'minha alcateia de lobos'... Frequentemente, e sem pensar muito, assobiava e dizia: 'Quem tem medo do lobo mau?'."[8]

O poder arquetípico dessa identificação com o lobo ainda afeta a nossa vida. Está na raiz da guerra fria e na divisão da Europa entre ocidental e oriental. Porque o serviço de inteligência dos Estados Unidos acreditou que um exército inteiro de "lobisomens" hitleristas, munidos de gás venenoso, armas secretas e usando antigos símbolos rúnicos do lobo para marcar as casas por vingança, estava resistindo em um reduto nas montanhas da Baviera ao lado de Hitler e seus apoiadores, executando práticas terroristas. Não apenas o general Omar Bradley redirecionou os exércitos americanos para o sul da Alemanha a fim de lidar com esse delírio de poder do lobo, mas, para a surpresa de Stálin, os comandantes aliados deixaram que suas tropas tomassem Berlim.[9]

Sem condenar o lobo em si, ou esquecer suas virtudes simbólicas como mãe cuidadora e protetor das crianças perdidas, podemos citar uma longa tradição que coloca o lobo entre os demônios perversos de morte em muitas culturas espalhadas pelo mundo, não apenas na germânica.[10]

4. Analidade

Hitler fazia enemas em si mesmo; sofria imensamente com sua flatulência; tinha ideias obsessivas sobre tocar e ser tocado, sobre dietas, digestão e limpeza pessoal. Também há evidências convincentes de que seu prazer sexual particular envolvia ser sujado pelas parceiras.[11]

Mais uma vez, há uma associação demoníaca aqui. O diabo supostamente escolheu o ânus como sua localização especial no corpo — por isso a sodomia é considerada pecado, a limpeza é a virtude mais próxima da piedade, o enxofre é associado ao cheiro do inferno, e o rosto do diabo é estampado em seu traseiro nas xilogravuras medievais. Purificações medicinais violentas tinham um componente teológico: limpar o que há de mau. E Marquês de Sade, aquele anticristo das práticas sexuais e contraparte do amor cristão, concentrava-se principalmente no erotismo anal. Punições que tinham como alvo as nádegas, desde tapas até chicotadas e a marcação com ferro quente, incluindo as torturas mais cruéis ordenadas pelos cristãos contra os malfeitores, podiam ser justificadas como ataques ao demônio em sua alcova no corpo.

É por isso que a imaginação da analidade vai ainda mais longe; a analidade é mais do que mero estágio de desenvolvimento do caráter de Hitler, explicando sua rigidez e seu sadismo. Se o ânus é a zona erógena que abriga os maus espíritos, então a obsessão com tal orifício não expressa apenas as fixações em regular a defecação, mas mantém o demoníaco sempre presente, dando a seu local simbólico a atenção que ele demanda.

5. Suicídios de mulheres

Seis das mulheres — e não houve muitas outras — com quem Hitler comprovadamente teve casos ou relações íntimas, ou por quem esteve "apaixonado", suicidaram-se ou tentaram fazê-lo.[12] Entre elas está uma adolescente, Mimi Reiter, por quem Hitler se apaixonou quando tinha 37 anos e que tentou se enforcar quando ele terminou a relação, e a sobrinha dele, Geli Raubal, que foi "o amor de sua vida". Eva Braun atirou no próprio coração em 1932 e sobreviveu, apenas para morrer com ele no pacto suicida que fizeram no bunker.

Psicologicamente, podemos teorizar que Hitler sentia atração por mulheres psiquicamente desequilibradas, e isso explicaria seus impulsos destrutivos. Também podemos teorizar que sua disfunção sexual e possível coprofilia produziram nessas mulheres tal nível de repulsa de si mesmas que elas preferiram "a morte à desonra". Ou podemos imaginar as coisas de maneira mais demoníaca e perguntar se a intimidade com o lobo, o fogo do inferno e o coração gelado torna impossível continuar vivendo. Será que essas mulheres tiveram a intuição de que amaram um diabo?

6. Aberrações

A atmosfera circense das vestimentas, desfiles, cerimônias e gestos peculiares (o passo de ganso e os cumprimentos com braço esticado) também incluía atipicidades. O motorista pessoal de longa data de Hitler era tão pequeno que precisava colocar blocos debaixo do assento para enxergar acima do volante. O líder dos camisas-pardas que substituiu Ernst Röhm após seu assassinato só tinha um olho; Joseph Goebbels tinha o pé torto; o fotógrafo oficial era alcoólatra e tinha as costas deformadas. O diretor de imprensa de Hitler, Max Amann, e seu primeiro tesoureiro só tinham um braço; Amann também parecia ter nanismo. O assessor de imprensa era surdo. Martin Bormann era alcoólatra, Rudolf Hess era paranoico, Hermann Göring, viciado em morfina; Robert Ley, comandante dos campos de trabalho, tinha uma deficiência de fala.[13]

Os desfigurados, mancos e cegos circulavam pelos mercados e pediam dinheiro nas esquinas por toda a Europa ao longo dos anos 1920 e 1930, uma consequência da Primeira Guerra; a arte expressionista, o humor dos cabarés e o mundo dos bordéis colocavam as "aberrações" à vista do público. A *entourage* de Hitler, no entanto, era inusitada por elevá-las às altas esferas do poder, ainda que outros fisicamente parecidos com elas fossem sistematicamente mortos nos campos de concentração.

Talvez não seja tão inusitado assim, já que a história da demonologia mostra que a figura semi-humana representa o inumano e ameaça o mundo "normal", assim como o pirata caolho e com um gancho no lugar da mão, o perseguidor manco e o corcunda nos filmes e nas histórias de fantasia. Os dois filmes favoritos de Hitler, aos quais assistia repetidamente, eram *King Kong* e *Branca de Neve e os sete anões*.

É uma conquista digna de elogios para o espírito democrático americano o fato de terem integrado legalmente os deficientes à sociedade e buscado essa inclusão com tanto vigor. A integração das "aberrações" não apenas enriquece a sociedade e é um gesto de compaixão, mas também tenta remover essa maldição simbólica dos deficientes, que em muitas culturas ainda são vistos como a representação de um submundo sinistro e demoníaco.

7. A falta de senso de humor de Hitler

Aberrações, vestimentas, teatro, cortejos — mas nada de comédia. "Hitler não tinha senso de humor", afirmou Albert Speer, seu arquiteto e ministro dos armamentos. Uma secretária que trabalhava diariamente com ele comentou: "Devo dizer que nunca o vi dar uma risada de verdade", e um companheiro de infância disse que "ele não tinha nenhum espírito de autoironia... Era incapaz de... deixar algo pra lá com um sorriso". Entre os soldados do front, Hitler "nunca ria ou fazia piadas". Tinha verdadeiro horror que rissem dele; não fazia piadas de duplo sentido e as proibia em sua presença.[14]

O diabo pode até agir como um impostor, demonstrar inteligência, bancar o palhaço, fazer uma dancinha e ser piadista, mas o húmus e a humildade do humor — jamais! O humor, como sugere a própria palavra, umedece e suaviza, dá um toque comum à vida; é a condenação da grandiosidade, estimula a autorreflexão e nos afasta da arrogância. Ao baixar a nossa bola, o humor é essencial para a descida (ver Capítulo 2). Rir e reconhecer o nosso próprio absurdo na comédia humana afasta o diabo tanto quanto o alho e a cruz. *O grande ditador*, de Chaplin, fez mais do que tirar sarro de Hitler; revelou o absurdo, a trivialidade e a tragédia da ostentação demoníaca.

Características gerais do demoníaco

Quero agora apresentar mais evidências do demoníaco em Hitler para compreendermos melhor como a Semente Podre funciona e como pode ser reconhecida.

August Kubizek, amigo de escola de Hitler, disse que sua mãe tinha medo dos olhos dele — azul-claros, perturbadoramente intensos e sem cílios. Sua professora do ensino médio descreveu seus olhos como "brilhantes". Kubizek também escreveu: "Se me perguntassem onde era possível perceber, na juventude, as qualidades excepcionais desse homem, eu só poderia responder: 'nos olhos'". Hitler achava seus olhos parecidos com os de sua mãe, que, "por sua vez, o lembravam da Medusa", como retratada por seu pintor favorito (Franz von Stuck). Hitler praticava seus "olhares penetrantes diante de um espelho" e brincava de encarar as outras pessoas até que elas desviassem o olhar. O velho fascista inglês (e genro de Wagner) Houston Chamberlain escreveu para ele: "É como se seus olhos tivessem mãos, pois eles agarram e seguram com força... Com um só lance, você transformou o estado da minha alma".

Por volta de 1909, Hitler conheceu um de seus mentores intelectuais, Georg Lanz, um antissemita excêntrico e muito prolífico que escrevera tratados bizarros com títulos como *Teo-zoologia* e *Contos dos homens-macacos sodomitas*, além de "Os perigos dos direitos das mulheres e a necessidade de uma moralidade superior masculina". Lanz também escreveu as seguintes palavras: "A mais importante e decisiva força erótica para as pessoas da raça superior é o *olho*... O erotismo heroico é um amor com os olhos".[15] Um dos muitos que foram cativados pelo "erotismo heroico" de Hitler relatou: "Olhei nos olhos dele, ele olhou nos meus, e me restou apenas um desejo — estar a sós em casa com essa experiência enorme e avassaladora".[16]

"O veterano dramaturgo alemão" Gerhart Hauptmann teve, a certa altura, a oportunidade de conhecer Hitler. "O Führer apertou a mão dele e olhou em seus olhos. Era o famoso olhar que fazia todo mundo tremer... Depois, Hauptmann disse aos amigos: 'Foi um dos melhores momentos da minha vida'."[17]

Se os olhos são os espelhos da alma, como diz a tradição, então o poder irresistível dos olhos de Hitler era a mirada do demônio? Seus olhos revelavam o vazio dentro de si, um vislumbre do abismo gelado, a ausência total e completa de alma? Embora ninguém possa responder isso, ao menos não podemos atribuir a estranheza desses olhos ao condicionamento do ambiente, e, mesmo que a cor seja determinada geneticamente, será que aquele poder, paralisante como o da Medusa, pode ser reduzido aos cromossomos?

Como observamos em diversas biografias, a certeza urgente fornecida pelo fruto do carvalho parece colocar a vida nas mãos de um poder mais forte do que nós. "Eu sigo o caminho que a Providência me ditar, com a segurança de um sonâmbulo", disse Hitler em um discurso em 1936. Ele foi protegido, ele estava destinado, ele era diferente. Nas trincheiras da guerra de 1914 a 1918 (quando ele foi ferido apenas uma vez e levemente intoxicado por gás, afetando somente seus olhos), outros soldados o consideravam um "corvo branco", inacessível e isolado. Seus camaradas achavam que ele tinha uma vida enfeitiçada. "O regimento dele lutou em 36 grandes batalhas... A morte o rondou por mais de mil dias e as maneiras pelas quais ele a evitou são inacreditáveis."[18] Hitler parecia cortejar a morte repetidas vezes, mas quando as balas atingiam um camarada, ele escapava ileso. Depois de um ataque importante que dizimou o regimento, alguém se virou para Hitler e disse: "*Mensch, für dich gibt es keinen Kugel* (Cara, não tem nenhuma bala com seu nome)".[19] Durante o fracassado "Putsch da Cervejaria", para tentar tomar o poder em 1923, o guarda-costas de Hitler "pulou na frente dele e levou meia dúzia de balas que eram destinadas ao líder nazista".[20] A tentativa de assassinato corajosa e cuidadosamente planejada em julho de 1944 malogrou; Hitler foi salvo pela interferência do acaso: um percutor defeituoso e uma perna de mesa grossa.

Uma vez, quando tinha 17 anos, a sorte falhou com ele. Tinha comprado um bilhete de loteria e fez planos grandiosos a respeito do que faria com o dinheiro que ganhasse. Ele não ganhou e teve um surto de fúria. Decepcionara-se com aquela mesma "Providência", Moira, Fortuna ou Sorte na qual depositava uma fé absoluta. Moira, você deve se lembrar, era um outro nome para o daimon pessoal.

Ele falava das deusas do destino e da história. *Minha luta*, texto que apresenta sua visão de mundo, começa com a versão dele do mito de Platão. Hitler diz que Braunau, na Áustria, fora escolhida pelo destino para ser sua porta de entrada no mundo.

O chamado de Hitler dava a ele o direito autoproclamado de ser um sonâmbulo do lado de fora do mundo humano. O lado de fora também quer dizer transcendente, o lugar onde vivem os deuses. A certeza de Hitler também confirmava sua impressão de nunca estar errado, e sua absoluta convicção conseguiu convencer o país inteiro, plenamente, a seguir um caminho de erros. Total certeza, convicção absoluta — esses, portanto, também são sinais do demoníaco.

Já aos 7 anos, "Hitler era imperioso, irritava-se facilmente e não ouvia ninguém", disse o meio-irmão, Alois. O mesmo aconteceria mais tarde, quando não ouviu seus generais.[21] Não ouvia nenhuma mulher também; só tinha ouvidos para seu daimon, seu único companheiro de verdade. Começamos a ver como o poder corrompe quando o sussurro que nos guia se transforma em uma voz demoníaca que cala todas as outras. A semente vem com um conhecimento certo e misterioso. Mas, enquanto um deus é onisciente, um humano vira um sabe-tudo, e então Hitler não via sentido em ter trocas com outras pessoas. Ninguém tinha nada para lhe ensinar.

Para demonstrar essa onisciência, decorava uma série de fatos — localizações de regimentos e reservas, deslocamentos de navios, tipos de veículos — e usava tudo isso para subjugar quem o contestava e envergonhar seus comandantes. Essas informações "provavam" sua transcendência e disfarçavam a falta de raciocínio e reflexão, além da inabilidade de manter conversas. O demoníaco não engaja, pelo contrário, sufoca toda a possibilidade de profundidade usando detalhes e jargões.

Nossa república deveria aprender essa lição com Hitler, pois um dia poderemos eleger um herói que ganhe um concurso de cultura inútil na TV e incentivar nossas crianças a acreditarem que a Supervia da Informação é o caminho para o conhecimento. Se um dos indícios da psicopatia é uma mente superficial que se expressa com frases pretensiosas, então uma educação que privilegia os fatos em vez do raciocínio, e os "valores" patrióticos, políticos e religiosos em vez do pensamento crítico, pode produzir uma nação inteira de graduados no ensino médio que também são psicopatas.

A transcendência do daimon o coloca fora dos termos do tempo, no qual ele entra apenas pela descida. Para compreender a biografia do daimon dentro da cronologia da vida, devemos "ler a vida de trás para a frente" usando a intuição (veja o Capítulo 4). A intuição vê tudo de uma vez só, como um todo. O tempo enfileira todas as coisas em uma cadeia de acontecimentos sucessivos que levam à linha de chegada. Mas os projetos e poderes de Hitler não se desenvolveram ao longo do tempo; já estavam lá na sua juventude, assim como também estava a sua morte em meio às ruínas wagnerianas.

Hitler se sentia aprisionado pelo tempo. Com frequência dizia: "Não tenho tempo". "O tempo sempre... trabalha contra nós." Nunca usou relógio de pulso e, nas ocasiões em que carregava um relógio de bolso, não dava corda e o deixava parar de funcionar. Ignorava a divisão do dia entre luz e escuridão, fechando as cortinas durante o dia e acendendo luzes a noite inteira. O reino que estava construindo sobre a terra duraria mil anos, dizia ele, e as figuras com quem se identificava pertenciam a outras eras: Frederico, o Grande, Bismarck, Cristo. Um dos seus maiores sintomas era a insônia.

No padrão da semente, tudo se apresenta de uma vez só, incentivando uma articulação simultânea. Você quer tudo, e quer tudo de uma vez, porque sente e vê tudo de uma vez. Esse é um tipo de percepção transcendente, adequado a um Deus onipresente. Como explicava o velho padre: Deus criou o tempo para que tudo não acontecesse de uma só vez. O tempo desacelera; os eventos vão acontecendo um a um, e nós, comprometidos com uma consciência limitada pelo tempo, acreditamos que um evento é causado pelo outro. Mas, para o daimon, o tempo não pode causar nada que já não esteja presente na imagem completa. O tempo só desacelera e atrasa a realização, favorecendo assim a "descida".

Essa atemporalidade do fruto do carvalho e sua pressão para que tudo aconteça ao mesmo tempo indicam uma possessão pelo daimon, o daimon tornando-se demoníaco. Compreender que tudo tem sua hora, dar tempo ao tempo e esperar não combina com a Semente Podre, que dissemina uma insuflação maníaca que não tolera interrupções (a invenção da *blitzkrieg* e a fúria de Hitler diante de qualquer coisa que bloqueasse seu caminho) e demanda impulsividade e pressa. Os alquimistas diziam: "Sua alma está na sua paciência" e "Toda pressa vem do diabo".

Por fim, a evidência de uma intrusão demoníaca direta, talvez do próprio diabo:

Um homem que convivia com ele diariamente de maneira muito próxima me contou o seguinte: Hitler acorda à noite gritando convulsivamente... Treme de medo e faz a cama inteira vibrar... Hitler ficou de pé no quarto, cambaleando, olhando ao redor com uma expressão desvairada. "Era ele! Era ele! Ele estava aqui!", disse, sobressaltado. Seus lábios estavam roxos. O suor lhe escorria pelo rosto. De repente, começou a listar números, palavras estranhas e frases entrecortadas, sem qualquer sentido. O som daquilo era horrível. As palavras tinham uma construção estranha que não parecia em nada com alemão. Ele então ficou bem parado, apenas os lábios se moviam. Fizeram-lhe uma massagem e ofereceram algo para beber. Então, de repente, um novo surto...

"Ali, ali! Naquele canto! Quem é aquele?"

Ele bateu o pé e gritou do mesmo jeito de sempre. Mostraram a ele que não havia nada fora do comum no quarto e, aos poucos, ele se acalmou.[22]

Oito explicações

Alice Miller, que reconta essa história, acredita que Hitler estivesse imaginando seus apuros com um pai punitivo. Seu ponto de vista convencional reduz o demônio que Hitler vê à evocação de um pai. Ela acredita que as brincadeiras de guerra que ele comandava com os amigos, lutando como indígenas e bôeres oprimidos, também eram batalhas contra esse pai opressivo. Além disso, para Miller, Hitler não estava apenas se opondo a seu pai opressivo, mas também se identificava com ele inconscientemente, sendo o próprio Hitler um opressor; para Alice Miller, a força motivadora e o demônio atormentador dos horrores de Hitler não eram um daimon, mas sim a imagem introjetada de um pai.[23] Desse modo, a falácia parental exorciza o mal.

Relatos sobre Charles Manson, uma figura aterrorizante que permeia o imaginário ocidental há décadas, assim como aconteceu com Jack, o Estripador no século 19, também culpam a má criação dos pais. Essas explicações posicionam a semente do mal na mãe, que supostamente "o vendeu para uma garçonete do bar em troca de uma jarra de cerveja". Manson contou essa história a seu biógrafo para explicar por que "sempre se sentiu como um excluído".[24] Nossa psicologia pop não tem outra explicação a não ser o parentalismo e a psicologia do desenvolvimento para a solidão original e os efeitos do isolamento do chamado daimônico, seja em Hitler, seja em qualquer outro assassino por natureza.

No papel de um psicopata no filme de Oliver Stone, Woody Harrelson declara abertamente que é um "assassino por natureza", dando uma explicação para seus atos e um título para o filme. Ainda assim, Quentin Tarantino, que escreveu o roteiro, e Stone, que dirigiu, parecem incapazes de aceitar as implicações de seu próprio filme. Eles prestam tributo aos "motivos" psicológicos mais batidos ao incluir cenas de abuso sexual nos flashbacks. Essas inserções irrelevantes não apenas estabelecem o psicopata como vítima, mas também confundem o insight importante do próprio filme. Seus temas principais mostram as verdadeiras razões para o "comportamento insensível" em uma combinação de três motivos irresistíveis: o exagero antissocial e de isolamento do americano apaixonado; a transcendência delirante do reconhecimento midiático; e a Semente Podre inata que chama para o assassinato.

Essa Semente Podre inata talvez não apareça em nenhum outro lugar tão claramente quanto no caso de Mary Bell, de Newcastle, na Inglaterra. Com as próprias mãos, essa menina de 10 anos estrangulou Martin (4 anos) e Brian (3 anos), ao longo de dois meses, em 1968. Gitta Sereny estudou os primeiros anos de vida de Mary Bell com uma mãe imensamente destrutiva e esquizoide que nunca quis a filha — inclusive, tentou se livrar da menina muitas vezes —, de modo que, na versão de Sereny, os dois garotos mortos foram vítimas do assassinato da alma de Mary Bell, cometido pela mãe. A desumanidade é explicada por uma criação desumana. O livro de Sereny é escrito para melhorar as condições sociais e para refutar a teoria do fruto do carvalho, a teoria da Semente Podre. "Ainda não passamos dessa fase de chamar crianças doentes de monstros e acreditar em maldade de nascença?"[25]

No entanto, há incidentes nos primeiros anos da vida de Mary Bell que podem ser interpretados como indicativos de um destino sinistro. As outras crianças não gostavam dela e mantinham-na isolada: "Ninguém quer brincar comigo". Seus professores do primário achavam-na astuciosa, insolente, ardilosa; a menina contava histórias o tempo inteiro e era difícil distinguir mentira de verdade. No banco de testemunhas, "provocava um sentimento resistente e desconcertante de aversão, não apenas naqueles que lidavam com ela, mas também em quem assistia". Alguma coisa em Mary Bell repelia o contato humano.

Isso já acontecia na primeira infância. A irmã de seu pai, que cuidou dela por um tempo, disse: "Ela era só um bebê naquela época, mas já não deixava que ninguém fizesse nada para ela. Não deixava que ninguém a beijasse ou abraçasse. Sempre foi assim. Ela virava o rosto". Sereny destaca que, assim como para a mãe de Mary, "havia uma abundância de amor disponível para Mary. Mas as duas pareciam incapazes de aceitá-lo".[26]

E, então, a atração pela morte: em quatro ocasiões diferentes, antes de fazer 4 anos, Mary quase morreu. Encontrou veneno, pílulas e quase caiu de uma janela. Será que o fruto do carvalho já sabia que não deveria entrar no mundo? Certa vez, ao visitar a avó, uma "mulher muito responsável", Mary — que mal tinha 1 ano! — conseguiu pegar os remédios da idosa. "Para fazer isso, a bebê teve de encontrar uma agulha de tricô [que abria o esconderijo], alcançar o gramofone [que era o esconderijo], abri-lo, vasculhar para encontrar o frasco cuidadosamente escondido, desenroscar a tampa e comer uma quantidade suficiente dos pequenos comprimidos desagradáveis que quase a mataram."

Em relação aos estrangulamentos, "'Morte' e 'assassinato' tinham uma conotação diferente para Mary... Para ela, tudo tinha sido uma brincadeira".[27]

Mary Bell nos leva diretamente ao enigma das causas. Gitta Sereny claramente acredita que se a mãe de Mary tivesse recebido um atendimento psiquiátrico adequado, se houvesse uma orientação melhor na escola e condições socioeconômicas menos deploráveis, Brian e Martin não teriam sido assassinados.

Alice Miller concordaria com Sereny, porque ela diz com todas as letras que "todos os comportamentos absurdos têm raiz na primeira infância" e que "Hitler na verdade teve sucesso em transferir o trauma de sua família para toda a nação alemã".[28] O livro *Adolf Hitler: A Family Perspective*, "psico-história" escrita por Helm Stierlin, concorda com essa teoria. Parece que todo o curso da história mundial poderia ter sido alterado com uma intervenção terapêutica precoce naquele núcleo familiar obscuro na Áustria. Vinte milhões de russos mortos, 6 milhões de judeus, sem contar as vítimas de todos os outros lugares, e também os alemães mortos, tudo isso causado pelas surras no pequeno Adolf e pelo comportamento de sua mãe etc.

Mesmo que haja um resquício de verdade no que dizem Sereny e Miller, ainda é preciso perguntar: será que talvez existam fatores genéticos nesses casos, e em outros de psicopatia criminosa, que "são de família"? Algumas pessoas são demoníacas por natureza, desumanas? Parecendo um terapeuta frustrado, Próspero, personagem de Shakespeare, diz o seguinte sobre o monstro Calibã: "Um demônio, um demônio nato em cuja natureza / A criação jamais pôde atuar; em quem meus esforços / como ser humano, foram totalmente perdidos!" (*A tempestade*). Além disso, quando lemos sobre a frieza estranha de Mary e Hitler, sobre essa pulsão de morte, parece haver algo mais além da criação e da possível hereditariedade, algo faltando em suas almas, ou talvez a ausência da alma em si.

Então, precisamos estabelecer os principais modelos para explicar a Semente Podre. Embora eu vá listá-los um a um, para que fiquem bem delineados, nem é preciso dizer que os oito influenciam uns ao outros. Qualquer um dos oito modelos pode contribuir com hipóteses para qualquer um dos demais. Nenhum dos modelos pretende ser a única verdade.

O fato de este capítulo ter uma apresentação mais rígida do que qualquer outro no livro talvez seja consequência de seu personagem principal, Hitler. A imagem é tão tóxica e tão explosiva que é preciso lidar com ela de modo especial. Cada evidência e cada acusação deve ser numerada e catalogada separadamente. Talvez também consigamos compreender os métodos trabalhosos e obsessivos usados desde a Inquisição até os julgamentos de Adolf Eichmann, em Israel, de Klaus Barbie, na França, e os próprios julgamentos de Nuremberg. Esse controle cuidadoso, o passo a passo racionalista, é uma defesa contra a força demoníaca que está em discussão. Vamos imaginar que a própria Semente Podre esteja sendo julgada e que cada um dos oito modelos esboçados a seguir seja uma explicação básica do comportamento do acusado.

1. *Condições traumáticas na infância*
Você se tornou o que é graças ao ambiente abusivo, violento e negligente da sua infância.[29] Talvez tenha sofrido complicações perinatais, desnutrição, ferimentos na cabeça. Assim que nasceu, você foi desprezado e teve

que sobreviver em uma atmosfera cruel e violenta. As mensagens que lhe passavam eram ambíguas; negavam a realidade concreta; e você estava sujeito a mudanças de humor imprevisíveis e caprichos arbitrários. Todos os momentos da sua vida foram extremos; indefeso diante da tirania, roubado de sua dignidade, você aprendeu a viver um padrão estabelecido muito cedo e que só seguiu adiante, contínua e progressivamente. Você foi de mal a pior.

2. Anomalia hereditária

Você é portador de uma estrutura fisiológica disfuncional: testosterona demais; serotonina de menos; desequilíbrio hormonal; arritmias; distúrbios autonômicos; anomalias genéticas. A ideia de que uma deficiência física pode determinar o comportamento teve muito peso na psiquiatria do último século. A teoria surgiu a partir de histórias longitudinais de famílias que, ao longo de diversas gerações, apresentavam marcas de degeneração nas orelhas e nas linhas das mãos. Livros de psiquiatria exibiam galerias absurdas de "degenerados" grotescos cuja "substância" havia decaído em vitalidade e viabilidade porque seus avós bebiam demais ou eram sexualmente estranhos. Um criminoso psicopata era a consequência de forças biofísicas e dotado de uma fisiologia singular, também compartilhada por gênios e artistas, e fortemente influenciada pela libido sexual.[30] O distúrbio é fundamentalmente inalterável, a não ser por meios físicos, algo que justificou "tratamentos" como a prisão perpétua em instituições para "criminosamente insanos", castração, eletrochoque, lobotomia e, sob o regime nazista, vivissecção e extermínio. Hoje, o modelo de psicologia mais sutil recomenda um arsenal farmacêutico para reprimir seu comportamento: engolir uma série de comprimidos por dia.

3. Hábitos de grupo

Embora a natureza biológica e o condicionamento social sejam o fundamento, o fator desencadeador crucial é seu ambiente social, principalmente do início da puberdade até a adolescência tardia. Os hábitos das ruas, os códigos da gangue, as leis implícitas da cadeia, a doutrinação militar das forças especiais, a ideologia da milícia, o recinto do campo de concentração, a *omertà* da família mafiosa: essas convenções do grupo com o qual você se identifica determinam o sistema de valores sobre o qual seu comportamento se molda. Esses modelos ficam incutidos em você e tornam-se a base da sua reação quando está sob ameaça, como no massacre de My Lai ou quando se é "desrespeitado" na vizinhança. A criminalidade e a violência pertencem a um éthos de grupo — como aquele das primeiras gangues de rua das tropas de assalto de Hitler —, e incendiar, saquear e estuprar são parte dos rituais de vitória de um exército depois da batalha. Relativamente, tudo isso independe dos fatores psicológicos e do ambiente da infância. Quando em Roma, faça como as legiões romanas.

Um biógrafo de Al Capone, o implacável comandante do crime de Chicago, dá uma explicação rotineira acerca da vocação criminosa ao fazer referência ao ambiente de sua juventude no Brooklyn e aos hábitos de grupo:

> Que garoto ia querer ficar um segundo a mais do que o tempo necessário em um lugar onde oito, dez, doze pessoas comiam e dormiam, tomavam banho e se vestiam em dois ou três cômodos úmidos e encardidos, onde o cheiro de excremento dos canos podres preenchia os corredores e os insetos se refestelavam no lixo jogado pela janela, onde ou você congelava ou derretia, onde os adultos, em meio ao estresse e à perplexidade, viviam gritando uns com os outros e batiam em você por qualquer coisinha?
>
> A gangue de rua era a fuga... Eles formavam sua própria sociedade, independentemente do mundo dos adultos e, inclusive, antagonizando-o. Liderados por algum garoto mais velho e mais forte, buscavam a excitação da aventura compartilhada, das brincadeiras idiotas, exploração, apostas, furtos, vandalismo, fumar ou cheirar ou beber, rituais secretos, sessões de pornografia, brigas com gangues rivais.[31]

4. *O mecanismo de escolha*

A forma como você se comporta é uma escolha sua, e é condicionada por suas escolhas ao longo do tempo. O fato de suas próprias escolhas serem condicionadas por sua fisiologia, sua criação na infância e os hábitos do grupo na adolescência ainda assim não determina as análises de custo/benefício que você faz a cada um dos seus movimentos assassinos. Claramente você sai ganhando alguma coisa. A escala é simples: uma razão entre dor/prazer como a proposta por Jeremy Bentham em seu cálculo utilitário das ações humanas, e que também aparece no conceito de punição/recompensa de James Q. Wilson e Richard Herrnstein.[32] Se para o seu tipo de personalidade as recompensas para as atitudes impulsivas e os assassinatos premeditados superam as punições previstas, então você se joga nisso de forma automática, mecânica. Além do mais, se as escolhas tiverem sucesso, como foi o caso de Hitler ao longo de uma década, esse sucesso acumulado só reforça sua crença de estar no caminho certo.

5. Carma e zeitgeist

Uma parte da sua vida passada está sendo representada nesta. A anomalia hereditária pode até estar nos seus cromossomos, mas quem a colocou lá foi o carma. A Semente Podre reflete algo pelo qual você precisa passar em particular, e também algo que pertence à história do mundo, ao *zeitgeist*. Se você cai na gangue de ladrõezinhos de Fagin ou é iniciado em algum grupo de criminosos da Índia, ou se seu corpo está programado para ter reações fisiológicas estranhas — tudo isso é carma resultante de suas encarnações anteriores. Há um mistério metafísico que os limites da razão humana não conseguem explicar: mesmo a pior das Sementes Podres faz parte de um padrão cósmico do *zeitgeist*. O carma pessoal de Hitler está inserido em um plano do mundo.

6. A sombra

Para além dos fatores biológicos e ambientais, a propensão psicológica para a destruição existe em todos os seres humanos. Violência, crime, assassinato e crueldade pertencem à alma humana como se fossem uma sombra. A Bíblia dá a devida importância a essa sombra ao estabelecer de forma categórica, em cinco dos Dez Mandamentos, proibições contra roubo, assassinato, adultério, mentira e inveja. Essas tendências universais, latentes em todas as pessoas, são a base dos meios de proteção social, das organizações políticas e das restrições morais. Se a alma humana não tivesse sombra, para que precisaríamos de advogados, criminologistas ou padres confessores? A autonomia da sombra pode emergir a qualquer momento, como em *O médico e o monstro*, ou se revelar aos poucos sob condições extremas, como no romance *O senhor das moscas*. O assassino por natureza é demasiadamente humano. Já que os humanos têm essas sombras, cuja profundidade pode alcançar o nível coletivo do assassinato, o comportamento humano é provocado por essa força arquetípica. Hitler conhecia muito bem a sombra, sucumbia a ela, era obcecado por ela e lutava para expurgá-la; mas não admitia que ela estava *nele mesmo*, e a via apenas projetada na forma de judeus, eslavos, intelectuais, estrangeiros, fracos e doentes.

7. *Lacuna*

Há algo fundamentalmente humano que falta. Há um buraco no seu caráter, no inventário da sua personalidade. Seus crimes não se devem tanto assim à *presença* da sombra (já que todo mundo está sujeito a esse arquétipo universal), mas a uma ausência específica, a falta de um sentimento humano. A teoria de Adolf Guggenbühl-Craig chama essa falta de eros essencial.[33] A teologia católica chamou essa ausência de *privatio boni*, privação da bondade, como dizemos coloquialmente, "Esse garoto não é do bem".

Outros traços podem preencher essa lacuna: impulsividade (o pavio curto), dificuldade de enxergar além (a gratificação imediata supera as consequências de longo prazo), rigidez repetitiva, pobreza emocional, intelecto atrofiado, incapacidade de sentir culpa ou remorso (dar de ombros facilmente), projeção e negação — todas essas características podem ser observadas, mas a principal e mais básica é a lacuna erótica, a ausência fria, inabilidade de sentir solidariedade por outra criatura viva.

Quando o assassino em série britânico Dennis Nilsen mantém os meninos assassinados em seu quarto, para dormir com eles, afagá-los e fazer amor, e quando Jeffrey Dahmer come a carne de suas vítimas, é como se fossem figuras demoníacas do submundo imaginadas pelas artes cristã, tibetana e japonesa. Podem estar tentando encontrar alguma saída para aquele exílio no vazio, um modo de voltar à humanidade. O componente sexual no crime não é a causa, e sim um sintoma que tenta acender um fogo apagado, retomar uma força de vida, tocar, conectar-se, ter relações sexuais com um corpo humano.

8. *O chamado demoníaco*

Existe um chamado específico que pertence a você e é inescapável. Como ele se encaixa nas vidas passadas, no corpo atual ou no *zeitgeist* da história do mundo está além da sua compreensão e das nossas preocupações teóricas.

O chamado oferece a *transcendência* e se torna tão necessário para a vida de uma pessoa na terra como era a interpretação para Garland, as batalhas para Patton, a pintura para Picasso. Assim como o potencial para a arte e o pensamento são dados pelo fruto do carvalho, acontece o mesmo com o potencial para crimes demoníacos.

> ... as pessoas não entendem. As pessoas na vida não estão em busca de uma casa, grama no jardim e essas merdas. Nós, as pessoas do show business. As pessoas glamorosas. Chegar a um set de filmagem com o melhor carro, a melhor mulher, as melhores roupas. Ouvir as pessoas falando de você. Ouvir o bar ficar em silêncio quando você entra. Você constrói algo a partir do nada.[34]

Transgressão como transcendência; retirado das suas circunstâncias, cheio de poder ou "glamour", e em contato com a origem transcendente da ânsia do chamado.

Na última cena da tragédia Otelo, quando é revelado que Iago é o causador dos assassinatos e da destruição do caráter nobre e inocente de Otelo, o protagonista pergunta a ele: "Por que enredou minha alma e meu corpo dessa forma?". Shakespeare faz Iago responder: "Não me pergunteis nada; o que sabeis, já sabeis". Essas são as últimas palavras de Iago, o que deixa os leitores na dúvida a respeito de suas motivações. Mas essa declaração de um dos arquivilões da obra de Shakespeare não tem nada de enigmática. Iago diz, em essência: "Você já sabe, Otelo. Algumas frases atrás, já me chamou de diabo duas vezes". Iago constrói a tragédia a partir do nada — como se fosse um esporte, um jogo.

A Semente Podre gosta da malícia, tem prazer na destruição. Mary Bell disse à psiquiatra que a entrevistou sobre o assassinato de Brian: "Eu ri muito naquele dia". A única testemunha do crime, uma garota de 13 anos, declarou: "Ela disse que tinha gostado".[35] Há uma satisfação em simplesmente executar a façanha demoníaca, uma gratificação que pode vir acompanhada do prazer sexual em homens após a puberdade, mas dificilmente tem papel ativo, por exemplo, no caso de Mary Bell.

O materialismo não consegue explicar essa ânsia. Hitler não fundou uma nação baseada na morte por causa dos ganhos econômicos. Na verdade, como a guerra estava sendo perdida, a operação e os esforços com a infraestrutura nos campos de extermínio custavam muitíssimo mais do que as propriedades confiscadas e o ouro tomado. A pobreza material também não explica a Semente Podre — ou aquilo que o sociólogo Jack Katz chama de "tendência à depravação" —, mesmo que condições opressivas possam ter um papel importante.

A explicação de Katz se baseia em conceitos filosóficos (alguns deles tirados de *Symbolism of Evil*, do pensador francês Paul Ricoeur) pelos quais as atitudes "inexplicáveis" na verdade carregam sentido e não são meramente insanas. Elas fazem a ponte entre o mundano e o divino. Quebrar todos os mandamentos o liberta da prisão humana e abre as portas para uma condição sobre-humana em que o diabo e a divindade são indiscerníveis.

Misticismos radicais, como as celebrações da missa negra, o frankismo judeu, o antinomianismo cristão e os cultos satânicos, assim como as práticas tântricas, usam rituais para quebrar tabus que mantêm o sagrado no âmbito moral. A elevação do profano através dos atos mais profanos que se possam imaginar aumenta seu poder até que não seja mais possível diferenciá-lo do sagrado.

Assassinatos cometidos por psicopatas são chamados de sem sentido não apenas porque são irracionais e arbitrários, mas porque suas motivações são muito obscuras. Eles não têm sentido por causa da "vertigem do comportamento desviante", um salto ou uma ascensão radical que torna o crime algo transformador, "apoteótico".[36] Katz sugere que a falta de sentido só faz sentido levando em conta o lado sobrenatural, não o de quem você foi ou é, mas o de quem poderia se tornar.

Essa loucura de sentidos está presente também durante as ações. As conclusões de Brian Master sobre o assassino psicopata (seu foco era Dennis Nilsen, que matou quinze garotos) dizem: "No momento do assassinato, a razão do assassino fica embotada".[37]

Torturador alemão e assassino de meninos, Jürgen Bartsch afirmou: "A partir de uma certa idade (cerca de 13 ou 14 anos), eu sempre tive a sensação de não ter mais qualquer controle sobre o que estava fazendo... Eu rezava e tinha esperanças de ao menos fazer algo bom, mas isso não acontecia".[38] Ele apelou para a intervenção divina porque sentiu que a causa de tudo estava fora da esfera do humano. Jeffrey Dahmer, que espancava e esquartejava jovens e meninos para comer sua carne, não sabia explicar o que lhe acontecia. Ele escolheu ir a julgamento em vez de assumir a culpa porque "queria descobrir o que me tornava tão mau e cruel".[39]

Durante o julgamento, em 1992, o pai dele, Lionel Dahmer, ficou impressionado com as lembranças de incidentes e circunstâncias de sua própria juventude que tinham paralelos com o caso do filho: o "gosto" pelo controle e o desejo de poder; experimentos com materiais destrutivos; distanciamento e frieza de sentimentos; tentativa de seduzir uma menininha — e sonhar que cometia assassinatos horríveis dos 8 aos 20 anos. Ao acordar, os crimes pareciam reais. "Eu ficava literalmente preso entre a fantasia e a realidade, ficava apavorado com o que podia ter feito. Me sentia perdido, como se tivesse saído do controle e, naquele momento, feito algo terrível."

Lionel Dahmer não se considera responsável por ter sido um pai inadequado, "ausente e pouco perspicaz". No entanto, ele vai além da falácia parental adotada por Alice Miller e outros que culpam os pais pelo filho criminoso. Ele traz à tona um componente bastante incomum. Esse pai admite uma espécie de *participação mística*, um potencial demoníaco compartilhado com o filho. Ele também conhecia a realidade esmagadora da intervenção demoníaca. Essa Semente Podre já revelava toda a sua fúria quando Jeffrey tinha apenas 4 anos.

A família estava esculpindo abóboras para o Dia das Bruxas (a noite dedicada a tornar visível entre nós a invisível presença de demônios, diabos, bruxas e mortos). Estavam prestes a esculpir um sorriso em uma das abóboras. Jeffrey gritou de repente: "Quero uma cara malvada". Enquanto tentavam convencê-lo a aceitar o sorriso, ele começou a bater na mesa, a voz aguda e veemente: "Não, eu quero uma cara malvada!".

Supostamente o pior de todos os assassinos em série em termos numéricos, Andrei Chikatilo, que foi capturado no sul da Ucrânia depois de matar cinquenta adolescentes, a maioria meninas, disse quando foi interrogado: "Era como se alguma coisa me dirigisse, algo fora do meu corpo, algo sobrenatural. Eu não tinha absolutamente nenhum controle de mim mesmo quando cometi esses assassinatos, quando esfaqueei pessoas, quando fui cruel". Em sua confissão, ele repetia frases como: "Eu estava em um surto animal e me lembro apenas vagamente das minhas ações... No momento do crime, eu queria destruir tudo... Não sei o que acontecia comigo... apossado de uma ânsia incontrolável... incitado de modo esmagador... eu começava a tremer... tremia violentamente... literalmente começava a tremer...".[40]

O fruto do carvalho não aparece apenas como um anjo guia que nos alerta, protege, aconselha, chama, desperta desejos. Ele também usa uma força matadora, como aquela que apavorou Hitler e o fez tremer durante a noite, um terror nunca mais relatado em outras circunstâncias — nem nas trincheiras, nem depois da tentativa de assassinato de julho de 1944, nem durante os últimos dias no bunker. Os únicos arroubos comparáveis eram aqueles que ele tinha quando estava possuído no púlpito, berrando, furioso, e mobilizando a multidão, ou então os chiliques que tinha quando era contrariado.

Prevenção?

A pergunta prática e inevitável surge no fim: se Hitler representa a Semente Podre de forma tão monstruosa, será que é possível evitar futuros Hitlers?

Que a semente já estava lá desde a infância parece bastante claro. A ancestralidade incerta e os relatos apócrifos sobre o início de sua vida destacam a herança daimônica. O pró-germanismo fervoroso que ele exibia aos 12 anos, embora fosse austríaco, é um prenúncio do que estava por vir. Aos 10 anos ele comandava os amigos de escola em batalhas de brincadeira dos bôeres contra os ingleses. Aos 11 anos, Hitler era o "líder dos garotos", comandava os mais novos e era considerado reservado, embora fanático. Seu romantismo na adolescência estava conectado à teatralidade do mito, da ópera e de Wagner.

Até mesmo antes (aos 7 anos), ele colocava um avental sobre os ombros, "subia em uma cadeira da cozinha e recitava sermões longos e fervorosos". Aos 14 ou 15 anos, era capaz de fazer discursos inflamados com uma retórica extraordinária, como se falasse para o vento, transcendendo sua personalidade e sua forma visível, "parecendo quase sinistro", como se possuído pela voz de outro ser. "Ele simplesmente *tinha* que falar", disse um amigo de infância.[41]

O livro que escreveu na prisão aos trinta e poucos anos, *Minha luta*, apresentava o projeto visionário que ele pretendia realizar. O desastre completo está lá, resumido, para quem quiser ler. Ainda assim, os judeus, os chefes de Estado ocidentais, os intelectuais e os democratas, a Igreja, ninguém conseguiu enxergar o demoníaco. O olho sombrio que consegue ver o mal tinha sido obscurecido pelas esperanças reluzentes no progresso humano e pela fé na boa vontade e na paz.

Sem uma noção profunda do que é a psicopatia e uma convicção firme de que o demoníaco sempre está entre nós — e não apenas em suas formas criminosas extremas —, escondemo-nos atrás da negação, da inocência de olhos arregalados, um tipo de receptividade que também abre as portas para o pior. Mais uma vez: veja como os tiranos políticos sobrevivem à custa de populações crédulas, e como uma população crédula cai facilmente nas mãos de um tirano. A inocência parece atrair o mal.

As biografias de Hitler nos dão alguns sinais diagnósticos do que devemos buscar tanto na infância quanto nos primeiros anos da vida adulta: os olhos frios e o coração gelado; a falta de humor, a convicção, a arrogância, a inflexibilidade, a pureza; a projeção fanática da sombra; o fato de estar fora de sintonia com o tempo; a sensação mística de sorte; o ódio ao ser interrompido, contrariado ou desprezado; a exigência paranoica de confiança e lealdade; a atração pelos mitos e símbolos do "mal" (lobo, fogo, apocalipse); os arrebatamentos, surtos e momentos de alienação e/ou de chamado para a transcendência; o medo de perder o poder e se tornar ordinário, ignorante, impotente.

Sobre esse último — o medo de perder o poder: precisamos deixar bem clara a diferença entre inadequação e impotência. Atribuir a psicopatia de Hitler a seu suposto monorquidismo — assim como atribuir os crimes de Chikatilo, Gilmore e Nilsen a disfunções sexuais — é colocar a carroça na frente dos bois. O que impulsiona tudo é o medo terrível de não se encaixar na visão exigida pelo daimon. Esse medo aflige todos os seres humanos ordinários quando se deparam com as demandas extraordinárias do daimon. O demonismo aparece não por causa de uma suposta ou real disfunção sexual, mas por causa da relação disfuncional com o daimon. Lutamos para realizar sua visão por completo e nos recusamos a ser reprimidos por nossas limitações humanas — em outras palavras, desenvolvemos uma megalomania.

A disparidade entre o que uma personalidade oferece e o que o daimon exige dela cria sentimentos de inadequação. Esses sentimentos de inferioridade acabam se restringindo à inadequação sexual, de acordo com o concretismo básico da psicopatologia de modo geral. (A psicopatologia pode normalmente ser definida por um slogan: *concretismo*, considerando como algo real e literal eventos psicológicos como delírios, alucinações, fantasias, projeções, sentimentos e desejos. Por exemplo, Hitler levou ao pé da letra as fantasias de superar a fraqueza e fortalecer a nação depois da derrota na Primeira Guerra Mundial, ao eliminar a "fraqueza" com medidas concretas de armamento e campos de extermínio. O mesmo tipo de pensamento concretista convence pedófilos e estupradores em série que a castração é a cura, já que eles consideram aquilo que aparece na esfera sexual como algo literalmente apenas sexual.)

É apenas nas nossas teorias psicológicas ocidentais que o rabo abana o cachorro. Porque nossas teorias tendem a ter a mesma imaginação concretista das patologias que querem explicar. As nossas teorias também são obcecadas pelas fantasias sexuais que permeiam nossa cultura antes mesmo de Freud, talvez desde os tempos de São Paulo. Como nossas teorias sobre as psicopatologias são, elas mesmas, pornográficas (daí o voyeurismo e a lascívia dos nossos históricos clínicos), elas talvez sejam tão degradantes para a alma e seu daimon quanto a pornografia comercial que os puritanos adoram culpar.

Reduzir a Semente Podre a um saco de sementes meio vazio do monorquidismo — que é por si só um fato questionável, já que Hitler nunca deixou que os médicos o examinassem da cintura para baixo — é ignorar os sentimentos mais profundos de inadequação, a sensação de falhar com o daimon, de não estar à altura do seu chamado, de sua visão ilimitada e seu impulso maníaco. A "cura" não é a recuperação da potência sexual — ou seja, "mais bolas" —, mas a superação do concretismo, que reduz de maneira trivial toda a potência do fruto do carvalho a "um saquinho e seu conteúdo", como Freud chamava os testículos.

É tão difícil resistir ao chamado quanto era para Judy Garland deixar de cantar, mesmo quando sua voz já não alcançava as notas e sua mente não se lembrava das letras; quanto era difícil para Manolete não entrar na arena mesmo em um dia em que tinha maus presságios. Assim como o potencial de Garland e Manolete é dado com o fruto do carvalho, também o é com o potencial de psicopatia para crimes demoníacos. Os crimes não são escolhas; estão mais para necessidades, embora estas possam ser desviadas, inibidas, frustradas e sublimadas, como a psiquiatria e a criminologia esperançosamente acreditam em alguns momentos. Para o psicopata, o chamado é exercer poder com seus olhos, sua voz, seu charme, suas mentiras e a resiliência perspicaz, e seu corpo físico, que disfarça a fraqueza fundamental da pessoa. Como o poder está na semente, e não no individuo, a pessoa, como Hitler, no geral é uma vagabunda, desajustada, com pouca educação e de gostos triviais, ainda que ligeiramente dotada de talento artístico e imaginação aguçada (como Capote, Mailer e Sartre destacam nos textos sobre seus personagens psicopatas).

A discrepância entre a personalidade humana e a semente daimônica é tão grande que é como se a versão humana fosse drenada para alimentar a semente. O ser humano, cada vez mais reduzido e "desumano", tem sede de sangue, assim como as criaturas gregas do submundo imploravam sangue àqueles que desciam (Ulisses). A Semente Podre — e talvez, em uma escala menor, qualquer fruto do carvalho — age como um parasita na vida da pessoa que selecionou para habitar, normalmente deixando-a desorganizada, sintomática, entediada, sem erotismo e incapaz de se conectar. Chamamos essas pessoas de solitárias.

Mas o solitário não está só. Ele ou ela está em comunhão com o daimon, afastado do humano pelo invisivelmente desumano, e tentando criar um mundo estruturado na grandeza e no glamour de um mundo nunca visto, mas idealizado. O solitário se mistura a um Deus só e transcendente, a monomania e o monoteísmo indistinguíveis, e faz uma paródia da última e conhecida passagem das *Enéadas*, de Plotino: "Essa é a vida dos deuses e dos homens divinos e bem-aventurados... uma vida que não se encanta com as coisas deste mundo, a passagem de solitário a solitário".[42]

A maior paixão de Hitler não era o Reich alemão, a guerra, a vitória, nem ele mesmo. Era a arquitetura. Imperadores megalomaníacos, de Nabucodonosor aos faraós egípcios, passando pelos comandantes romanos até Napoleão e Hitler, todos eles erguem em concreto o que é idealizado pelo daimon. Por esse motivo, a megalomania assombra os arquitetos, de fato — como a Bíblia avisa com a história da Torre de Babel, que não é apenas sobre a origem da linguagem, mas também sobre a megalomania inerente a todas as tentativas de transformar as fantasias de grandeza em concreto, em especial na arquitetura. Os povos tribais costumam ter o cuidado de manter seus altares sagrados móveis, sua arquitetura é vernácula, mas suas visões pertencem ao outro mundo.

Prevenção e ritual

A prevenção, portanto, deve se concentrar em restabelecer o equilíbrio entre a fraqueza da psique e o potencial do daimon, entre o chamado transcendente e a personalidade para a qual está sendo chamado. Construir a personalidade é uma tarefa psicológica que vai além de "fortalecer o ego". A construção da psique também vai além do *Bildung*, o conceito alemão de educação moral e cultural. Josef Mengele, o pior dos médicos dos campos de concentração, que fazia experimentos com os presos, era bem-educado, amava música e estudava Dante.[43] Chikatilo era professor; Hitler pintava e estava desenvolvendo projetos de arquitetura até seus últimos dias; Manson escreveu música pop e letras na cadeia; Mary Bell escreveu poemas; Gary Gilmore pintava bem, e seu irmão, Gaylen, que tinha uma longa história sociopata de crimes e prisões, tinha lido os grandes autores e escrevia poesia.[44] Como já aprendemos, a tarefa psicológica é "fazer a descida".

Descer tira o foco do egocentrismo resoluto do daimon e o coloca na humanidade comum, transferindo o chamado do daimon para o mundo e suas exigências, conforme lemos nas histórias de vida de Josephine Baker, Canetti, Einstein, Menuhin e Bernstein.

Mas a descida não pode ser imposta na juventude. Hitler ficava irritado com as sugestões para que tivesse uma profissão convencional e se tornasse funcionário público. O matemático francês Évariste Galois não conseguia cumprir as rotinas da escola. Sua arrogância e seu brilhantismo só aumentaram, bem como sua alienação, a ponto de ter que ser amarrado e contido, até morrer aos 20 anos.

Antes que a descida chegue a ser considerada, quem dirá executada, é imprescindível que haja um reconhecimento completo do daimon. Isso significa admitir que o fruto do carvalho, mesmo que seja uma Semente Podre, é a força de motivação mais profunda da vida, especialmente na juventude. Em geral, esse reconhecimento vem de um amigo solitário (como Kubizek, no caso de Hitler, que ouviu pacientemente seus longos discursos durante anos, ou Izambard, que acompanhou e admirou Rimbaud), de um professor perspicaz (como a senhorita Shank, de Kazan) ou de um treinador (como o Camará, de Manolete). O reconhecimento vem daqueles que enxergam o daimon e o valorizam. Aí ele consegue seguir seu curso com mais facilidade.

A teoria também precisa reconhecer o que esses mentores perceberam. Então, para frustrar a Semente Podre, é preciso, de início, de uma teoria que a reconheça. É sobre isso que falamos neste capítulo e neste livro. Enquanto nossas teorias negarem o daimon como um instigador da personalidade humana e insistirem em construção cerebral, condições sociais, mecanismos de comportamento e dotação genética, o daimon não vai simplesmente se esconder e ficar quietinho. Ele se move na direção da luz; ele será visto; exige seu lugar ao sol. "Ouvir as pessoas falando sobre você... Nós, as pessoas do show business". Dick Hickock, que matou a família Clutter a sangue frio, disse: "Eu achei que uma pessoa poderia receber muitas glórias ao matar. A palavra glória parecia rondar a minha cabeça... Quando você apaga alguém, realmente vira o centro das atenções".[45] A televisão oferece essa luz, essa celebração, ao daimon. Se a TV pode ser responsabilizada pela criminalidade, é menos por causa do conteúdo que ela mostra do que por simplesmente mostrar algo, promovendo reconhecimento instantâneo e mundial, exposição total. Ainda assim, a semente que deseja entrar no mundo permanece encapsulada em um estado de delírio acima do mundo, como uma superestrela. A TV oferece apenas um rápido simulacro da descida.

Acima do mundo também é onde M. Scott Peck situa alguns de seus pacientes que têm em comum uma condição que ele chama de "maldade". Peck usa o termo como diagnóstico: a maldade basicamente consiste em narcisismo arrogante e egoísta, ou uma determinação a qualquer custo.

A noção de maldade não chega a ser uma descoberta surpreendente — a determinação a qualquer custo era conhecida pelos gregos como *hubris* e aparece na tradição cristã como *superbia* ou orgulho arrogante. A ideia de que as pessoas más escolhem seu próprio caminho por força da vontade conduz a explicação de Herrnstein (número 4, p. 238) sobre comportamento criminoso para a esfera moral. E, apesar de ser psiquiatra, Peck é sem dúvida um moralista.

A tentativa do criminoso de transcender e evocar poderes invisíveis como Fama e Fortuna ("Nós, as pessoas do show business. As pessoas glamorosas") fica completamente perdida em Peck, que considera que o mal deixa os indivíduos feios, mesquinhos, espalhafatosos, impotentes e insignificantes, enquanto ao mesmo tempo os engana com uma ilusão de superioridade romântica. Sendo assim, "sua última visão do inferno" é uma Las Vegas dantesca, "cheia de gente com os olhares vidrados... jogando em máquinas por toda a eternidade".[46]

A moldura rígida dessa visão não permite que Peck veja o daimon no demoníaco. Um maniqueísmo profundamente entranhado divide o mundo entre santos e pecadores, salvos e condenados, saudáveis e doentes. "A maldade é a mais suprema das doenças... os maus são os mais insanos de todos." Com o diagnóstico de um psiquiatra, o moralista pode colocar um paciente entre os condenados.

Uma lógica que separa tão radicalmente o bem do mal só pode nos oferecer a mesma recomendação padrão que ouvimos há séculos no Ocidente cristão: lute o bom combate. Peck chama isso de "combate". "Nossos dados mais básicos sobre natureza do mal só serão conquistados em um combate cara a cara com o mal em si." Terapeutas estarão na linha de frente dessa luta por causa de sua capacidade para o amor e sua formação. "Acho que só podemos estudar e tratar o mal com segurança usando os métodos do amor."

"Amor" certamente é a palavra mais onipotente no uso da linguagem corrente, já que o próprio Deus cristão é definido como amor. Esse sentimento pode fazer tudo. Eu insistiria, no entanto, que o "amor" pode fazer muito pouco frente à "maldade" a não ser que primeiro reconheça o chamado da alma dentro da semente podre. O amor, como estou tentando discutir neste capítulo, pode ser menos um exercício de vontade em um ato de combate e mais um exercício de compreensão intelectual da necessidade daimônica que, acima e além deste mundo, chama tanto o pecador quanto o santo. Por incrível que pareça, assim como o martírio pode ser o meio de descida ao mundo para alguns santos, talvez os atos atávicos sejam o caminho de descida para aqueles que foram chamados por uma semente podre — embora, deixemos claro, o chamado não justifica o crime nem os atenua da responsabilidade por seus atos criminosos. Estou defendendo que a teoria do fruto do carvalho permite uma compreensão mais ampla da Semente Podre do que o simples diagnóstico de maldade.

A prevenção, do modo como a entendo, não deve restringir nem recriminar. Precisa se dirigir à mesma semente, ao mesmo chamado e invocar os mesmos invisíveis que exigem o preço da própria vida. O mais perigoso de todos os invisíveis é a carga explosiva dentro da semente, sua potência obsessiva e convincente, como a obstinação irada de Hitler. Antes de desarmar a bomba e isolá-la em uma solitária, talvez seja preciso aumentar seu detonador. Precisamos encorajar a lentidão, que é o propósito de "cumprir pena" e "ir para a geladeira".

Assim, os rituais eficientes começam como experiências deprimentes, com lamentação. Ainda que não haja qualquer remorso pelas atitudes perversas, pode haver uma conscientização cada vez maior a respeito do demônio que as causou. Hitler só seguia o demônio, nunca o questionava, sua mente escravizada pela imaginação dele e não dedicada a analisá-lo.

Depois das experiências deprimentes, não devem vir as repressões disfarçadas de conversão, de nascer-de-novo, mas sim um direcionamento para o serviço comunitário que conseguimos ver no dia a dia, por exemplo, quando ex-condenados vão às escolas e descem para o universo dos jovens, explicando como funciona a Semente Podre, o que ela quer, qual é o custo e como fazer para ser inteligentes. A mentoria de jovens como um serviço de dedicação regular, repetitiva, é também uma espécie de ritual.

Por fim, a prevenção do demoníaco deve estar ancorada no terreno invisível "acima do mundo", transcendendo a própria ideia de prevenção. A prevenção não exige combate, mas sim sedução, convidar o daimon no interior do fruto do carvalho a sair do confinamento da casca de uma semente de todo podre, e assim recuperar uma imagem de fato gloriosa. Porque o que torna a semente demoníaca é a obsessão fixa em algum assunto, o literalismo monoteísta que segue apenas uma possibilidade, pervertendo a imaginação mais ampla da semente para reencenar sempre o mesmo ato. (Encenar o mesmo ato repetidamente também é uma boa descrição para ritual.)

Minhas ideias de ritual sugerem maneiras de respeitar o poder do chamado. Sugerem exercícios imbuídos de valores sobre-humanos, cujos rituais serão alcançados pela beleza, transcendência, aventura e morte. Semelhante cura semelhante — de novo, esse velho ditado. Precisamos ir até a origem da semente e tentar seguir suas intenções mais profundas.

A sociedade precisa ter rituais de exorcismo para se proteger da Semente Podre. Mas também precisa ter rituais de reconhecimento que deem um lugar ao demoníaco — que não sejam as prisões —, assim como Atena encontrou um lugar honroso para as Fúrias destrutivas e sanguinárias em meio à civilizada Atenas.

Esses rituais de proteção social incluem os demônios. Veem o daimon no demônio. E esses rituais são radicalmente diferentes das ideias atuais de prevenção que, seguindo os próprios métodos favoritos de Hitler para purificar a sociedade, acabariam erradicando as Sementes Podres. Há políticas públicas sendo propostas para testar as "predisposições genéticas" de crianças em idade escolar, para revelar o potencial para o crime e a violência nos traços de caráter e personalidade, "arrancando como ervas daninhas" aqueles que mostram características como "irritabilidade precoce e falta de colaboração".[47]

Esses traços, como já vimos em exemplos neste livro, não indicam propensão ao crime de modo geral, mas aquela excepcionalidade genial com a qual a sociedade toda conta para sua liderança, inventividade, cultura. Além disso, uma vez que sejam arrancadas, onde essas ervas daninhas serão jogadas? Ou serão simplesmente "melhoradas" e domadas pelas drogas que não podem ser recusadas, ou mantidas nas lucrativas penitenciárias privadas que são isentas das leis trabalhistas e do pagamento de um salário mínimo?

Para ter rituais adequados é preciso abandonar rigores e regras como "três strikes e você está fora". Sem exorcismos que tentem separar o Diabo e o daimon, teremos apenas erradicações que vão se livrar dos dois juntos. Os rituais não apenas protegem a sociedade do demoníaco; eles também a protegem da própria paranoia, de virar presa de suas próprias medidas obsessivas e perversas de purificação, o sempre presente mito americano: o retorno à inocência em um paraíso puritano.

A inocência é a névoa mística da ignorância sobre os Estados Unidos. Somos perdoados simplesmente porque não sabemos o que fazemos. Nós nos envolvemos com o bem — esse é o sonho americano, que deixa espaço para o pesadelo maligno apenas no "outro", onde pode ser diagnosticado, tratado, prevenido e sobre o qual se pode pregar. A história desse hábito bastante enraizado foi apresentada por Elaine Pagels (em seu importante estudo *The Origin of Satan*[48]) como algo essencial e desastroso, talvez "mau", uma semente podre inerente, para as denominações religiosas do Ocidente, tornando obrigatória como contrapartida essa insistência infinita no "amor".

Uma sociedade que insiste obstinadamente em dizer que a inocência é a mais nobre das virtudes, que idolatra a inocência em seus altares em Orlando, Anaheim e na Vila Sésamo, nunca será capaz de enxergar semente alguma, a não ser que ela se mostre minimamente palatável. É como Forrest Gump comendo chocolates e oferecendo doces a estranhos antes mesmo de olhar em seus olhos; idiota é, de fato, quem faz idiotice. A ideia de Semente Podre, a ideia de que existe um chamado demoníaco, deveria provocar um sobressalto na nossa inteligência nativa, despertando-a da inocência das teorias americanas para que, como país, consigamos enxergar que o mal é atraído pela — e pertence à — inocência. Talvez assim finalmente reconheçamos que, nos Estados Unidos, os Assassinos Natos são os companheiros secretos dos Forrest Gumps, e são até incentivados por eles.

CAPÍTULO 11

MEDIOCRIDADE

É possível haver um anjo medíocre? Um chamado para a mediocridade? Afinal, a maioria de nós passa a vida inteira ali, na parte média do gráfico. Amontoados no meio, olhamos com medo e inveja para as poucas pessoas excepcionais que despontam nas bordas. A maioria mediana, seja em talento, oportunidade, histórico, seja em sorte, inteligência, beleza, não nasceu grandiosa nem teve a grandeza empurrada goela abaixo. Então, parece que sim.

Primeiro, devemos reconhecer que o termo "medíocre" carrega muitos preconceitos esnobes. Usar essa palavra para definir qualquer coisa significa que queremos nos distanciar dela. Eu me destaco, eu sou diferente daquilo, não pertenço e, portanto, posso julgar isso que estou chamando de medíocre.

"Medíocre" tende a ser usado como "comum", enquanto os esnobes desfrutam de suas características de estilo inconfundíveis e incomuns — como se vestem, usam as palavras, aonde vão para se encontrar e fofocar. Desde o século 18, a literatura ocidental se sustenta, sobretudo, em considerações esnobes a respeito da mediocridade, e essa tradição pode capturar qualquer um que esteja tentando lidar com o assunto. Sejam quais forem as circunstâncias nas quais o gênio o tenha colocado, a questão da individualidade defende a alma contra todas as acusações. Nenhuma alma é medíocre, não importam seu gosto pessoal para assuntos convencionais ou seu histórico de conquistas medianas.

Expressões do senso comum deixam isso bem claro. Em geral, fala-se que a alma é antiga, sábia ou gentil. Dizemos que as pessoas têm uma linda alma, uma alma torturada, uma alma profunda, grande, ou uma alma simples, infantil, ingênua. Podemos dizer: "Ela é uma boa alma" — mas termos como "classe média", "mediana", "normal", "regular" e "medíocre" não combinam com "alma". Não existe uma referência-padrão para um daimon; não há anjos normais, nem gênios regulares.

Vamos tentar imaginar uma alma medíocre. Como ela seria? Sem graça, genérica, camaleônica, passaria completamente despercebida ao se adaptar a todo e qualquer clichê externo? Mesmo aquele conformista do Eichmann não era ordinário. Não devemos identificar a mediocridade da alma a partir de trabalhos ordinários como técnico de consertos, recepcionista, operário, já que o trabalho pode até ser medíocre, mas o desempenho dessas pessoas, não. Milhões de indivíduos podem comer cereal no café da manhã e pipoca no cinema, mas isso não confirma que sejam almas típicas. Todo mundo é "um" por causa de seu estilo. A única alma medíocre possível seria aquela sem nenhum tipo de característica, completamente inocente, sem imagem e, portanto, inimaginável, além de condenada a uma existência sem um daimon.

Criaturas sem alma aparecem na literatura ocidental, mas até elas têm imagens. São imaginadas como o Golem, o Zumbi, o Robô, o Estranho existencialista. Ser é ser definido por uma forma, um estilo. Você nunca perde a imagem na qual sua alma está construída, aquele padrão da sua sorte. Todo mundo tem uma marca; cada um de nós é singular. Para a alma, a ideia de mediocridade não faz sentido.

Não confundamos um dom especial — como o de Menuhin para o violino, de Teller para a física, ou de Ford para a mecânica — com o chamado. O talento é apenas uma parte da imagem; muitos nascem com talento para música, matemática e mecânica, mas apenas quando esse talento contribui para a imagem como um todo e é levado à frente pelo caráter é que reconhecemos a excepcionalidade. Muitos são chamados, poucos são escolhidos; muitos têm talento, poucos têm o caráter que consegue realizar o talento. O caráter é o mistério, e é individual.

Alguns podem vir com um talento especial. O talento de Omar Bradley era no esporte, especificamente, no beisebol. Seu daimon era seu caráter. Bradley — que se arrastava pelas estradas de terra do interior do Missouri no inverno para ir até a pequena escola de um único cômodo, junto com o pai professor, e que caçava para comer (ele tinha a própria arma de chumbinho aos 6 anos) — demonstrava diligência, estudo, obediência e coordenação motora. O destino de Bradley estava em seu caráter. Seu futuro não precisava incluir a Academia Militar nem a carreira de Chefe de Estado-Maior do Exército, embora estivesse nas forças armadas a carreira que permitiria ao seu caráter realizar plenamente sua imagem. (Mas ele já não estava passando por sua própria Batalha das Ardenas durante aquelas caminhadas ao lado do pai no inverno congelante do Missouri?)

O que determina a proeminência tem menos a ver com um chamado para a grandiosidade e mais com um chamado do caráter, aquela incapacidade de ser outra coisa além daquilo que está no fruto do carvalho, seguindo seus passos religiosamente ou sendo conduzido de maneira desesperada por seu sonho. Muitos heróis e heroínas deste século, como Bradley, apareceram em meio a circunstâncias medíocres, com praticamente nenhum indício de que eram estrelas em ascensão. Nixon, Reagan, Carter, Truman, Eisenhower — muitas das pessoas em que votamos, que ouvimos e a quem assistimos na TV — podiam ter vivido uma vida como a nossa, sem serem tocados pelo sol, caminhando nas sombras. E, ainda assim, foram escolhidos.

A teoria do fruto do carvalho defende que todos somos escolhidos. A própria questão da individualidade presume que há um fruto do carvalho único que caracteriza cada pessoa. Sob o sol ou nas sombras, cada um tem um caráter. Em raros casos, o fruto do carvalho grita e deixa muito claro seu desejo logo na infância. Em geral, os músicos são os primeiros a ouvir o chamado: aos 6 anos, Pablo Casals já sabia tocar piano e órgão; Marian Anderson fez sua primeira apresentação paga (ganhou cinquenta centavos) aos 8 anos; Mozart, é claro, e Mendelssohn também; "antes mesmo de aprender a ficar de pé, Mahler cantarolava as músicas que ouvia"; o pai de Verdi, diante dos pedidos insistentes do filho, comprou para ele uma espineta; Tchaikovsky já estava pedindo uma desde os 4 anos.[1]

Esses exemplos mostram essa ideia, e não há lugar melhor para se mostrar algo do que no show business. Mas, na maioria das vezes, o anjo não grita e, na verdade, vai conduzindo de maneira silenciosa e lenta a revelação do caráter. Não apenas o chamado declarado para o show business, que os leva às alturas (Judy Garland, Ingrid Bergman, Leonard Bernstein), mas o caráter com o qual cada um realizará o chamado.

Então, precisamos corrigir um erro muito comum: identificar a vocação apenas com um tipo específico de trabalho, em vez de também levar em conta o desempenho nesse trabalho. Esse erro, infelizmente, vem a reboque do próprio mito platônico, que situa as almas em profissões — Ájax, o guerreiro; Ulisses, o marido que regressa e o viajante cansado. No mito, a alma escolhe a sorte ligada ao trabalho. A atividade do açougueiro e a alma do açougueiro não estão completamente separadas no mito. Você é o que você faz e, portanto, se tem um trabalho medíocre como cortar carne no supermercado, então você não tem um chamado.

Mais uma vez, o erro; porque o caráter não é o que você faz, e sim como você faz. Um açougueiro é diferente do outro porque cada um deles tem um daimon individual. Marty, protagonista do filme homônimo interpretado por Ernest Borgnine, era um "bom açougueiro", com todos os traços de mediocridade de quem está na parte do meio da tabela, mas seu caráter o tornava único e memorável.

A singularidade em meio à mediocridade social é o tema das entrevistas de Studs Terkel. Quem não se lembra de alguma "figura" local da infância — um carteiro, um professor, a moça da loja de doces, da loja de bebidas, da loja de animais? Tentar resgatar a individualidade única a partir dos históricos clínicos automáticos e monótonos dos pacientes é o grande estímulo de assistentes sociais e terapeutas. Terapeutas *esmiúçam* os casos; eles não apenas *anotam* os fatos. Tentam encontrar ali algum insight, uma visão que deem um padrão àqueles fatos. Dentro dos diagnósticos e estatísticas normativos da Maria ou do João há uma imagem idiopática e idiossincrática no coração dos casos de cada um. Dentro de cada caso há uma pessoa; dentro de cada pessoa, um caráter, que é, de acordo com Heráclito, um destino.

Em breve, chegaremos ao famoso ditado de Heráclito, "caráter é destino". Mas, antes disso, precisamos responder à pergunta que abre este capítulo: existe anjo medíocre? Existe um chamado para a mediocridade? Aqui vão quatro respostas:

1. Não; apenas os astros têm frutos do carvalho. O restante de nós só vai perambulando, escolhendo entre os classificados de emprego.
2. Sim; nós, da maioria mediana, também temos um chamado, mas deixamos de atendê-lo por uma série de razões: pais que o tolhem, médicos que o diagnosticam como doença, a pobreza que o destrói, o fato de ninguém o reconhecer; a falta de fé, acidentes

que acontecem. Nós nos acomodamos e seguimos em frente. A mediocridade de um sapato velho.
3. Sim, mas o sapato velho na verdade nunca cabe direito; o fruto do carvalho vira um calo. À medida que sigo pelo caminho do meio, sinto o tempo inteiro que estava destinado a alguma outra coisa. Eu poderia, eu deveria... Fico desejando e esperando que alguma coisa mova os meus pés para a calçada ensolarada da rua, onde sei que é o lugar do meu self verdadeiro. Como escreve Shakespeare: "Nós, os mais pobres/De quem os astros mais básicos calam os desejos" (*Bem está o que bem acaba*), começamos a acreditar que a mediocridade da nossa sorte é um erro dos deuses. Cheio de amargura, acredito estar preso a um self não verdadeiro.
4. Sim, mas para muitos o chamado é manter a luz baixa, servir ao caminho do meio, juntar-se ao soldados rasos. É o chamado para a harmonia humana. Que se recusa a relacionar individualidade com excentricidade. O chamado permanece ao longo da vida e orienta, de maneira sutil, a seguir um caminho menos dramático do que o de figuras exemplares como as apresentadas neste livro. Todos são chamados; não importa que poucos sejam escolhidos.

A primeira resposta — somente os astros têm frutos do carvalho — é encontrada principalmente nos estudos da criatividade, teorias do gênio e biografia de pessoas famosas. A primeira resposta também divide a humanidade entre dotados e não dotados — o que não é a intenção deste livro. Além disso, aquela divisão agostiniana-calvinista entre salvos e condenados se desfaz, já que todo mundo foi eleito individualmente por seu daimon.

A segunda resposta — a maioria das pessoas não percebe o chamado e se acomoda com outra coisa — aparece em explicações sociológicas. A terceira é a substância do idealismo terapêutico, que busca revelar o self verdadeiro, ou a criança interior, e colocar o paciente em uma trajetória criativa, libertando assim o gênio dos abusos que atrasam seu desenvolvimento.

A quarta é a que me interessa neste capítulo e que aprofunda mais a nossa pesquisa. Porque, ao mesmo tempo que defende que a mediocridade é um chamado, redefine-a por completo, afastando-a das normas sociais e estatísticas.

Essa posição é principalmente defendida nas concepções feministas contemporâneas de biografia (e da vida em si), que começam a mostrar que a grandiosidade do caráter é tão importante quanto o reconhecimento. Novos textos de história, e sobre figuras históricas, voltam-se agora com atenção para a vida das pessoas comuns, em vez dos heróis e políticos. O "prefácio geral" de Roger North (1653-1734) para o livro *Lives* (escrito por volta de 1720) já adotava essa "nova" visão anti-heroica e anti-hierárquica da biografia há certo tempo.[2] Esses textos analisam estilos de relacionamento, costumes sociais, as pequenas façanhas corajosas do dia a dia que mudam os valores de uma cultura, os dilemas morais, os ideais expressados, para mostrar as sutilezas da individualidade para além do que acontecia nos arredores do trono do imperador.[3] Para analisar o caráter, observamos tanto a carta do soldado enviada na véspera da batalha e as famílias em casa longe da ação quanto os planos traçados na tenda do general.

Essas revisões da escrita histórica e biográfica têm como objetivo destacar almas individuais em meio a eventos confusos. A teoria nas entrelinhas é a mesma que defendo aqui: o caráter forma uma vida, não importa quanto ela seja vivida nas sombras, sem a luz dos astros sobre si.

O chamado se transforma em chamado para a vida, em vez de ser imaginado como algo em conflito com a vida. Um chamado para a honestidade em vez do sucesso, para o cuidado e o acasalamento, para servir e lutar pela vida. Essa visão oferece uma revisão da vocação não apenas na vida das mulheres, ou em como é vista pelas mulheres; oferece uma perspectiva completamente diferente do chamado, na qual a vida é o trabalho.

Assim, velhas perguntas deixam de fazer sentido, como "Por que alguns são importantes e outros não?"; "Por que o jogador de segunda divisão que nunca chega aos grandes clubes, o gerente mediano que nunca é promovido nem ganha a sala com janela, o vendedor que nunca recebe um prêmio, continuam ali, não são demitidos nem se aposentam, e seguem naquele desempenho medíocre de alguém insignificante com pouco talento?".

Não, eles não foram condenados a um daimon medíocre, nem têm um gênio meramente mediano. Na verdade, não temos capacidade de avaliá-los. Enquanto analisarmos as pessoas apenas em termos de quantidade de poder ou conhecimento específico, não enxergaremos seu real caráter. Nossas lentes foram ajustadas de modo a enxergar apenas o que é excêntrico.

Por que acreditamos que os anjos preferem pessoas angelicais? Por que presumimos que os gênios só querem estar com gênios? Talvez os invisíveis estejam interessados em nossa vida para a realização *deles* mesmos, e assim são intrinsecamente democráticos: qualquer um serve. Talvez eles não reconheçam o conceito de "medíocre". O daimon dá importância à individualidade, não apenas ao Importante. Além do mais, nós e eles estamos ligados ao mesmo mito. Somos gêmeos divinos e mortais, então eles estão a serviço das mesmas realidades sociais que nós. Por causa dessa ligação, o anjo não tem como descer até as ruas do mundo comum se não for por meio da nossa vida. No filme *Asas do desejo*, os anjos se apaixonam pela vida, com todas as provações dos seres humanos comuns.

Nossas sociologia, psicologia e economia — isto é, nossa civilização em si — parecem incapazes de estimar o valor de pessoas que não se destacam. Essas pessoas são relegadas à mediocridade da inteligência mediana de um país mediano. É por isso que o "sucesso" tem uma importância tão exagerada: ele oferece a única saída possível do limbo do mediano. A imprensa evidencia a pessoa que está chorando depois de uma tragédia, esbravejando em um palco ou dando opiniões; depois a joga de volta no caldeirão da mediocridade indistinta. A mídia pode adular, celebrar, exagerar, mas ela não consegue imaginar e, portanto, não consegue enxergar.

Para resumir, direto e reto: não existe mediocridade da alma. Os dois termos não combinam. Vêm de territórios diferentes: "alma" é singular e específica; "mediocridade" é algo que nos classifica de acordo com estatísticas sociais — normas, curvas, dados, comparações. Você pode ser medíocre em todas as categorias sociológicas, até mesmo em suas aspirações e conquistas pessoais, mas a maneira como essa mediocridade social se apresenta é o que projetará a singularidade em qualquer gráfico. Não existe tamanho único.

Ethos anthropos daimon

No início, antes mesmo de Sócrates e Platão, havia Heráclito. Suas três palavrinhas, "*ethos anthropos daimon*", frequentemente traduzidas como "caráter é destino", vêm sendo citadas repetidamente há dois mil e quinhentos anos. Ninguém consegue saber o que ele quis dizer, embora muita gente tenha tentado interpretar, como mostra esta lista de possíveis traduções:

> "O caráter do homem é seu gênio."
> "O caráter do homem é seu daimon."
> "O caráter do homem é sua divindade guardiã."
> "O caráter do homem é sua parte imortal e potencialmente divina."
> "O próprio caráter do homem é seu daimon."
> "O caráter do homem é seu destino."
> "Caráter é destino."
> "Caráter é destino para o homem."
> "Hábito para o homem, Deus."[4]

A parte do daimon é fácil, porque já aceitamos a tradução de daimon como gênio (do latim *genius*) e então o transpusemos para termos mais modernos como "anjo", "alma", "paradigma", "imagem", "destino", "gêmeo interior", "fruto do carvalho", "companheiro de vida", "guardião", "chamado do coração". Essa multiplicidade e essa ambiguidade são inerentes ao daimon em si, como um espírito imagético personificado que, na psicologia grega, era também seu destino pessoal. Você carregava seu destino consigo; era seu gênio particular. É por isso que os tradutores de daimon às vezes dizem "destino" e às vezes "gênio". Mas nunca "self".

Entre os povos nativos do continente norte-americano, encontramos uma série de termos para o fruto do carvalho como alma-espírito independente: *yega* (Coyukon); uma coruja (Kwakiutl); "homem-ágata" (Navaho); *nagual* (América Central/sul do México); *tsayotyeni* (Santa Ana Pueblo); *sicom* (Dakota)... Esses seres acompanham, guiam, protegem, alertam. Podem até se conectar a uma pessoa, mas não se fundem ao self pessoal. Na verdade, esse fruto do carvalho "nativo" pertence tanto aos ancestrais, à sociedade, aos animais, quanto pertence a "você", e seu poder pode ser invocado para colheitas e caça, para inspiração e saúde da comunidade — no mundo real. O fruto do carvalho se mantém separado do self moderno cheio de subjetividade, totalmente apartado, individual e sozinho. Embora seja o *seu* fruto do carvalho, ele não é você nem lhe pertence.

O "self" que permeia a linguagem do cotidiano se ampliou em proporções assombrosas. O *The New Oxford English Dictionary* — a versão "mais curta"!

— tem dez colunas de letrinhas miúdas dedicadas a palavras compostas com "self": *self-satisfaction* [autossatisfação], *selfcontrol* [autocontrole], *self-defeating* [autodestrutivo], *self-approval* [aprovação a si mesmo], *self-contempt* [autodesprezo], *self-satisfied* [convencido]... e talvez umas quinhentas mais. A maioria dessas palavras compostas, que conectam uma série de fenômenos psicológicos a esse "self", entrou em uso corrente na língua inglesa com a ascensão do racionalismo e do Iluminismo, que fechou os olhos da modernidade para os invisíveis, e consequentemente para a independência entre o self e o daimon.

O daimon no mundo antigo era uma figura de outro lugar, nem humana nem divina, algo no meio do caminho entre as duas coisas e que pertencia a uma região intermediária (metaxu) à qual a alma também pertencia. O daimon estava mais para uma realidade psíquica íntima do que para um deus; era uma figura que podia aparecer em sonhos, ou mandar sinais como uma previsão, palpites ou desejos eróticos. Eros também pertencia a essa região intermediária que não era realmente divina ainda que fosse inumana em parte. Então, para os gregos estava claro por que acontecimentos eróticos eram sempre difíceis de situar, fossem divinos, fossem cruelmente inumanos. A tradução do trecho de Heráclito como "caráter é destino" mantém o curso de sua vida bem alinhado a como você desempenha seu papel. A leitura mais simples possível seria: se você fizer um trabalho medíocre, então terá um destino medíocre.

É claro que há outras leituras possíveis para a frase. Algumas pessoas defendem que Heráclito contesta superstições populares que dão aos daimones todo tipo de poder para determinar o destino. Interpretam Heráclito como um moralista atacando o fatalismo que justifica a irresponsabilidade pessoal, como se o filósofo estivesse discutindo com Shakespeare: "São as estrelas, / As estrelas acima de nós que governam nosso destino" (*Rei Lear*). Não, diz Heráclito, não são as estrelas; é o seu caráter. Mas então, arguto, Shakespeare também diz: "A culpa, meu caro Brutus, não está nas estrelas / Mas em nós mesmos" (*Júlio César*).

Outras pessoas extraem do trecho de Heráclito um ego transcendental, um espírito mentor ancestral que cuida de cada pessoa e protege seu comportamento, assim como Sócrates foi protegido pelo daimon para não tomar atitudes erradas. Então, segundo essa leitura, seguir o daimon garante um bom caráter e hábitos corretos. O daimon seriam aqueles traços de caráter arraigados que inibem os excessos, evitam o orgulho exagerado e fazem com que você se atenha ao padrão de sua imagem (gênio). Esses padrões aparecem no modo como você se comporta. Portanto, você encontra o gênio ao olhar no espelho de sua vida. Sua imagem visível mostra sua verdade interior; então, quando está avaliando os outros, eles são exatamente aquilo que você vê. Por isso, é extremamente importante ter uma visão generosa, ou só compreenderá aquilo que está diante dos olhos; ter uma visão precisa, focada, para conseguir distinguir a mistura de traços e não apenas uma massa informe e genérica; e ver profundamente através das sombras, senão será enganado.

Caráter

E o *ethos*, primeiro termo da frase de Heráclito? Aos nossos ouvidos, parece algo como "ética". Isso acaba colocando no *ethos*, uma palavra grega isenta de qualquer sentido de piedade, todo o peso do moralismo das religiões judaica, romana e cristã. Se tentarmos tirar a ética do *ethos*, vamos descobrir que seu sentido é mais de "hábito". Heráclito talvez estivesse dizendo que o *ethos* é o comportamento habitual. O modo como conduz a vida é o que você é e será. É bastante ilusório se apegar a um self secreto, escondido e mais verdadeiro, diferente de como você de fato é, ainda que a terapia promova essa grande ilusão e lucre com ela. Em vez disso, o realismo de Heráclito: você é como você é. "Como" é o termo crucial, que liga a vida como ela é habitualmente "conduzida" com o chamado da sua imagem.

Seria Heráclito então o primeiro behaviorista? Ele está dizendo: "Mude seus hábitos, assim mudará seu caráter e, portanto, seu destino?". "Não importa a motivação oculta; mude seus hábitos e seu destino muda?"

Tenho a sensação de que Heráclito está querendo dizer muito mais. Esse behaviorismo parece muito voluntarioso, muito protestante, muito americano e, de modo geral, muito humanista. Embora Heráclito ligue o caráter (*ethos*) e a ética humana diretamente ao daimon, é o destino que passa a ser tema do nosso interesse. O foco egocêntrico do humanismo nos faz acreditar que o daimon, tendo nos escolhido como hospedeiro, está ocupado do nosso destino. Mas e o destino *dele*? Talvez a tarefa do ser humano seja adequar nosso comportamento às intenções do daimon, fazer a coisa certa para ele. O que você faz na vida afeta seu coração, altera sua alma e interessa ao daimon. Construímos a alma com nosso comportamento, porque ela não vem pronta do céu. Ela só é imaginada lá, uma obra em progresso tentando fazer a descida.

O daimon então se torna a fonte da ética humana, e uma vida feliz — algo que os gregos chamavam de *eudaimonia* — é uma vida que seja boa para o daimon. Ele não apenas nos abençoa com seu chamado; nós o abençoamos com nosso jeito de segui-lo.

Já que "por trás" do daimon estão os invisíveis, é impossível definir ou padronizar qual é a ética que o agrada. Bons hábitos para construir um bom caráter e, portanto, uma boa vida não pode se conformar com as regras de um escoteiro. A ética, pelo contrário, será daimônica e incompreensível, e vai incluir o caráter de Elias Canetti correndo atrás da prima com um machado por causa de umas palavras e, também, a de Ingmar Bergman querendo esfaquear o amiguinho traidor da escola por causa de uma fascinação secreta. Vai até incluir o caráter das Sementes Podres. As exigências do daimon nem sempre são razoáveis, mas seguem sua própria necessidade irracional. Falhas trágicas e distúrbios de caráter têm uma qualidade inumana, como se estivéssemos seguindo ordens invisíveis.

A fonte invisível da consistência pessoal, que estou chamando de "hábito", é chamada de caráter pela psicologia atual.[5] São aquelas estruturas profundas da personalidade particularmente resistentes a mudanças. Quando são nocivas socialmente, as chamamos de neuroses de caráter (Freud) e distúrbios de caráter. Essas trilhas do destino difíceis de mudar são uma espécie de impressão digital do daimon, cada espiral diferente uma da outra. A própria palavra "caráter" originalmente se referia a um instrumento usado para fazer marcas e deixar rastros. E "estilo" vem de *stilus* (latim), um instrumento afiado usado para cortar caracteres (letras, por exemplo). Não é à toa que o estilo revela o caráter e seja tão difícil de mudar; não é à toa que distúrbios de caráter estejam no cerne do diagnóstico de psicopatas e sociopatas. Há algo de muito profundo, estrutural e caracterológico faltando quando eles conseguem sorrir e torturar, matar sem sentir remorso, trair, enganar, negar, sem nem pensar duas vezes. Assassinos em série, impostores e estelionatários, pedófilos obsessivos, todos eles demonstram uma consistência em seu estilo. Seus hábitos tendem a se repetir; em geral, eles retrocedem em vez de se corrigirem, programados pelo caráter constituído.

Vamos nos concentrar em exemplos de caráter de três excelentes testemunhas do sonho americano, mas não faremos isso para diagnosticar psicopatas e seus daimones. Cada um desses homens demonstra uma firmeza inalterável de seus hábitos, e foram aclamados por nunca agir de modo diferente do que se esperava deles. Os três também são homens que viveram em circunstâncias medianas e cuja trajetória conta a história do século 20: desde os Estados Unidos de 1902, quando Thomas E. Dewey nasceu em Owosso, no Michigan, até 1995, quando Billy Graham ainda era um monumento religioso nacional e Oliver North, o principal herói dos medíocres.

A ideia da jornada a seguir é destacar uma configuração central, o daimon no éthos de cada um, e curiosamente similar nos três personagens, através da qual podemos entender o que havia em seus hábitos que encontrou ressonância no público americano. Por meio deles, podemos vislumbrar um daimon que é essencial para o *ethos* americano.

Caráter americano

À primeira vista, esses três homens parecem bem diferentes: o governador Dewey, bigode aparado, 1,70 metro, apertado em seus ternos escuros, muitíssimo meticuloso em seus cuidados ("quando vai visitar a penitenciária estadual, não toca em nenhuma maçaneta, sempre espera alguém abrir a porta. Se ninguém entende a deixa, ele pega um lenço no bolso do paletó, cobre a palma da mão discretamente e toca de leve no metal que os prisioneiros seguram todos os dias"). Graham, recém-saído do ensino médio, 18 anos, "vestindo um terno de gabardine verde com detalhes em amarelo e gravata azul-pavão"; North "chegando ao Vietnã com uniforme camuflado, pronto para entrar na batalha. Usava um colete à prova de balas e graxa preta debaixo dos olhos para evitar a claridade, e no campo sempre mantinha o capacete afivelado. Estava pronto. Além do revólver .45 que tinha sido dado a cada soldado, Ollie também quis levar uma espingarda calibre 12 para ter mais poder de fogo. E se isso não fosse proteção suficiente, ele ainda usava um crucifixo".[6]

É possível listar uma série de diferenças entre eles — diferenças geracionais, na formação, nas carreiras, nas profissões; diferenças de temperamento na juventude (Graham era ingênuo e exuberante; North, tenaz e decente;

Dewey, inteligente e arrogante). Nosso olho, no entanto, escolheu focar as semelhanças.

A primeira dessas similaridades é o dom da energia duradoura. Dewey: dedicado, direto, um executivo difícil de agradar, o primeiro "destruidor de gangues", como era chamado; nunca faltou a um dia de trabalho nem perdeu um treino de futebol durante toda a sua vida escolar. North: querido e "sempre disposto a fazer qualquer coisa que lhe fosse pedida", incluindo as missões no Vietnã pelas quais foi condecorado com "uma Estrela de Bronze por Combate 'V', uma Estrela de Prata, dois Corações Púrpura e uma Medalha de Comenda da Marinha"; comandar ataques e ignorar a dor. Graham: "Tão cheio de energia que, no início da adolescência, os pais o levaram para ser examinado por um médico... Um parente diz que assim que ele aprendeu a andar de triciclo... passava *zunindo* de um lado para o outro, os pés girando tão rápido que não era possível vê-los". O que controlou toda essa energia dos três foi uma mesma firmeza de convicções.

A segunda similaridade entre eles é a autodisciplina. A escolha de North pelo Corpo de Fuzileiros simboliza uma vida de disciplina. Quando era garoto, já obedecia às ordens. North "não ficava fora de casa muito tempo... a mãe o chamava com um apito quando estava na hora de voltar... Ele se vestia com mais esmero do que a gente". Graham "cresceu em um ambiente familiar muito devoto; aos 10 anos, já tinha memorizado todos os 107 artigos do catecismo". No caso de Dewey, sua sorte já o situou em uma vida bem disciplinada: "Quando Tommy tinha 3 anos, ganhou uma bicicleta com o aviso de que ela lhe seria tomada se ele caísse ao andar. A criança prontamente subiu na bicicleta... e prontamente a perdeu durante um ano inteiro para sua mãe implacável".

Na faculdade, Dewey "parece ter renunciado aos prazeres libidinosos da juventude". Graham estava sempre apaixonado, ficava doido pelas garotas, vivia no "lugar comunitário onde as pessoas namoravam", "beijando meninas até rachar a boca". Mas "de alguma maneira, nunca me meti em amoralidades sexuais. Por algum motivo, Deus me manteve limpo... eu nunca nem toquei o seio de uma garota". No ensino médio, North "raramente namorava". Quando tinha 10 anos, ele e um amigo entraram por engano em uma sessão de um filme de Brigitte Bardot. "Os olhos de Ollie quase saltaram para fora quando ela apareceu na tela. 'De jeito nenhum era pra estarmos vendo isso', supostamente disse Ollie ao amigo... Eles então se levantaram e foram tomar sorvete."

Acredito que o denominador comum mais crucial compartilhado pelos três é sua convicção, o poder puro e persuasivo da convicção.

> Quando Tommy (Dewey) tinha 7 anos, foi arrastando um carrinho até a casa de uma vizinha e perguntou se ele podia recolher os jornais velhos dela para vender... Aos 9 anos, começou a vender jornais e revistas... Sua dedicação às vezes atingia níveis extremos... "Tom parecia possuído quando passava por aqui vendendo o *Saturday Evening Post*", [lembra um de seus clientes]. "Eu disse a ele que não queria a revista, mas ele simplesmente me olhou de um jeito hostil, com os olhos escuros e penetrantes, e a deixou em cima da minha mesa. Me deu uma série de razões pelas quais eu deveria comprá-la. Era impossível contra-argumentar com ele; era mais fácil virar um cliente fiel."

Durante a seca e a depressão no verão de 1936, no sul do país, Billy Graham, recém-saído do ensino médio, vendia escovas Fuller de porta em porta nas duas Carolinas.

> O gerente de vendas da área ficou absolutamente espantado com as escovas Fuller que Billy vendeu em poucas semanas... Não conseguia entender como um único ser humano conseguia vender tantas escovas em tão pouco tempo. O próprio Billy explicou: "Eu acredito no produto. Vender essas escovinhas se tornou a minha causa. Sinto que toda família precisa de uma escova Fuller, é uma questão de princípio"... "A sinceridade é uma das coisas mais importantes quando se vende algo, eu descobri — inclusive a salvação."

Ele deu escovas Fuller de presente para sua namorada e escovava os dentes com uma delas tão frequentemente, e com tanto afinco, que "suas gengivas começaram a retrair".

O produto de North eram os próprios Estados Unidos, e não suas representações simbólicas como as escovas Fuller e o *Saturday Evening Post*, e ele estava igualmente convencido de sua virtude e era igualmente persuasivo em sua paixão. Antes mesmo de vendê-los abertamente ao Senado e na TV, os "Estados Unidos" eram sua convicção. Um colega do ensino médio se lembra: "Um dos caras da escola disse algo sobre quão idiota era o exército. Depois disse que nós, querendo dizer os Estados Unidos, não deveríamos nos meter em guerras em outros países. Bom, Larry [Ollie] ficou furioso. Disse para o cara: Se não gosta de viver nos Estados Unidos, é só dar o fora daqui'".

Embora os produtos possam representar uma mediocridade coletiva — a escova, a revista, o patriotismo "ame-o ou deixe-o" —, não há nada de medíocre em vender desempenho. Hábito é caráter e se transforma em destino. Este incidente no ensino médio já revela a convicção do fruto do carvalho em todas as futuras operações no exterior que North executou.

Ambição, ideais altos, uma vida pura, longas horas de trabalho: os símbolos de animais dominantes, controlados pela ética do trabalho, puxando uma carga pesada de mudanças morro acima. Seus valores e práticas, seus gostos e seus colaboradores talvez não tenham ido além dos níveis medianos, mas eles, no entanto, chegaram ao ápice. Aos trinta e poucos anos, Graham já tinha conquistado o imaginário popular evangélico, arrastando multidões de pessoas perdidas em busca de si mesmas — e gente rica também — para seu templo. Aos 35 anos, Dewey foi nomeado promotor distrital de Manhattan, tornando-se o homem mais jovem a ter esse título. Aos 38 anos, esteve próximo de ser indicado pelo Partido Republicano para concorrer contra Roosevelt, o que acabou acontecendo quatro anos depois, aos 42 anos. Ele já tinha derrotado chefões do crime e contrabandistas, gângsteres e assassinos. Foram sendo presos um após o outro, com seus processos de acusação muito meticulosos e incansáveis — Waxey Gordon, Dutch Schultz, Joseph Castaldo (o Rei da Alcachofra), os Gorilla Boys, o grupo Mão Negra, Lucky Luciano, Jimmy Hines e Louis Lepke, da Murder, Inc.

Antes dos 40 anos, North já circulava com facilidade em meio à elite do poder de Washington. O congressista Michael Barnes conta:

> Ele andava muito com o Henry [Kissinger]... Ollie tem uma facilidade impressionante de inspirar a simpatia das pessoas importantes... Aqui ele estava socializando com os juízes da Suprema Corte... generais, senadores, e muito à vontade com tudo... Ollie era mais um dos nossos. Ele chegou com o respaldo da Casa Branca e, na maioria das vezes, era o braço direito de Henry.

Alguns anos depois, North era responsável pela maior parte das relações exteriores dos Estados Unidos no Caribe (Granada), América Central e Oriente Médio (Irã, Líbia e Israel).

As operações de Graham também se espalharam pelo mundo. Como líder espiritual de Eisenhower, Johnson, Nixon, Ford e Reagan, ele também pertencia às esferas do poder. Dewey pode ter alcançado menos gente, mas, no Partido Republicano moderno, foi ele quem arquitetou as indicações de Eisenhower e Nixon, dois homens que dominaram os Estados Unidos no meio do século 20. Dificilmente há alguém neste planeta que não tenha sido de alguma forma afetado pelas ações obstinadas destes três homens oriundos da virtuosa classe mediana.

Eles se mantiveram em suas trajetórias, defenderam princípios, economizaram dinheiro. Aos 32 anos, Dewey ainda "continuava a anotar todos os gastos de forma metódica, em um bloquinho, incluindo os quinze centavos do engraxate e os 85 centavos do jantar". Quando deixou o governo de Nova York, os impostos eram 10% menores do que quando ele assumiu. Graham, cuja causa recebia doações gigantescas, e que jogava golfe com os ricos, "passava horas, *horas*, tentando pensar em maneiras de não ganhar dinheiro", disse sua esposa, Ruth. Cada um deles se casou com a moça certa, criou os filhos, manteve a honestidade e, acima de tudo, o autocontrole, os hábitos idealizados pela classe média branca dos Estados Unidos.

Talvez o único deus que seja um denominador comum aqui é justamente o hábito do autocontrole. Mas não o autocontrole em si; na verdade, a sua sombra: o controle a serviço de uma convicção, especialmente uma convicção que exigia o controle das sombras.

Isso fica bastante claro nos testemunhos de fé de North diante do congresso. Havia um inimigo a ser enfrentado: o comunismo internacional e os fracos que colocavam em risco o tecido patriótico dos Estados Unidos. As coisas precisavam ser colocadas em ordem. Os alvos de Dewey eram o crime, os gângsteres nos cortiços escuros de Manhattan, o Tammany Hall irlandês, os escroques judeus, os mafiosos e estelionatários italianos. Dewey estava limpando os Estados Unidos, reconstruindo-o nos moldes da sua própria meticulosidade. O compromisso de Graham era a limpeza do espírito ao redor do mundo; sua iniciativa foi chamada de cruzada.

O controle sobre a fraqueza e a maldade em si mesmo e o controle da maldade nos outros andam juntos: para Dewey, era condenando criminosos à prisão; para North, bombardeando os bandidos em El Salvador, Granada e na Líbia; para Graham, combatendo o pecado e Satanás ao converter pecadores em devotos de Cristo. Resumindo, a convicção justifica o controle e o *furor agendi* com que se ataca as sombras, sejam elas o Tammany Hall, os mulás de Teerã ou o próprio Diabo.

Seria convicção na causa ou apenas convicção na própria convicção? Quando foi acusado de "suicídio intelectual", Graham respondeu: "Eu sei que apenas acredito. Sei o que a fé sem questionamentos e sem reservas deixou Deus fazer na minha vida... Eu decidi acreditar". North baseou sua defesa por ter mentido ao Congresso na convicção nos Estados Unidos e em seu comandante chefe. A fé que move montanhas se torna sua própria sombra. A nobreza dos ideais vai se esvaziando à medida que a convicção fica mais intensa. O que Santayana diz sobre fanatismo? O fanatismo perde o propósito e redobra o esforço.

Depois da inesperada derrota para Truman na eleição de 1948, Dewey deixou aquilo para trás. "É assim que é, agora vou seguir adiante", disse ele, e de fato o fez, tentando negar por meio das maquinações de poder a profundidade da rejeição do eleitorado a ele. O esforço redobrado de North em nome de sua convicção incluiu o plano para alterar (ou roubar, tarde da noite, de um escritório trancado), quando estava em Anápolis, os registros de suas lesões na perna, que o manteriam fora do corpo de fuzileiros.

Em sua devoção às próprias convicções, os três tentaram eliminar aquilo que poderia impedi-los de seguir o caminho que queriam. Isso se chama negação. Sobre Graham, sua esposa disse: "Claro que ele tinha dúvidas, mas não por muito tempo — porque ele nunca, de fato, *pensava* muito nelas". A negação máxima aconteceu depois da queda de Nixon do poder — e no conceito de Graham. Sua convicção era tão firme, estava tão pouco disposto a pensar em suas dúvidas, que Graham nunca percebeu a sombra que pairava sobre Nixon. Quando ela foi revelada pelas gravações do Watergate, Graham caiu na mais profunda depressão de sua vida e teve uma crise de fé. Andava de um lado para o outro, roía as unhas, ficava enjoado, não conseguia dormir. Ficou temporariamente encurralado na contradição apresentada pela fé — a de que ela exige um tipo de suicídio; intelectual, moral, de percepção.

"Eu realmente acreditava [em Nixon] como a melhor possibilidade para liderar este país rumo a seus melhores dias. Ele tinha o caráter para isso. Eu nunca o ouvira dizendo uma mentira." "Aquelas gravações revelaram um homem que nunca conheci; nunca vi aquele lado dele."

Da cegueira à negação. Com o tempo, Graham se recuperou dessa provação; recobrada a fé, restaurada a inocência, ele seguiu em frente.

O denominador comum nos três é a invencibilidade das convicções. Embora os três sejam moralmente passíveis de repreensão — Graham por sua negação, North por suas mentiras, Dewey por suas manipulações —, a convicção permitiu que seguissem em frente sem serem corrompidos em meio à sujeira, intocados por sua própria sombra, inocentes. E minha sugestão é que justamente esse hábito americano da convicção tem a ver com a nossa mediocridade. Portanto, esse mesmo componente — seja ele chamado de inocência pelos críticos literários, seja de negação pelos psicólogos ou fé pelos crentes — deve ser a essência do caráter americano, o que explica por que Dewey, Graham e North são representantes tão eminentes do seu estilo.

Também precisamos admitir, apesar do nosso julgamento prévio contra o uso de mediocridade como um termo psicologicamente válido, que descobrimos a condição psicológica que provoca a mediocridade americana. A capacidade de negar, de permanecer inocente, de usar a convicção como uma proteção contra todo tipo de sofisticação — intelectual, estética, moral, psicológica — mantém o caráter americano adormecido. O caráter americano permanece cego para o fato de que as virtudes da mediocridade — aquela devoção da energia disciplinada, ordem, autocontrole, proibições e fé — são elas mesmas mensageiras do diabo que iriam superar.

Precisamos enfatizar o excepcional em uma sociedade que, hoje em dia, devido a um esnobismo às avessas, está encantada com o ordinário, com a recém-ungida classe média trabalhadora, pagadora de impostos, moralista e meritocrata. Se a sociedade está perdendo a alma, a inspiração daimônica, o anjo e gênio, então, antes de sair em busca dessas coisas, por que não nos perguntamos o que as está afastando? Talvez o fato de abraçar a mediocridade — fazer apenas um trabalho mediano no time, não balançar demais o barco, agarrar-se aos "valores familiares", entrar na comunidade do Wal-Mart, ficar de boa, temer ideias extremistas e sem fundamento — seja exatamente o que afasta os invisíveis.

Por que o excepcional é suspeito? Será que resistimos a ele porque temos medo da inspiração, imaginando que é uma condição elitista e muito particular, que privilegia a comunicação com espíritos em vez de com os nossos pares? E o que falar de uma cultura que imagina que a inspiração é antissocial? Ela não vai se apegar com cada vez mais afinco à mediocridade sem inspiração?

Não nos esqueçamos que as sociedades são elevadas e recompensadas por aqueles que são inspirados: a enfermeira no atendimento de emergência; o professor do ano; o jogador de basquete que acerta uma cesta de três pontos perfeita. O momento inspirador não invalida o time, mas pertence ao contexto e a seu público local mais amplo. Acertar o arremesso no último segundo e, desse modo, salvar um jogo crucial, não é meramente um ato heroico. É um feito que reconstitui o próprio herói em um contexto arquetípico. O herói é aquele que coloca em prática suas façanhas inspiradas para a glória da cidade e seus deuses. Nossa civilização é egocêntrica, e as ideias competitivas do que seriam ações inspiradoras nos fazem perder o foco no serviço social. "Inspiração" significa simplesmente "inspirar o espírito" e não "exaltar o portador do espírito".

Algumas sociedades exigem que seus membros busquem inspiração, pelo bem da sociedade. Por exemplo, os rituais de busca da visão dos nativos americanos, os suadouros, o consumo de peiote, as danças; os encontros dos quaker, que acontecem com o aparecimento do espírito local. A filosofia social nesse caso é que você serve melhor ao outro quando está a serviço dos Outros.

Eu não tenho adulado a fama aqui por acaso, e sim para mostrar o daimon em um espelho de aumento. Usar uma pessoa excepcional como exemplo de uma ideia não é literalizar a excepcionalidade como se existisse apenas em pessoas excepcionais. As pessoas retratadas neste livro são a *personificação* do efeito do daimon invisível. São visibilidades mais intensas do fenômeno do daimon. Essas figuras extraordinárias tornam humana a ideia geral de que *todas* as vidas têm um componente excepcional que não foi explicado ainda pela psicologia tradicional nem pelas teorias de biografia.

Manolete e Ingmar Bergman, por exemplo, estão disponíveis. Não estão disponíveis para imitações e clones, mas sim como exemplos do daimon.

A bênção que recaiu sobre a vida deles de modo tão excepcional é um fenômeno universal. É seu também. Eles são testemunhas mais acentuadas da disponibilidade da bênção.

Esse velho método da ampliação pretende inspirar os fracos e cansados a sentirem outra vez a grandeza latente no fruto do carvalho de todos os homens e todas as mulheres, não importa o tamanho de sua mediocridade. Mas só após invalidarmos a mediocridade como um conceito psicológico é que podemos nos entusiasmar de modo legítimo com a excepcionalidade. Ou então tamanho entusiasmo, a citação de tantos nomes e a apresentação de tantos astros para o leitor pareceria uma bajulação esnobe dos famosos. Assim, tiramos por completo da psicologia as noções de "mesquinho", "básico", "mediano" e "medíocre" e as colocamos onde possam nos servir melhor (economia, epidemiologia, sociologia, marketing); desse modo os leitores podem imaginar a si mesmos como os extraordinários que serviram de modelo para este livro.

North, Graham e Dewey são excepcionais, cada um a seu modo; qualquer um que os chame de medíocres está fazendo piadas arrogantes com os ternos de gabardine de Graham, o visual de "homenzinho no bolo de casamento" de Dewey ou o bom-meninismo de North. Dessa forma, esquecemos o fato de que cada um deles foi fiel ao fruto do carvalho e exemplifica seu caráter particular, incluindo os vícios, em cada movimento consistente de seu caminho.

Em uma sociedade e em uma época em que os esquisitões são isolados em abrigos, medicados com doses de serotonina para ficarem mais calmos e frequentam grupos de recuperação para superar as intensidades individuais irresistíveis, em que qualquer coisa diferente demais já é marginalizada, é especialmente importante para a consciência da nação afirmar ativamente o extraordinário. Se a eminência depende do destino, e o destino do caráter, então também podemos fazer o caminho contrário: para melhorar o caráter, as instruções morais são insuficientes. Podemos ignorar os conselhos de William Bennett e Allan Bloom e em vez disso olhar para o destino, e em particular o destino das pessoas que se destacam. A imagem que construíram — sua coragem, sua ambição e o risco que assumiram — é a nossa guia. Esses três homens representantes da vida mediana, que inspiraram a fé e o engajamento político de milhões de americanos, também não têm caráteres medianos.

Imagens de eminência vindas do meio mostram que o meio também é um caminho. Isso nos permite compreender o valor inato do mediano em vez de rir de suas limitações coletivas pequeno-burguesas ou nos esconder nele por medo de ultrapassar os limites. A despeito de qualquer esnobismo a que as páginas deste capítulo ainda possam induzir, este é um capítulo escrito com idealismo, pois tentei transformar "mediocridade" de um termo desprezível em um conceito de valor, no qual o daimon também pode aparecer. A palavra segue sendo maltratada socialmente enquanto não descobrimos, dentro de cada exemplo de mediocridade, qual é exatamente o caráter que carrega, a singularidade do fruto do carvalho.

O platonismo de um democrata

A tensão latente neste capítulo é algo com que venho brigando há muito tempo. Vinte e cinco anos atrás, talvez mais, Gilles Quispel, estudioso holandês do início do gnosticismo cristão e das seitas daquela época, estava sentado comigo à beira do lago Maggiore, ele fumando seu cachimbo e com certo brilho malicioso no olhar, como se fosse um capitão holandês de um romance de Conrad. Ele então me perguntou: "Como você pode ser um platonista e um democrata, Hillman?".

Quispel tivera um vislumbre do daimon do meu destino, e então levei alguns anos para conceber a resposta. É claro que a pergunta já presume certa visão comum a respeito de Platão e do platonismo — que ambos são totalitaristas, elitistas, patriarcais e que forneceram fundamentos autoritários para o Estado autoritário. A pergunta de Quispel também pressupõe certa noção de democracia como algo populista, secular, sem qualquer ligação com a transcendência. A democracia pode ter Pais Fundadores, mas não tem anjos. Daí a pergunta de Quispel: como alguém pode abraçar o elitismo *e* o populismo, princípios eternos *e* caprichos de persuasão — ou, na linguagem clássica da filosofia, com a qual Quispel estava bem mais familiarizado do que eu, como consigo adotar os universos da Verdade *e* da Opinião. Esse enigma perturba os pensadores ocidentais desde Parmênides.

No nosso país, a diferenciação entre verdade e opinião se materializou no muro entre a Igreja e o Estado, entre a verdade revelada e as pesquisas de opinião pública. Ainda assim, a Declaração de Independência afirma que o Estado democrático americano foi fundado sobre uma "Verdade" transcendente: "Todos os homens são criados iguais".

Qual é o fundamento para essa afirmação? As desigualdades já existem antes mesmo de respirarmos pela primeira vez. Qualquer enfermeira de unidade perinatal de um hospital pode confirmar que a desigualdade existe desde o início. As crianças são diferentes umas das outras. Estudos genéticos mostram diferenças inatas de habilidades, temperamento, intensidade. E sobre as circunstâncias nas quais fazemos a descida, o que poderia ser mais desigual do que nosso ambiente? Alguns estão em desvantagem e outros são privilegiados tanto por questões de criação quanto por aspectos inatos — e desde o início.

Como nem aspectos inatos nem a criação podem fornecer a igualdade, onde arrumamos essa ideia? Ela não pode ser induzida pelos fatos da vida; nem pode ser reduzida a um fator comum a todos os seres humanos, assim como a postura ereta, a linguagem simbólica, ou a manipulação do fogo, porque diferenças individuais desenvolvem o fator comum de bilhões de maneiras. A igualdade só pode ser obtida por meio da singularidade, daquilo que os filósofos escolásticos chamavam de "princípio da individualidade". Estou imaginando essa singularidade como o *haeccitas* (latim medieval para definir a qualidade do "isto") no gênio como o fator formativo que é dado no nascimento de cada um, para que ele ou ela seja *isto* e não alguma outra coisa, outra pessoa, ninguém.

Então, a igualdade precisa ser axiomática, dada; como diz a Declaração de Independência, o fato de sermos iguais é uma verdade muito evidente. Somos iguais pela lógica da singularidade. Cada um é distinto do outro e, portanto, também igual. Somos iguais porque cada um traz um chamado específico para este mundo, e somos desiguais em todos os outros aspectos — injusta e absolutamente desiguais, a não ser pelo fato de haver um gênio único dentro de cada um. A democracia, portanto, se apoia nas bases de um fruto do carvalho.

O fruto do carvalho empurra para fora dos limites; sua principal paixão é a realização. O chamado exige uma liberdade absoluta para buscá-lo, uma liberdade "assim que se chega", e essa liberdade não pode ser garantida pela sociedade. (Se as oportunidades de liberdade forem decretadas pelo Estado, então a sociedade tem o poder supremo, e a liberdade fica sujeita à autoridade social.) Enquanto a igualdade democrática não encontra outro fundamento lógico a não ser a singularidade do chamado de cada indivíduo, então a liberdade é construída a partir da completa independência do chamado. Quando os autores da Declaração de Independência afirmaram que todos nascemos iguais, eles garantiram que essa afirmação necessariamente viesse acompanhada de outra: todos nascem livres. É o chamado que nos torna iguais e o ato do chamado exige que sejamos livres. O princípio que garante as duas coisas é o gênio invisível individual.

Vamos nos abster tanto de ler Platão como um fascista cruel com ideais impossíveis quanto de imaginar a democracia como uma coleção de vítimas cheias de opinião seguindo sem rumo. Então poderemos ver que o platonismo e a democracia não necessariamente precisam repelir um ao outro como se fossem dois polos de um ímã, mas que, na verdade, os dois são construídos sobre o mesmo pressuposto: a importância da alma do indivíduo. O estado de Platão existe por causa daquela alma, não pelo estado ou por qualquer outro grupo particular. Na verdade, a principal analogia que perpassa todo o livro *A república* é um paralelo entre as camadas da alma e o estrato da sociedade. O que fazemos no Estado, fazemos à alma, e o que fazemos na alma, fazemos para o Estado — isso se o platonismo for levado a termo e não abortado antes que suas implicações apareçam.

Além do mais, como vimos neste capítulo, o único garantidor teórico da individualidade exigida pela democracia e para o bem das pessoas para quem a democracia foi criada é essa mesma alma, aqui chamada de anjo, fruto do carvalho, gênio ou qualquer outro nome. O platonismo e a democracia compartilham a visão da importância essencial de uma alma individual.

Essa alma, ou daimon, ou gênio, aliás, também parece não ser apenas platonista por se originar no mito de Platão, mas, também uma democrata, porque entra no mundo das interações; ela se mostra na geografia, como se dissesse que entra no mundo e veste a roupa do lugar, como se quisesse viver o mundo em seu corpo. Apenas os teólogos e xamãs se atrevem a falar sobre os invisíveis, separados do mundo visível. A morte e o outro reino certamente não são o objetivo desde primeiro empurrão do fruto do carvalho, mas sim o mundo visível, onde ele atua como guia. A perda do daimon faz a sociedade democrática entrar em colapso e a transforma em uma multidão de consumidores perambulando pelo shopping como se fosse um labirinto, tentando achar a saída. Mas não há saída sem um guia para apontar a direção individual.

Então, professor Quispel, se nos encontrarmos de novo sob árvores frondosas, eu diria que platonismo e democracia podem andar muito bem lado a lado. Ambos se baseiam na alma. Ambos se preocupam igualmente com como a alma se portará neste mundo e de que maneira pode se sentir mais realizada. Concentrar-se no melhor e na realização não força o elitismo. Nem abandona a democracia.

CODA: UMA NOTA SOBRE METODOLOGIA

Será que é um erro escolher uma metáfora orgânica para esta teoria? Será que o próprio termo "fruto do carvalho" não nos remete imediatamente a um modelo orgânico de crescimento natural e conecta nossa teoria ao determinismo genético e à evolução ao longo do tempo, justamente dois conceitos que nossa teoria pretende evitar, e até mesmo contestar? Não estaria a teoria sendo derrubada, contra sua vontade, pelo próprio nome?

Nomear espécies, corpos divinos ou doenças sempre acaba aprisionando a coisa nomeada em uma metáfora que reivindica uma visão de mundo, como a nomeação de montanhas e ilhas durante o período da exploração colonial. Os nomes de soberanos e heroicos cientistas europeus colonizaram todo tipo de fenômeno natural: planetas, plantas, processos. Os movimentos de libertação rejeitam a opressão das palavras que representavam essa ordem antiga. Será que também não deveríamos deixar de lado esse resquício de organicismo evolutivo representado pela expressão "fruto do carvalho" e rebatizar essa teoria como teoria da essência, teoria da imagem, teoria do gênio, ou mesmo chamá-la, de maneira ousada, de teoria da psicologia angélica?

Eu sigo com "fruto do carvalho" porque o nome demonstra de que forma podemos analisar imagens orgânicas sem cair nas garras do organicismo. Se somos capazes de usar uma imagem natural de maneira não natural, então teremos conseguido demonstrar, usando o termo "fruto do carvalho", a essência do nosso ponto de vista arquetípico, que pretende inverter a visão orgânica, desenvolvimental e temporal da vida humana para analisá-la na direção oposta ao curso do tempo. Se queremos rever o modelo desenvolvimental da natureza humana, é melhor já começar de cara por uma de suas imagens seminais.

Mantemos o termo, mas vamos deslocá-lo do nosso padrão de pensamento habitual. Não é o fruto do carvalho que precisa ser descartado, e sim o hábito de pensar nele apenas de maneira naturalista e temporal.

No entanto, uma vez imaginado de forma arquetípica, o fruto do carvalho não está mais circunscrito pelas leis da natureza ou pelos processos do tempo. Uma definição mais limitada e naturalista de "fruto do carvalho" como a semente de uma árvore acaba estabelecendo uma única camada de significado, deixando na mente apenas sua acepção literal e botânica. Isso pode nos impedir de enxergar as outras camadas; o fruto do carvalho também tem significados *mitológicos*, *morfológicos* e *etimológicos*.

Além disso, o fruto do carvalho é um símbolo *mítico*; uma *forma*; e uma *palavra* [*acorn*, em inglês] com ancestralidades, tangentes, implicações e um poder sugestivo. Quando ampliamos o "fruto do carvalho" em todas essas diferentes direções, como estamos prestes a fazer, vamos além das limitações naturalistas do seu significado-padrão. E, ao expandir o potencial dos sentidos de "fruto do carvalho", demonstramos como expandir a biologia do ser humano para além de sua estrutura orgânica.

De início, vamos falar sobre o simbolismo mitológico do carvalho e seu fruto. Nos tempos antigos, na região do Mediterrâneo, no norte da Alemanha e na Europa Celta, o carvalho era uma árvore mágica e ancestral. Qualquer coisa que estivesse associada de forma próxima ao carvalho compartilhava seu poder — passarinhos que construíam seus ninhos ali, as vespas em seus troncos, abelhas e seu mel, o visgo emaranhado e, claro, seus frutos. Os carvalhos eram as árvores-pais que recebiam os raios dos céus e pertenciam aos deuses mais importantes, como Zeus, Donar, Júpiter e Wotan. E eram também as árvores-mães (*proterai materes* — primeiras mães, em grego), dando à luz humanos em vários dos mitos que contam como os seres humanos chegaram ao mundo. Nascemos dos frutos do carvalho, assim como estes nascem dos carvalhos. E, como as palavras "árvore" e "verdade" são cognatas ["*tree*" e "*truth*", em inglês], então a árvore em sua forma de fruto carrega a verdade também, *in nuce*. Essa seria uma leitura rapsódica das pequenas nozes espalhadas pelo chão da floresta.¹

A linguagem mitológica compõe em imagens aquilo que a linguagem conceitual afirma em frases. Os frutos do carvalho são uma imagem da personalidade fundamental porque os carvalhos são habitados por criaturas oraculares. Os carvalhos, em especial, são árvores-almas porque são redutos das abelhas e abrigam o mel, que era considerado, na região do Mediterrâneo e em muitas partes do mundo antigo, um néctar divino dos deuses, um alimento fundamental para a alma, vindo de outro mundo. Mais importante, os carvalhos são árvores-alma porque ninfas, videntes e sacerdotisas viviam neles ou em seu entorno, e conseguiam expressar as previsões e os conhecimentos do carvalho por meio de alusões e ditados. Todas as árvores altas são sábias, de acordo com Malidoma Somé, professor do oeste da África, porque seu movimento é imperceptível, a conexão entre a parte de baixo e a de cima é muito firme, sua presença física é bastante generosa e útil. O carvalho, com todo seu tamanho, idade, beleza e solidez, seria, portanto, especialmente sábio, e seus frutos carregariam todo o conhecimento da árvore comprimidos em um pequeno núcleo, do mesmo modo que poderia haver infinitos anjos dançando sobre a cabeça de um alfinete. Os invisíveis demandam pouco espaço. Mas, para alguns, eles falam em alto e bom som, e é isso que acontece de dentro dos carvalhos.

Fosse essa fala ouvida no farfalhar do vento nas folhas, no ranger dos galhos ou sem qualquer sensação externa verificável, ela podia ser interpretada pelas sacerdotisas mais poderosas, como por exemplo em Dodona, no noroeste da Grécia, como já mencionado na obra de Homero. As pessoas vinham perguntar sobre seu destino para a árvore oracular. O conhecimento do destino estava encarnado no carvalho, então alguém poderia questionar: "Gerioton pergunta a Zeus sobre uma esposa, se é melhor para ele escolher uma". "Calícrates pergunta ao deus se vou ter filhos de Nice, a esposa que tenho, se devo ficar com ela e para qual dos deuses devo rezar." "Cleotas pergunta a Zeus e Dione se é melhor e mais lucrativo para ele ficar com as ovelhas." Ou, para descobrir os mais simples e estressantes mistérios da vida: "Dorkilos roubou o pano?".²

Há dois fatos relevantes para nossa tese que podem ser presumidos por essas consultas oraculares ao carvalho em Dodona e outros lugares. Em primeiro lugar, o carvalho conhece o que está oculto aos olhos comuns; em segundo, esse conhecimento pode ser revelado para pessoas, mulheres na maioria dos casos, que conseguem "ouvir" e deixar que ele fale por meio delas. Robert Graves diz que as sacerdotisas de Dodona, e também os druidas gauleses, literalmente mastigavam frutos do carvalho para entrar em um transe profético.[3] Parke, que recolheu essa evidência, não relata as respostas dos intérpretes. *O que* eles ouviram por meio da árvore pode ter sido da maior importância para quem os consultava, mas para a nossa pesquisa aqui, o que importa é o fato de *terem ouvido*.

Em termos botânicos, o fruto do carvalho é como uma angiosperma, uma planta embrionária totalmente formada. A essência do carvalho está toda ali dentro de uma vez só. Em termos teológicos, o fruto do carvalho é como uma das *rationes seminales*, ou razões seminais, de Agostinho. Desde a época dos estoicos, gnósticos e platônicos, como Filo, havia um velho pensamento de que o mundo estava povoado de *spermatikoi logoi* — sementes de palavras ou ideias germinais. Elas estão presentes no mundo desde seu início como o *a priori* fundamental que dá forma a todas as coisas. E essas palavras espermáticas possibilitam a cada coisa falar de sua própria natureza — para ouvidos que consigam ouvir. A ideia de que a natureza fala, em especial por meio da voz de um carvalho falante, permaneceu sendo uma fantasia vívida ao longo dos anos, e ainda foi tema de pinturas até uns cem anos atrás.[4]

Despertar para compreender a semente original da alma de alguém, e ouvi-la falar, pode não ser fácil. Como reconhecemos sua voz? Que sinais ela dá? Antes de responder a essas perguntas, precisamos perceber nossa própria surdez, os empecilhos que tornam a escuta difícil: o reducionismo, a literalidade, o cientificismo do nosso chamado senso comum. Porque é difícil enfiar na nossa cabeça dura que talvez existam mensagens mais importantes para a condução da nossa vida que vêm de outro lugar e não pela internet, significados que não chegam assim tão rápida, livre e facilmente, mas que estão codificados em acontecimentos dolorosos e patológicos que talvez sejam a única maneira encontrada pelos deuses para nos despertar.

O conto escandinavo do livro *Teutonic Mythology* apresenta essa ideia na linguagem do mito:

> O velho gigante Skrymir foi dormir sob um carvalho antigo e enorme. Thor chegou e lhe golpeou com o martelo na cabeça. Skrymir acordou se perguntando se uma folha tinha caído em cima dele. Voltou a dormir e roncou sem rodeios. Thor o golpeou de novo, mais forte; o gigante acordou e pensou que um fruto do carvalho tinha caído em sua cabeça. Voltou a dormir. Thor golpeou novamente usando o seu martelo divino com ainda mais força, mas o gigante, levantando-se, disse: "Deve ter passarinhos lá em cima da árvore; devem ter cagado na minha cabeça".[5]

A teoria do fruto do carvalho é cocô de passarinho para o gigante. Gigantes são notoriamente mais lentos de raciocínio, tendem a pensar com o corpo, são míopes e estão sempre com fome (porque são tão vazios?). Skrymir é nosso literalista, nosso reducionista, que nunca entende de fato. E, por isso, nos contos de fada, o gigante está em oposição ao animal sagaz, ao elfo ou ao gnomo, à moça astuta ou ao pequeno alfaiate. Nenhum deles confundiria um fruto do carvalho com uma folha ou um cocô. Conseguem identificar uma metáfora ao verem uma, enquanto o gigante só consegue pensar nos *apenas*, reduzindo tudo ao menor denominador comum para que nunca precise sair de sua caverna ou despertar de seus roncos retumbantes. Não é por acaso que, quando éramos crianças, tínhamos medo de gigantes e adorávamos as histórias sobre os protagonistas que os matavam, como Davi ou João, ou que os superavam na inteligência, como Ulisses. O gigante, com sua burrice de adulto, ameaça a imaginação de uma criança e suas conexões ecológicas com um mundo assombroso. A burrice é o gigante que não enxerga as pequenas coisas. Afinal, é um pé de feijão que salva João, e uma pedrinha que salva Davi de Golias. O gigante na psique é outro nome para a caverna da ignorância de Platão, então é em uma caverna que Ulisses encontra Ciclope, o gigante de um olho só, que interpreta de modo literal as falas espertas de Ulisses e, assim, é enganado.

Embora o carvalho falasse como um oráculo através das mulheres, e embora todas as árvores simbolicamente sejam caracterizadas como fêmeas por causa do abrigo, da nutrição, do comportamento cíclico, e por proporcionarem o *hyle* ou a matéria básica para tantas ações humanas, o carvalho e seu fruto foram imaginados como masculinos. Não apenas porque o carvalho era a árvore-Grande-Pai-Deus (Júpiter na Europa romana e Donar no norte), mas também — e agora vamos sair do mítico para o morfológico — porque o fruto do carvalho era chamado de *juglans*, ou a glande do pênis de Júpiter.

A língua inglesa esconde o que muitas outras revelam: a cabeça lisa do pênis e a pele enrugada do prepúcio têm a forma de um fruto do carvalho. Em alemão, *Eichel* significa tanto fruto do carvalho quanto glande. Em francês, a palavra para os dois é *gland*; em latim, *glans*; em grego, *balanos*; em espanhol, *bellota*.* Escritores médicos como Celso e naturalistas como Plínio e Aristóteles fizeram essa analogia entre a cabeça do pênis e o fruto do carvalho, e os ritos de fertilidade uniam a compreensão mitológica do carvalho com a aparência morfológica de seu fruto.

Em termos etimológicos, nosso terceiro nível de elaboração, a palavra *acorn* [fruto do carvalho] se relaciona a "acre", "ato" e "agente". "Acorn" é derivado mais diretamente da palavra do alemão antigo *akern* (fruto, cultivo), não apenas como uma semente, mas um fruto já completo. *Actus* (ação, atividade, agência) está associado a "*acorn*" para que ele seja compreendido como um resultado alcançado e não apenas um início (no sentido do desenvolvimento) de uma nova árvore. A ordem de pensamento é totalmente inversa.

Em uma relação mais distante, "*acorn*" vem do sânscrito por meio do grego *ago, agein*, e suas diversas formas e derivados, que basicamente significam empurrar, direcionar, conduzir, guiar. (Na obra de Homero, um chefe é um *agos*.) Já o imperativo *age, agete* significa: mova-se, anda, vá. Dessa mesma raiz, derivam-se "agenda" e "agonia", a experiência diária que se tem com um fruto do carvalho insistente em nossa vida.[6]

Não é surpreendente encontrar tamanha riqueza verbal embalada dentro do fruto do carvalho? E não terminamos ainda, porque a palavra grega usada tanto para a glande do pênis quanto para o fruto do carvalho (*balanos*) é derivada de *ballos* e *ball*, significando o que é jogado ou cai, como o fruto da árvore, ou lançado, como se faz com os dados. Também significa arremessar. Há um paralelo entre esta raiz, *ballos*, a queda ou a jogada que pode decidir seu caso, e a raiz da própria palavra "caso", que vem do latim *caere*, cair. Seu caso é simplesmente o destino que recai sobre

---

* Em português, as palavras "glande" e "bolota" também podem ser usadas para designar o fruto do carvalho. [N. T.]

você, e seu histórico conta como a sua sorte foi jogada no mundo. Há um elemento fatal dentro da própria palavra "acorn", cujo projeto é a sua vida.

Outros cognatos de *balanos*, que é fruto do carvalho, são *ballizon*, balançar as pernas, e *balletus*, atirar, de onde vêm também as palavras "balística" e, via línguas românticas, também "balé" e "baile". Tem algo de fundamentalmente encantador na etimologia do fruto do carvalho [*acorn*]. Ele dança com a vida e é cheio de projeções; e é tão sensível quanto a cabeça de um pênis. Além do mais, suas ações são balísticas. Tudo foi concluído a partir de seus mitos, seus formatos e suas palavras. Parece a imagem perfeita para a teoria que estamos analisando.

A teoria do fruto do carvalho da biografia parece ter surgido e falar a mesma língua do *puer eternus*, o arquétipo da juventude eterna que encarna uma conexão atemporal e perene, ainda que frágil, com o além-mundo invisível.[7] Nas vidas humanas, ele explica o inegável chamado do destino para as crianças precoces, como vimos nos casos de Menuhin e Garland. Aparece como arquétipo dominante principalmente nessas figuras visionárias que deixam sua marca muito cedo, mexem com o senso comum e desaparecem para se tornar lendas, como James Dean, Clyde Barrow e Kurt Cobain, como Mozart, Keats e Shelley, como Chatterton, Rimbaud e Schubert, como Alexandre, o Grande (que morreu aos 30 anos) e Jesus (aos 33), como aquele garoto brilhante, Alexander Hamilton, que aos 18 anos já era o Pai Fundador de uma revolução, idealizando um novo país. Charlie Parker partiu aos 35, Bunny Berigan aos 33; Jimmy Blanton aos 23, Buddy Holly aos 22; e ainda há os pintores jovens como Jean-Michel Basquiat e Keith Haring. Qualquer um de nós poderia fazer uma lista — e não apenas de celebridades, mas daqueles jovens homens e mulheres que tocaram nossa vida com seu potencial e então se foram.

E é claro que o *puer eternus*, como um arquétipo, não tem gênero: Jean Harlow, morta aos vinte e seis, Carole Lombard aos trinta e três, Patsy Cline aos trinta. Janis Joplin, Eva Hesse, Moira Dwyer, Amelia Earhart...

Essas figuras famosas encontram respaldo em figuras mitológicas: Ícaro e Hórus, que voaram mais alto que seus pais; a ágil Atalanta; os jovens

Lancelote e Gawain; o maravilhoso Teseu; São Sebastião, flechado no peito; o menino Davi, cantor de salmos; Ganimedes, que servia a ambrosia no Olimpo; e todos os amantes luminosos, Adonis, Paris e Narciso.

O discurso coloquial chama jovens brilhantes de "gênios". Algo que é bastante importante nesta relação do gênio com o *puer*, da glande com o fruto do carvalho, é a identificação romana fundamental do *genius* com um poder fálico de procriação, que faz com que a espontaneidade do pênis represente, *pars pro toto*, o próprio *genius*.[8] Por esse motivo, um homem pode falar que seu membro tem um olho próprio e intuitivo, vontade própria, além de sentir que ele desempenha um papel enorme em seu destino. Os homens chegam a fetichizar o órgão, conferindo-lhe os desígnios misteriosos de uma divindade invisível. Essa ideia delirante, narcisista, obsessiva e supervalorizada do pênis (nos termos da terapia convencional) pode ser explicada quando se coloca esse falicismo do *puer* diante de um mito.

A figura do *puer* — Baldur, Tamuz, Jesus, Krishna — traz o mito para a realidade. A mensagem é mítica e afirma que ele, o mito, tão facilmente ferido e abatido, ainda que sempre renascido, é o substrato seminal de todas as empreitadas da imaginação. Essas figuras, como os próprios mitos, não parecem "reais". Parecem imateriais; as lendas dizem que sangram, caem, definham e desaparecem muito rapidamente. Mas sua devoção ao outro mundo — são missionários da transcendência — nunca é abandonada. Muito além do arco-íris. "*La lune, c'est mon pays*", diz o palhaço com o rosto pintado de branco no filme *Les Enfants du Paradis*. Louco, solitário, encantador e pálido — esse é o *puer*, tateando a terra e, claro, de maneira promíscua, com a glande do pênis, querendo ser recebido por este mundo.

A devoção a um estado mental alterado incentiva a fantasia do *puer* a alterar a mente provocando a revolta. O chamado do mundo eterno exige que este mundo aqui vire de cabeça para baixo, para assim voltar a ficar mais perto da Lua; loucura, amor, poesia. Poder das flores, Woodstock, Berkeley, o grito dos estudantes do Maio de 68 em Paris: "*Imagination au pouvoir*". Sem gradualismo e sem concessões, porque a eternidade não faz acordos com o tempo. Inspiração e visão são resultados em si mesmos. Mas e então, o que acontece? Ideias imortais recaem na mortalidade: massacre de Kent State; depois os *baby boomers* e os negócios. "Rapazes e moças dourados, todos devem / Como limpadores de chaminé, virar pó". Manolete, sangrando na areia.

Não são apenas as biografias que podem ser impactadas por uma figura arquetípica. As teorias e os estilos arquetípicos também. Qualquer teoria que foi afetada pelo *puer* vai ter uma execução elegante, um apelo para o extraordinário e uma estética exibicionista. Vai reivindicar um valor atemporal e universal, mas se abster de provar esse valor. Vai ter aquele movimento dançante do *puer*, vai imaginar soluções ambiciosas, rebeldes e pouco convencionais. Uma teoria inspirada pelo *puer* também vai cambalear em meio aos fatos e até mesmo desmoronar quando for questionada com indagações da chamada realidade, que é a posição assumida pelo tradicional antagonista do *puer*, o rei cinzento ou a figura de Saturno, um velho durão, inflexível, cabeça dura. Ele quer estatísticas, exemplos, estudos, e não imagens, visões, histórias. Conhecer essas constelações e saber como elas afetam o que lemos, e como reagimos ao que lemos, ajuda os leitores a descobrirem onde estão no mapa dos arquétipos — em um momento, totalmente envolvidos na revolução de ideias, em outro, totalmente céticos com relação a toda essa bobagem.

Esse tipo de autorreflexão pertence ao método psicológico. Diferentemente dos métodos usados por outras disciplinas quando querem postular suas ideias, uma psicologia arquetípica é obrigada a demonstrar suas próprias premissas míticas, como suscita a sua questão primordial, neste caso, o mito do fruto do carvalho. Como as teorias não surgem simplesmente do nada na cabeça, nem são oriundas de dados frios, elas representam os dramas do mito em termos conceituais, e o drama se desenrola em debates sobre a mudança de paradigmas.

Agora que revelamos o *puer* em nosso método, vamos seguir em frente com o fruto do carvalho. Galeno, o sábio e prolífico escritor médico (129-199), confirma a antiga crença de que o fruto do carvalho é um alimento fundamental, o que é um jeito mítico de dizer que você se alimenta da sua própria essência. Seu chamado é o primeiro alimento da sua psique. Galeno diz que os arcadianos continuaram a comer frutos do carvalho, mesmo depois que os gregos aprenderam a cultivar cereais. Essa é outra maneira de dizer que o sustento do fruto do carvalho é anterior aos efeitos práticos e civilizatórios da nossa mãe natural, da mãe Deméter-Ceres, deusa civilizadora e protetora cujo nome deu origem à palavra cereal. O fruto do carvalho é um presente da natureza de antes mesmo da nossa criação, mas uma natureza que é mítica, virgem (quer dizer, desconhecida, incompreendida); então os frutos do carvalho, segundo as coletâneas de James George Frazer, pertenciam ao reino de Ártemis, a deusa do parto.

Em seguida, chegando até as pinturas e a poesia francesas e inglesas dos tempos modernos, essa Arcádia do fruto do carvalho era a paisagem imaginada da natureza primitiva, similar ao Éden ou ao Paraíso, onde a alma livre e natural vivia de acordo com as leis da natureza. A terapia deslocou essa Arcádia para a infância; o ser humano natural, que se alimentava de frutos do carvalho, foi batizado pela terapia de criança interior. Substituir o Jardim do Éden, cheio de animais, serpentes, pecado e conhecimento, assim como substituir a Arcádia dos comedores de frutos do carvalho em seu estado natural por uma criança interior idealizada e abusada, é um abuso por si só. Para a mente pagã, não existia essa "volta à infância", nem uma idealização da inocência para recuperar os idílios de um ser livre; havia, sim, a Arcádia, um terreno imaginário no qual seu gênio cuidava de você.

Dentro do fruto do carvalho não há apenas a completude da vida antes de ser vivida, mas também a frustração insatisfeita de uma vida não vivida. O fruto do carvalho vê, ele sabe, ele deseja — mas o que pode fazer? Essa discrepância entre semente e árvore, entre o giro no colo dos deuses no céu e o trânsito no colo da família na terra, preenche o fruto do carvalho com a fúria da incapacidade, de estender a mão e não conseguir pegar; o fruto do carvalho é como uma criança vermelha de raiva porque não consegue fazer o que quer.

Embora o sabor do fruto do carvalho seja nutritivo e doce em comunhão com o anjo, também é amargo. É adstringente, ácido. Ele se retrai; diz não, enquanto o daimon de Sócrates apenas mandava tomar cuidado com as negativas. Talvez seja por isso que os frutos do carvalho literais precisam ser hidratados, coados, fervidos e branqueados de novo, várias e várias vezes, em um longo processo de amolecimento até que estejam prontos para ser moídos e virar uma farinha palatável. Como dizem as receitas: "Você vai saber que está pronto quando o gosto não estiver mais amargo". Dentro do lindo *puer* há uma amargura terrível e até mesmo tóxica. Dá para ver nos gestos de Basquiat, e no som de Cobain, Hendrix e Joplin, o desespero suicida que não consegue esperar o tempo do carvalho. As teorias também são afetadas pela sombra. A teoria do fruto do carvalho e o extraordinário sopro de vida que ela oferece — visão, beleza, destino — também é uma noz dura de engolir.

Esta coda acabou se revelando uma dissertação necessária e final sobre o método. Fez a conexão da teoria do fruto do carvalho com sua imagem original e ligou essa imagem original a uma configuração mítica ainda mais profunda chamada *puer eternus*. Com este texto, pude mostrar como é possível transpor uma metáfora orgânica de seu vaso original em uma filosofia organicista, que teria confinado nossa teoria do fruto do carvalho em um modelo de desenvolvimento da vida humana.

A vida não é apenas um processo natural; ela é também, e talvez ainda mais, um mistério. Explicar as revelações obscuras da vida por meio de analogias com a natureza é uma "falácia naturalista", isso é, presumir que a vida psíquica obedece apenas às leis naturais, tais como a evolução e a genética. Vez ou outra os seres humanos tentam desvendar o enigma da alma, revelar os segredos de sua natureza. Mas e se sua natureza não for natural nem humana? Vamos supor que aquilo que buscamos não seja apenas outra coisa, mas um outro lugar que, no fundo, não é um "lugar" de fato, apesar do chamado que nos leva a procurar. Portanto, não há um lugar a se buscar além do chamado em si. Parece mais sábio atender ao chamado do que o evitar enquanto se busca sua fonte.

A invisibilidade na essência das coisas costumava ser chamada de *deus absconditus*, "o deus escondido", do qual só seria possível falar por meio de imagens, metáforas e enigmas paradoxais, pedras preciosíssimas enterradas em montanhas gigantescas, faíscas que contêm a força inflamável de um incêndio. O mais importante, dizia essa tradição, é sempre o menos aparente. O fruto do carvalho é uma dessas metáforas, e a teoria se vale dessa tradição que remete a Blake, Wordsworth, aos românticos alemães, e a Marsílio Ficino e Nicolau de Cusa, no Renascimento.

O fruto do carvalho é uma dessas metáforas de pequenez, assim como também o são as metáforas do daimon e da alma. São ainda menores do que pequenos, porque pertencem aos invisíveis. Porque a alma não é uma entidade mensurável, não é uma substância, não é uma força — ainda que sejamos chamados pela força de suas demandas. Não é nada corpóreo, diz

Ficino e, portanto, a natureza do daimon e o código da alma não podem ser circunscritos pelos meios físicos — apenas pelo pensamento curioso, o sentimento devocional, a intuição sugestiva e a imaginação ousada, todos esses modos de conhecimento do *puer*.

Em concordância com a figura arquetípica específica do *puer*, esta teoria pretende inspirar e revolucionar, e também estimular uma nova conexão erótica com seus temas: sua autobiografia subjetiva e pessoal, a maneira como você imagina sua vida, pois o modo como você imagina a vida influencia imensamente a criação dos filhos, as atitudes diante de sintomas e perturbações dos adolescentes, a sua individualidade em uma democracia, a estranheza da velhice e as obrigações da morte — na verdade, em todas as profissões ligadas à educação, na psicoterapia, na redação de biografias e na vida de cidadão.

NOTAS

Capítulo 1: Em resumo

1. PROCLUS. *The Elements of Theology.* p. 313-321.
2. TYLOR, Edward B. *Primitive Culture*, vol. 1. p. 387.
3. HULTKRANTZ, Åke. *Conceptions of the Soul Among North American Indians.* p. 387.
4. NITZSCHE, Jane Chance. *The Genius Figure in Antiquity and the Middle Ages.* p. 18, 19.
5. COLIN, Sid. *Ella: The Life and Times of Ella Fitzgerald.* London: Elm Tree Books, 1986. p. 2.
6. COLLINGWOOD, R. G. *An Autobiography.* p. 3-4.
7. CONRAD, Barnaby. *The Death of Manolete.* p. 3-4.
8. KELLER, Evelyn Fox; FREEMAN, W. H. *A Feeling for the Organism: The Life and Work of Barbara McClintock.* p. 22.
9. MENUHIN, Yehudi. *Unfinished Journey.* p. 22-23.
10. MENUHIN, Yehudi. *Unfinished Journey.* p. 22-23.
11. COLETTE. *Earthly Paradise: An Autobiography.* p. 48, 76, 77.
12. MEIR, Golda. *My Life.* p. 38-39.
13. ROOSEVELT, Eleanor. *You Learn by Living.* p. 30.
14. COOK, Blanche Wiesen. *Eleanor Roosevelt, vol. 1, 1884-1933.* p. 70-72.
15. ROOSEVELT, Eleanor. *You Learn by Living.* p. 18.
16. CROZIER, Brian. *Franco: A Biographical History.* p. 34-35.
17. YOUNG, Desmond. *Rommel: The Desert Fox.* p. 12.
18. As referências a Peary, Stefansson e Gandhi foram retiradas do livro *Cradles of Eminence*, de Victor Goertzel e Mildred G. Goertzel.
19. HILLMAN, James. What Does the Soul Want—Adler's Imagination of Inferiority. In: *Healing Fiction.*
20. NAIFEH, Steven; SMITH, Gregory W. *Jackson Pollock: An American Saga.* p. 62, 50-51.

21. IRVING, David. *The Trail of the Fox*. p. 453.
22. ROTHENBERG, Albert. *Creativity and Madness: New Findings and Old Stereotypes*. p. 8.
23. CANETTI, Elias. *The Tongue Set Free: Remembrance of a European Childhood*. p. 28-29.
24. BREGGIN, Peter R.; BREGGIN, Ginger R. *The War Against Children: The Government's Intrusion into Schools, Families and Communities in Search of a Medical "Cure" for Violence*.
25. WYLIE, Mary Sykes. Diagnosing for Dollars? *The Family Therapy Networker*. p. 23-69.
26. COX, Patricia. *Biography in Late Antiquity: A Quest for the Holy Man*.
27. WIND, Edgar. *Pagan Mysteries in the Renaissance*. p. 238.
28. STEVENS, Wallace. Notes Toward a Supreme Fiction. *In: The Collected Poems of Wallace Stevens*. p. 383.

Capítulo 2: Descendo

1. SCHOLEM, Gershom (ed.). *Zohar — The Book of Splendor*: Basic Readings from the Kabbalah. p. 91
2. PONCÉ, Charles. *Kabbalah*. p. 137.
3. PLATO. *Republic. In:* HAMILTON, Edith; CAIRNS, Huntington (ed.). *Plato: The Collected Dialogues*. p. 614 ff.
4. KITTEL, Gerhard (ed.). *Theological Dictionary of the New Testament*, v. 3.
5. PLATO. *Republic. In:* HAMILTON, Edith; CAIRNS, Huntington (ed.). *Plato: The Collected Dialogues*. p. 617.
6. PLOTINUS. *Ennead*, II 3 (15).
7. COVITZ, Joel. A Jewish Myth of a Priori Knowledge. *Spring*. p. 55.
8. ARISTOTLE. *Nicomachean Ethics*. 1106b.
9. As citações referentes a Judy Garland foram retiradas de *Judy Garland: The Secret Life of an American Legend*, de David Shipman.
10. Citações adicionais referentes a Judy Garland foram retiradas de *Weep No More, My Lady*, de Mickey Deans e Ann Pinchot.
11. Todas as citações referentes a Josephine Baker foram retiradas de *Josephine: The Hungry Heart*, de Jean-Claude Baker e Chris Chase.

Capítulo 3: A falácia parental

1. Todas as citações referentes a Thomas Wolfe foram retiradas de *Thomas Wolfe*, de Andrew Turnbull.
2. NEUBAUER, Peter B.; NEUBAUER, Alexander. *Nature's Thumbprint: The Role of Genetics in Human Development*. p. 20-21 apud ROWE, David C. *The Limits of Family Influence: Genes, Experience and Behavior*.
3. CITRON, Stephen. *Noel and Cole: The Sophisticates*. p. 8.
4. GOERTZEL, Victor; GOERTZEL, Mildred G. *Cradles of Eminence*. p. 13.

5. BLUMBERG, Stanley A.; OWENS, Gwinn. *Energy and Conflict: The Life and Times of Edward Teller.* p. 6.
6. JAYAKAR, Pupul. *Krishnamurti: A Biography.* p. 20.
7. Todas as citações referentes a Van Cliburn foram retiradas de *Van Cliburn: A Biography*, de Howard Reich.
8. CONGDON, Lee. *The Young Lukács.* p. 6.
9. PEYSER, Joan. *Leonard Bernstein.* p. 22.
10. BOSWORTH, Patricia. *Diane Arbus: A Biography.* p. 25.
11. COHN, Roy; ZION, Sidney. *The Autobiography of Roy Cohn.* Secaucus. NJ: Lyle Stuart, 1988. p. 33.
12. YOUNG-BRUEHL, Elisabeth. *Hannah Arendt: For Love of the World.* p. xii, 4.
13. KELLER, Evelyn Fox; FREEMAN, W. H. *A Feeling for the Organism: The Life and Work of Barbara McClintock.* p. 20.
14. GOERTZEL Victor; GOERTZEL, Mildred G. *Cradles of Eminence.* p. 255.
15. TURNER, Tina; LODER, Kurt. *I, Tina: My Life Story.* p. 8, 10.
16. ROWE, David C. *The Limits of Family Influence.* p. 193.
17. EYER, Diane E. *Mother-Infant Bonding: A Scientific Fiction.* p. 2, 199, 200.
18. BOWLBY, John. *Child Care and the Growth of Love.* 2nd ed. p. 53.
19. ROWE, David C. *The Limits of Family Influence.* p. 163.
20. COLES, Robert. *The Spiritual Life of Children.*
21. DEMOS, John. The Changing Faces of Fatherhood. *In:* KESSEL, Frank S.; SIEGEL, Alexander W. (ed.). *The Child and Other Cultural Inventions.*
22. RILKE, Rainer Maria. *Selected Poems of Rainer Maria Rilke.*
23. VENTURA, Michael; HILLMAN, James. *We've Had a Hundred Years of Psychotherapy— And the World's Getting Worse.*
24. SWEENEY, Camille. Portrait of The American Child. *The New York Times Magazine.* p. 52-53.
25. COBB, Edith. *The Ecology of Imagination in Childhood.*
26. SCHILPP, Paul Arthur. *The Philosophy of Alfred North Whitehead.* p. 502.

Capítulo 4: De volta ao invisível

1. ARMSTRONG, Arthur Hilary. The Divine Enhancement of Earthly Beauties. *Eranos-Jahrbuch 1984.*
2. FRIEDLÄNDER, Paul. *Plato*, v. 1. p. 189
3. BERGSON, Henri. *Creative Evolution.* p. ix.
4. WORDSWORTH, William. The Prelude. *In: The Poems of William Wordsworth.*
5. JAMES, William. On a Certain Blindness in Human Beings. *In: Talks to Teachers on Psychology: And to Students on Some of Life's Ideals.*
6. ENGLISH, Horace B.; ENGLISH, Ava C. *A Comprehensive Dictionary of Psychological and Psychoanalytical Terms.*
7. WARREN, Howard C. (ed.). *Dictionary of Psychology.*

8. ENGLISH, Horace B.; ENGLISH, Ava C. *A Comprehensive Dictionary of Psychological and Psychoanalytical Terms*. Ver ainda: WILD, K. W. *Intuition*; WESTCOTT, Malcolm R. *Toward a Contemporary Psychology of Intuition: A Historical, Theoretical and Empirical Inquiry*; KOENIG, Josef *Der Begriff der Intuition*; DAY, Sebastian J. *Intuitive Cognition: A Key to the Significance of the Later Scholastics*.
9. JUNG, Carl Gustav. *Psychological Types*.
10. As citações referentes à inspiração poética e matemática foram retiradas de *An Anatomy of Inspiration*, de Rosamond E. M. Harding; as referentes à invenção matemática, de *The Psychology of Invention in the Mathematical Field*, de Jacques Hadamard.
11. EMERSON, Ralph Waldo. Self-Reliance. In: *Essays: First Series*, v. 1. p. 43.
12. Como se vê no texto, muitas pessoas famosas tiveram dificuldades na escola. As histórias individuais podem ser encontradas nos livros a seguir. Sobre problemas escolares no geral e Mann: GOERTZEL, Victor; GOERTZEL, Mildred G. *Cradles of Eminence*; Gandhi e Undset: PAYNE, Robert. *The Life and Death of Mahatma Gandhi*; Feynman: GLEICK, James. *Genius: The Life and Science of Richard Feynman*; Branagh: BRANAGH, Kenneth. *Beginning*; Fassbinder: KATZ, Robert. *Love Is Colder Than Death: Life and Times of Rainer Werner Fassbinder*; Pollock: NAIFEH, Steven; SMITH, Gregory W. *Jackson Pollock: An American Saga*; Lennon: GOLDMAN, Albert. *The Lives of John Lennon: A Biography*; Browning: WARD, Maisie. *Robert Browning and His World: The Private Face (1812-1861)*; Bowles: SAWYER-LAUCANNO, Christopher. *An Invisible Spectator: A Biography of Paul Bowles*. Sobre Saroyan, Grieg, Crane, O'Neill, Faulkner, Fitzgerald, Glasgow, Cather, Buck, Duncan, Anthony e Churchill: GOERTZEL, Victor; GOERTZEL, Mildred G. *Cradles of Eminence*; Einstein: HIGHFIELD, Roger; CARTER, Paul. *The Private Lives of Albert Einstein*; Arbus: BOSWORTH, Patricia. *Diane Arbus: A Biography*.
13. Citações referentes aos problemas de Puccini, Tchékhov e Picasso com as provas foram retiradas de *Cradles of Eminence*. O restante do material sobre Picasso provém do livro de Roland Penrose, *Picasso: His Life and Work*.
14. GOERTZEL, Victor; GOERTZEL, Mildred G. *Cradles of Eminence*.
15. BRADLEY JR., Omar N.; BLAIR, Clay. *A General's Life: An Autobiography*.
16. COLFORD, Paul D. *The Rush Limbaugh Story: Talent on Loan from God*. p. 12.
17. GRANT, James. *Bernard M. Baruch: The Adventures of a Wall Street Legend*.
18. LAX, Eric. *Woody Allen*. p. 20, 32.
19. FRADY, Marshall. *Billy Graham: A Parable of American Righteousness*. p. 61
20. SARDELLO, Robert (ed.). *The Angels*.
21. MILLER, David L. *Hells and Holy Ghosts: A Theopoetics of Christian Belief*.

Capítulo 5: "*Esse é percipi*": ser é ser percebido

1. CONRAD, Barnaby. *The Death of Manolete*. p. 9-10.
2. O ensaio de Robert A. Caro "Lyndon Johnson and the Roots of Power" está contido no livro *Extraordinary Lives: The Art and Craft of American Biography*.

3. FLEXNER, James Thomas. *The Young Hamilton: A Biography*. p. 143.
4. HILLMAN, James. *Egalitarian Typologies Versus the Perception of the Unique*. p. 4-5.
5. KAZAN, Elia. *Elia Kazan: A Life*. p. 26.
6. Todas as citações referentes a Truman Capote foram retiradas de *Capote: A Biography*, de Gerald Clarke.
7. MEIR, Golda. *My Life*. p. 40-42.
8. MONSON, Karen. *Alban Berg*. p. 6.
9. WOROSZYLSKI, Wiktor. *The Life of Mayakovsky*. p. 11.
10. Todas as citações referentes a Rimbaud foram retiradas de *My Poor Arthur: A Biography of Arthur Rimbaud*, de Elisabeth Hanson,
11. LEEMING, David. *James Baldwin: A Biography*. p. 14-16, 19.
12. RODRÍGUEZ, Andrés. *The Book of the Heart: The Poetics, Letters and Life of John Keats*. p. 48.
13. HILLMAN, James. Oedipus Revisited. *In*: HILLMAN, James; KERÉNYI, Karl. *Oedipus Variations: Studies in Literature and Psychoanalysis*. p. 137-145.
14. GOMBRICH, E. H. *Art and Illusion: A Study in the Psychology of Pictorial Representation*. p. 6.
15. ORTEGA Y GASSET, José. *On Love: Aspects of a Single Theme*. p. 116.
16. RODRÍGUEZ, Andrés. *The Book of the Heart: The Poetics, Letters and Life of John Keats*. p. 51.
17. As fontes dos episódios sobre desenvolvimento "tardio" são as seguintes. Teller: BLUMBERG, Stanley A.; OWENS, Gwinn. *Energy and Conflict: The Life and Times of Edward Teller*; Spock: BLOOM, Lynn Z. *Doctor Spock: Biography of a Conservative Radical*.; Buber: FRIEDMAN, Maurice. *Encounter on the Narrow Ridge: A Life of Martin Buber*.; Thurber: GRAVER, Neil A. *Remember Laughter: A Life of James Thurber*.; Wilson: WEINSTEIN, Edwin A. *Woodrow Wilson: A Medical and Psychological Biography*.

Capítulo 6: Nem inato nem criado — uma outra coisa

1. PLOMIN, Robert; DEFRIES, John C.; MCCLEARN, Gerald E.; MCGUFFIN, Peter. *Behavioral Genetics: A Primer*. p. 314.
2. DUNN, Judy; PLOMIN, Robert. *Separate Lives: Why Siblings Are So Different*. p. 38.
3. PLOMIN, Robert; DEFRIES, John C.; MCCLEARN, Gerald E.; MCGUFFIN, Peter. *Behavioral Genetics: A Primer*. p. 370.
4. DUNN, Judy; PLOMIN, Robert. *Separate Lives: Why Siblings Are So Different*. p. 16.
5. DUNN, Judy; PLOMIN, Robert. *Separate Lives: Why Siblings Are So Different*. p. 159.
6. DUNN, Judy; PLOMIN, Robert. *Separate Lives: Why Siblings Are So Different*. p. 49, 50.
7. PLOMIN, Robert; DEFRIES, John C.; MCCLEARN, Gerald E.; MCGUFFIN, Peter. *Behavioral Genetics: A Primer*. p. 371.
8. PLOMIN, Robert. Environment and genes: Determinants of behavior. *American Psychologist*, v. 44, n. 2, p. 105-111.

9. KAGAN, Jerome. *Galen's Prophecy: Temperament in Human Nature.*
10. RADIN, Paul. *Monotheism Among Primitive Peoples.* Sobre as características psicológicas do monoteísmo, ver: HILLMAN, James. Archetypal Psychology: Monotheistic or Polytheistic? *Spring.* p. 193-230.
11. LOMBROSO, Cesare. *The Man of Genius.*
12. PLOMIN, Robert; DEFRIES, John C.; MCCLEARN, Gerald E.; MCGUFFIN, Peter. *Behavioral Genetics: A Primer.* p. 334.
13. HERRNSTEIN, Richard J.; MURRAY, Charles. *The Bell Curve: Intelligence and Class Structure in American Life.* p. 108.
14. PLOMIN, Robert; DEFRIES, John C.; MCCLEARN, Gerald E.; MCGUFFIN, Peter. *Behavioral Genetics: A Primer.* p. 366.
15. PLOMIN, Robert; DEFRIES, John C.; MCCLEARN, Gerald E.; MCGUFFIN, Peter. *Behavioral Genetics: A Primer.* p. 334.
16. PLOMIN, Robert; DEFRIES, John C.; MCCLEARN, Gerald E.; MCGUFFIN, Peter. *Behavioral Genetics: A Primer.* p. 365.
17. HERRNSTEIN, Richard J.; MURRAY, Charles. *The Bell Curve: Intelligence and Class Structure in American Life.* p. 105.
18. PLOMIN, Robert; DEFRIES, John C.; MCCLEARN, Gerald E.; MCGUFFIN, Peter. *Behavioral Genetics: A Primer.* p. 35.
19. LINDEMAN, Bard. *The Twins Who Found Each Other.*
20. LYKKEN, D. T.; MCGUE, M.; TELLEGEN A.; BOUCHARD, T. J. Emergenesis: Genetic Traits That May Not Run in Families. *The American Psychologist*, v. 47, n. 12, p. 1565-1566.
21. LYKKEN, D. T.; MCGUE, M.; TELLEGEN A.; BOUCHARD, T. J. Emergenesis: Genetic Traits That May Not Run in Families. *The American Psychologist*, v. 47, n. 12, p. 1575.
22. DUNN, Judy; PLOMIN, Robert. *Separate Lives: Why Siblings Are So Different.* p. 146, 147.
23. DUNN, Judy; PLOMIN, Robert. *Separate Lives: Why Siblings Are So Different.* p. 148-149.
24. WALLER Niels G.; SHAVER, Phillip R. The Importance of Nongenetic Influences on Romantic Love Styles: A Twin- Family Study. *Psychological Science*, v. 5, n. 5, p. 268-274.
25. FISHER, Helen E. *Anatomy of Love: The Natural History of Monogamy, Adultery, and Divorce.* p. 45.
26. JUNG, Emma. *Animus and Anima.*
27. HAULE, John R. *Divine Madness: Archetypes of Romantic Love*; BAUER, Jan. *Impossible Love—Or Why the Heart Must Go Wrong.*
28. PLATO. *Phaedrus.* In: HAMILTON, Edith; CAIRNS, Huntington (ed.). *Plato: The Collected Dialogues.* 511b.
29. FISHER, Helen E. *Anatomy of Love: The Natural History of Monogamy, Adultery, and Divorce.* p. 273.

30. BERSCHEID, Ellen; WALSTER, Elaine Hatfield. *Interpersonal Attraction*. p. 153
31. WRIGHT, Lawrence. Double Mystery. *The New Yorker*, Aug. 7, p. 52.
32. BRANDEN, Nathaniel. A Vision of Romantic Love. *In*: STERNBERG Robert J.; BARNES, Michael L. (ed.). *The Psychology of Love*. p. 224.
33. HENDRICK, Susan S.; HENDRICK, Clyde. *Romantic Love*. p. 23.
34. WRIGHT, Lawrence. Double Mystery. *The New Yorker*, Aug. 7, p. 58.
35. ORTEGA Y GASSET, José. *On Love: Aspects of a Single Theme*.
36. GANTNER, Joseph. L'Immagine del Cuor. *Eranos-Yearbook*, 35/1966. 287ff.
37. KOVECSES, Zoltan. A Linguist's Quest for Love. *Journal of Social and Personal Relationships*, v. 8, n. 1, p. 77-97.
38. AINSLIE, Ricardo C. *The Psychology of Twinship*. p. 133-141.
39. PLOMIN, Robert. Environment and genes: Determinants of behavior. *American Psychologist*, v. 44, n. 2, p. 110.
40. REISS, David; PLOMIN, Robert; HETHERINGTON, Mavis. Genetics and Psychiatry: An Unheralded Window on the Environment. *American Journal of Psychiatry*, v. 148, n. 3, p. 283-291.
41. PLOMIN, Robert. Environment and genes: Determinants of behavior. *American Psychologist*, v. 44, n. 2, p. 110.
42. ELIOT, T. S. The Dry Salvages. *In: Four Quartets*.

Capítulo 7: Folhetins de banca e pura fantasia

1. BELL, E. T. *Men of Mathematics*. p. 341-342.
2. FORREST, D. W. *Francis Galton: The Life and Work of a Victorian Genius*. p. 6.
3. KURTH, Peter. *American Cassandra: The Life of Dorothy Thompson*. p. 24.
4. COBB, Edith. *The Ecology of Imagination in Childhood*.
5. GOLDMAN, Albert. *The Lives of John Lennon: A Biography*. p. 56.
6. Episódios referentes a grandes escritores e seus hábitos de leitura questionáveis aparecem nos livros a seguir. Porter: EELLS, George. *The Life That Late He Led: A Biography of Cole Porter*; F. L. Wright: SECREST, Meryle. *Frank Lloyd Wright*; Barrie: DUNBAR, Janet. *J. M. Barrie: The Man Behind the Image*; R. Wright: WALKER, Margaret. *Richard Wright: Daemonic Genius*; Ellis: BROME, Vincent. *Havelock Ellis: Philosopher of Sex*.
7. HILLARY, Sir Edmund. *Nothing Venture, Nothing Win*. p. 22.
8. MEYERS, Kate. Tarantino's Shop Class. *Entertainment Weekly*, New York, Oct.14, p. 35.
9. EELLS, George. *The Life That Late He Led: A Biography of Cole Porter*. p. 17.
10. HOLMES, Richard. *Coleridge—Early Visions*. p. 6.
11. LEAMER, Laurence. *As Time Goes By: The Life of Ingrid Bergman*. p. 7.
12. ABT, Samuel. *LeMond*. p. 18.
13. REICH, Howard. *Van Cliburn: A Biography*. p. 7.
14. LEVINSON, Daniel J. *The Seasons of a Man's Life*. p. 97-101.

15. McCullough, David. *Truman.* p. 837-838.
16. Gilmore, Mikal. Family Album. *Granta*, v. 37, p. 15.
17. Mullan, Bob. *Mad to Be Normal: Conversations with R. D. Laing.* p. 93-95.
18. Todas as citações referentes à família Loud são do ensaio introdutório de Anne Roiphe ao livro *An American Family*, organizado por Ron Goulart.
19. Watkins, Mary. *Invisible Guests: The Development of Imaginal Dialogues.*

Capítulo 8: Disfarce

1. Baker, Jean-Claude; Chase, Chris. *Josephine: The Hungry Heart.* New York: Random House, 1993. p. 12.
2. Wilson-Smith, Timothy. *Delacroix—A Life.* p. 21.
3. Zolotow, Maurice. *Shooting Star: A Biography of John Wayne.* p. 37.
4. Caro, Robert A. Lyndon Johnson and the Roots of Power. *In*: Zinsser, William (ed.). *Extraordinary Lives: The Art and Craft of American Biography.* p. 218.
5. Szulc, Tad. *Fidel: A Critical Portrait.* p. 112.
6. Raymond, John. *Simenon in Court.* p. 35.
7. Seroff, Victor. *The Real Isadora.* p. 14.
8. Todas as citações referentes a Leonard Bernstein são de *Leonard Bernstein*, de Joan Peyser, p. 12.
9. Lacey, Robert. *Ford: The Men and the Machine.* p. 10.
10. Todas as histórias referentes a Henry Kissinger foram retiradas de *Kissinger: A Biography*, de Walter Isaacson, p. 26-27.
11. Holroyd, Michael. Literary and Historical Biography. *In*: Friedson, A. M. (ed.). *New Directions in Biography.*
12. Edel, Leon. *Writing Lives—Principia Biographica.* p. 20-21.
13. Heilbrun, Carolyn G. *Writing a Woman's Life.* p. 14.
14. Isaacson, Walter. *Kissinger: A Biography.* p. 26.
15. Seroff, Victor. *The Real Isadora.* p. 14, 50.
16. American Psychiatric Association. *Diagnostic and Statistical Manual of Mental Disorders.* 301.51.
17. Hultkrantz, Åke. *Conceptions of the Soul Among North American Indian.*
18. *The World Almanac and Book of Facts.*
19. Keller, Evelyn Fox; Freeman, W. H. *A Feeling for the Organism: The Life and Work of Barbara McClintock.* New York: W. H. Freeman, 1983. p. 20, 36.
20. Daniel, Oliver. *Stokowski: A Counterpoint of View.* p. xxiv, xxv, xxiii, 10.
21. Chasins, Abram. *Leopold Stokowski: A Profile.* p. 148-149.
22. Daniel, Oliver. *Stokowski: A Counterpoint of View.* p. 923.
23. Holroyd, Michael. Literary and Historical Biography. *In*: Friedson, A. M. (ed.). *New Directions in Biography.* p. 18.
24. Epstein, William H. *Recognizing Biography.* p. 6.

25. HULTKRANTZ, Åke. *Conceptions of the Soul Among North American Indians.* p. 383, 141.

Capítulo 9: Destino

1. PLOTINUS. *Ennead*, III 4 (5).
2. DODDS, E. R. *The Greeks and the Irrational.* p. 6.
3. DODDS, E. R. *The Greeks and the Irrational.* p. 23.
4. DIETRICH, B. C. *Death, Fate and the Gods: Development of a Religious Idea in Greek Popular Belief and in Homer.* p. 340; ver também: GREENE, William Chase. *Moira: Fate, Good, and Evil in Greek Thought.* New York: Harper Torchbooks, 1963.
5. PARKE, H. W. *The Oracles of Zeus: Dodona, Olympia, Ammon.*
6. ARISTOTLE. *Physics II*, 3 (194b).
7. BERGMAN, Ingmar. *The Magic Lantern: An Autobiography.*
8. BERGMAN, Ingmar. *The Magic Lantern: An Autobiography.*
9. DAVIS, Bette. *The Lonely Life: An Autobiography.* p. 23.
10. FRANEY, Pierre. *A Chef's Tale: A Memoir of Food, France, and America.* p. 12.
11. JONES, Evan. *Epicurean Delight: The Life and Times of James Beard.* p. 4.
12. GOERTZEL Victor; GOERTZEL, Mildred G. *Cradles of Eminence.* p. 267.
13. DUNBAR, Janet. *J. M. Barrie: The Man Behind the Image.*
14. KUNKEL, Thomas. *Genius in Disguise: Harold Ross of The New Yorker.* p. 326.
15. AMBROSE, Stephen E. *Nixon: The Education of a Politician, 1913-1962.* p. 36-37.
16. CHARLES-ROUX, Edmonde. *Chanel: Her Life, Her World—And the Woman Behind the Legend She Herself Created.* p. 40.
17. CORNFORD, Francis MacDonald. *Plato's Cosmology: The "Timaeus" of Plato Translated with a Running Commentary.*
18. SCHRECKENBERG, Heinz. *Ananke.*
19. ELIOT, T. S. Burnt Norton. In: *Four Quartets.*
20. BRANDON, Ruth. *The Life and Many Deaths of Harry Houdini.* p. 11, 292.

Capítulo 10: A semente podre

1. PLOTINUS. *Ennead*, III 1 (6).
2. KOESTLER, Arthur. *The Ghost in the Machine.* p. 384.
3. WAITE, Robert G. *The Psychopathic God: Adolf Hitler.* p. 412, 379.
4. HILLMAN, James. *The Dream and the Underworld.* p. 168-171.
5. WAITE, Robert G. *The Psychopathic God: Adolf Hitler.* p. 14.
6. PETROVA, Ada; WATSON, Peter. *The Death of Hitler: The Full Story with New Evidence from Secret Russian Archives.* p. 16.
7. RAUSCHNING, Hermann. *The Voice of Destruction.* p. 5.
8. WAITE, Robert G. *The Psychopathic God: Adolf Hitler.* p. 26-27.
9. PETROVA, Ada; WATSON, Peter. *The Death of Hitler: The Full Story with New Evidence from Secret Russian Archives.* p. 9-13.

10. HERZOG, Edgar. *Psyche and Death: Death-Demons in Folklore, Myths and Modern Dreams*. p. 46-54.
11. WAITE, Robert G. *The Psychopathic God: Adolf Hitler*. p. 237 ff.
12. MASER, Werner. *Hitler: Legend, Myth and Reality*. p. 198.
13. WAITE, Robert G. *The Psychopathic God: Adolf Hitler*. p. 44-45.
14. WAITE, Robert G. *The Psychopathic God: Adolf Hitler*. p. 13, 201, 14.
15. WAITE, Robert G. *The Psychopathic God: Adolf Hitler*. p. 7, 114, 92-95.
16. FEST, Joachim. *Hitler*. p. 4.
17. RAUSCHNING, Hermann. *The Voice of Destruction*. p. 257-258.
18. FLOOD, Charles Bracelen. *Hitler: The Path to Power*. p. 25.
19. WAITE, Robert G. *The Psychopathic God: Adolf Hitler*. p. 202.
20. TOLAND, John. *Adolf Hitler*. p. 170.
21. WAITE, Robert G. *The Psychopathic God: Adolf Hitler*. p. 176, 155.
22. RAUSCHNING, Hermann. *The Voice of Destruction*. p. 256.
23. MILLER, Alice. *For Your Own Good: Hidden Cruelty in Childrearing and the Roots of Violence*.
24. NORRIS, Joel. *Serial Killers: The Causes of a Growing Menace*. p. 157-158.
25. SERENY, Gitta. *The Case of Mary Bell*. p. xv.
26. SERENY, Gitta. *The Case of Mary Bell*. p. 74, 197.
27. SERENY, Gitta. *The Case of Mary Bell* p. 195, 130.
28. MILLER, Alice. *For Your Own Good: Hidden Cruelty in Childrearing and the Roots of Violence*. p. 132, 161.
29. ATHENS, Lonnie H. *The Creation of Dangerous Violent Criminals*.
30. LOMBROSO, Cesare. *The Man of Genius*; KRAFFT-EBING, Richard von. *Psychopathia Sexualis: A Medico-Forensic Study*.
31. KOBLER, John. *Capone: The Life and World of Al Capone*. p. 27-28.
32. WILSON James Q.; HERRNSTEIN, Richard J. *Crime and Human Nature*.
33. GUGGENBÜHL-CRAIG, Adolf. *The Emptied Soul: The Psychopath in Everyone's Life*.
34. KATZ, Jack. *Seductions of Crime: Moral and Sensual Attractions of Doing Evil*. p. 315.
35. SERENY, Gitta. *The Case of Mary Bell*. p. 66, 41.
36. KATZ, Jack. *Seductions of Crime: Moral and Sensual Attractions of Doing Evil*. p. 289f, 301.
37. MASTERS, Brian. *Killing for Company: The Story of a Man Addicted to Murder*. p. 238.
38. MILLER, Alice. *For Your Own Good: Hidden Cruelty in Childrearing and the Roots of Violence*. p. 225.
39. DAHMER, Lionel. *A Father's Story*. New York: Avon, 1995. p. ix, 175, 204, 190.
40. CULLEN, Robert. *The Killer Department: The Eight-Year Hunt for the Most Savage Serial Killer of Modern Times*. p. 209, 194-203.
41. Citações referentes à infância de Hitler foram retiradas dos livros *Adolf Hitler*, de John Toland (p. 12, 22), e *The Psychopathic God*, de Robert G. Waite (p. 147).

42. PLOTINUS. *Ennead*, VI 9 (11).
43. ASTOR, Gerald. *The "Last" Nazi: The Life and Times of Dr. Joseph Mengele.*
44. GILMORE, Mikal. Family Album. *Granta*, v. 37, p. 11-52.
45. KATZ, Jack. *Seductions of Crime: Moral and Sensual Attractions of Doing Evil.* p. 301.
46. PECK, M. Scott. *People of the Lie: The Hope for Healing Human Evil.* 261-265.
47. BREGGIN Peter R.; BREGGIN, Ginger R. *The War Against Children: The Government's Intrusion into Schools, Families and Communities in Search of a Medical "Cure" for Violence.* p. 15.
48. PAGELS, Elaine. *The Origin of Satan.*

Capítulo 11: Mediocridade

1. MAREK, George R. *Toscanini.* p. 22.
2. EPSTEIN, William H. *Recognizing Biography.* p. 71-73.
3. ZELDIN, Theodore. *An Intimate History of Humanity.* New York: HarperCollins, 1995.
4. As traduções para o inglês de Heráclito vieram das fontes a seguir: MARCOVICH, M. *Heraclitus: Editio Maior*; KIRK, G. S.; RAVEN, J. E. *The Presocratic Philosophers: A Critical History with a Selection of Texts*; WHEELWRIGHT, Philip. *Heraclitus*; GUTHRIE, W. K. C. *A History of Greek Philosophy*, v. 1.; JAEGER, Werner. *Paideia: The Ideals of Greek Culture*, v. 1; BURNET, John. *Early Greek Philosophy*; *Herakleitos and Diogenes*; FREEMAN, Kathleen. *Ancilla to the Pre-Socratic Philosophers: A Complete Translation of the Fragments in Diels, Fragmente der Vorsokratier*; COOK, Albert. Heraclitus and the Conditions of Utterance. *Arion*, v. 2, n. 4.
5. PANGLE, Thomas L. *The Laws of Plato.* 792e.
6. Citações referentes a Thomas Dewey são de: SMITH, Richard Norton. *Thomas E. Dewey and His Times*; referentes a Billy Graham de: FRADY, Marshall. *Billy Graham: A Parable of American Righteousness*; referentes a Oliver North de: BRADLEE JR., Ben. *Guts and Glory: The Rise and Fall of Oliver North.*

Coda: uma nota sobre metodologia

1. PORTEOUS, Alexander. *Forest Folklore, Mythology, and Romance*; AIGREMONT, Dr. *Volkserotik und Pflanzenwelt*; DE GUBERNATIS, Angelo. *La Mythologie des plantes*, v. 2, p. 68-69.
2. PARKE, H. W. *The Oracles of Zeus: Dodona, Olympia, Ammon.* p. 265-273.
3. GRAVES, Robert. *The White Goddess: A Historical Grammar of Poetic Myth.* p. 386.
4. Sobre árvores nos Estados Unidos contemporâneos, ver: PERLMAN, Michael. *The Power of Trees: The Reforesting of the Soul*; sobre a relação entre linguagem e paisagem, ver: ABRAM, David. *The Spell of the Sensuous: Perception and Language in a More-than-Human World.*
5. GRIMM, Jacob. *Teutonic Mythology.*

6. Traduções dos termos para o inglês vieram das seguintes fontes: Pokorny, Julius. *Indogermanisches etymologisches Wörterbuch*; Chantraine, Pierre. *Dictionnaire étymologique de la langue grecque*; Liddell, Henry George; Scott, Robert. *A Greek-English Lexicon*. 7th. ed.; *Oxford Latin Dictionary*; *The New Shorter Oxford English Dictionary*.
7. Hillman, James (ed.). *Puer Papers*.
8. Nitzsche, Jane Chance. *The Genius Figure in Antiquity and the Middle Ages*. p. 7-12.

BIBLIOGRAFIA

Abram, David. *The Spell of the Sensuous: Perception and Language in a More-than-Human World*. New York: Pantheon, 1996.

Abt, Samuel. *LeMond*. New York: Random House, 1990.

Aigremont, Dr. *Volkserotik und Pflanzenwelt*. Halle, Germany: Gebr. Tensinger, n.d.

Ainslie, Ricardo C. *The Psychology of Twinship*. Lincoln: University of Nebraska Press, 1985.

Ambrose, Stephen E. *Nixon: The Education of a Politician, 1913-1962*. New York: Simon and Schuster, 1987.

American Psychiatric Association. *Diagnostic and Statistical Manual of Mental Disorders*, 3rd ed., v. 3. Washington, DC: American Psychiatric Press, 1987.

Aristotle. *Nicomachean Ethics*. Trans. Martin Ostwald. Indianapolis: Bobbs-Merrill, 1962. (Aristóteles. *Ética a Nicômaco*. 4. ed. Brasília: Universidade de Brasília, 2001.)

Aristotle. *Physics II*. Trans. R. P. Hardie and R. K. Gaye. *In*: Ross, W. D. (ed.). *The Works of* Aristotle. Oxford: Clarendon Press, 1930. (Aristóteles. *Física I-II*. Campinas, Editora Unicamp, 2009.)

Armstrong, A. Hilary. The Divine Enhancement of Earthly Beauties. *Eranos-Jahrbuch 1984*. Frankfurt: Eranos Foundation/Insel Verlag, 1986.

ASTOR, Gerald. *The "Last" Nazi: The Life and Times of Dr. Joseph Mengele*. New York: Donald I. Fine, 1985. (*Mengele — O último nazista*. São Paulo: Planeta, 2008.)

ATHENS, Lonnie H. *The Creation of Dangerous Violent Criminals*. Urbana: University of Illinois Press, 1992.

BAKER, Jean-Claude; CHASE, Chris. *Josephine: The Hungry Heart*. New York: Random House, 1993.

BAUER, Jan. *Impossible Love—Or Why the Heart Must Go Wrong*. Dallas: Spring Publications, 1993.

BELL, E. T. *Men of Mathematics*. New York: Simon and Schuster, 1937.

BERGMAN, Ingmar. *The Magic Lantern: An Autobiography*. Trans. Joan Tate. London: Hamish Hamilton, 1988. (*Lanterna mágica*. São Paulo: Cosac Naify, 2013.)

BERGSON, Henri. *Creative Evolution*. London: Macmillan, 1911. (*A evolução criadora*. São Palo: Editora Unesp, 2010.)

BERSCHEID, Ellen; WALSTER, Elaine Hatfield. *Interpersonal Attraction*. Menlo Park, NJ: Addison-Wesley, 1983.

BLOOM, Lynn Z. *Doctor Spock: Biography of a Conservative Radical*. Indianapolis: Bobbs-Merrill, 1972.

BLUMBERG, Stanley A.; GWINN, Owens. *Energy and Conflict: The Life and Times of Edward Teller*. New York: Putnam, 1976.

BOSWORTH, Patricia. *Diane Arbus: A Biography*. New York: Alfred A. Knopf, 1984.

BOWLBY, John. *Child Care and the Growth of Love*. 2nd ed. Margery Fry (ed.). Harmondsworth, England: Penguin, 1965.

BRADLEE, Ben, Jr. *Guts and Glory: The Rise and Fall of Oliver North*. New York: Donald I. Fine, 1988.

BRADLEY JR., Omar N.; BLAIR, Clay. *A General's Life: An Autobiography*. New York: Simon and Schuster, 1983.

Branagh, Kenneth. *Beginning*. London: Chatto and Windus, 1989.

Branden, Nathaniel. A Vision of Romantic Love. *In*: Sternberg Robert J.; Barnes, Michael L. (ed.). *The Psychology of Love*. New Haven: Yale University Press, 1988.

Brandon, Ruth. *The Life and Many Deaths of Harry Houdini*. New York: Random House, 1993.

Breggin, Peter R.; Breggin, Ginger R. *The War Against Children: The Government's Intrusion into Schools, Families and Communities in Search of a Medical "Cure" for Violence*. New York: St. Martin's Press, 1994.

Brome, Vincent. *Havelock Ellis: Philosopher of Sex*. London: Routledge and Kegan Paul, 1979.

Burnet, John. *Early Greek Philosophy*. London: Adam and Charles Black, 1948.

Canetti, Elias. *The Tongue Set Free: Remembrance of a European Childhood*. London: André Deutsch, 1988. (*A língua absolvida*. São Paulo: Companhia das Letras, 2010.)

Caro, Robert A. Lyndon Johnson and the Roots of Power. *In*: Zinsser, William (ed.). *Extraordinary Lives: The Art and Craft of American Biography*. Boston: Houghton Mifflin, 1988.

Chantraine, Pierre. *Dictionnaire étymologique de la langue grecque*. Paris: Klincksieck, 1968.

Charles-Roux, Edmonde. *Chanel: Her Life, Her World—And the Woman Behind the Legend She Herself Created*. Trans. Nancy Amphoux. London: Jonathan Cape, 1976.

Chasins, Abram. *Leopold Stokowski: A Profile*. New York: Hawthorn Books, 1979.

Citron, Stephen. *Noel and Cole: The Sophisticates*. Oxford: Oxford University Press, 1993.

Clarke, Gerald. *Capote: A Biography*. New York: Simon and Schuster, 1988. (*Capote: uma biografia*. São Paulo: Globo, 2012.)

Cobb, Edith. *The Ecology of Imagination in Childhood*. Dallas: Spring Publications, 1993.

Cohn, Roy; Zion, Sidney. *The Autobiography of Roy Cohn*. Secaucus, NJ: Lyle Stuart, 1988.

Coles, Robert. *The Spiritual Life of Children*. Boston: Houghton Mifflin, 1990.

Colette. *Earthly Paradise: An Autobiography*. Trans. Herma Briffault, Derek Coltman, and others. Robert Phelps, ed. New York: Farrar, Straus and Giroux, 1966.

Colford, Paul D. *The Rush Limbaugh Story: Talent on Loan from God*. New York: St. Martin's Press, 1993.

Colin, Sid. *Ella: The Life and Times of Ella Fitzgerald*. London: Elm Tree Books, 1986.

Collingwood, R. G. *An Autobiography*. Oxford: Oxford University Press, 1939.

Congdon, Lee. *The Young Lukács*. Chapel Hill: University of North Carolina Press, 1983.

Conrad, Barnaby. *The Death of Manolete*. Boston: Houghton Mifflin, 1958.

Cook, Albert. Heraclitus and the Conditions of Utterance. *Arion*, v. 2, n. 4, 431-481, 1975.

Cook, Blanche Wiesen. *Eleanor Roosevelt*, vol. 1, *1884-1933*. New York: Viking Penguin, 1992.

Cornford, Francis MacDonald. *Plato's Cosmology: The "Timaeus" of Plato Translated with a Running Commentary*. London: Routledge and Kegan Paul, 1948.

Covitz, Joel. A Jewish Myth of a Priori Knowledge. *Spring: An Annual of Archetypal Psychology and Jungian Thought, 1971*. Zurich: Spring Publications, 1971.

Cox, Patricia. *Biography in Late Antiquity: A Quest for the Holy Man*. Berkeley: University of California Press, 1983.

CROZIER, Brian. *Franco: A Biographical History*. London: Eyre and Spottiswoode, 1967.

CULLEN, Robert. *The Killer Department: The Eight-Year Hunt for the Most Savage Serial Killer of Modern Times*. New York: Pantheon, 1993.

DAHMER, Lionel. *A Father's Story*. New York: Avon, 1995. (*Meu filho Dahmer*. São Paulo: Darkside, 2023.)

DANIEL, Oliver. *Stokowski: A Counterpoint of View*. New York: Dodd, Mead, 1982.

DAVIS, Bette. *The Lonely Life: An Autobiography*. London: MacDonald, 1963.

DAY, Sebastian J. *Intuitive Cognition: A Key to the Significance of the Later Scholastics*. St. Bonaventure, NY: Franciscan Institute, 1947.

DE GUBERNATIS, Angelo. *La Mythologie des plantes*, v. 2. Paris: C. Reinwald, 1878.

DEANS, Mickey; PINCHOT, Ann. *Weep No More, My Lady*. Nova York: Hawthorne, 1972.

DEMOS, John. The Changing Faces of Fatherhood. *In*: KESSEL Frank S.; SIEGEL, Alexander W. (ed.). *The Child and Other Cultural Inventions*. New York: Praeger, 1983.

DIETRICH, B. C. *Death, Fate and the Gods: Development of a Religious Idea in Greek Popular Belief and in Homer*. London: Athlone Press; University of London, 1965.

DODDS, E. R. *The Greeks and the Irrational*. Berkeley: University of California Press, 1951. (*Os gregos e o irracional*. São Paulo: Escuta, 2002.)

DUNBAR, Janet. *J. M. Barrie: The Man Behind the Image*. Newton Abbot, England: Readers Union, 1971.

DUNN, Judy; PLOMIN, Robert. *Separate Lives: Why Siblings Are So Different*. New York: Basic Books, 1990.

EDEL, Leon. *Writing Lives—Principia Biographica*. New York: W. W. Norton, 1984.

EELLS, George. *The Life That Late He Led: A Biography of Cole Porter*. London: W. H. Allen, 1967.

Eliot, T. S. Burnt Norton. *In: Four Quartets.* London: Faber and Faber, 1944. (*T.S. Eliot — Poemas.* São Paulo: Companhia das Letras, 2018.)

Eliot, T. S. The Dry Salvages. *In: Four Quartets.* London: Faber and Faber, 1944. (*T.S. Eliot — Poemas.* São Paulo: Companhia das Letras, 2018.)

Emerson, Ralph Waldo. Self-Reliance. *In: Essays: First Series,* v. 1. New York: Harper and Bros., n.d. (*Autoconfiança.* Campinas: Auster, 2024.)

English, Horace B.; English, Ava C. *A Comprehensive Dictionary of Psychological and Psychoanalytical Terms.* New York: David McKay, 1958.

Epstein, William H. *Recognizing Biography.* Philadelphia: University of Pennsylvania Press, 1987.

Eyer, Diane E. *Mother-Infant Bonding: A Scientific Fiction.* New Haven: Yale University Press, 1992.

Fest, Joachim. *Hitler.* Trans. Clara Winston. New York: Harcourt Brace and Company, 1974. (*Hitler.* 3. ed. Rio de Janeiro: Nova Fronteira, 2017.)

Fisher, Helen E. *Anatomy of Love: The Natural History of Monogamy, Adultery, and Divorce.* New York: W. W. Norton, 1992. (*Anatomia do amor:* a história natural da monogamia, do adultério e do divórcio. Rio de Janeiro: Eureka, 1995.)

Flexner, James Thomas. *The Young Hamilton: A Biography.* Boston: Little, Brown, 1978.

Flood, Charles Bracelen. *Hitler: The Path to Power.* Boston: Houghton Mifflin, 1989.

Forrest, D. W. *Francis Galton: The Life and Work of a Victorian Genius.* London: Paul Elek, 1974.

Frady, Marshall. *Billy Graham: A Parable of American Righteousness.* Boston: Little, Brown, 1979.

Franey, Pierre. *A Chef's Tale: A Memoir of Food, France, and America.* New York: Alfred A. Knopf, 1994.

Freeman, Kathleen. *Ancilla to the Pre-Socratic Philosophers: A Complete Translation of the Fragments in Diels, Fragmente der Vorsokratier.* Oxford: Blackwell, 1948.

Friedländer, Paul. *Plato*, vol. 1. New York: Pantheon, 1958. (Bollingen Series, 59)

Friedman, Maurice. *Encounter on the Narrow Ridge: A Life of Martin Buber.* New York: Paragon House, 1991.

Gantner, Joseph. L'Immagine del Cuor. *In*: Eranos-Yearbook, 35/1966. Zurich: Rhein Verlag, 1967.

Gilmore, Mikal. Family Album. *Granta*, v. 37, Autumn 1991.

Gleick, James. *Genius: The Life and Science of Richard Feynman.* New York: Vintage Books, 1993.

Goertzel, Victor; Goertzel, Mildred G. *Cradles of Eminence.* Boston: Little, Brown, 1962.

Goldman, Albert. *The Lives of John Lennon: A Biography.* New York: William Morrow, 1988.

Gombrich, E. H. Art and Illusion: *A Study in the Psychology of Pictorial Representation*. Princeton: Princeton University Press, 1961. (Bollingen Series, 35) (*Arte e ilusão*: um estudo da psicologia da representação pictórica. 4. ed. São Paulo: Martins Fontes, 2007.)

Grant, James. *Bernard M. Baruch: The Adventures of a Wall Street Legend.* New York: Simon and Schuster, 1983.

Graver, Neil A. *Remember Laughter: A Life of James Thurber.* Lincoln: University of Nebraska Press, 1994.

Graves, Robert. *The White Goddess: A Historical Grammar of Poetic Myth.* London: Faber and Faber, 1948. (*A deusa branca*. Rio de Janeiro: Bertrand Brasil, 2004.)

Greene, William Chase. *Moira: Fate, Good, and Evil in Greek Thought.* New York: Harper Torchbooks, 1963.

Grimm, Jacob. *Teutonic Mythology.* 4th ed. Trans. James S. Stallybrass. London: George Bell, 1882-1888.

Guggenbühl-Craig, Adolf. *The Emptied Soul: The Psychopath in Everyone's Life.* Woodstock, CT: Spring Publications, 1996.

Guthrie, W. K. C. *A History of Greek Philosophy*, v. 1. Cambridge, England: Cambridge University Press, 1962.

Hadamard, Jacques. *The Psychology of Invention in the Mathematical Field*. Princeton: Princeton University Press, 1945.

Hanson, Elisabeth. *My Poor Arthur: A Biography of Arthur Rimbaud*. New York: Henry Holt, 1960.

Harding, Rosamond E. M. *An Anatomy of Inspiration*. 2nd ed. Cambridge, MA: Heffer and Sons, 1942.

Haule, John R. *Divine Madness: Archetypes of Romantic Love*. Boston: Shambhala, 1990.

Heilbrun, Carolyn G. *Writing a Woman's Life*. New York: W. W. Norton, 1988.

Hendrick, Susan S.; Hendrick, Clyde. *Romantic Love*. Newbury Park, California: Sage Publications, 1992.

Herakleitos and Diogenes. Trans. Guy Davenport. San Francisco: Grey Fox Press, 1979.

Herrnstein, Richard J.; Murray, Charles. *The Bell Curve: Intelligence and Class Structure in American Life*. New York: Free Press, 1994.

Herzog, Edgar. *Psyche and Death: Death-Demons in Folklore, Myths and Modern Dreams*. Dallas: Spring Publications, 1983.

Highfield, Roger; Carter, Paul. *The Private Lives of Albert Einstein*. New York: St. Martin's Press, 1993.

Hillary, Sir Edmund. *Nothing Venture, Nothing Win*. New York: Coward, McCann and Geoghegan, 1975.

Hillman, James. (ed.) *Puer Papers*. Dallas: Spring Publications, 1980.

Hillman, James. Archetypal Psychology: Monotheistic or Polytheistic? *Spring: An Annual of Archetypal Psychology and Jungian Thought, 1971*. Zurich: Spring Publications, 1971.

Hillman, James. *Egalitarian Typologies Versus the Perception of the Unique*. Dallas: Spring Publications, 1986. (Eranos Lecture Series)

Hillman, James. Oedipus Revisited. *In*: Hillman, James; Kerényi, Karl. *Oedipus Variations: Studies in Literature and Psychoanalysis*. Dallas: Spring Publications, 1991.

Hillman, James. *The Dream and the Underworld*. New York: Harper and Row, 1979. (*Sonho e o mundo das trevas*. Petrópolis: Vozes, 2013.)

Hillman, James. What Does the Soul Want—Adler's Imagination of Inferiority. *In: Healing Fiction*. Dallas: Spring Publications, 1994.

Holmes, Richard. *Coleridge—Early Visions*. London: Hodder and Stoughton, 1989.

Holroyd, Michael. Literary and Historical Biography. *In*: Friedson, A. M. (ed.). *New Directions in Biography*. Manoa: University of Hawaii Press, 1981.

Hultkrantz, Åke. *Conceptions of the Soul Among North American Indians*. Stockholm: Statens Etnografiska Museum, 1953.

Irving, David. *The Trail of the Fox*. New York: E. P. Dutton, 1977.

Isaacson, Walter. *Kissinger: A Biography*. New York: Simon and Schuster, 1992.

Jaeger, Werner. *Paideia: The Ideals of Greek Culture*, v. 1. Trans. Gilbert Highet. Oxford: Oxford University Press, 1965.

James, William. On a Certain Blindness in Human Beings. *Talks to Teachers on Psychology: And to Students on Some of Life's Ideals*. London: Longman's, Green, 1911.

Jayakar, Pupul. *Krishnamurti: A Biography*. New York: Harper and Row, 1988.

Jones, Evan. *Epicurean Delight: The Life and Times of James Beard*. New York: Alfred A. Knopf, 1990.

Jung, Carl Gustav. *Psychological Types*. London: Routledge and Kegan Paul, 1923. (*Tipos psicológicos*. Petrópolis: Vozes, 2015.)

Jung, Emma. *Animus and Anima*. Dallas: Spring Publications, 1979. (*Animus e Anima*. 2. ed. São Paulo: Cultrix, 2020).

Kagan, Jerome. *Galen's Prophecy: Temperament in Human Nature*. New York: Basic Books, 1994.

Katz, Jack. *Seductions of Crime: Moral and Sensual Attractions of Doing Evil*. New York: Basic Books, 1988.

Katz, Robert. *Love Is Colder Than Death: Life and Times of Rainer Werner Fassbinder*. London: Jonathan Cape, 1987. (*O amor é mais frio que a morte: a vida e o tempo de Rainer Werner Fassbinder*. São Paulo: Brasiliense, 1992.)

Kazan, Elia. *Elia Kazan: A Life*. New York: Doubleday Anchor, 1989.

Keller, Evelyn Fox; Freeman, W. H. *A Feeling for the Organism: The Life and Work of Barbara McClintock*. New York: W. H. Freeman, 1983.

Kirk, G. S.; Raven, J. E. *The Presocratic Philosophers: A Critical History with a Selection of Texts*. Cambridge, England: Cambridge University Press, 1957.

Kittel, Gerhard (ed.). *Theological Dictionary of the New Testament*, v. 3. 3rd ed. Grand Rapids, mi.: Eerdmans, 1968.

Kobler, John. Capone: *The Life and World of Al Capone*. New York: Putnam, 1971.

Koenig, Josef. *Der Begriff der Intuition*. Halle, Germany: Max Niemeyer, 1926.

Koestler, Arthur. *The Ghost in the Machine*. New York: Viking Penguin, 1990.

Kovecses, Zoltan. A Linguist's Quest for Love. *Journal of Social and Personal Relationships*, v. 8, n. 1, p. 77-97, 1991.

Krafft-Ebing, Richard von. *Psychopathia Sexualis: A Medico-Forensic Study*. New York: Pioneer Publications, 1946.

Kunkel, Thomas. *Genius in Disguise: Harold Ross of The New Yorker*. New York: Random House, 1995.

Kurth, Peter. *American Cassandra: The Life of Dorothy Thompson*. Boston: Little, Brown, 1990.

Lacey, Robert. *Ford: The Men and the Machine*. Boston: Little Brown, 1986.

Lax, Eric. *Woody Allen*. New York: Alfred A. Knopf, 1991. (São Paulo: Companhia das Letras, 1991.)

Leamer, Laurence. *As Time Goes By: The Life of Ingrid Bergman*. London: Hamish Hamilton, 1986.

LEEMING, David. *James Baldwin: A Biography*. New York: Alfred A. Knopf, 1994.

LEVINSON, Daniel J. *The Seasons of a Man's Life*. New York: Alfred A. Knopf, 1978.

LIDDELL, Henry George; SCOTT, Robert. *A Greek-English Lexicon*. 7th. ed. Oxford: Clarendon Press, 1890.

LINDEMAN, Bard. *The Twins Who Found Each Other*. New York: William Morrow, 1969.

LOMBROSO, Cesare. *The Man of Genius*. London: Walter Scott, 1891.

LYKKEN, D. T.; McGUE, M.; TELLEGEN A.; BOUCHARD, T. J. Emergenesis: Genetic Traits That May Not Run in Families. *The American Psychologist*, v. 47, n. 12, p. 1565- 1566, 1992.

MARCOVICH, M. Heraclitus: *Editio Maior*. Merida, Venezuela: Los Andes University Press, 1967.

MAREK, George R. *Toscanini*. New York: Atheneum, 1975.

MASER, Werner. *Hitler: Legend, Myth and Reality*. Trans. Peter and Betty Ross. New York: Harper and Row, 1973.

MASTERS, Brian. *Killing for Company: The Story of a Man Addicted to Murder*. New York: Random House, 1993.

McCULLOUGH, David. *Truman*. New York: Simon and Schuster, 1992.

MEIR, Golda. *My Life*. New York: Putnam, 1975. (*A minha vida — Memória*. Lisboa: Editorial Presença, 2024.)

MENUHIN, Yehudi. *Unfinished Journey*. New York: Alfred A. Knopf, 1976.

MEYERS, Kate. Tarantino's Shop Class. *Entertainment Weekly*, New York, Oct. 14, 1994.

MILLER, Alice. *For Your Own Good: Hidden Cruelty in Child-rearing and the Roots of Violence*. New York: Farrar, Straus and Giroux, 1983.

MILLER, David L. *Hells and Holy Ghosts: A Theopoetics of Christian Belief*. Nashville: Abingdon Press, 1989.

Monson, Karen. *Alban Berg*. London: MacDonald General Books, 1980.

Mullan, Bob. *Mad To Be Normal—Conversations with R. D. Laing*. London: Free Associations Books, 1995.

Naifeh, Steven; Smith, Gregory W. *Jackson Pollock: An American Saga*. New York: Clarkson Potter, 1989.

Neubauer, Peter B.; Neubauer, Alexander. *Nature's Thumbprint: The Role of Genetics in Human Development*. Reading, ma: Addison-Wesley, 1990.

Nitzsche, Jane Chance. *The Genius Figure in Antiquity and the Middle Ages*. New York: Columbia University Press, 1975.

Norris, Joel. *Serial Killers: The Causes of a Growing Menace*. New York: Doubleday, 1988.

Ortega y Gasset, José. *On Love: Aspects of a Single Theme*. London: Victor Gollancz, 1959. (*Estudos sobre o amor*. Campinas: Vide, 2020.)

Oxford Latin Dictionary. P.G.W. Glare (ed.). Oxford: Clarendon Press, 1982.

Pagels, Elaine. *The Origin of Satan*. New York: Random House, 1995. (*As origens de Satanás*. São Paulo: Ediouro, 1996.)

Pangle, Thomas L. *The Laws of Plato*. New York: Basic Books, 1980.

Parke, H. W. *The Oracles of Zeus: Dodona, Olympia, Ammon*. Oxford: Basil Blackwell, 1967.

Payne, Robert. *The Life and Death of Mahatma Gandhi*. New York: Dutton, 1969.

Peck, M. Scott. *People of the Lie: The Hope for Healing Human Evil*. New York: Simon and Schuster, 1983.

Penrose, Roland. *Picasso: His Life and Work*. 3rd ed. Berkeley: University of California Press, 1981.

Perlman, Michael. *The Power of Trees: The Reforesting of the Soul*. Dallas: Spring Publications, 1994.

PETROVA, Ada; WATSON, Peter. *The Death of Hitler: The Full Story with New Evidence from Secret Russian Archives*. New York: W. W. Norton, 1995.

PEYSER, Joan. *Leonard Bernstein*. London: Bantam, 1987. (*Bernstein:* uma biografia. Rio de Janeiro: Campus Editora, 1989.)

PLATO. *Republic*. Trans. Paul Shorey. *In:* HAMILTON, Edith; CAIRNS, Huntington (ed.). *Plato: The Collected Dialogues*. New York: Pantheon, 1963. (Bollingen Series, 71). (PLATÃO. *A república*. 9. ed. Lisboa: Fundação Calouste Gulbenkian, 2001.)

PLATO. *Phaedrus*. Trans. R. Hackforth. *In:* HAMILTON, Edith; CAIRNS, Huntington (ed.). *Plato: The Collected Dialogues*. New York: Pantheon, 1963. (Bollingen Series, 71). (PLATÃO. *Fedro*. São Paulo: Penguin Classics Companhia das Letras, 2016.)

PLOMIN, Robert. Environment and genes: Determinants of behavior. *American Psychologist*, v. 44, n. 2, p. 105-111, 1989.

PLOMIN, Robert; DEFRIES, John C.; MCCLEARN, Gerald E.; MCGUFFIN, Peter. *Behavioral Genetics: A Primer*. New York: W. H. Freeman, 1990. (*Genética do comportamento*. 5. ed. Porto Alegre: Artmed, 2011.

PLOTINUS. *Ennead*, v. 2. Trans. A. H. Armstrong. Cambridge, MA: Harvard University Press, 1967. (Loeb Classical Library, 441.) (PLOTINO. *Enéadas*. Belo Horizonte: Nova Acrópole, 2014-2019. 6 v.

PLOTINUS. *Ennead*, v. 3. Trans. A. H. Armstrong. Cambridge, MA: Harvard University Press, 1967. (Loeb Classical Library, 442.) (PLOTINO. *Enéadas*. Belo Horizonte: Nova Acrópole, 2014-2019. 6 v.

PLOTINUS. *Ennead*, v. 6. Trans. A. H. Armstrong. Cambridge, MA: Harvard University Press, 1988. (Loeb Classical Library, 445.) (PLOTINO. *Enéadas*. Belo Horizonte: Nova Acrópole, 2014-2019. 6 v.

POKORNY, Julius. *Indogermanisches etymologisches Wörterbuch*. Bern: Francke Verlag, 1959.

PONCÉ, Charles. *Kabbalah*. San Francisco: Straight Arrow Books, 1973.

PORTEOUS, Alexander. *Forest Folklore, Mythology, and Romance*. London: George Allen and Unwin, 1928.

PROCLUS. *The Elements of Theology*. 2nd ed. A revised text with translation, introduction, and commentary by E. R. Dodds. Oxford: Oxford University Press, 1963. (PROCLO. *Os elementos da teologia*. São Paulo: Odysseus, 2024.)

RADIN, Paul. *Monotheism Among Primitive Peoples*. Basel: Ethnographic Museum, 1954. (Bollingen Foundation, Special Publications, 4)

RAUSCHNING, Hermann. *The Voice of Destruction*. New York: Putnam, 1940.

RAYMOND, John. *Simenon in Court*. New York: Harcourt, Brace and World, 1968.

REICH, Howard. *Van Cliburn: A Biography*. Nashville: Thomas Nelson, 1993.

REISS, David; PLOMIN, Robert; HETHERINGTON, Mavis. Genetics and Psychiatry: An Unheralded Window on the Environment. *American Journal of Psychiatry*, v. 148, n. 3, p. 283-291, 1991.

RILKE, Rainer Maria. *Selected Poems of Rainer Maria Rilke*. Trans. Robert Bly. New York: Harper and Row, 1981. (*Poemas*. São Paulo: Companhia das Letras, 2012.)

RODRÍGUEZ, Andrés. *The Book of the Heart: The Poetics, Letters and Life of John Keats*. Hudson, NY: Lindisfarne Press, 1993.

ROIPHE, Anne. *In:* GOULART, Ron (ed.). *An American Family*. New York: Warner Books, 1973.

ROOSEVELT, Eleanor. *You Learn by Living*. New York: Harper and Bros., 1960.

ROTHENBERG, Albert. *Creativity and Madness: New Findings and Old Stereotypes*. Baltimore: Johns Hopkins University Press, 1990.

ROWE, David C. *The Limits of Family Influence: Genes, Experience and Behavior*. New York: Guilford, 1993.

SARDELLO, Robert (ed.). *The Angels*. Dallas: Dallas Institute of Humanities and Culture, 1994.

SAWYER-LAUCANNO, Christopher. *An Invisible Spectator: A Biography of Paul Bowles*. London: Bloomsbury, 1989.

Schilpp, Paul Arthur. *The Philosophy of Alfred North Whitehead*. New York: Tudor, 1951.

Scholem, Gershom (ed.). *Zohar — The Book of Splendor: Basic Readings from the Kabbalah*. New York: Schocken Books, 1963.

Schreckenberg, Heinz. *Ananke*. Munich: C. H. Beck, 1964.

Secrest, Meryle. *Frank Lloyd Wright*. New York: Alfred A. Knopf, 1992.

Sereny, Gitta. *The Case of Mary Bell*. New York: McGraw-Hill, 1973. (*Por que crianças matam — A história de Mary Bell*. Belo Horizonte: Vestígio, 2019.)

Seroff, Victor. *The Real Isadora*. New York: Dial Press, 1971.

Shakespeare, William. The Tempest. *In:* Craig, W. J. (ed.). *The Complete Works of William Shakespeare*. London: Oxford University Press, 1952. (*A tempestade*. São Paulo: Penguin-Companhia, 2022.)

Shipman, David. *Judy Garland: The Secret Life of an American Legend*. New York: Hyperion, 1993.

Smith, Richard Norton. *Thomas E. Dewey and His Times*. New York: Simon and Schuster, 1982.

Stevens, Wallace. Notes Toward a Supreme Fiction. *In: The Collected Poems of Wallace Stevens*. New York: Alfred A. Knopf, 1978. (Apontamentos para uma ficção suprema. *In: O imperador do sorvete e outros poemas*. São Paulo, Companhia das Letras, 2017.)

Sweeney, Camille. Portrait of the American Child. *The New York Times Magazine*, New York, Oct. 8, 1995.

Szulc, Tad. *Fidel: A Critical Portrait*. New York: William Morrow, 1986. (*Fidel: um retrato crítico*. São Paulo: Best Seller, 1987.)

The New Shorter Oxford English Dictionary. Corrected edition. Leslie Brown (ed.). Oxford: Clarendon Press, 1993.

The World Almanac and Book of Facts. New York: Pharos Books, 1991.

TOLAND, John. *Adolf Hitler*. New York: Doubleday, 1976.

TURNBULL, Andrew. *Thomas Wolfe*. New York: Scribners, 1967.

TURNER, Tina; LODER, Kurt. *I, Tina: My Life Story*. New York: William Morrow, 1986. (*Eu, Tina: a história da minha vida*. Rio de Janeiro: Rocco, 1987.)

TYLOR, Edward B. *Primitive Culture*, v. 1. London: John Murray, 1871.

VENTURA, Michael; HILLMAN, James. *We've Had a Hundred Years of Psychotherapy—And the World's Getting Worse*. San Francisco: Harper, 1993. (*Cem anos de psicoterapia*. São Paulo: Summus, 1995.)

WAITE, Robert G. *The Psychopathic God: Adolf Hitler*. New York: Basic Books, 1977.

WALKER, Margaret. *Richard Wright: Daemonic Genius*. New York: Amistad, 1988.

WALLER Niels G.; SHAVER, Phillip R. The Importance of Nongenetic Influences on Romantic Love Styles: A Twin- Family Study. *Psychological Science*, v. 5, n. 5, p. 268-274, 1994.

WARD, Maisie. *Robert Browning and His World: The Private Face*. 1812-1861. London: Cassell, 1968.

WARREN, Howard C. (ed.). *Dictionary of Psychology*. Boston: Houghton Mifflin, 1934.

WATKINS, Mary. *Invisible Guests: The Development of Imaginal Dialogues*. Hillsdale, NJ: Analytic Press, 1986.

WEINSTEIN, Edwin A. *Woodrow Wilson: A Medical and Psychological Biography*. Princeton: Princeton University Press, 1981.

WESTCOTT, Malcolm R. *Toward a Contemporary Psychology of Intuition: A Historical, Theoretical, and Empirical Inquiry*. New York: Holt, Rinehart and Winston, 1968.

WHEELWRIGHT, Philip. *Heraclitus*. New York: Atheneum, 1968.

Wild, K. W. *Intuition*. Cambridge, England: Cambridge University Press, 1938.

Wilson, James Q.; Herrnstein, Richard J. *Crime and Human Nature*. New York: Simon and Schuster, 1985.

Wilson-Smith, Timothy. *Delacroix—A Life*. London: Constable, 1992.

Wind, Edgar. *Pagan Mysteries in the Renaissance*. Harmondsworth, England: Penguin, 1967.

Wordsworth, William. The Prelude. In: *The Poems of William Wordsworth*. London: Oxford University Press, 1926. (*O prelúdio*. Lisboa: Relógio d'Água, 2010.)

Woroszylski, Wiktor. *The Life of Mayakovsky*. London: Victor Gollancz, 1972.

Wright, Lawrence. Double Mystery. *The New Yorker*, New York, Aug. 7, 1995.

Wylie, Mary Sykes. Diagnosing for Dollars? *The Family Therapy Networker*, v. 19, n. 3, p. 23-69, 1995.

Young, Desmond. *Rommel: The Desert Fox*. New York: Harper and Bros., 1950.

Young-Bruehl, Elisabeth. *Hannah Arendt: For Love of the World*. New Haven: Yale University Press, 1982. (*Por amor ao mundo: a vida e a obra de Hannah Arendt*. Rio de Janeiro: Relume Dumará, 1997.)

Zeldin, Theodore. *An Intimate History of Humanity*. New York: HarperCollins, 1995. (*Uma história íntima da humanidade*. Rio de Janeiro: Best Seller, 2008.)

Zolotow, Maurice. *Shooting Star: A Biography of John Wayne*. New York: Simon and Schuster, 1974.

ÍNDICE REMISSIVO

A

ABERRAÇÕES, 227-8
ACIDENTES, 30, 210-4
ADLER, Alfred, 44
ADOLF Hitler: *A Family Perspective* (Stierlin), 235
AFRODITE, 109, 154
AGOSTINHO, Santo, 282
"AHA-ERLEBNIS", 113
ÁJAX, 64, 258
ALLEN, Woody, 120
ALMA, 29-31, 33, 61, 78, 107, 110-1, 164, 170, 209, 212-4, 265
    conceituação da, 30-1
    descida da, 62-7, 80
    -espírito, 190, 262, 273 [fantasma]
    esquecimento após o nascimento da, 29, 65-6, 75
    falta de, 221, 229, 256
    localização da, 65-6, 142
    mediocridade da, 255-6, 261, 277-8
    sorte [destino] escolhida pela, 28, 29, 30, 58, 64-6, 68-9, 150-1, 173, 199-201, 211-2, 214-5, 257-8
    ver também daimon

AMANN, Max, 227
AMERICAN *Family, An* (*série documental*), 176-9
AMOR, 176, 250, 252
    estilos de, 141, 152-8, 225-6, 235
    mapas do, 153-7
    romântico, 141, 152-8, 206, 235
ANALIDADE, 226
ANANQUE *ver* Necessidade
ANCESTRAIS, 100-5, 262-3, 280
ANDERSON, Marian, 257
ANIMA e *animus*, 108, 153-5, 206
ANTHONY, Susan B., 117
ÁPEIRON, 66
APOCALIPSE de São João, 95
AQUINO, Tomás de, 57
ARBUS, Diane, 88-90, 118, 175
ARENDT, Hannah, 89-90
ARISTÓTELES, 33, 142, 146, 204, 208, 213, 284
ARNOLD, Matthew, 185
"ARREMESSO", 74
ÁRVORE do carvalho, 280-3
ÁRVORES-ALMA, 281
ASAS *do desejo,* 261
"ASSASSINOS por natureza", 233-4
ASTAIRE, Fred, 69
ASTROLOGIA, 62, 122, 146
ATALANTA, 64, 285

ÁTROPOS, 64
AUDEN, W. H., 186

B

BAKER, Josephine, 76-80, 183, 248
BALDWIN, James, 118, 133
BARBIE, Klaus, 236
BARDOT, Brigitte, 79, 267
BARNES, Michael, 269
BARRIE, James M., 86, 171, 211, 213-4
BARTSCH, Jürgen, 242
BARUCH, Bernard, 120
BEARD, James, 211
BEETHOVEN, Ludwig van, 44
BELEZA, 55-9, 100, 109, 114, 251
BELL, Mary, 234-5, 241, 248
BELLA Coola, povo, 197
BEM *está o que bem acaba* (Shakespeare), 259
BENNETT, William, 170, 274
BENTHAM, Jeremy, 238
BERG, Alban, 132, 135
BERGMAN, Ingmar, 205-9, 265, 273-4
BERGMAN, Ingrid, 173, 257
BERGMAN, Justus, 173
BERGSON, Henri, 110-1, 113
BERKELEY, George, 138-9
BERNSTEIN, Leonard, 69, 184, 197, 248, 257
BÍBLIA, 51, 53, 63, 67, 95, 105, 142, 239, 247
BIOGRAFIAS, 25-7, 30, 51-3, 57-8, 82, 102-3, 115, 141, 145, 147, 172, 215, 259-60
    disfarçar-se em, 185-90, 192-8
    época de escola em, 115-22, 215, 248
    mães em, 85-90, 138
    mentores em, 127-39
    vidas ordinárias e, 259-60
BLOOM, Allan, 170, 274
BORGNINE, Ernest, 258

BORMANN, Martin, 227
BOWLBY, John, 93-5
BOWLES, Paul, 116, 120
BRADLEY Jr., Omar, 119, 225, 256-7
BRANAGH, Kenneth, 116, 120
BRAUN, Eva, 227
BRAZELTON, T. Berry, 94
BREGGIN, Peter e Ginger, 50
BROWNING, Robert, 116, 120
BRUCKNER, Anton, 44
BUBER, Martin, 138
BUCK, Pearl, 117
BUDA, 62

C

CABALA, árvore da, 63, 67
CALIBÃ, 236
CAMARÁ, José Flores, 127, 133, 135, 249
CAMUS, Albert, 74
CANETTI, Elias, 47-8, 53, 59, 248, 265
CAPONE, Al, 238
CAPOTE, Truman, 118, 130, 132-4, 222, 247
CARÁTER, 26, 28-9, 31, 34, 141, 146-7, 256-8, 260-75
    americano, 266-75
    distúrbios de, 265-6
    em psicopatia, 240, 246-7, 249
"CARÁTER é destino", 258, 261-4
CARMA, 73, 154, 239
CASALS, Pablo, 86, 90, 257
CASTRO, Fidel, 183
CATHER, Willa, 117, 186
CÉZANNE, Paul, 117
CHAMADO, 25-59, 99, 145-7, 173, 206, 255
    adolescência e, 147
    amor romântico e, 155-8
    conceito platônico de, 29-31

demoníaco, 240-5; *ver também* psicopatia criminosa
esforço de conexão exigido pelo, 71-2
igualdade democrática e, 276-7
imagem inata e, 26-9, 33, 49, 68, 70, 209
incompatível com a vida, 68, 245-8
infância, manifestação de, 25, 30, 34-47, 49-50, 118-9, 147, 256-7
mediocridade como, 255-61
mistério de, 32
psicologia *vs*, *ver* psicologia
senso recuperado de, 26
termos para, 30-2
ver também daimon
CHAMBERLAIN, Houston, 229
CHANEL, Coco, 212-4
CHAPLIN, Charlie, 228
CHIKATILO, Andrei, 223, 243, 245, 248
CHILD *Care and the Growth of Love* (Bowlby), 93
CHURCHILL, Winston, 117, 121, 211, 213-4
CLASSIFICADOS pessoais, 134
CLIBURN, Van, 86-7, 174-5
CLOTO, 64
COBB, Edith, 102, 170
COBRA, simbolismo da, 77
COHN, Roy, 89-90
COLERIDGE, Samuel Taylor, 171-2
COLES, Robert, 92
COLETTE, 39-41, 55
COLLINGWOOD, R. G., 36-8, 40
COMPLEXO de Electra, 42
CONCRETUDE, 245-7
    deslocada, 100-1, 105
CONSCIÊNCIA *à flor da pele* (Updike), 193
COPROFILIA, 226-7
COSMOLOGIAS, 62-7, 108
    contemporâneas, 66
    pais míticos em, 101, 103, 105, 280

CRANE, Stephen, 116-7
CRIANÇAS, 49-51, 61-2, 189, 252
    esperança percebida pelas, 92, 95
    felicidade das, 98-9
    imaginações de, 102, 180, 283
    múltiplas influências em, 91-4, 86
    negligência em relação às, 99-100
    números de suicídios entre, 95, 99-100
    prodígios, 37, 49
    QI em, 146-7
    Segunda Guerra Mundial e, 94-5
    sintomas disfuncionais em, 34-5, 49-51, 53-4, 100, 121, 137-8, 252
    tratamento à base de drogas em, 50, 138, 252
    ver também mãe; pai; pais
CRIATIVIDADE, 47, 51, 56, 58, 114, 145-6, 259
CRICK, Francis, 143
CRISTIANISMO, 30, 51, 61, 63, 114, 123-5, 146, 169, 226, 240, 242, 249-50
CROCE, Benedetto, 113
CROSBY, Bing, 69
CURIE, Marie, 118

D

DAHMER, Jeffrey, 222-3, 240, 242-3
DAHMER, Lionel, 243
DAIMON, 27, 29-33, 36-43, 49, 52, 56-7, 64, 72, 75, 78, 80, 85, 110, 151, 176, 199, 201, 218
    amor romântico e, 155-8
    atemporalidade do, 223, 232
    cobra como símbolo do, 77
    como transcendência, 230-2, 241-5, 249-50
    da mãe, 85-7
    de animais, 91
        dignidade do, 46-7
        disfarçado, 191, 193-4, 196-8
        do pai, 98-100

felicidade do, 99, 265
fogo associado ao, 224-5
funções do, 30-1, 33-4, 58-9, 67, 244, 263-5
individualidade e, 159-61
intuição do, 121
mau *ver* Hitler, Adolf; psicopatia criminosa
mediocridade e, 255-6, 258-9, 260-4, 273-5
mentores e, 132
natureza do, 59, 202-10, 212, 263-4
pais escolhidos pelo, 29-30, 68-9, 82-3, 87, 90, 169, 173
presciência do, 59
reconhecimento total do, 248-52
termos dos nativo-americanos para, 262
ver também alma; chamado

DANIEL, Oliver, 195
DANTE Alighieri, 224, 248
DARWIN, Charles, 61, 82, 130, 132
DAVIS, Bette, 210-1
DECLARAÇÃO de Independência dos Estados Unidos, 275-7
DÉFICIT de atenção, 121, 138
DELACROIX, Eugène, 183
DELLA Santa, Roland, 174
DEMONISMO *ver* Hitler, Adolf; psicopatia criminosa
DESCARTES, René, 103, 142
DESCIDA, 61-80, 93, 100, 102, 213, 228, 231-2, 248-50, 265
árvore cabalística e, 63, 67, 76
astrologia e, 62
criação de mitos e, 63-7, 80
descida da alma, 62-7, 80
Josephine Baker, 76-80
Judy Garland, 67-76, 78-80

modelo ascensionista *vs*, 61-2
senso de exílio em, 73, 75-6
simbolismos do corpo da, 61-2
solidão da, 72-6
DESTINO [sorte], 25-33, 49, 56, 64, 151, 199-219, 230, 281
acidentes como, 210-4
análise do, 202-3
natureza do, 201-3
teleologia como, 203-10, 213
ver também chamado; daimon; Necessidade
DEUS absconditus, 289
DEWEY, Thomas E., 266-74
DICKENS, Charles, 133, 185
DISFARCE, 183-98
autobiografia e, 183-6, 188, 198
biografia e, 185-90, 192-8
censura em, 183
daimon em, 191, 193-4, 196-8
doppelgänger em, 189-90, 193
nomes e apelidos e, 184, 190-4
DODONA, oráculo de, 281-2
DOPPELGÄNGER, 189-90, 193
DRUIDAS, 282
DUNCAN, Isadora, 117, 184, 188
DUNN, Judy, 144
DURKHEIM, Émile, 143

E

ECOLOGY of Imagination in Childhood, The (Cobb), 170
EDEL, Leon, 185-6
EDISON, Thomas, 117, 162
EGÍPCIOS, antiguidade, 30, 101, 215, 247
EHRLICH, Paul, 118
EICHMANN, Adolf, 236, 256
EINSTEIN, Albert, 117-8, 191, 248

EISENHOWER, Dwight D., 88, 119, 191, 257, 270
ELIOT, George, 185
ELIOT, T. S., 165, 185, 216
ELLIS, Havelock, 171-2
EMERGENESIS, 149-50
EMERSON, Ralph Waldo, 51, 111, 115
ENÉADAS (Plotino), 247
EPISTASIA, 150-1
ESCOLA, época de, 115-22, 215, 248
ESQUIMÓS, 30
ESQUIZOFRENIA, 144
ÉTICA, 264-5
EUDAIMONIA, 99, 265
EXÍLIO, senso de, 73, 75-6
EXISTENCIALISMO, 73-4
EYER, Diane, 92, 94-5

F

FADIMAN, Clifton, 70
FALÁCIA parental, 40, 42, 68, 81-105, 137, 172-3, 179, 203, 233
   ancestrais e, 100-5
   ato de concepção e, 82
   causalidade reativa em, 84
   causalidade vertical em, 91-4
   estilos de amor e, 154
   psicopatia e, 233-6, 242-3
   ver também mãe; pai; pais
FALTA de senso de humor de, 228, 245
FAMÍLIA, 67, 80, 81, 94-6, 144-5, 159-60, 237
   estendida, 179-80
   ficcional, 177
   Loud, documentário sobre, 176-9
   mudança nos padrões de, 85, 91, 96-7
   ver também falácia parental
FANTASIA, 81, 97, 110, 272
   educação disciplinada *vs*, 167-70

mapa do amor e, 154-5
obsessões e, 172-3, 180-1
onipotência e, 38, 42
onisciência e, 231
parental *ver* fantasia parental
personagens extraordinários e, 171-2, 179-80
folhetins de banca e, 170, 172-3
usar a, 41-3
FANTASIA parental, 172-81
   ausência de, 176-9
   código social coletivo, 178
   revolta contra, 178
FASSBINDER, Rainer Werner, 116
FATALISMO, 199-203, 210, 213, 263
FATORES ambientais, 27, 84, 102-3, 141-5, 152-4, 229, 276
   compartilhado *vs* não compartilhado, 143-5, 149-50, 159-61
   psicopatia e, 237-8
   tudo incluído, 163-5
   ver também falácia parental
FATORES genéticos, 27-8, 32, 68, 84, 141-65, 229-30, 276
   amor romântico e, 141, 152-8
   criatividade e, 145
   emergenesis em, 149-50
   epistasia em, 150-1
   individualidade e, 141, 144-5, 147-52
   infância e, 145-7
   psicopatia e, 236-7, 252
   QI e, 146-7
   teoria do caos e, 151-2, 215
   tradicionalismo e, 145-6
   transtornos psiquiátricos e, 161-3
   ver também fatores ambientais; gêmeos
FAULKNER, William, 117, 129
FEYNMAN, Richard, 116

índice remissivo

FITZGERALD, Ella, 32, 151, 215
FITZGERALD, F. Scott, 117
FLAUBERT, Gustave, 156
FOGO, 224-5, 245
FOLHETINS de banca, 170, 172-3
FONTANELA, 62
FORD, Henry, 162, 184, 186-7, 197, 256, 270
FORD, Margaret, 184, 186-7
FORTUNA, 110, 151, 230, 249
FRANCO, Francisco, 43, 46-8
FRANEY, Pierre, 211
FRAZER, James George, 288
FRENOLOGIA, 163
FREUD, Anna, 95
FREUD, Sigmund, 40, 42, 44-5, 72, 101, 154, 176, 185, 198, 209, 246, 265
FRIEDLÄNDER, Paul, 110
FRIEZA emocional, 224, 229, 236, 243, 245
FROEBEL, Friedrich, 102, 169

G

GALL, Franz Josef, 163
GALOIS, Évariste, 248
GALTON, Francis, 168-9
GANDHI, Mohandas K., 44, 46, 55, 115-6
GARLAND, Judy, 67-76, 78-80, 246, 257
GÊMEOS, 141, 143-9
    ambientes compartilhados *vs* não compartilhados e, 143-5, 149-50, 159-61
    doppelgänger e, 189-90, 193
    individualidade em, 143-5, 152-5
    rivalidade entre irmãos em, 159-60
GÊNIO, 30-1, 262, 286
    ver também daimon
GIBSON, J. J., 101
GILMORE, Gary, 175, 245, 248
GILMORE, Gaylen, 248
GLASGOW, Ellen, 117
GOEBBELS, Joseph, 227
GÖRING, Hermann, 224, 227
GRAHAM, Billy, 120, 266-74
GRANDIOSIDADE, 38, 50-1, 56, 228
GRAVES, Robert, 282
GREGOS, antiguidade, 29-31, 53, 61, 110, 125, 201, 203, 247, 249, 251-2, 262-3, 265, 287
GRIEG, Edvard, 117
GRIMM, Jacob, 282-3
GUGGENBÜHL-CRAIG, Adolf, 240

H

HÁBITOS de grupo, 237-8
HAMILTON, Alexander, 128, 132-3, 285
HAMILTON, William Rowan, 167, 169
HARDY, G. H., 84
HARRELSON, Woody, 234
HAUPTMANN, Gerhart, 229
HEARST, William Randolph, 118
HEIDEGGER, Martin, 74, 90
HEILBRUN, Carolyn, 186
HENDRICK, Susan e Clyde, 156
HERÁCLITO, 198, 258, 261, 263-4
HERRNSTEIN, Richard, 239, 249
HESS, Rudolf, 227
HICKOCK, Dick, 249
HILLARY, Sir Edmund, 171
HISTÓRICOS clínicos, 51-2, 103, 246, 258-9
HITLER, Adolf, 47, 87, 168, 221-53
    aberrações na *entourage* de, 227-8
    analidade de, 226
    carma de, 239
    certeza absoluta de, 230-1, 244-5
    construções arquitetônicas de, 248
    coração gelado de, 224, 229, 236, 245
    daimon de, 221-4, 230-1, 251

falta de senso de humor de, 228, 245
fantasias de onisciência de, 231
fogo do inferno e, 224-5, 245
infância de, 231, 235, 244-5
intervenção demoníaca direta em, 232-3, 244
medo de perder o poder, 245-8
olhar de, 229-30, 245
rigidez de, 224, 226
sexualidade de, 226-7
sombra projetada por, 239-40, 245
suicídio de mulheres envolvidas, 226-7
suposto monorquidismo de, 245-6
temática do lobo estimada por, 225-6, 245
tempo e, 231-2, 245
vida enfeitiçada de, 230
HOLROYD, Michael, 196
HOMERO, 281, 284
HOUDINI, Harry, 217-8
HUDSON, W. H., 111
HUGHES, Charles Evans, 118
HULDRA, mito da, 107-10, 125
HULTKRANTZ, Åke, 31
HUSSERL, Edmund, 113

I

IAGO, 241
IGUALDADE democrática, 275-8
IMAGEM inata, 26-9, 33, 49, 68, 70, 209
INDIVIDUALIDADE, 32-3, 142, 159-61
   amor romântico e, 156-8
   fatores genéticos em, 141, 144-5, 147-52
   gêmeos e, 143-5, 152-5
   mediocridade *vs*, 255-6, 258-60, 276-8
   pessoas excepcionais e, 145
INFÂNCIA, 194
   abuso na, 25, 47-8, 233
   chamado manifestado na, 25, 30, 34-47, 49-50, 118-9, 147, 256-7
   fatores genéticos na, 145-7
   psicopatia manifestada na, 231, 235, 243-5, 252
   solidão na, 72
   traumas de, 25-6, 44-5, 213, 233-7, 242-3
INFERNO, 224
INTUIÇÃO, 112-22, 231-2
   características de, 112-3
   definição de, 112
   falibilidade de, 113-4
   orientação *vs*, 121-2
INUÍTES, 190, 193, 197
INVISÍVEIS, 66, 100, 105, 107-25, 155-6, 160, 194, 223, 243, 261, 265, 273, 277
   de todos os dias, 109-10
   nos sólidos, 110-1
   pensamento mítico e, 108-13
   pontes para, 108-10, 114, 121-2, 123-5
   visíveis *vs*, 108-9, 125
   ver também intuição
ISAACSON, Walter, 187
IZAMBARD, 132-3, 248

J

JAMES, Henry, 138, 185
JAMES, William, 111, 129, 136
JAPÃO, 62, 91, 240
JESUS Cristo, 123-4, 285
JOHNSON, Lyndon, 88, 127-8, 133-4, 172, 185-6, 270
JOHNSON, Sam Houston, 183
JUDAÍSMO, 63, 66, 169, 203, 264
JULGAMENTO *em Nuremberg*, 70
JÚLIO *César* (Shakespeare), 263
JUNG, C. G., 44, 113, 121, 129, 153-5, 183, 191, 197, 215

K

KAGAN, Jerome, 146
KANT, Immanuel, 36, 115, 215
KATZ, Jack, 242
KAZAN, Elia, 69, 118, 130, 134-5
KEATS, John, 30, 134, 137, 139, 285
KELLY, Gene, 69
KELLY, Grace, 79
KIERKEGAARD, Søren, 123, 175-6
KISSINGER, Henry, 185, 187-8, 269
KISSINGER, Paula, 187
KLEIN, Melanie, 95
KRISHNAMURTI, 86
KUBIZEK, August, 229, 248

L

LA Farge, John, 118
LÁBIO superior, 66
LACUNA, 240
LAING, R. D., 175-6
LANZ, Georg, 229
LÁQUESIS, 64
LAWRENCE, D. H., 197
LEMOND, Greg, 174
LENNON, John, 116, 170-2, 175
LETES, 65
LEVINSON, Daniel J., 175
LEY, Robert, 227
LIGAÇÃO mãe-filho, 91-2, 94
LIMBAUGH, Rush, 119-20
LINCOLN, Abraham, 175
LIVES (North), 260
LOBO, temática do, 225-6, 245
LOMBROSO, Cesare, 146
LOUD, família, 176-9
LUKÁCS, George, 88, 90

M

MACACOS-RHESUS, 91
MACARTHUR, Douglas, 175
MÃE, 62, 68, 84-90, 99, 108, 131-2, 159, 173-5, 211, 280
   biografia e, 85-90, 138
   convencional, 88-90
   daimon da, 85-8
   daimon do filho e, 86-8
   de líderes carismáticos, 87-8
   filhos distintos gerados pela, 89
   ligação da criança com, 92, 94-5
   mito da, 84-5, 88-9, 90, 93-5, 172
   negligente, 90, 172
   oposição do filho à, 87-9
   psicopatia e, 233-5
   teorias psicológicas, 81, 91-5, 103, 172
MÁGICO *de Oz, O*, 70
MAHLER, Gustav, 257
MAIAKÓVSKI, Vladimir, 132
MALCOLM, Janet, 196
MANN, Thomas, 115
MANOLETE, Manuel, 36-7, 39-40, 46, 53, 55, 127, 133, 135-6, 218, 246, 249, 273-4, 286
MANSON, Charles, 221, 233, 248
   mapas do amor, 153-7
MARTY, 258
MARX, Karl, 143, 146, 176
MASON, James, 71
MASTER, Brian, 242
MATISSE, Henri, 118
MCCLELLAN, George, 175
MCCLINTOCK, Barbara, 38, 40, 48, 90, 119, 192-3, 215
MECANISMO de escolha, 238-9, 249
MEDIOCRIDADE, 198, 255-78
   caráter e, 256-8, 260-75

"caráter é destino" e, 261-4
como chamado, 255-61
crença em, 267-73
da alma e, 255-6, 261, 277-8
estilo *vs*, 255-6, 265
ética e, 264-5
excepcionalidade *vs*, 252, 255-9, 261, 272-5
igualdade democrática e, 275-8
individualidade *vs*, 255-6, 258-60, 276-8
personalidade americana e, 266-75
preconceitos esnobes contra, 255, 274
talento e, 256
trabalho *vs* desempenho e, 256-8, 263
MEGALOMANIA, 245, 247
MEIR, Golda, 41, 131-2
MELANCHTHON, Philipp, 169
MENCKEN, H. L., 169
MENGELE, Josef, 248
MENTALIDADE de vítima, 28, 73, 93
MENTALIDADE heroica, 28, 34, 37, 93, 200, 213
MENTE inconsciente, 33, 45-6, 164
MENTORES, 127-39, 174-6, 215, 229, 249, 251
 afastamento de, 175
 imaginários, 175
 livros como, 175-6
 pais *vs*, 174-5
MENUHIN, Yehudi, 38-40, 48, 55, 151, 205, 248, 256
MICHELANGELO, 30, 158
MILL, John Stuart, 167-9
MILLAY, Edna St. Vincent, 90
MILLER, Alice, 102, 233, 235-6, 243
MILLER, David, 122
MILLER, Orilla, 133
MINHA *Luta* (Hitler), 230, 244
MINNELLI, Liza, 72
MISTICISMO, 63-4, 108-9
 radical, 242

MITO, 27, 58-9, 69, 114, 123, 191, 285-6
 apocalíptico moderno, 95
 árvore do carvalho, 280-3
 atemporalidade do, 65-6, 113
 criação, 63-7, 80
 da Huldra, 107-10, 125
 da mãe, 84-5, 88-9, 90, 93-5, 172
 origem do, 108-9
 pais cósmicos em, 101, 103, 105, 280
MITO de Er, 29-31, 64-5, 67, 80, 85, 147, 150-1, 200-1, 214, 230, 258, 277
MITOS da criação, 63-7, 80
MOIRAS (*Moirai*), 64, 201, 214, 219
MONTESSORI, Maria, 169
MOORE, Thomas, 99
MORGAN, J. P., 175
MORTE, 193, 223, 230, 285
 amor romântico e, 157-8
 de Sócrates, 62, 209
 necessidade de, 218-9
 psicopatia e, 223, 225-6, 230, 234-6, 251
MOZART, Wolfgang Amadeus, 37, 44, 49, 68, 115, 257, 285

N

NABOKOV, Vladimir, 185-6
NASSER, Gamal Abdel, 87
NATIVO americanos, 262, 273
NAZISTAS, 94, 185, 187-8, 237
 ver também Hitler, Adolf
NECESSIDADE (Ananque), 64-6, 151, 199--200, 214-9, 221
 de fuga, 217-8
 de morte, 218-9
 derivação do termo, 215-6
 natureza da, 214-7
NEGAÇÃO, 69, 178, 187-8, 240, 245, 252-3, 271-2

NEOPLATÔNICOS, 29-30, 109
NIETZSCHE, Friedrich, 123, 176
NIILISMO existencial, 74
NILSEN, Dennis, 223, 240, 242, 245
NIXON, Richard M., 88, 212, 214, 257, 270-2
NKRUMAH, Kwame, 87
NOMES e apelidos, 184, 190-4, 217, 279
NORTH, Oliver, 266-74
NORTH, Roger, 260

O

OBSESSÕES, 28, 172-3, 180-1, 209, 251
"ON a Certain Blindness in Human Beings" (James), 111
O'NEILL, Eugene, 117
ONIPOTÊNCIA, fantasias de, 38, 42
ONISCIÊNCIA, fantasias de, 231
ORÁCULOS, antiguidade, 281-3
ORIGIN of Satan, The (Pagels), 252
ORTEGA y Gasset, José, 137, 157
OTELO (Shakespeare), 241

P

PAGELS, Elaine, 252
PAI, 41-3, 68, 85, 138, 168-9, 172-4, 233, 235, 243, 280, 283
    ausência do, 82, 95-100, 103
    daimon do, 98-100
    filho como daimon do, 98-100
    imagem convencional do, 96-8
PAIS, 80
    desconstrução dos, 91-5
    escolhidos pelo daimon, 29-30, 68-9, 82-3, 87, 90, 169, 173
    incompatíveis, 82-3
    mentores *vs*, 174-5

míticos, 101, 103, 105, 280
    objetivo dos, 98-9
PARADEIGMA, 31, 65, 112, 150
PARENTALISMO, 102, 233
PARRY, Sir Charles Hubert, 195
PATRIARCADO, 96, 146
PATTON, George S., 117
PAULO, São, 123, 246
PEARY, Robert, 44, 46
PECADO original, 73
PECK, M. Scott, 249-50
PENSAMENTO mítico, 108-14
PERCEPTIVA, imaginação, 127-39, 174
    ver também mentores
PERDA de poder, medo da, 245-8
PERFEIÇÃO, vício da, 67
PERSINGER, Louis, 38
PESSOAS excepcionais, 36-49, 51-5, 81, 148, 172
    individualidade de, 145
    inspirações de, 46, 146, 273
    mediocridade *vs*, 252, 255-9, 261, 272-5
    níveis de QI de, 148-9
    patologia ligada a, 49, 50, 146
    ver também biografias
PICASSO, Pablo, 29, 118
PLATÃO, 33, 110, 154, 169-70, 217, 261, 283
    igualdade democrática *vs*, 275-8
    Mito de Er relatado por, 29-31, 64-5, 67, 80, 85, 147, 150-1, 200-1, 214, 230, 258, 277
PLOMIN, Robert, 144, 162
PLOTINO, 29, 33, 65, 123, 151, 199, 221, 247
PLUTARCO, 51
POINCARÉ, Henri, 115
POLLOCK, Jackson, 45-6, 55, 59, 116
PONCÉ, Charles, 63
PONTEIRO da saudade, O, 70
PORTER, Cole, 85-6, 170-1
PRODÍGIO, criança, 37, 49

PROJEÇÃO, 103, 153, 240, 245
PROUST, Marcel, 117
PROVIDÊNCIA, 34, 164
PSEUDOLOGIA *fantástica*, 189
PSICOLOGIA, 25-59, 124, 248, 261
  alma ignorada pela, 31, 107
  ansiedade causada pela, 57, 172
  beleza negligenciada pela, 55-9
  chamado *vs*, *ver* chamado
  concretismo da, 245-6
  crianças e, 34-5, 49-50, 53-4
  desvios temidos pela, 50, 242
  diagnósticos na, 50, 52, 137-8, 249-50
  efeito de embotamento da, 55
  ênfase estatística na, 27, 32-3, 50
  estrutura desenvolvimental da, 27, 29, 50, 93, 213
  históricos clínicos, 51-2, 103, 246, 258-9
  interpretações na, 42, 45-6, 55, 108
  intuição na, 112-3
  linguagem contemporânea da, 56
  mentalidade de vítima engendrada pela, 28, 73, 93
  mergulhar na fantasia e, 40-3
  métodos da, 32, 57, 107, 157
  pai nas teorias da, 233
  percepção imaginativa *vs*, 135, 137-8
  pessoas excepcionais e, 51-5
  polaridades na, 141-2
  racionalismo francês na, 162-3
  tempo e, 27-9, 53-4
  teoria da compensação na, 43-7
  teoria da motivação na, 47-9
  teorias baseadas na mãe, 81, 91-5, 103, 172
  tratamento à base de drogas na, 42, 50, 137, 162, 179, 237, 252, 274
  traumas de infância enfatizados na, 25-6, 44-5, 213, 233-7, 242-3

  ver também fatores ambientais; fatores genéticos; falácia parental; sintomas disfuncionais
PSICOPATIA criminosa, 30-1, 47, 221-53, 265-6
  características gerais de, 228-44
  carma em, 239
  chamado demoníaco em, 240-5
  componente sexual de, 226-7, 240-1, 245-6
  concretude de, 245-7
  conquistas culturais presentes em, 248
  explicações convencionais para, 233-44, 249-50
  falácia parental e, 233-6, 242-3
  fatores genéticos em, 236-7, 252
  frieza emocional em, 224, 229, 236, 243, 245
  hábitos de grupo em, 237-8
  informação *vs* conhecimento em, 231
  loucura de sentidos em, 242-4
  manifestação na infância de, 231, 235, 243-5, 252
  mecanismo de escolha em, 238-9, 249
  medo da perda de poder em, 245-8
  morte e, 223, 225-6, 230, 234-6, 251
  prazer malicioso experimentado em, 241
  prevenção de, 244-53
  rituais e, 248-53
  sociedade afetada por, 222-3, 231, 245, 251-3
  sombra em, 239-40, 245
  traços de caráter em, 240, 246-7, 249
  trauma de infância em, 233-7, 242-3
  ver também Hitler, Adolf
PUCCINI, Giacomo, 118
PUER *eternus*, 285-9

Q

QI, 146-9
QUISPEL, Gilles, 275, 278

R

RADIN, Paul, 146
RAUBAL, Geli, 227
RAUSCHNING, Hermann, 225
REI *Lear* (Shakespeare), 263
REITER, Mimi, 226
RELIGIÃO, 32-3, 105, 108, 138-9, 252
  monoteísmo, 146, 247
REPÚBLICA, A, (Platão), 29, 64, 277
RICOEUR, Paul, 242
RILKE, Rainer Maria, 97, 123
RIMBAUD, Arthur, 132-3, 248, 285
RIME of the Ancient Mariner, The (Coleridge), 172
RIVALIDADE entre irmãos, 43, 45, 159-60, 208
ROIPHE, Anne, 177
ROMANCE de família, 101
ROMANOS, 30-1, 65, 110, 151, 247, 264, 283
ROMANTISMO, 27, 30, 38, 49, 52, 58, 112, 134, 156-7, 169
ROMMEL, Erwin, 43, 46, 59
ROOSEVELT, Eleanor, 41-3, 47, 59, 168
ROOSEVELT, Franklin D., 88, 90, 127-8, 133, 172, 269
ROOSEVELT, Sara Delano, 88
ROTH, Philip, 195
ROTHENBERG, Albert, 47
ROUSSEAU, Jean-Jacques, 102, 169
ROWE, David, 91, 94
ROWE, James H., 128, 134
ROYCE, Josiah, 111

S

SACKVILLE-WEST, Edward, 185
SADE, Marquês de, 226
SALINGER, J. D., 186
SALÚSTIO, 65
SAROYAN, William, 117
SCHELLING, Friedrich, 113
SEGUNDA Guerra Mundial, 94-5, 121, 221-8
  ver também Hitler, Adolf
"SELF", 156, 262-3
SEMENTE Podre *ver* Hitler, Adolf; psicopatia criminosa
SERENY, Gitta, 234-6
SEROFF, Victor, 188
SHAKESPEARE, William, 117, 169, 236, 241, 259, 263
SHANK, Anna B., 130, 133-5, 248
SHAW, George Bernard, 196
SIMENON, Georges, 78, 183-4
SÍNDROME de Korsakoff, 189
SÍNDROME de Munchausen, 189
SINTOMAS disfuncionais, 62, 209
  em crianças, 34-5, 49-51, 53-4, 100, 121, 137-8, 252
  que comprometem a formação, 72
SISTEMA familiar, 42, 98
SÓCRATES, 62, 134, 191, 209, 261, 263, 288
SOLIDÃO, 72-6, 233
SOLITÁRIOS, 247
SOMBRA, 239-40, 245, 270-2
SOMÉ, Malidoma, 281
SORTE da vida, 30, 58-9, 64-5, 68-9, 150-1, 173, 199-201, 211-2, 214-5, 257-8
SPEER, Albert, 228
SPERMATIKOI *logoi*, 282
SPINOZA, Baruch, 113, 139
SPITZ, René, 95
SPOCK, Benjamin, 138
STEFANSSON, Vilhjalmur, 44, 46, 55
STEIN, Gertrude, 118, 129, 136
STEINER, Rudolf, 116, 169-70

STEVENS, Wallace, 58
STEVENSON, Robert Louis, 111
STIERLIN, Helm, 235
STOKOWSKI, Leopold, 194-5, 198
STONE, Oliver, 234
STRAVINSKY, Igor, 88-90, 195
SUBLIMAÇÃO, 44-5, 173, 246
SUÉCIA, 107, 173
SUETÔNIO, 51
SYMBOLISM *of Evil, The* (Ricoeur), 242

T

TAGORE, Rabindranath, 115
TARANTINO, Quentin, 171, 234
TARNAS, Richard, 142
TCHAIKOVSKY, Peter Ilyich, 87, 257
TCHÉKHOV, Anton, 118, 177
TELEOLOGIA, 203-10, 213
TELLER, Edward, 86, 137, 256
TELOS, 204-5, 208-9
TEMPESTADE, *A,* (Shakespeare), 236
TEMPO, 27-9, 53-4, 59, 65-6, 110, 113, 151, 231-2, 245
TEOLOGIA moral, 73
TEORIA da compensação, 43-7
TEORIA da motivação, 47-9
TEORIA do caos, 151-2, 215
TEORIA do fruto do carvalho, 25-59, 68-9, 82, 85, 87-8, 110, 112, 116, 234
  como metodologia, 279-90
  ver também chamado; daimon
"**TERAPIA** familiar sistêmica", 81
TERKEL, Studs, 258
TEUTONIC *Mythology* (Grimm), 282-3
THACKERAY, William Makepeace, 185
THOMPSON, Dorothy, 168-9
THURBER, James, 138, 211-4

TOLSTÓI, Liev, 111
TRADICIONALISMO, 145-6
TRADIÇÕES simbólicas do corpo, 61-2
TRANSTORNOS factícios, 189
TRATAMENTO à base de drogas, 42, 50, 137, 162, 179, 237, 252, 274
TRAUMAS de infância, 25-6, 44-5, 213, 233-7, 242-3
TRUMAN, Harry, 88, 172, 175, 257, 271
TURNBULL, Andrew, 82
TURNER, Tina, 90, 191
TWAIN, Mark, 183, 187, 189
TYLOR, E. B., 30-1

U

ULISSES, 64, 247, 258, 283
UNDSET, Sigrid, 116, 131, 133
UPDIKE, John, 193

V

"**VALORES** familiares", 81, 97, 110, 272-3
VAN Fleet, James, 119
VASARI, Giorgio, 51
VENTURA, Michael, 99
VERDI, Giuseppe, 257
VOLTAIRE, 200

W

WAITE, R. G. L., 224
WAR *Against Children, The* (Breggin), 50
WASHINGTON, George, 128, 132-3, 175
WATKINS, Mary, 95, 180
WATSON, James, 143
WATZNAUER, Hermann, 132, 135
WAYNE, John, 183, 200, 222

WELLS, H. G., 118
WELTY, Eudora, 186
WEST, Rebecca, 169
WHITEHEAD, Alfred North, 100-1, 105, 113
WHITMAN, Walt, 111
WILSON, James Q., 238
WILSON, Woodrow, 88, 138
WIND, Edgar, 53
WINNICOTT, D. W., 95, 103
WOLFE, Thomas, 82-4
WOOD, Catherine, 131-3
WOOLLCOTT, Alexander, 169
WORDSWORTH, William, 111-2, 289
WRIGHT, Frank Lloyd, 86, 90, 170
WRIGHT, Richard, 171

X

XAMANISMO, 30, 108, 277

Z

ZEITGEIST, 239-40
ZOHAR, 63
ZOLA, Émile, 117

TIPOGRAFIA	Freight Pro [TEXTO] Nagel VF e Freight Pro [ENTRETÍTULOS]
PAPEL	Ivory Slim 65 g/m² [MIOLO] Supremo 250 g/m² [CAPA]
IMPRESSÃO	Rettec Artes Gráficas e Editora [JUNHO DE 2025]